T0321419

Antología de poesía mexicana

mexicana

Siglo XX

Antología de poesía mexicana

mexicana

Siglo XX

Introducción, selección y notas de

Carlos Monsiváis

◆

HOTEL DE LAS **LETRAS**

Se ha puesto todo el empeño en la localización de los propietarios de derechos de autor. En reimpresiones futuras se rectificará cualquier error u omisión que sea notificado.

ANTOLOGÍA DE POESÍA MEXICANA. SIGLO XX

© 1979, 2022, Herederos de Carlos Monsiváis

Las páginas 553, 554 y 555 son una extensión de esta página de créditos.

Diseño de portada: Leonel Sagahón

D. R. © 2022, Editorial Océano de México, S.A. de C.V.
Guillermo Barroso 17-5, Col. Industrial Las Armas
Tlalnepantla de Baz, 54080, Estado de México
info@oceano.com.mx

Primera edición en Océano: 2022

ISBN: 978-607-527-583-3

Impreso en México / Printed in Mexico

Índice

Nota preliminar [1979], 17

Nota [1985], 19

Introducción, 21

JOSÉ JUAN TABLADA, 55
Quinta Avenida, 55
Jaikais, 56
Nocturno alterno, 58
Ja...! Ja...! Ja...!, 59
El Caballero de la Yerbabuena, 60
Cabaret, 62
(Las prostitutas), 63
Poemas ideográficos, 64

RAMÓN LÓPEZ VELARDE, 75
Mi prima Águeda, 76
Me estás vedada tú..., 77
Hermana, hazme llorar, 78
Nuestras vidas son péndulos, 78
La bizarra capital de mi Estado, 79
Y pensar que pudimos..., 80
Ser una casta pequeñez..., 81
Hoy, como nunca..., 82
Día 13, 83
No me condenes, 84
Mi corazón se amerita..., 85
Tus dientes, 86
Tierra mojada, 87
El retorno maléfico, 88
A las vírgenes, 90

Hormigas, 91
Ánima adoratriz, 92
Todo…, 94
La mancha de púrpura, 95
El minuto cobarde, 96
Humildemente…, 98
Te honro en el espanto, 101
El mendigo, 101
La última odalisca, 102
Que sea para bien…, 104
Treinta y tres, 105
Si soltera agonizas, 106
La suave Patria, 107
El perro de San Roque, 111
Eva, 112

Alfonso Reyes, 113
Glosa de mi tierra, 114
La amenaza de la flor, 115
El descastado, 116
Golfo de México, 118
Arte poética, 120
Yerbas del Tarahumara, 120
Salambona, 122

Carlos Pellicer, 124
Estudio, 125
Recuerdos de Iza, 125
Exágonos, 126
Divagación del puerto, 127
Elegía, 129
Deseos, 130
Segador, 130
Oda a Salvador Novo, 131
Grupos de palomas, 133
Estudio, 135
Estudio, 136
Concierto breve, 137
Horas de junio, 137
Esquemas para una oda tropical, 139
Dúos marinos, 142
Que se cierre esa puerta…, 144

Tú eres más que mis ojos…, 145
¿Qué harás?…, 146
Con cuánta luz camino…, 147
El viaje, 148
Tema para un nocturno, 148
El canto del Usumacinta, 149
Discurso por las flores, 154
Rafael, 157
"Hermano sol", nuestro padre San Francisco, 158
Soneto nocturno, 159
Regina Cœli, 159
Ninguna soledad como la mía…, 160
Soneto postrero, 160
A Frida Kahlo, 161
Señas para un retrato, 161
He olvidado mi nombre, 162

RENATO LEDUC, 164
Los buzos diamantistas, 165
Cine, 166
El mar, 167
Temas, 167
Invocación a la Virgen de Guadalupe y a una señorita del mismo nombre:
    Guadalupe…, 168
Aquí se transcribe la copla que mis oídos oyeron, 170
Aquí se habla del tiempo perdido que, como dice el dicho, los santos
    lo lloran, 171
Tardía dedicatoria al primero pero ya difunto amor del fabulista, 172
Epístola a una dama que nunca en su vida conoció elefantes, 174

MANUEL MAPLES ARCE, 175
Prisma, 176
Revolución, 177

BERNARDO ORTIZ DE MONTELLANO, 180
Segundo sueño, 181
Letra muerta, 182
Himno a Hipnos, 183
Materia de la muerte, 185
¿Lázaro, Orfeo?, 187
Canto diuturno, 188
Desnudo, 191

José Gorostiza, 191
Se alegra el mar, 192
Acuario, 193
Preludio, 194
Presencia y fuga, 196
Agua, no huyas, 197
Muerte sin fin, 197

Jorge Cuesta, 217
Canto a un dios mineral, 217
No aquel que gozo, frágil y ligero, 223
Cómo esquiva el amor la sed remota, 224

Elías Nandino, 225
El azul es el verde que se aleja, 225
Décimas a mi muerte, 226
A un poeta difunto, 227
Poema desde la muerte, 227
Tú no podrás a nadie enajenarte, 229
Nocturno llanto, 230
Si hubieras sido tú lo que en las sombras, 232
Llega el día, 233
Derecho de propiedad, 234
Hormiguero, 234

Xavier Villaurrutia, 235
Nocturno, 236
Nocturno de la estatua, 237
Nocturno en que nada se oye, 238
Nocturno eterno, 239
Nocturno en que habla la muerte, 240
Nocturno amor, 241
Nocturno de los ángeles, 242
Nocturno rosa, 244
Nocturno mar, 246
Nocturno de la alcoba, 248
Amor condusse noi ad una morte, 249
Muerte en el frío, 250
Cementerio en la nieve, 252

SALVADOR NOVO, 253
Viaje, 254
El mar, 254
Diluvio, 257
Las ciudades, 259
Epifania, 260
La escuela, 260
El amigo ido, 261
La poesía, 262
La renovada muerte de la noche, 263
Tú, yo mismo, 263
Junto a tu cuerpo, 264
Hoy no lució la estrella de tus ojos, 265
Al poema confío, 265
Elegía, 266
Roberto, el subteniente, 266
Bernardo, el soldado, 267
Cruz, el gañán, 268
Frida Kahlo, 269

GILBERTO OWEN, 270
Espejo vacío, 271
Poema en que se usa mucho la palabra amor, 271
Madrigal por Medusa, 272
Sindbad el varado, 273
Tres versiones superfluas. Primera, 283
Libro de Ruth, 287
De la ardua lección, 289

EFRAÍN HUERTA, 290
Línea del alba, 291
Declaración de odio, 292
La muchacha ebria, 295
Los hombres del alba, 296
La noche de la perversión, 298
Éste es un amor, 299
Avenida Juárez, 301
El Tajín, 304
Sílabas por el maxilar de Franz Kafka, 306
Bolivariana, 307
Plagio XVII, 308
Mansa hipérbole, 308

Ay poeta, 308
Juárez-Loreto, 309

OCTAVIO PAZ, 311

MARGARITA MICHELENA, 313
A las puertas de Sión, 314
Por el laurel difunto, 315
La casa sin sueño, 317
El velo centelleante, 318

ALÍ CHUMACERO, 320
A una flor inmersa, 321
Poema de amorosa raíz, 322
Elegía del marino, 323
La noche del suicida, 323
Monólogo del viudo, 324
Responso del peregrino, 325
El viaje de la tribu, 328
Salón de baile, 330
Alabanza secreta, 331

JORGE HERNÁNDEZ CAMPOS, 333
Vuelve flecha de amor, 333
Tú eres piedra, 334
Diciembre, 335
El Presidente, 336
La sobremesa, 342
Padre, poder, 343

RUBÉN BONIFAZ NUÑO, 346
Para los que llegan a las fiestas…, 346
¿Cuál es la mujer?…, 347
Cha cha cha. Bailemos…, 348
Centímetro a centímetro…, 349
Lentamente has llegado…, 350
Amiga a la que amo…, 351
Nadie sale…, 353
Arden las hachas turbias…, 354
Depredadoras alegrías…, 356
Huesos de muerto me trabajo…, 356
Desde su nudo…, 357

JAIME GARCÍA TERRÉS, 358
La bruja, 358
Una invocación: (Guanabara), 359
Ipanema, 360
Éste era un rey, 361
Cantar de Valparaíso, 362
Letanías profanas, 362
Más, 364
Toque del alba, 364
Algunos, 365
Jardín real, 366
Voto de humildad, 367
Lo dicho, 368

ROSARIO CASTELLANOS, 371
Lamentación de Dido, 372
La velada del sapo, 375
Monólogo de la extranjera, 376
Relato del augur, 378
Destino, 382
Jornada de la soltera, 383
Amanecer, 384
Nota roja, 384
Privilegio del suicida, 385
Memorial de Tlatelolco, 386
Válium 10, 387

JAIME SABINES, 389
Yo no lo sé de cierto…, 389
Lento, amargo animal…, 390
Así es, 391
Los amorosos, 393
Tía Chofi, 394
Es un temor de algo…, 396
Tarumba, 399
Con tu amargura a cuestas…, 404
No es que muera de amor…, 405
¿Hasta dónde entra el campo…?, 406
He aquí que estamos reunidos, 407
Algo sobre la muerte del mayor Sabines, 407
Canonicemos a las putas, 421

TOMÁS SEGOVIA, 422
La ciudad amanece entre los brazos de la niebla, 422
No volver, 427
Por qué no, 428

EDUARDO LIZALDE, 429
Retrato hablado de la fiera, 430
La ciudad ha perdido su Beatriz, 433
Poema, 436
Revolución, 436
Pueblo, 437
Opus cero, 437
La bella implora amor, 437
Para Luis Cardoza y Aragón por sus *Dibujos de ciego*, 439
Caza mayor, 440

JUAN BAÑUELOS, 442
Poema interrumpido por un allanamiento, 442
Perversidad de la separación, 444
Palimpsesto, 445

MARCO ANTONIO MONTES DE OCA, 447
Ruina de la infame Babilonia, 448
Contrapunto de la fe, 452
El corazón de la flauta, 455
Ala, 458

GUILLERMO FERNÁNDEZ, 459
Carta de Nonoalco, 459

GABRIEL ZAID, 461
Acata la hermosura, 461
Nacimiento de Venus, 462
La ofrenda, 462
Circe, 462
Al descubrir el fuego, 463
Danzón transfigurado, 463
Cuervos, 463
Otra vez tarde, 464
Elogio de lo mismo, 464
Lectura de Shakespeare, 465
Pero... ¡qué gente!, 465

Hugo Gutiérrez Vega, 466
Variaciones sobre una "Mujtathth" de Al-Sharif Al-Radi, 467
Nota roja, 467
México-Charenton, 468
Aunque no lo parezca de verdad no quiero nada, 473
VIII. Declaración del éxito, 474

Gerardo Deniz, 474
Estaban, 475
Nueva Eloísa, 475

José Carlos Becerra, 476
Oscura palabra, 477
La Venta, 479
Adiestramiento, 485
El pequeño César, 486
El Halcón Maltés, 489
[la noche del bárbaro], 492
[cómo retrasar la aparición de las hormigas], 492

Óscar Oliva, 494
Áspera cicatriz, 494

Francisco Cervantes, 498
El sueño del juglar, 498
Convalecencia, oh descubrimiento, 499

José Emilio Pacheco, 500
Árbol entre dos muros, 501
Los elementos de la noche, 502
Como aguas divididas, 503
Éxodo, 503
Descripción de un naufragio en ultramar, 504
Alta traición, 505
Crónica de Indias, 505
Goethe: *Gedichte*, 506
"Moralidades legendarias", 506
Tulum, 507
Antiguos compañeros se reúnen, 508
Malpaís, 509

HOMERO ARIDJIS, 510
Es tu nombre y es también octubre, 511
Construyo tu alabanza, 511
Ay de ti, 512

ELVA MACÍAS, 513
El gallo en el balcón, 514
Hansel y Gretel, 514
Adán y Eva sin nostalgia del Paraíso perdido, 514
Freudiano, 515
Ascenso a San Cristóbal, 515
Estancias, 515

RAÚL GARDUÑO, 516
Canción, 516
Del oído silencioso, 517
¿Qué fecha es nunca?, 518

JOSÉ RAMÓN ENRÍQUEZ, 519
Balada de los tres suicidas, 519
Divine despierta, 521

FRANCISCO HERNÁNDEZ, 521
Domingo, 522

JAIME REYES, 523
Sin memoria ni olvido, 524

ANTONIO DELTORO, 529
Algarabía inorgánica, 530

RICARDO YÁÑEZ, 532
Pretextos, 533
Aunque me digan, 533
Qué triste pasas, 534

DAVID HUERTA, 535
Locura, un cuerpo: este papel, 536

Nota editorial, 539
Índice de poetas, 541
Índice de poemas, 543

Nota preliminar

En 1966, previo encargo generoso de don Rafael Giménez Siles y de Emmanuel Carballo, publiqué en Empresas Editoriales una *Antología de la poesía mexicana del siglo xx*. Para esta edición he aprovechado parte de ese trabajo aunque, previsiblemente, me ha tocado modificar puntos de vista, suprimir respetos tenues, acrecer e iniciar admiraciones, trastocar perspectivas de conjunto y, especialmente, variar de estrategia selectiva. Ahora me he decidido por la representación lo más abundante posible de los autores que considero primordiales, eliminando la presencia de poetas cuya obra, así incluya poemas importantes o decorosos, me interesa en grado muy menor.

En el caso de varios autores, adjudicarles el siglo XIX o el siglo XX es actitud tan perfectamente convencional como indispensable para fines editoriales. José Emilio Pacheco y yo llegamos a un acuerdo donde, sabedores de las injusticias inevitables, dividimos según formación, adscripción a escuelas, sensibilidad manifiesta, etcétera. Una excepción compartida: José Juan Tablada, quien vivió con notable eficacia las diferentes estéticas que van del fin de siglo a la explosión vanguardista de la década del veinte y que figura en ambas antologías.*

Sólo me queda expresar mi agradecimiento a Enrique Florescano y Sonia Lombardo, de la Dirección de Estudios Históricos del INAH, y muy especialmente, a mis compañeros del Seminario de Historia de la Cultura Nacional: José Emilio Pacheco, Nicole Girón, José Joaquín Blanco y Héctor Aguilar Camín.

Carlos Monsiváis
Departamento de Investigaciones Históricas, INAH
[1979]

---

* Finalmente, en el texto de 1985, que es el que seguimos para la edición de Hotel de las Letras, Tablada quedó sólo en el volumen correspondiente al siglo XX. (Véase Nota editorial al final de este volumen.)

Nota

En 1966, previo encargo generoso de don Rafael Giménez Siles y de Emmanuel Carballo, publiqué en Empresas Editoriales una *Antología de la poesía mexicana del siglo xx*. La repetí en 1979, con los cambios obligados (suma o resta de admiraciones) a solicitud de Editorial Promexa. Ahora, emprendo la tarea por tercera vez acentuando la estrategia: hacer de la selección no tanto un panorama histórico como una presentación, lo más abundante posible, de los escritores cuya obra me resulta primordial o más significativa.

La selección parte de un presupuesto básico. Se acepta lo convencional y debatible de adjudicarle a un autor el siglo xix o el siglo xx como su ámbito por excelencia (por siglo aquí se entiende, muy *grosso modo*, la relación de los acontecimientos históricos con las atmósferas culturales y con la formación de la sensibilidad colectiva), pero, ya que se requiere tal división, se usa para marcar el inicio de "el siglo xx" a los estallidos de vanguardia, que aclaran el modo en que un nuevo temperamento dispone orgánicamente de formas nuevas. Por eso, "el primer poeta del siglo xx" es José Juan Tablada, quien recorre con notable eficacia el tránsito de un modernismo ortodoxo a las innovaciones profundas y a las modas sintomáticas.

Sólo me queda expresar mi reconocimiento a la Dirección de Estudios Históricos del inah y a mis compañeros del Seminario de Historia de la Cultura Nacional. Le agradezco también su ayuda a Dolores Campos y Jorge Ramírez.

[1985]

Introducción

¿A qué se alude al hablar de poesía mexicana? En literatura (y especialmente en poesía) el adjetivo indica la nacionalidad de los autores y las sucesivas negaciones y afirmaciones de una tradición (siempre redefinida). No es dable encontrar —porque no existe— lo específicamente nacional, la poesía que represente o sintetice a una colectividad o a una suma de colectividades o clases sociales. Si hay poesía mexicana, en el sentido de historia de una producción cultural, no hay en cambio poemas mexicanos o muy mexicanos. En todo caso, disponemos de textos escritos por nacionales que, al margen de ortodoxias, se van ubicando en función de órdenes de calidad universal. De manera nítida, nuestra poesía no consiente ideas de "atraso" y "subdesarrollo". En su rico y variado corpus participan a lo largo de cien años (ejemplifico destacadamente) Salvador Díaz Mirón, Manuel José Othón, Efrén Rebolledo, Manuel Gutiérrez Nájera, Ramón López Velarde, Francisco González León, Alfredo Placencia, José Juan Tablada, Carlos Pellicer, Salvador Novo, José Gorostiza, Xavier Villaurrutia, Gilberto Owen, Octavio Paz, Efraín Huerta, Rubén Bonifaz Nuño, Jaime García Terrés, Rosario Castellanos, Jaime Sabines, Eduardo Lizalde… y la nómina se extiende hasta hoy. Los nombres son el lado más visible de movimientos, tendencias, gustos, influencias, marginaciones, inclusiones, ilusiones, creencias y teorías sobre la poesía, sobre la función del arte y el artista, sobre las prácticas literarias al servicio o a contracorriente de una sociedad.

¿Cómo se pudo dar Rubén Darío en la Nicaragua plenamente feudal o qué relación hay entre Manuel José Othón y la provincia mexicana de fines del XIX? La poesía se evade del fetichismo de la superestructura y dista, en sus mejores instancias, de reflejar dócilmente sus alrededores: ideas circulares, ignorancias satisfechas o mentalidades autoritarias. Con los recursos a su alcance, los poetas, sin dejar de expresarla, se adelantan a su época, contribuyen a formarla integralmente. Además, en América Latina ha sido indiscutida (esencial) la pertenencia a Occidente. Rubén Darío en Nicaragua o Salvador Díaz Mirón en Veracruz pudieron escribir porque se sentían incorporados a una cultura que así no los contemplase específicamente, respondía a sus necesidades, deseos y apetencias. Para ellos, París no fue un símbolo, era su garantía de distancia

y salud mental ante ambientes ásperos, difíciles, primitivos. Los modernistas o
los poetas del grupo de Contemporáneos hallaron en su adopción de influen-
cias la piedra de toque de su resistencia al medio y de sus certidumbres crea-
tivas. En 1897, Tablada afirma que no hay literatura mexicana, ni literatura
francesa, ni literatura española, sino una única, la universal, y en 1898 Amado
Nervo le replica al hipernacionalista Victoriano Salado Álvarez:

> Y se escandaliza usted de que sigamos a los maestros franceses cuando Francia
> ha sido el modelo de nuestras instituciones y cuando inspirarnos en nuestros
> antecesores literarios sería hacer la mayor injuria al criterio artístico más pri-
> mitivo e ingenuo.

Un elemento básico del desarrollo de la poesía en México es la polémica entre
nacionalistas y "escapistas" o "desarraigados" que todavía persiste a princi-
pios de la década de los sesentas. En los veintes y los treintas, los Contempo-
ráneos promueven en sus labores burocráticas el nacionalismo cultural, pero
en sus trabajos individuales proclaman el rechazo o la ignorancia de lo inme-
diato. A ellos, "arraigarse", en el sentido de aceptar mecánicamente los valo-
res nacionales, les resultó la condena, la sumisión al localismo, la humillación
ante la autosuficiencia que nos informa: no somos el centro del mundo pero lo
seremos. Jorge Cuesta, en una réplica a Ermilo Abreu Gómez, es tajante: "Por
lo que a mí toca, ningún Abreu Gómez logrará que cumpla el patriótico deber
de embrutecerme con las obras representativas de la literatura mexicana. Que
duerman a quien no pierde nada con ello; yo pierdo *La cartuja de Parma* y mu-
cho más". Y en el mismo artículo ("La literatura y el nacionalismo", *El Univer-
sal*, 1932) Cuesta define: "El nacionalismo equivale a la actitud de quien no
se interesa sino con lo que tiene que ver inmediatamente con su persona; es
el colmo de la fatuidad. Su principio es: no vale lo que tiene un valor objetivo
sino lo que tiene un valor para mí. De acuerdo con él, es legítimo preferir las
novelas de don Federico Gamboa a las novelas de Stendhal y decir: don Fe-
derico Gamboa para los mexicanos, y Stendhal para los franceses. Pero hágase
una tiranía de este principio: sólo se naturalizarán franceses los mexicanos más
dignos, esos que quieren para México, no lo mexicano, sino lo mejor".

No es una antología de divulgación el sitio para discutir con amplitud los
grandes temas de la poesía. Me resignaré aludiendo sólo a uno —el caso límite
de la política sexual— donde los resultados han justificado la variedad de es-
trategias. Para ser cabalmente erótico a principios de siglo, Efrén Rebolledo ne-
cesita rodearse de una atmósfera mística y aderezar *litúrgicamente* el cuerpo de
la mujer amada. No es hipocresía: es herencia cultural y lenguaje social. Quien
quiera acercarse en la literatura al cuerpo femenino, en un mundo previcto-
riano de respeto y pudor histéricos, necesita el lenguaje de la "profanación".
Así se cumple con ambas partes: la sociedad piensa que se le falta el respeto

a la Iglesia y la Iglesia cree a la sociedad la perjudicada. Y esta feroz impregnación religiosa del acto sexual se prolonga muchísimo tiempo, contrapartida de ocultamientos y prohibiciones. Si el catolicismo medieval protege a la mujer con una red protectora de excomuniones (que acepta en forma inevitable la sociedad), se requieren los sacrilegios verbales que traspasen y venzan ese horror al cuerpo, el miedo a las descripciones físicas o a la consignación del deseo. A Dios no le importará que usemos del idioma a él dedicado para secularizar la vida cotidiana, parecen decir los poetas que mezclan las referencias devotas con la sensibilidad de vanguardia y que consuman la alianza del León y la Virgen. López Velarde, la síntesis más acabada de esta actitud, la resume de modo admirable:

> ¿Será este afán perenne franciscano o polígamo?

Lo que Tablada convierte en un interrogante aún más teológico:

> ¿Soy Luzbel a las puertas de la gloria
> o Adán en el dintel del paraíso?

Es inevitable. Sólo en etapas muy recientes, el poeta, el escritor, han dejado de pagar las altas tributaciones (retóricas o biográficas) a una sociedad que los rechaza y juzga excéntricos, inmorales.

Poesía y Nación

A lo largo del siglo XIX, los poetas mexicanos —también legisladores, historiadores y políticos— quieren construir la nación, establecer sus límites y contenidos, definir sus estatutos morales, estimular la sed de hazañas, exaltar fragmentos de la vida marginal (los sueños, las prostitutas), cantar a la Amada para preservarla del olvido y la fragilidad del tiempo, celebrar las pasiones, elogiar a la Naturaleza, describir las minucias y las frivolidades, burlarse del enemigo, encomiar la autenticidad de los sentimientos populares. La estabilidad del porfiriato les permite a los poetas un agregado: responder a su vocación con una vida que, sin ser claramente heroica, traduzca en actitudes cotidianas la inspiración del verso y sea, en sus propios términos, poesía. Casi, cada obra promueve un personaje: el afrancesado a la moda (Gutiérrez Nájera), el gigante ardoroso y colérico (Díaz Mirón), el provinciano culto y panteísta (Othón), el gimnasta espiritual (Nervo), los exiliados voluntarios de la sociedad (Manuel Acuña, Antonio Plaza). Las tendencias literarias se suceden o se funden, mas los escritores para afirmar sus ideas les aportan su distinguible individualidad.

En el dilatado imperio de Porfirio Díaz, la poesía mexicana vive —en tanto conjunto— un auge social y formal. Salvador Díaz Mirón, Manuel José Othón, Manuel Gutiérrez Nájera, Luis G. Urbina, Amado Nervo, Juan de Dios Peza son, a su modo, representantes idóneos de una cultura nacional que culmina en las Fiestas del Centenario, y en el discurso de Justo Sierra al inaugurar la Universidad (1910). En una atmósfera de balbuceos positivistas implantados como ciencia rigurosa, estos herederos del pensamiento liberal identifican el cultivo de la forma con el sentido de sus emociones y, con la salvedad explícita de Othón, se adhieren al modernismo, a los sucesivos modernismos que, entre esplendores verbales, redimen a la literatura latinoamericana del yugo de Espronceda y Lamartine. Martí y Gutiérrez Nájera son los iniciadores y Rubén Darío es la figura por antonomasia ("Darío nos enseñó a hablar", dirán Neruda y Pellicer), y entre "claros clarines", amor patriótico por la cultura francesa, religión del arte y diversidad de "estremecimientos nuevos", estos poetas intentan rescatar a la poesía del bucolismo, el frenesí romántico y el chovinismo de consolación. De estos "modernistas", Gutiérrez Nájera y Amado Nervo son los signos externos más notorios de la transformación. No confino a estos dos poetas en sus papeles sociales, pero parte de su obra consiente tal atribución. En la representación teatral que las clases dominantes patrocinan con tal de convencerse de una íntima grandeza, a Gutiérrez Nájera le toca certificar el auge del snobismo y la europeización de las costumbres y Nervo representa el deseo de profundidad filosófica y serenidad y nobleza del ánimo de una sociedad urgida —en la paz obligatoria o en el estallido revolucionario— de pruebas de toda índole (mejor si son poéticas) de la madurez de su conducta.

Los deleites del modernismo, su barroco admirable o conmovedor, renuevan el culto por la poesía y permiten que prosiga ese embeleso nacional en torno a los Iluminados del Verbo. La épica se diluye en la pasión desgarrada, las revelaciones de sociedad o los heroísmos (en conjunción) del sentimiento, del pensamiento y de la expresión. Díaz Mirón y Manuel José Othón son los poetas mayores y "Lascas" y el "Idilio salvaje" dos espléndidos resultados de una decisión clásica que, en lo ideológico, no se desprende aún de los últimos prestigios del romanticismo. Repudiado literariamente, el romanticismo sobrevive en el aura de las existencias entendibles "a la luz del relámpago", en el desgarramiento y la autodestrucción. Manuel Acuña, Manuel M. Flores o Antonio Plaza, dioses de una "bohemia de la muerte", inducen a la aceptación popular de la vida como el desencuentro de la pureza individual con el poderío dramático de la gran ciudad.

La del modernismo es, por excelencia, poesía sonora, asible y repetible, y el país —no sólo las élites— la escucha y acepta deseosa de utilizar su memoria en un material que le pertenezca de modo intransferible, que haya sido escrita en honor de sus aspiraciones. No son infrecuentes los analfabetas que recitan interminables versos y una velada social digna de ese nombre debe incluir poesías. Nervo, Urbina, Peza, Díaz Mirón, Acuña, Plaza, Othón, Gutiérrez Nájera, fijan la imagen de la poesía y del poeta y por lo mismo, por ser orgullos nacionales y repertorio lírico y sustento vehemente de la espiritualidad de sociedad, detienen o contienen por varias décadas el acercamiento del público a la poesía nueva. Después y pese a López Velarde, la poesía sólo se ha incorporado al repertorio popular a través de métodos indirectos.

Contexto: moralidad y sensualidad

Los poetas, vanguardia social. Ellos fijan el lenguaje —imágenes, visiones, sensibilidad precursora— que ha de expresar y aprehender a la nueva sociedad. Ellos, junto a muralistas y novelistas de la Revolución mexicana, son un magnífico instrumento formativo. Al principio, la poesía actúa como antítesis o antídoto de la realidad explosiva y la obra de Nervo o de González Martínez deviene lenguaje de una sociedad (una clase media azorada) que recién ha roto su demoledora quietud y que —heredera de los silencios forzados de la Colonia y el porfiriato y del vocinglerío del XIX— desea voces y actitudes que resuman ("plasmen", dirían ellos) sus aspiraciones y anhelos de "espiritualidad". El fenómeno es latinoamericano, como lo prueba el apoteósico viaje funerario de Amado Nervo, de Montevideo a Veracruz a México, que culmina en un entierro multitudinario que, literalmente, conmueve a la capital. El entierro de Nervo (1919) marca, de modo no tan simbólico, el fin de la poesía como encandilamiento y estímulo de masas.

La poesía no registra aparentemente el choque social y en los años de mayor intensidad revolucionaria una figura paradigmática es Enrique González Martínez. Es apenas previsible que el programa de la serenidad continúe en espera de los remansos institucionales. Con González Martínez conjeturas e hipótesis ya importan poco. ¿Fue un puente entre el porfiriato y la Revolución, rechazó las glorias ornamentales del porfiriato por virtud o timidez, fue la suya una crítica por omisión? Quizás —y ésta es una manera de ser bien pensado— eligió los senderos de una poesía grave y reflexiva para desafiliarse del oropel porfiriano. Pero a un lector actual lo que se le revela con mayor claridad es el peso de sus impostaciones. Según Xavier Villaurrutia, "en su caso, poco frecuente en la poesía mexicana, el todo es superior a las partes". Creo lo opuesto. El *todo* de su obra es de un fatigoso exhibicionismo moral, la homilía de quien captó superficialmente los alcances de Darío y los suyos propios. Pocos de sus poemas sobreviven al didactismo y a la moraleja circular que reflexiona sobre lo que ya sabe para saber sobre qué reflexiona. Si el positivismo de Porfirio Parra o Gabino Barreda intentó convertir la conciencia en hecho regulado y verificable, González Martínez quiso patrocinar la actividad del alma, que ya no debe esperar pacientemente y en la sombra la intercesión divina. Son los años del *If* de Rudyard Kipling: "Si puedes estar firme cuando en tu derredor todo el mundo se ofusca y tacha tu entereza", los años de la literatura que ve en las perfecciones de la voluntad individual la solución inmejorable. Como más tarde los poetas sociales, González Martínez ve en el poema un acto extraordinario, de insondables e insospechadas repercusiones. No preconiza el heroísmo exterior y colectivo, no quiere triunfar sobre las dificultades ambientales sino sobre el más difícil y peligroso "yo íntimo". Aún se cree entonces —Freud es apenas noción difusa— que los enemigos de la virtud que es tranquilidad y gozo son las pasiones contrariadas: el odio, el egoísmo y la vida vertiginosa. González Martínez, moralista, predica el examen de conciencia que deviene sabiduría, noble lentitud, búsqueda del sentido de las cosas y de la voz del paisaje. Hay que saber "hallar una sonrisa", guiar la atención hacia la gota sutil y el silencio que clava su pupila en la sombra.

En 1929, Novo recapitula tal situación:

> Dióse por entonces la literatura mexicana a buscar en todas las cosas un alma y un sentido oculto, a no fiarse de la apariencia vana, a husmear, seguir el rastro de la verdad "arcana", escudriñante el ojo y avizor el oído.

No se culpe demasiado al público de poesía que, de modo mayoritario, es sorprendido en la década del veinte (ellos hubiesen dicho: "es traicionado") por el vuelco del gusto y la renuncia a la rima y el catálogo de seguridades literarias. Todo influye: el rápido tránsito a las sonoridades encubiertas de la rima interna, la presencia abrumadora de nuevas imágenes, el desdén de los nuevos poetas ante lo memorizable. El público ya ganado para la poesía se retira confuso y resentido, y se entrega a las plenitudes de la canción popular, a las facilidades de las consonancias modernistas y/o románticas de Agustín Lara. Influye también en el proceso anterior el que la poesía abandone los periódicos y se confine en las revistas literarias.

Poesía y Revolución

Pese a su destino ulterior, la de 1910 es una revolución social que, de entrada, desbarata y acumula, da cabida a impulsos formidables, transforma y auspicia la fluidez en todos los órdenes. Artísticamente, la Revolución encuentra su huella directa e inmediata en el muralismo (no tan paradójicamente mensaje subversivo y pintura del Estado burgués), en los intentos del nacionalismo musical y en un movimiento novelístico que consigna el incumplimiento de los ideales y la frustración de las víctimas. En la década del diez, solamente el corrido, desde su humildad lírica, advierte los elementos poéticos de esa ronda del desastre y la pasión nacionales. Todavía no se promulga e inventa el realismo socialista y así escapan las batallas de Torreón y Zacatecas, el borracho

Huerta, Madero el apóstol, Zapata y Villa, de recibir un homenaje ajeno al directo y eficaz de los cantores del pueblo. Demasiado cerca o demasiado lejos de las turbamultas revolucionarias, los poetas evaden la "fascinación de la metralla", rehúyen su temática y no será sino después, en años presupuestales, cuando los receptáculos del mal gusto oficial ensalcen soldaderas, cananas redentoras y vías férreas por donde se desliza el progreso del país.

Pero la Revolución también permite y determina el surgimiento de una cultura nacional más vasta, menos sujeta a la gracia y el mecenazgo de los señores feudales. Al desmoronarse las estructuras porfirianas, al ampliarse las oportunidades educativas, al disminuir el influjo de la pedagogía de la parroquia, se dan las condiciones para la aparición de escritores ya no requeridos del esfuerzo de las generaciones anteriores, demasiado atareadas en la lucha contra los hábitos feudales, enfrentadas agudamente al atraso general. Es ya hora de que la poesía se torne ocupación deslindable de la profecía, de la iluminación y guianza de pueblos, del culto místico a la palabra en una nación siempre en vísperas de serlo.

A la gravedad de las reflexiones o a los jugueteos eufónicos, López Velarde, Tablada o Pellicer oponen la sensualidad de la forma, la novedad (color, metáforas, imaginería) como giro erótico, el culto a la época (vértigos visuales, reconsideraciones del sonido, homenaje a los adjetivos novedosos o al automóvil y las luces neón) como incentivo para transformar la mentalidad colectiva. Si para los modernistas la forma fue cuestión moral (José Emilio Pacheco), para quienes renuevan la poesía durante la década revolucionaria y los veintes, la forma será cuestión sensual.

José Juan Tablada: "En la más sincopada de las rumbas"

En un plazo no mayor de una década (1916-1926), cuatro poetas: José Juan Tablada, Ramón López Velarde, Carlos Pellicer y Salvador Novo ofrecen una alternativa real ante la sensibilidad porfiriana, una alternativa que trasciende el chovinismo, niega las autocomplacencias verbales y ofrece, desde la vanguardia, un reencuentro con la tradición fincado en la innovación. Del modernismo se asumen su búsqueda de la expresión americana y sus requerimientos de estilo y lirismo, y se desechan el culto preciosista de la forma y la avidez de artificio. A esto se añade en los casos de Tablada y Novo la decisión de modificar, a través de las imágenes, las sensaciones o la visión de lo contemporáneo de lectores y autores, uniendo la poesía y el siglo (el culto por la técnica, la embriaguez de lo Nuevo, el estrépito y las disonancias igualmente alejados de lo clásico y lo romántico).

El indudable precursor y primer ejecutor de esta poesía renovadora es José Juan Tablada. Él anuncia la brevedad en una literatura de extensión y fárrago,

desdeña el academismo, introduce formas poéticas y opta instintiva y sucesi-
vamente por las vanguardias.

Iniciado en el modernismo ortodoxo (es animador de la *Revista Moderna*),
la primera disidencia de este cultivador del exotismo y el escapismo es moral:
el poema "Misa negra" (1898) que escandaliza a la esposa de Porfirio Díaz y a
los "científicos" y exhibe una convicción: es tiempo ya de ampliar el concepto
de "espiritualidad amorosa", de incluir, con los eufemismos correspondientes,
la índole premiosa del acto sexual admitiendo sus escalofríos concretos. Otro
paladín de esta actitud es Efrén Rebolledo quien especialmente en los esplén-
didos sonetos de *Caro Victrix* (1916) pregona el erotismo ante la pudibundez
ambiental.

Tablada no se detiene en la heterodoxia moral frente al modernismo. Su via-
je a Oriente (1900) lo transforma literariamente y del Japón trae la moda del
haikú, que le permite crear una serie de admirables imágenes. Después se radi-
caliza con los poemas "ideográficos". Al respecto, en una carta pública a López
Velarde (1919), Tablada explica:

> La ideografía tiene, a mi modo de ver, la fuerza de una expresión "simultánea-
> mente lírica y gráfica", a reserva de conservar el secular carácter ideofónico.
> Además, la parte gráfica substituye ventajosamente la discursiva o explicativa
> de la antigua poesía, dejando los temas literarios en calidad de "poesía pura",
> como lo quería Mallarmé. Mi preocupación actual es la síntesis, en primer lu-
> gar porque sólo sintetizando creo poder expresar la vida moderna en su dina-
> mismo y en su multiplicidad; en segundo, porque para subir más, en llegando
> a ciertas regiones, hay que arrojar lastre...
>
> Toda la antigua "mise en scène", mi vieja guardarropía, ardió en la hoguera
> de Thais convertida...

Octavio Paz ha llamado reiteradamente la atención sobre la calidad de estos
poemas "ideográficos" de Tablada, tan deslumbrantes hoy como el día de su
publicación. Luego, su autor derivará hacia el nacionalismo literario, conmo-
vido por los hallazgos de López Velarde. Producto de esa búsqueda programá-
tica es *La feria* (1928), donde intenta reflejar "esta poesía desolada, hecha de
espectros, de ídolos, de tristeza colonial, de mediocridad presente, que es el
alma de los pueblos mexicanos".

Alfonso Reyes: *"Heredera de todos, alma mía, mestiza irredenta"*

No es la poesía la más significativa de las numerosas aportaciones del grupo
conocido como Ateneo de la Juventud (José Vasconcelos, Reyes, Julio Torri,
Pedro Henríquez Ureña, Martín Luis Guzmán, Antonio Caso, etcétera), que

surge a fines del porfiriato para oponer su exigencia de cultura humanista a los dogmas congelados del positivismo. Ni Rafael López ni Manuel de la Parra ni (siquiera) Alfonso Reyes son grandes poetas. Pero este último es el creador de una admirable literatura. Su maestría prosística, su decisión de ser —en primera y en última instancia— un escritor, sientan las bases del profesionalismo en la literatura mexicana, un profesionalismo reacio a desgastarse en la política o en el periodismo. Reyes no impugna, él es un discernidor inteligente (y un vehículo sistemático de difusión) de aquellos puntos capitales donde la tradición humanista de Occidente es ejercicio de concordia, unidad y continuidad; por eso, sus preferencias van de Homero a Góngora a Goethe a Mallarmé a Homero. En su poesía, Reyes exhibe claridad expresiva, afanes lúdicos, delicadeza. Quizá su mejor poema sea un texto en prosa, "Visión de Anáhuac", desde mi punto de vista muy superior a "Ifigenia cruel", eficaz resumen de su sensibilidad literaria pero ya muy lastrado por la grandilocuencia.

Ramón López Velarde: "Me asfixia, en una dualidad funesta…"

A López Velarde le ha tocado en suerte la desgracia de ser el Poeta Nacional. Esta difusión condicionada posee un gravísimo inconveniente: desea convertir a sus lectores en gambusinos de "esencias nacionales". Detente, compatriota, no has llegado a una obra poética sino a la Verdad Revelada sobre la parte más sensible de tu idiosincrasia.

Nada más ajeno a López Velarde que este carácter de "profesional de la mexicanidad". De manera deliberada, él se limitó a crear su gran personaje, ese payo sentimental que oscila entre las tentaciones y el arrepentimiento, que usa la rima para distanciarse de las costumbres literarias, que difunde una teología popular donde el pecado es el otro nombre (de ningún modo hipócrita) de la sensualidad. Con él se consuma significativamente la agonía de algo que podría denominarse el "siglo XIX mexicano", cuyo sentimentalismo se ve expresado en formas que al serle hostiles o ajenas lo desconocen y niegan. Estamos ante los primeros resultados de la Revolución mexicana. En 1915 publica Mariano Azuela *Los de abajo* y en 1916 López Velarde *La sangre devota*. En el primer caso, un *tono* narrativo es hecho a un lado y la violencia, al ser el *otro protagonista*, es también el *otro punto de vista*. En el segundo, en la atmósfera católica tradicional actúan formas de vida que incorporan a la sensualidad y veneran tanto a la tradición que contemplan como a la que van creando obligadamente a través de esa novedad del lenguaje que expresa —y crea a su manera— la "novedad de la patria".

Es inútil tomar como dogma el impulso declarativo del personaje poético López Velarde. Él pudo hablar —con ironía y ambigüedades hoy manifiestas— de su "corazón retrógrado", de su "íntima tristeza reaccionaria" o de sus superticiones. Si políticamente fue conservador, su poesía es y sigue siendo fuente de revelaciones y descubrimientos.

Cuando él declara:

> Me asfixia, en una dualidad funesta,
> Ligia, la mártir de pestaña enhiesta,
> y de Zoraida la grupa bisiesta

o cuando dice:

> Yo, varón integral,
> nutrido
> en el panal
> de Mahoma
> y en el que cuida Roma
> en la Mesa Central

se ufana, de modo explícito, de una pertenencia a dos culturas, de una sensibilidad, concretada y formada en el lenguaje, donde las lealtades se niegan a una imposible jerarquización y en donde un ámbito feudal (que hoy llamamos "provinciano") recibe una despedida tierna y sardónica a la vez.

A López Velarde puede aplicársele lo visto por Borges en la poesía de Lugones: "Quiere incorporar a su idioma los ritmos, las metáforas, las libertades que el romanticismo y el simbolismo dieron al francés". Esto se aplica fundamentalmente a la descripción del objeto idealizado, la provincia, la patria o, sobre todo, la amada, esa Fuensanta o esa Margarita míticas a las que dirige una pasión donde el instrumental permitido (la atmósfera religiosa) certifica la pureza de intenciones y exalta la fuerza del deseo.

Según Manuel Gómez Morin, en 1915 "López Velarde canta el México que todos ignorábamos viviendo en él". Esto es cierto si por México se entiende un todo cotidiano que incluye maneras o estilos de vivir la poesía, la nostalgia, la sociedad (el país), el amor, las costumbres a la defensiva; si por México se entiende la "patria hacia dentro" a la que canta López Velarde en su poema más célebre. Al igual que otros extraordinarios poetas de provincia, Francisco González León y Alfredo Placencia, López Velarde acepta que sus creencias son su fundamento cultural, y va de sus devociones al encuentro de sus obsesiones. Frente a las construcciones esplendorosas del modernismo, demoliéndolas y continuándolas, un poeta construye un espacio cuya singularidad (si bien le evita el discipulado) le permitirá a la cultura oficial construir otro paradigma: el Poeta muerto a "la edad del Cristo azul" que encarnó los valores de la conservación nacional, anheló la inmovilidad de la Historia y forjó una utopía evocativa.

Como obra poética y como fenómeno cultural, López Velarde es definitivo. No sólo amplía y vigoriza una literatura. También le permite a una colectividad contemplarse idealizadamente —aun sin haberla leído, gracias a la natural comunicación social de las grandes obras— en una poesía que funde impresiones o nociones consideradas antagónicas. Se alían las impresiones mortecinas de las calles de México con las madrugadas nítidas de Jerez o San Luis Potosí, la presunción nacionalista con la mirada compasiva hacia esa suma de costumbres y vivencias que es la patria, la evocación como ritmo obsesivo con la lujuria como secreto a voces. En esta poesía se funden (se declara indivisibles) grandes fuerzas opuestas que bien pueden ser el ardor sensual y la experiencia mística, o la provincia y la capital, o el sueño de la inocencia y las "flores del pecado", o la Arabia feliz y Galilea, o la carne y el espíritu, o lo hispánico y lo indígena, o la devoción y la blasfemia. Continuidad y transformismo: al engarzarse en metáforas nuevas los sentimientos típicos ya no son los mismos, el deseo insatisfecho se vuelve melancolía pública, el amor puro es también el frenético deleite, a la emoción amorosa la transforma la intensidad de un lenguaje que se flexibiliza y se desdobla en lo entrañable y cotidiano y lo ritual y ceremonial. López Velarde vuelve tradición cultural la vida de provincia y por tanto, en vez de declararla utopía como se ha dicho, la instala irremisiblemente en el pasado, mito no de la realidad sino de la estética.

Los Contemporáneos

Aunque no estrictamente un grupo (en rigor, de lo único que puede hablarse en la historia cultural es de tendencias), afinidades literarias, revistas hechas en común, influencias y aversiones compartidas, enemigos comunes, la misma intransigente actitud ante el arte, terminan por asimilar, en una perspectiva histórica, a los escritores conocidos como generación de Contemporáneos (llamados así por la revista que publicaron), cuyo trabajo colectivo dura aproximadamente de 1920 a 1932. Son ellos Carlos Pellicer, Salvador Novo, Jorge Cuesta, Gilberto Owen, Bernardo Ortiz de Montellano, Xavier Villaurrutia, Enrique González Rojo, José Gorostiza y Jaime Torres Bodet. Algunos historiadores incluyen a Celestino Gorostiza, Elías Nandino, Octavio G. Barreda y Rubén Salazar Mallén. Junto a ellos, en otros campos pero con intensas correspondencias, el músico Carlos Chávez y los pintores Agustín Lazo, Rufino Tamayo, Julio Castellanos y Manuel Rodríguez Lozano.

Jorge Cuesta, quizás el más analítico, ubica a los Contemporáneos:

Quienes se distinguen en este grupo de escritores tienen de común con todos los jóvenes mexicanos de su edad, nacer en México; crecer en un raquítico medio intelectual; ser autodidactas; conocer la literatura y el arte principalmente en revistas y publicaciones europeas; no tener cerca de ellos, sino muy pocos ejemplos brillantes, aislados, confusos y discutibles; carecer de esas compañías mayores que deciden desde la más temprana juventud un destino; y, sobre todo, encontrarse inmediatamente cerca de una producción literaria cuya cualidad esencial ha sido una absoluta falta de crítica. Esta última condición es la más importante… La realidad mexicana de este grupo de escritores jóvenes ha sido su desamparo y no se han quejado de ello, ni han pretendido falsificarla; ella les permite ser como son. Es maravilloso cómo Pellicer decepciona a *nuestro paisaje*; cómo Ortiz de Montellano decepciona a *nuestro folclore*; cómo Salvador Novo decepciona a *nuestras costumbres*; cómo Xavier Villaurrutia decepciona *nuestra literatura*…

La actitud se repite. Cada grupo o generación elige, como punto de partida, la certidumbre de sus limitaciones: no hay tradición o si la hay se concreta a unos cuantos nombres, a unos cuantos ejemplos. Sólo la crítica hará las veces de la tradición y el auxilio interno (la actitud de *decepcionar*) es el camino preferente. Por lo demás, políticamente, el propio Cuesta lo indica:

nunca hubo en México una generación más cortés… más conforme con su propio destino.

Los Contemporáneos empiezan su tarea bajo el mecenazgo de Vasconcelos. Sin embargo, y con la excepción de Pellicer, no comparten las visiones mesiánicas y bolivarianas. Son, en forma expresa o implícita, una reacción contra el estruendo prevaleciente, contra las épicas reales o pretendidas. Si algo, son un proyecto de cultura *contemporánea*, al margen o en contradicción con la realidad mexicana. Su protección inicial es la burocracia. En ella ingresan y allí se extingue más de una de sus carreras literarias. Durante dos décadas, renuevan y polemizan. En este sentido:

- promueven revistas (*La Falange*, *Contemporáneos*);
- contribuyen a vivificar un teatro inmovilizado en las inercias "castizas"; Crean grupos (Ulises, Orientación), dan a conocer autores (Gide, Lenormand, Cocteau, Eugene O'Neill, Giraudoux) y ponen al día las concepciones de técnica y tradición. Traducen profusamente e incluso preparan *sketches* de teatro frívolo;
- fundan el primer cine club de la República. Villaurrutia ejerce largo tiempo la crítica cinematográfica;
- ejercen magníficamente la crítica de artes plásticas (Cuesta, Villaurrutia, José Gorostiza) e instigan a los pintores a buscar caminos diferentes a los de la ya probada Escuela Mexicana;
- difunden y asimilan la poesía nueva internacional. Traducen a Pound,

Eliot, cummings, Sandburg, Vachel Lindsay, Amy Lowell, Hart Crane, Breton, Saint-John Perse, Cocteau, Supervielle;

- vigorizan el periodismo cultural y el político (Novo, Cuesta, Villaurrutia);
- hacen frente al chovinismo cultural, lo ridiculizan y aíslan teóricamente;
- defienden la libertad de expresión. El episodio más relevante: su protesta ante la supresión de la revista *Examen*, que publicó un texto "obsceno" de Rubén Salazar Mallén (un fragmento de novela). Esta controversia de "moral pública" se convierte en una campaña furiosamente puritana y machista contra los Contemporáneos y gente afín que, presionados, renuncian a sus empleos gubernamentales.

Carlos Pellicer: "Yo tendría ojos en las manos para ver de repente"

En 1921, Pellicer publica *Colores en el mar y otros poemas* y le declara a Rafael Heliodoro Valle: "Tengo veintitrés años y creo que el mundo tiene la misma edad que yo".

Piedra de sacrificios es el siguiente libro. Allí, afirma José Joaquín Blanco, Pellicer propone dos convicciones: "La Naturaleza es un proyecto aceptable" y "La patria es continentalizable". A las señaladas por Blanco hay que agregar otra insistencia: sin el sentido del humor (contemplación extravagante / recreación divertida) no hay naturalidad ni afinamiento de los sentidos:

> Y el mar se desmelena tocando su divino
> concierto matinal en sus floridos pianos.

Uso regocijante y natural de casi todas las posibilidades de la imagen, aceptación divertida de lo insólito, "extravagancia", liberación de rimas y metáforas, huida de los respetos catedralicios, gusto sensorial por la poesía: los términos confluyen hacia la palabra tótem: Modernidad, una modernidad que, en Pellicer, se sirve de numerosas vertientes. La más visible al principio: la que podría describirse como "instinto cosmogónico", el vitalismo de las fuerzas naturales que se opone al encierro decadente de las metáforas. Pese a lo dicho por Vasconcelos (el primero que ve en Pellicer a un autor de paisajes) en esta etapa las finísimas impresiones de viajero niegan y complementan el uso de las cosmogonías: el mar, el aire, la tierra, el fuego, el cielo, cumplen aquí funciones muy distintas a las tradicionales.

El mito está dispuesto. Que acudan los pocos críticos, los muchos comentaristas y el público en general y surgirá la Alegría Encarnada, el color, el ritmo, el amor diurno, el creyente que encuentra a Cristo a través de una fiesta de los sentidos, el júbilo que desolemniza, el copioso inventario de una Naturaleza que es una hazaña múltiple, la vivencia de América Latina. Todo lo anterior se apoya en una realidad literaria y es, a la vez, terriblemente simplificador y parcial. La riqueza, la complejidad de cada uno de los poemas de Pellicer rechazan la trampa de los lugares comunes y conducen de nuevo a la unidad de una obra que, desde el primero hasta el último de sus productos, exhibe el doble gozo de crear y de contemplar alegorías, metáforas, impresiones.

Pellicer le allega a la poesía en lengua española elementos tan imponderables como la alegría de vivir, tan concretos como el entendimiento (la creación verbal) del paisaje. Al principio, desiste de la rima para sumergirse en la concatenación de imágenes. Luego, sin renunciar jamás a la libertad adquirida, vuelve al soneto para transmitir su clara desolación amorosa (*Hora de junio*) o su vehemencia religiosa (*Práctica de vuelo*). "Los organizadores de naufragios/tienen razón: hay que viajar", dice Pellicer, y el viaje-naufragio de su poesía halla un punto de coincidencia y fusión: para Pellicer, escribir es fundar. Y fundar es igualar, democrática y desenfadadamente: tanto valen los colores como los días, la educación sensorial como el rezo al lado de la madre, junio como Bolívar, la plenitud amorosa como la devoción heroica, Cuauhtémoc como el fiel estupor ante la Naturaleza (esbelta como efebo). El asombro carece de prioridades. Y de la falta de jerarquías autoritarias y de la hondura y profundidad de una experiencia poética que acompaña a Pellicer hasta su último poema a los ochenta años, emerge una visión espléndida del mundo.

Salvador Novo: "¡Nuestro ombligo va a ser para los filatelistas!"

En Novo la precocidad es señal de arraigo, definición inicial y limitación costosa. No tiene otra sin embargo. El impulso de la Revolución es altamente fermentador, y a los 21 años, generales, gobernadores y poetas lo son con plena eficacia. A esa edad, en 1925, Novo publica *XX poemas* donde expresa su actitud: poesía es, *también*, lo no consagrado, aquello cuya legitimidad deriva de la novedad o de las metamorfosis cotidianas: sardinas, máquinas noisy Steinway, películas de Paramount, un masajista en Nueva York, redes telegráficas para jugar tenis.

Contaminación ultraísta, devoción por las imágenes no sojuzgables por la declamación, capacidad de relaciones inverosímiles que se divierte al ejercerse, culto por la circunstancia que niega la ansiedad ante el juicio de los siglos. En su ampliación de territorios poéticos, Novo renuncia al modernismo, se afilia a la nueva poesía norteamericana (Sandburg, Edgar Lee Masters, los imagistas), saquea procedimientos de la publicidad y reconoce como suya una tradición, la ópticamente encarnada en Wilde y Jean Cocteau: cinismo y dandismo, gusto por la paradoja y la provocación, golpeteo paródico y exhibición de riesgosas costumbres, deseo de asombrar y desdén ante el ánimo romántico. Según Novo, los *XX poemas* "concretan una forma propia que se ha liberado de los moldes en que mi voz adquirió, sin embargo, contornos perdurables. Estos poemas se podrían colgar como cuadros: ante todo son visuales". *XX poemas* es una sucesión de juegos de artificio donde el ritmo, la prosodia, la acumulación de imágenes intentan la diferencia a partir del reconocimiento. Que se enteren de la presencia de una poesía distinta, que no comercia con el sentimentalismo ni los valores regionales de los Grandes Conceptos ni la Sensibilidad al Uso.

En 1933, Novo publica sus dos grandes libros. El primero, *Espejo*, es "la autobiografía de mi infancia. Intenté liquidar, por medio de la poesía, el residuo de mis años primeros". En *Espejo* prosiguen la influencia (la contaminación) de la poesía norteamericana, ese *otro tiempo poético* que es el prosaísmo y, especialmente, la estrategia predilecta de Novo, la ironía. Distanciamiento de la realidad, reducción a escala de la pompa y burla de insuficiencias o demasías.

Como en las obras de Cavafis, Hart Crane, Luis Cernuda o Xavier Villaurrutia, en los mejores poemas de *Nuevo amor* actúa poderosamente un sentido de marginalidad inevitable. Esto no agota los significados o riqueza de los textos, pero la disidencia sexual y moral explica vertientes, insistencias, desolaciones e incluso un hábito de falso y verdadero patetismo: la confesión elevada al rango de revelación largamente esperada. Si un poema como "Elegía" ("Los que tenemos unas manos que no nos pertenecen") sólo se entiende a la luz de los riesgos y las dificultades de la condición homosexual de los años treinta, el acento declarado del conjunto refleja y expresa el acoso, la desesperación, la atracción letal del objeto del deseo, el amor que es la conciencia de la imposibilidad del amor, la transfiguración del desastre.

En los siete u ocho poemas perfectos de *Nuevo amor*, seguramente lo más intenso de la producción de Novo, el personaje arduamente construido se desvanece. Ni vanidad, ni frivolidad, ni ironía. Novo se enfrenta a su condición amorosa e intenta apresarla; más allá del recuento y la vivencia, como algo definitivo, que está ocurriendo porque no dejará de ocurrir. "Ya no nos queda sino la breve luz de la conciencia/y tendernos al lado de los libros". Novo intenta, de un solo golpe, hacerse poéticamente de lo que la sociedad le niega: su emotividad y su sexualidad, y para ello debe volver casi metafísica su sexualidad ("junto a tu cuerpo totalmente entregado al mío... sentí de pronto el infinito vacío de su ausencia"), e interpone una densidad pesimista ante lo emotivo. Eso exige la época; para que la personalidad disidente (en este caso, homosexual) emerja, hace falta expresarla negativamente: vaciedad, fuga, desolación, temor a esa vejez inflexible y tajante que es la falta de atractivos sexuales. Novo va a fondo en *Nuevo amor*: allí se revela, no tanto como heterodoxo sino como ser ávido de la plenitud que le niegan los prejuicios dominantes y el cinismo y la ironía que él ha teatralizado.

Xavier Villaurrutia: "El que nada se oye en esta alberca de sombra"

Como crítico y argumentista de cine, dramaturgo, novelista, crítico de artes plásticas, traductor, Xavier Villaurrutia fue una presencia fecunda pero no demasiado significativa. Como ensayista literario y poeta, Villaurrutia es extraordinario, "la lectura como forma de amistad íntima" (J. J. Blanco). Los tres aspectos que Alí Chumacero distingue en la poesía de Villaurrutia (el juego, la emoción sometida a la técnica y la emoción que vence a la técnica) son etapas de la lucha por introducir una poesía a la pluralidad de sentidos del insomnio, la noche y la muerte. Ser de minorías, hombre marginal, Villaurrutia despliega en *Nocturnos* y *Nostalgia de la muerte* su oposición a una poesía de seguridades y luminosidades pequeñoburguesas, la vigilia de una ciudad donde las horas nocturnas equivalen al haz de sensaciones centrado en el exilio interior o la angustia. En Villaurrutia la muerte y la noche pueden ser signos retóricos (Grandes Vocablos Poéticos) pero son también ámbitos del deseo y del instinto, opuestos a las falsas complacencias de la vida "o lo que así llamamos inútilmente". En la noche y la muerte se mueven las develaciones oníricas, los orígenes inconfesos de certidumbres y zozobras personales, los paisajes de una verdadera y mutilada geografía erótica. En este sentido, el sueño pierde su resonancia clásica y se convierte en el territorio del instinto, en el final de la violencia y las persecuciones. En *Nostalgia de la muerte* quizá lo que se evoca es lo prohibido, lo tajado por las convenciones, y lo aludido es el fluir subterráneo de las ciudades, las pasiones furtivas que se atavían de invasión de los ángeles o provocación huidiza de las estatuas. La noche es otra versión de los hechos, la negación y la ampliación de las costumbres respetadas; quien quiera captarla y descifrar su aparente inmovilidad, deberá rendirse al insomnio, cómplice de todas las entregas al instinto.

Jorge Cuesta: "De otro fue la palabra antes que mía"

En el trabajo crítico y ensayista de Jorge Cuesta, una generación lucha contra su destino social y cultural y eleva, *a contrario sensu*, su exigencia de rigor intelectual y precisión estética. Hecha para el periódico y la revista, la obra de Cuesta exhibe una profunda unidad, así analice a Mae West, al virtuosismo musical o (desde posiciones conservadoras) al régimen de Cárdenas. Como poeta, Cuesta es inferior a Cuesta ensayista. La consumación de la forma, la aplicación del conocimiento técnico, suelen desembocar en un academismo inerte. "Canto a un dios mineral", su mejor logro, análisis de su pasión y devoción por la materia, que "regresa a su costumbre", y por la eternidad (donde la muerte es la medida), se mueve en los límites muy estrictos de un idioma reverente. La forma no cede ni agrega. A su poesía le falta la fertilidad imaginativa que en sus ensayos se convierte en apremio intelectual, la convicción de las ventajas de la cultura universal ante los asedios nacionalistas. En 1928, Cuesta se responsabiliza de una tarea colectiva: la *Antología de la poesía mexicana moderna* que, al reanimar el odio circundante, obliga a la unidad interna del grupo de Contemporáneos que intensifican su desafío: ordenar y consolidar los vínculos con la cultura occidental, ya no exclusivamente francesa ("La influencia de Francia en México no ha sido un factor accidental y caprichoso de nuestro desenvolvimiento nacional, sino determinante e inseparable de él, y aún más, ha sido su carácter, su distinción, su propiedad personales", dice Cuesta en 1943), sino también anglosajona.

Ortiz de Montellano: "Soy el último testigo de mi cuerpo"

Bernardo Ortiz de Montellano define en 1930 con nitidez la pretensión generacional: "Lo que logró hacer la Revolución mexicana con la nueva generación de escritores puestos desde la infancia a comprobar la amarga realidad de esa revolución, fue convencerlos de la existencia de una sensibilidad personal, mientras más personal más genuinamente mexicana, en donde había que ahondar, *sin retrasarse con la cultura del mundo*". Él, desde luego, quiso ejemplificar tal aspiración animando, fundando, corrigiendo, distribuyendo la revista *Contemporáneos* por un lado, y consignando en su obra por otro, el empeño —individual y generacional— de nacionalizar influencias, de enriquecer y ampliar experimentalmente la tradición. En su mejor poema, "Segundo sueño", viaje interior a partir de la anestesia, Ortiz de Montellano le confiere a la pesadilla la virtud de aclarar, por exageración, los contornos de lo real. Si la pesadilla es la rebeldía contra la complaciente y rutinaria lógica del sueño, su estudio poético ayudará a incendiar el "lirismo lógico" y recobrar la inocencia perdida. El sueño, desdibujamiento de formas y morada de la muerte, igualará a los hombres.

José Gorostiza: "Anda, putilla del rubor helado"

"Me gusta pensar en la poesía no como en un suceso que ocurre dentro del hombre y es inherente a él, a su naturaleza humana —escribió José Gorostiza—, sino más bien como en algo que tuviese una existencia propia en el mundo exterior." Y al final de ese ensayo dice, hablando del poeta: "Entre todos los hombres, él es uno de los pocos elegidos a quien se puede llamar con justicia un hombre de Dios". Entre esas dos líneas explicativas (la poesía afuera de nosotros y Dios dentro del poeta) se mueve "Muerte sin fin", poema capital de la lengua, expresión definitiva de las correspondencias entre la voluntad de forma y la forma misma, juego de presencias teológicas y materiales que es —entre otras muchas cosas— el recuento irónico y profundo de los elementos consagrados y su lenta, implacable erosión. En su ensayo definitorio dijo Gorostiza: "La poesía, para mí, es una investigación de ciertas esencias —el amor, la vida, la muerte, Dios— que se produce en un esfuerzo por quebrantar el lenguaje de tal manera que, haciéndolo más transparente, se puede ver a través de él dentro de esas esencias". Juzgado a partir de esa declaración, "Muerte sin fin" resulta, para emplear una frase de su autor, otro "poema frustrado". El lenguaje no se quebranta, adquiere un sonido clásico, la musicalidad que tanto preocupó a los Contemporáneos, pero lo que temáticamente intentó ser la presentación del "solo proceso unitario de muerte y vida, admirada cada una de ellas en toda la esplendidez de su desarrollo desde la orilla opuesta" (Gorostiza en entrevista con Emmanuel Carballo) se transforma en la justa continuidad de una tradición poética, la de las "Soledades" de Góngora y el "Primero sueño" de Sor Juana Inés de la Cruz, la tradición en la que se inscriben Eliot, Paul Valéry, Jorge Guillén. "Muerte sin fin" canta los asedios a lo inasible (Dios) en su diálogo con lo inasible (la forma), que es la sustancia, la materia prima del poema. La forma —el vaso de agua, la inteligencia, la muerte— es implacable y lúcida y, en su omnipotencia, se interroga sin cesar y de continuo acosa, cerca por fuera a ese cuerpo sitiado por dentro, a ese primer y último vestigio del ser. Al fin, después de la catástrofe infinita, el incendio, las ruinas, la angustia, la indiferencia y el estupor sacramental, sobrevive el poema, la tierra baldía donde mora la inteligencia, "páramo de espejos", que refleja y devora la realidad mientras la muerte "enamora con su ojo lánguido".

Gilberto Owen: "Mirad, la tarde todo me dispersa"

Gilberto Owen, "tan claro como un vaso de agua, tan claro y misterioso" en *Desvelo, Línea, Libro de Ruth* y *Perseo vencido*, intenta, de manera desesperanzada, avenirse con una realidad. Admirador de Gide, Juan Ramón Jiménez, Cocteau y Villaurrutia, tiene una primera etapa de prosas finas, bien pulidas, levemente monótonas. El descubrimiento de la poesía anglosajona, Eliot en especial, lo transforma. Y es "Sindbad el varado", la elegía del amor viajero, el poema que compendia la experiencia literaria de quien, "conciencia teológica" de su generación, se arraigó en el pesimismo, en la controversia entre el cielo o el sueño, en el temor a ser "ángel" (a vivir la heterodoxia), en la creencia del naufragio inevitable de todo sentimiento ("o vete como un Owen a la estación más honda del subway"). En él y en Ortiz de Montellano un proceso se observa con nitidez: el rechazo de la antigua lógica poética, una lógica que todavía a su manera acatan Pellicer o Novo, que se propone como enigma metafísico en Villaurrutia y Gorostiza, pero que en Owen y Ortiz de Montellano se torna celebración del hermetismo, sucesión de imágenes aparentemente descoyuntadas, sostenidas por su pura fuerza visual, por el juego de asociaciones y evocaciones que mantiene con el lector:

> Ignorantina, espejo de distancias:
> por tus ojos me ve la lejanía
> y el vacío me nombra con tu boca,
> mientras tamiza el tiempo sus arenas
> de un seno al otro seno por las venas.

La "Vanguardia Programática": los estridentistas

A principio de los veintes, México se incorporó, bajo el fervor del nacionalismo recuperado o inventado, a la literatura de protesta social. Un proyecto, el estridentismo, deseó ejemplificar, con lujo de detalles mecánicos, esta tendencia. Los estridentistas intentaron dinamitar, según la lección de los futuristas, la forma; anhelaron la muerte de las convenciones y se propusieron la revolución integral. Crearon las apariencias de una vanguardia y actuaron con la prepotencia de una inquisición apoderándose de los recursos del mitin y añadiéndoles el toque (delicioso, si se permite el adjetivo) de su candor formal.

> Obreros:
> Con vuestras manos que la intrepidez de la fatiga contrajo, rasgad el uniforme de los días... Sobre el yunque de cada mañana, en las universidades de los días recientes, vuestros martillos dicten las conferencias... Por el socavón del hambre que los siglos aplazaron, entrad al último túnel de la protesta.

Actual (Hoja de vanguardia, Comprimido Estridentista) de Manuel Maples Arce, la figura principal de este grupo, inicia el movimiento, que derivó su energía de la premura provinciana de incorporarse a la moda estética y política: manifiestos en Puebla y Zacatecas, la adhesión del Congreso Estudiantil de Ciudad Victoria, Tamaulipas, la inauguración del Café de Nadie, la revista *Ser* de Puebla, la revista *Horizontes* de Jalapa, los libros de Maples Arce (*Andamios interiores, Urbe, Poemas interdictos*), de Arqueles Vela (*El Café de Nadie*), de List Arzubide (*Historia del movimiento estridentista*), de Luis Quintanilla (*Avión*), de Salvador Gallardo (*Pentagrama eléctrico*), *Irradiador, revista de vanguardia*. José Juan Tablada los apoyó y ellos aplaudieron el aplaudible gesto de Rafael López, quien rehusó ser miembro de la Academia de la Lengua. Patrocinaron pintores y escultores: Alva de la Canal, Leopoldo Méndez, Jean Charlot, Rafael Sala, Emilio Amaro, Fermín Revueltas, Xavier González y Máximo Pacheco, Germán Cueto, Guillermo Ruiz. Su vigor estético (que sí lo había) se dejó velar por el sensacionalismo y la "opinión pública" no se dejó conmover. Aún incierta, la burguesía no tenía el menor interés en dejarse epatar. El burgués apantallable, en Latinoamérica fenómeno de excepción, no supo ni quiso tomar en serio a un movimiento que le lanzaba anatemas crípticas: "El estridentismo no admite vales ni da fianzas, usted es un lamecazuelas retórico". Este culto por las frases en nada difirió de la idolatría por el sonido autónomo del Verbo que caracterizó a un orador como Jesús Urueta. La palabra sonora los sacudía, en plena admiración ante su propia audacia: "Los asalta-braguetas literarios nada comprenderán de esta nueva belleza sudorosa del siglo". Y la "belleza sudorosa" se convertía en alharaca infantil por obreros, máquinas, fábricas, telégrafos. Maples Arce exalta: "la aristocracia de la gasolina... porque el humo azul de los tubos de escape, que huele a modernidad y a dinamismo, tiene, equivalentemente, el mismo valor emocional que las venas adorables de nuestras correlativas y exquisitas actualistas". En el fondo, Edison y no Marx o Marinetti preside este frenesí adolescente por la civilización y sus contentamientos.

Maples Arce, el único poeta rescatable de estas "barricadas líricas", padeció la incongruencia de todo espíritu romántico que adopta esquemas y estructuras supuestamente modernos y en verdad sólo acata la tradición que pretende destruir. "Somos más que Dios" declara. Con todo, estas "rupturas" fueron saludables en la medida en que significaron rebeldía, heterodoxia, desafío a los dogmas del "buen gusto". Por lo demás, discípulos incoherentes de Marinetti y Tzara, sus versos sólo combatieron en los terrenos del arreglo tipográfico. Borges, en 1922, define así el estridentismo: "un diccionario amotinado, la gramática en fuga, un acopio vehemente de tranvías, ventiladores, arcos voltaicos y otros cachivaches jadeantes".

Un último movimiento de vanguardia, en los treintas, el agorismo y su "socialización del arte". Su teórico Gustavo Ortiz Hernán explica las raíces: "Nuestra juventud ha izado la idealización del arte en el sostén concreto y firme de la realidad cotidiana. Hemos vuelto nuestras miradas a la tierra morena, fecunda en motivos. No queremos más escribir como escribió hace diez años en París un señor a quien no conocemos".

Elías Nandino: "El azul es el verde que se aleja"

Como Octavio G. Barreda, Elías Nandino ha sido impulsor de publicaciones donde se han afirmado diversas promociones literarias: *México Nuevo, Estaciones, Cuadernos de Bellas Artes*. A diferencia de Barreda, esta tarea de promoción y creación de oportunidades no impidió un importante trabajo poético.

En la poesía de Nandino una retórica (por la que el autor siente inclinación natural) se enfrenta a un afán de hondura, de esencialidad. A lo largo de esta controversia interna, que va de *Sonetos* (1937) al más reciente *Cerca de lo lejos* (1979), la sencillez termina siendo la constante. Contaminado por Villaurrutia, Nandino elige también a la noche como escenario fundamental. Pero él no encuentra en la noche a la *otra ciudad*, la otra playa del deseo clandestino; de la noche. Nandino utiliza la ubicación poética y los ofrecimientos visuales. No dramatiza los elementos nocturnos: vive una exploración sensorial. Quizá su libro más personal sea *Cerca de lo lejos*, una lúcida y dramática indagación sobre los poderes menguantes de la vejez.

Renato Leduc: "Acre sabor de las tardes"

Formativamente, Leduc viene del modernismo, del cual deriva entonaciones rítmicas y delicadeza metafórica y al cual "traiciona" oponiéndole un ánimo sardónico y, no tan de vez en cuando, un sincerismo romántico. Pasiones previsibles y "salidas de tono": la mezcla impide diestramente el anacronismo. Al borde de la confesión crepuscular, Leduc se recobra y de un golpe restablece el equilibrio:

> Adquirimos también
> una patria y un dios
> para los usos puramente externos
> del culto y del honor.
> (Vertimos por la patria
> medio litro de sangre;
> comulgamos con ruedas de molino
> por el amor de Dios.)

["La conversión"]

Opuesto a las andanadas solemnes, Leduc —seguramente nuestro gran poeta popular— transforma la melancolía en gracia, la apagada tristeza en "grosería" vivificante, la fábula en deslumbramiento pirotécnico, el erotismo en burla cachonda. El humor directo, la maestría en el símil y lo que ya no es válido seguir llamando "cinismo" sustentan la sorprendente actualidad de una poesía a la que, si algo, fortalecen los ecos de Darío, López Velarde o Lugones.

Los militantes "treintas"

Los treintas, década "comprometida". Los poetas proletarizantes le cantan a las ruedas, los tornillos y el progreso. Los agricolizantes al campo, el maíz y la semilla. De esta última tendencia son ejemplo los poemas publicitario-turísticos y de información histórica de José Muñoz Cota, "El corrido de Catarino Maravillas" de Miguel N. Lira, superior a cualquier parodia conocida del *Romancero gitano* y la inefable respuesta a López Velarde, la "Dura Patria" de José Bermúdez, gran momento del humor involuntario:

> Ramón López Velarde: te cortaría la lengua
> de payo ruiseñor, si fuese una mentira
> tu limpio decoro, tu canción sin mengua,
> la nota de tu orquesta, el grano de tu lira;
> y esa patria que viviste, devota y altanera,
> jardín y manantial, "alacena y pajarera".

Con el verso de Acuña o de Plaza, muchos poetas, ya sin aspiraciones vanguardistas, le cantan al obrero:

Proletario

> Así lo he mirado y, en tanto, con Cristo
> el mundo se pudre de oprobio y de inquina.
> En el sindicato, luchando lo he visto
> mientras, en derrota, la iglesia declina.
> En lugar del Justo vencido y sangrante,
> en lugar de todas las resignaciones,
> va con la bandera de Marx, adelante,
> desafiando, altivo, todos los turbiones.

Noé G. de la Flor Casanova

El enemigo natural de los realistas socialistas: los Contemporáneos ("seres de absurda egolatría"), inclinados obligadamente a favor del elitismo: "una pintura para todos a condición de que todos sean unos cuantos" (Villaurrutia). Se les acusa: viven "de espaldas a México". Ya en 1937, Efraín Huerta los declara "históricamente liquidados". Ellos se hacen a un lado, se arrinconan. La época es de intensa politización y la guerra de España polariza actitudes en todos los países, obliga a los intelectuales a ampliarse e internacionalizarse. En México el gobierno de Cárdenas apoya generosamente a la República y recibe inmigrantes que diversificarán y fertilizarán el trabajo intelectual. Aparece una revista, *Taller Poético*, dirigida por Rafael Solana, donde colaboran Octavio Paz, Efraín Huerta, Rafael Vega Albela, Alberto Quintero Álvarez, Neftalí Beltrán. Si alguno dentro de este grupo insiste en un "europeísmo" sin matices ni asomo de originalidad, los más optan por el proyecto totalizador: modificar al hombre y a la sociedad.

> Para nosotros —explica Octavio Paz— la actividad poética y la revolucionaria se confundían y eran lo mismo. Cambiar al hombre exigía el previo cambio de la sociedad... [se trataba] de la imperiosa necesidad, poética y moral, de destruir a la sociedad burguesa para que el hombre total, el hombre poético, dueño al fin de sí mismo, apareciese... Para la mayoría del grupo, amor, poesía y revolución eran tres sinónimos ardientes.

Efraín Huerta: "Te declaramos nuestro odio, magnífica ciudad"

A partir de una doble lealtad: a la poesía amorosa y a la poesía política, Efraín Huerta ha sostenido con alta calidad (y pese a dos "caídas de juventud": el sectarismo y el sexismo de algunos poemas) una obra que va de la excelencia lírica al desenfado que incorpora temas y expresiones cotidianas; que conoce su primera madurez en la defensa de la República española y su lucha continuada en la denuncia de la represión; que se obsesiona en el odio a la Ciudad de México, resumen de la barbarie impuesta y la docilidad asumida.

Huerta inicia su mitología poética en la exaltación del alba, ese símbolo progresista de los años treintas, la utopía inminente que el socialismo nos entregará, ambición de fundir edad con brillantez artística y con arraigo en las causas supremas que una "ardida juventud de especie diamantina" lleva consigo como expiación, blasfemia y razón de ser. A continuación, Huerta da una versión implacable de su hábitat e incorpora a la capital como personaje que es autobiografía y condena. A un territorio sórdido y magnífico (descrito a través de una nomenclatura que equivale a las señales de un país vencido) lo convierte en recinto y sede de cóleras y entregas vehementes, plaza pública de profecías y rencores. Para Huerta, la Ciudad nunca es "irreal", es el aplastamiento externo o es la encarnación de grandezas y bajezas del comportamiento, sólo vulnerable al amor. Una Ciudad se traslada a un cuerpo y a un espíritu, a las luchas radicales y la consumación carnal. En sus calles se entrecruzan el odio democrático y la voluntad autoritaria y en sus hoteles (la representación del sexo sin continuidad, de la melancolía y la disipación del encuentro) o en los paseos agoreros en un camión Juárez-Loreto, se consume el poder y la miseria del hombre.

Desde 1968, Huerta se ha convertido en influencia primordial entre los jóvenes. Él, por su parte, ha insistido en un género rápidamente plagiado: los *poemínimos*, acertijos o golpeteos irónicos que contrastan con el desbordamiento nerudiano y erótico de una parte central de su obra.

Octavio Paz: "La fijeza es siempre momentánea"

Limitación expresa de un prólogo de divulgación es la injusticia (la serie de injusticias) que se cometen al reducir a unos cuantos párrafos la vastedad, la complejidad y la significación de los escritores aludidos. Esto se acrece tratándose de autores como Octavio Paz cuya obra, una de las más importantes de la lengua española, asombra por su diversidad, su maestría, su incesante búsqueda de nuevas formas expresivas y el sistema de relaciones culturales que va estableciendo y que le permite revisar el proceso de la poesía universal y examinar el corpus tradicional de la cultura mexicana, sumergirse en la experiencia surrealista y frecuentar las culturas orientales, analizar el diálogo de las civilizaciones y la utopía del ahora. La fertilidad derivada de estos cruces convierte la poesía, el ensayo y la crítica de Paz en estímulos primordiales. Él ha ido precisando, a lo largo de su intenso trabajo, una línea creativa que —en lo básico— acata e integra sus ideales juveniles. Lo que denomina la "tradición de la ruptura" (la innovación, el riesgo, el rechazo de lo establecido, la desconfianza sistemática ante lo adquirido) le resulta la opción cultural por excelencia, una alternativa que conoce una expresión límite en el surrealismo, modelo de conducta artística, vital e intelectual.

Las proposiciones de Paz son múltiples. En *El arco y la lira* examina (para discernir) la herencia literaria occidental y, a partir de allí, elabora una poética, cuyo fundamento es la naturaleza histórica (paradójica) del poema que niega a la historia: "La poesía es conocimiento, salvación, poder, abandono. Operación capaz de cambiar el mundo, la actividad poética es revolucionaria por naturaleza; ejercicio espiritual, es un método de liberación interior". *Conocimiento, salvación, poder, abandono.* Paz ejemplifica estas fases con una obra que de *Raíz del hombre* a *Piedra de sol*, de *¿Águila o sol?* a *Blanco, El Mono Gramático* y *Pasado en claro* cumple numerosas encomiendas: liberar y cuestionar a las palabras, mostrar los enlaces entre erotismo y comunión, expresar el juego de correspondencias entre la imaginación y el deseo, practicar una crítica del lenguaje, representar el diálogo entre el tiempo y el instante ("Hambre de eternidad padece el tiempo"), exhibir las ataduras de mística y sensualidad, insistir en la unidad de lo existente, rendir homenajes a obras y tendencias, creer en los poderes liberadores del erotismo y en los dones transfiguradores del amor, usar símbolos y fragmentos. "La historia de la poesía moderna es la de una desmesura", dice Paz, y ciertamente la historia de su poesía es la de una logradísima desmesura que en *Piedra de Sol, Blanco, El Mono Gramático* y *Pasado en claro* culmina y reinicia su ciclo de transformaciones.

Por boca del poeta habla el lenguaje y *el presente es perpetuo*. En poesía, Paz no cambia, Paz nunca es el mismo. Permanecen los elementos visuales, la materia prima de la imaginación (color, calor, sol, día, agua, piedras, noche, aves, ríos, árbol, nube, muchedumbre, luz, desierto, el cuerpo de la mujer amada,

el sueño, la destrucción y la dispersión). Cambia su función en el poema por-
que cambia la concepción del poema. En ocasiones, la imagen cede su sitio a
la fuerza totalizadora del lenguaje. El lenguaje es el protagonista, o mejor, el
lenguaje es el relator de ese protagonista, el lenguaje, en su relación con el es-
pacio y el silencio.

El arte de danzar sobre el abismo. En medio del continuo elogio de la contra-
dicción, del "teatro de los signos" y de la proliferación de las cosas ubicuas, se
produce la identidad de vértigo y lenguaje. Los extremos se corresponden: el
vértigo aspira a la coherencia, el lenguaje a una movilidad de torbellino. Pér-
dida del lugar fijo, movimiento perpetuo que taja el instante: "Todo minuto es
dos mitades", "Todo poema es tiempo y arde". Lo instantáneo es múltiple. A
través del lenguaje (*aquí*) no recuperamos la realidad; recobramos la cualidad
de acecharla y vulnerarla desde distintas dimensiones. *Cada letra es un germen*,
las formas "prosperan y se anulan". Cada poema es su propio contexto, es el
poema que Paz ya no podría repetir o intentar. La poesía es un infinito juego
de espejo: Paz lo ha escrito recientemente:

Homenaje a Claudio Ptolomeo
(Antología Palatina, 9.577)

Soy hombre: poco duro
y es enorme la noche.
Pero miro hacia arriba:
las estrellas escriben.
Sin entender comprendo:
también soy escritura
y en este mismo instante
alguien me deletrea.

Finalmente, para quien esto escribe, lo inevitable es el eterno retorno a los 584
endecasílabos perfectos de *Piedra de sol*, tratado de erotismo, abolición y resu-
rrección de la conciencia, reflexión y búsqueda del tiempo cíclico, poema vi-
sionario, poema crítico. "El tema central de *Piedra de Sol* —afirmó Paz— es la
recuperación del instante amoroso como recuperación de la verdadera liber-
tad, 'puerta del ser' que nos lleva a la comunicación con otro cuerpo, con los
demás hombres, con la naturaleza…". La Otredad, la Otra Orilla, la revelación,
la analogía, la crítica: todos los temas (las obsesiones) de Paz están presentes,
realizados en ese gran instante del idioma que es *Piedra de Sol*.

Alí Chumacero: "Yo pecador, a orillas de tus ojos…"

El grupo de *Tierra Nueva* (por la revista de ese nombre) es uno de los últimos centrados en torno a una publicación. A ellos les toca en su aparición una etapa culturalmente gris, asfixiante. El nacionalismo cultural exige la singularidad, los muralistas dominan la pintura, se hace un cine de "búsqueda de esencias" y la caza de rasgos típicos se convierte en deporte nacional.

De *Tierra Nueva*, Alí Chumacero es el poeta por excelencia. A Chumacero no le ha interesado nunca repetir aciertos y soluciones; no cede a la moda: no se entrega al experimento gratuito. Para él, como para sus compañeros de generación, los Contemporáneos tenían razón en su idea del poema, que es objeto y no acto, fin y no medio. *Páramo de sueños, Imágenes desterradas* son pruebas de un fervor que todo lo entrega (amor, sensaciones, sentido de permanencia y fuga) a las necesidades expresivas. En *Palabras en reposo* el oficio deja de ser obsesivo para ser conducto de las visiones, del lenguaje apocalíptico que anuncia el término de las imágenes, del amor, de la piedad. *Palabras en reposo* es un libro litúrgico, dispuesto como salmo, como oficio de luces y tinieblas. La forma, llevada a sus lógicas consecuencias, debe terminar en la comunión, en la alianza entre el pecador y la virgen, en el salón de baile que, evidente valle de Josafat, sirve para aguardar el juicio de Dios. Los términos indispensables para juzgar a Chumacero (lucidez, rigor, belleza formal) se aplican para atender el fin ("Responso del peregrino") y el principio ("Viaje de la tribu").

La generación de los cincuentas

De la obra de los Contemporáneos (en especial de Gorostiza, Villaurrutia) y de la poesía francesa y la norteamericana, la mayoría de los participantes en esta atmósfera cultural (ni grupo ni tendencia deliberada) de la "generación del 50" derivaron sus primeras convicciones artísticas, las que instalaron en órdenes autosuficientes, cerrados, sin apoyos históricos o sociológicos, donde la confesión personal resultó alabanza del mundo. Esto se concretó en el voraz empleo de una retórica donde los Elementos Poéticos tradicionales (esos personajes absolutos: la muerte, la soledad, el polvo, la prisión, la libertad, el sueño, el silencio, el movimiento, el mundo, la vigilia, el tiempo, la tierra y el amor) resultaron a la vez la trama y el contexto, el punto de partida y los paisajes-que-convenían. Los subrayados fueron inequívocos: elogio de la soledad como la posibilidad más cierta de la comunicación, escepticismo amargo ante el ser humano, estados de ánimo que querían dramatizar una ontología, una psicología calcinada y —no tan de vez en cuando— una perspectiva del país como las devastaciones que (innombradas) rodean al poeta. En la ronda que va de la celebración del ser amado al quebranto del amor al engolosinamiento funerario ante el espejo, los términos canonizados se explicaron solos, se insertaron para legitimar o generar calidades instantáneas y se responsabilizaron del fin básico: la construcción de una armonía que volviese al verso blanco tan melodioso y previsible como el verso rimado.

Pese a todo, esta atmósfera permitió surgimientos diversos que trascendieron las limitaciones ambientales. Por ejemplo, Margarita Michelena, lastrada parcialmente por la retórica al uso, pero que posee, entre otras cualidades, un finísimo oído literario. Ella acude a una visión anterior al poema, la fijación previa de lenguaje y reacciones psicológicas, lo que se podría describir como "ratificación de la identidad". En su instancia más lograda (*Laurel del ángel*) esa poesía determinada con tal anticipación culmina decorosamente.

Jorge Hernández Campos: "Y grito ¡Viva México! por gritar ¡Viva Yo!"

Casi toda la producción de Jorge Hernández Campos está reunida en el brevísimo volumen *A quien corresponda* que basta para incluirlo en las antologías más exigentes. Los poemas de Hernández Campos oscilan entre una añoranza límpida y una vehemencia crítica que, en "El Presidente", concreta lo que, en la narrativa, han intentado autores como Asturias, Roa Bastos o Fuentes. "El Presidente" es una visión posible de un movimiento revolucionario: el itinerario del encumbramiento, las rendiciones y sediciones, el amor sensual por el poder, la victoria "sobre el vientre pasivo y rencoroso de la patria".

A quien corresponda participa del fervor por T. S. Eliot y la absorción del Siglo de Oro. El instante es captado, apresado por la melancolía, por la clara tristeza de tener que morir. Los colores, los paisajes apenas entrevistos, la terrible nostalgia de nuestros apetitos, las sensaciones fugaces y los recuerdos triviales, los atardeceres y las penumbras, son advertidos con precisión casi intolerable.

Jaime García Terrés: "Oh dolorosa comunión de fábulas"

De *Las Provincias del aire* a *Todo lo más por decir*, Jaime García Terrés ha reiterado una disciplina y una sabiduría poéticas manejadas y combinadas con inteligente morosidad. Traductor preciso de John Donne, Lowry, Seferis y Cavafis, autor de un estudio sobre Gilberto Owen, lector asiduo de la poesía anglosajona, de Lowell y de Auden, García Terrés se reserva el derecho de excluir de su ámbito lo que no le interesa, lo que recuerda el exceso o la gigantomaquia de parte considerable de la poesía latinoamericana. Ni épico ni partidario de las descripciones cotidianas o los apremios coloquiales, García Terrés busca el punto de fusión entre la visión crítica del mundo y su versión poética.

Nada más lejos del afán de García Terrés que los inventarios exhaustivos. Si va hacia el paisaje es para describirlo según nos modifica y gobierna. Entre sus temas: la memoria del mar, la aspiración de la fraternidad, la crítica al caos del poder, el estudio minucioso de los contrastes. Rigurosa, segura de sus dones de contención, enemiga del mínimo sentimentalismo, la obra de García Terrés constituye un acercamiento crítico y una incursión en las emociones (difíciles o soterradas) del individuo en su nostalgia del abismo y en su vislumbramiento de la Historia.

Jaime Sabines: "Yo no lo sé de cierto, lo supongo"

Un libro, *Nuevo recuento de poemas*, reúne la producción conocida de un escritor definitivo: Jaime Sabines, dueño de una enorme espontaneidad que reivindica, sin esfuerzo aparente, los elementos considerados de "mal gusto" y elimina cualquier carácter de provocación de sus estallidos:

> ¡A la chingada las lágrimas!, dije
> y me puse a llorar
> como se ponen a parir.

Con equilibrio, insólito, Sabines junta la imprecación, la duda, la ternura, la blasfemia, la amargura, la celebración de la soledad. Con esos mismos elementos, cualquier otro se despeñaría. Sabines insiste en la desesperanza, insulta y se insulta, se emborracha para llorar, se rebela torpe y lúcidamente ante la muerte de los seres queridos, se embriaga de sexo, es impiadoso consigo mismo: "igual a un perro herido al que rodea la gente, feo como el recién nacido y triste como el cadáver de una parturienta". El resultado es singular: una poesía del más descarnado y solidario análisis de los sentimientos, al margen de jerarquías y prestigios adquiridos, sin miedo a mostrar, a exhibir el afecto desde su raíz individual y familiar (*Algo sobre la muerte del mayor Sabines*, "Doña Luz", "Tía Chofi").

El riesgo de Sabines ha sido su inmenso logro: el tono autobiográfico, la capacidad de construir un personaje a base de reacciones, andanadas románticas, transfiguraciones de la impotencia, recuerdos de tardes inertes y asfixiantes y noches de oprobio y de tedio. De esos elementos ha surgido una de las grandes obras de la poesía contemporánea.

Rosario Castellanos: "Y deletreas el nombre de Caos"

En su primera publicación *Apuntes para una declaración de fe* (1948) Rosario Castellanos se sujeta en gran medida a las convenciones en boga: "El mundo gime estéril como un hongo". Y traza las líneas de su personalidad poética: humor cotidiano, lirismo que se desborda y se ajusta, sarcasmo moroso que no pretende herir sino —sin parodias— lograr la frase justa:

> ¡Qué cotidianamente plantamos nuestras máscaras
> para hormiguear un rato bajo el sol!...,

Sus siguientes libros: *Trayectoria del polvo*, *De la vigilia estéril* y *El rescate del mundo* exhiben numerosas lecturas: *Muerte sin fin*, Gabriela Mistral, la Biblia, textos de hagiografía. La poesía se alimenta de la poesía y evoca mitos: se rescatan los ecos de la formación católica (la presencia del Amado como mero gusto del lenguaje) y la imaginería del Chiapas natal. En *Poemas*, Rosario Castellanos ya se revela personal a través de la espléndida *Lamentación de Dido* y del (implícito) homenaje a Jorge Guillén, *Misterios gozosos*. El sustrato claudeliano de los versículos de *Lamentación de Dido* es particularmente brillante. Allí evade comodidades y transforma el acento de la literatura femenina en México, así siga centrada en el abandono y la desgracia amorosa. Para eso manejará subsecuentemente la ternura cruel, la distancia irónica, el humor ante el desastre cotidiano, la decisión de autoescarnio, la explicación reiterada de obsesiones y limitaciones. Rosario Castellanos también tradujo de modo memorable a Emily Dickinson, Paul Claudel y Saint-John Perse.

Bonifaz Nuño: *"Encenizado de colillas fúnebres"*

El extraordinario traductor de poesía latina, el impecable técnico que es Bonifaz "ha afinado —dicen los antologuistas de *Poesía en movimiento*— la versificación hasta crearse sus propias modalidades estróficas y una sintaxis peculiar que debe tanto a la poesía escrita como al lenguaje coloquial". En el manejo consciente e inigualable de la retórica, de la exactitud prosódica, encuentra Bonifaz su altísima calidad y sus callejones sin salida. Él transita de una ciudad de bailes frenéticos y sinfonolas (*Los demonios y los días*) a un juego de habilidad demostrada (*El ala del tigre*). En su mejor momento, Bonifaz es un inventario sensorial: las palabras se miden y ponderan: ritmo, densidad, intensidad. El sustantivo avasalla, seduce, conquista.

Las calificaciones desaparecen: serían inútiles, reiterativas. En ocasiones, Bonifaz no acierta: el espacio poético mengua, en vez de dilatarse progresivamente; las espirales se disuelven en quietud; los meandros, los juegos de luces y las circunvoluciones devienen estatismos, forcejeos versiculares. Las más de las veces, Bonifaz nos da una vasta y melódica reflexión sobre el amor, la represión, la tristeza, la ciudad, la muerte, la finitud, el hacerse y deshacerse de los días; reflexión bajo la forma de un diálogo con ella, con la Amiga y al abrigo de la decisión de ser como todos para examinar la suerte del poeta a partir de la experiencia común.

La década de los sesentas

Cambian las modas. Desaparecen o se sumergen en la última autoparodia los imitadores de Neruda (con sus disfrazadas y melifluas armonías, que azucaran la fuerza poética y política del autor de *Residencia en la tierra* y *Canto general*) y los malos alumnos de César Vallejo (extenuados en lánguidos dislocamientos gramaticales). En la década de los sesentas, al amparo del primer boom cultural de la clase media, la poesía va adquiriendo y ampliando su público. Las influencias se diversifican. Los poetas jóvenes reconocen "coexistencias pacíficas". Al lado del peso clásico de Pound, T. S. Eliot o Saint-John Perse, el descubrimiento de Sabines y Efraín Huerta, y, de manera preeminente, la personalidad de Octavio Paz, quien indica caminos, decide revaloraciones, encarna la experimentación.

De Nervo a Bonifaz la poesía se ha manifestado como un tótem, construcción venerable y magnífica, así los heterodoxos desafíen a su materia prima, las palabras (el "chillen putas" de Octavio Paz) o designen como el "Señor Pendejo" a entidades tan respetables como el cáncer (*Algo sobre la muerte del Mayor Sabines*). Esta actitud reverencial, que suele ver en la poesía el instrumento de un cambio personal y social, culmina en la "poesía comprometida". Los sucesores del realismo socialista, al ver en la poesía el ariete que derrumbará al imperialismo, sólo magnifican y deforman la consigna de Huidobro ("No cantes al pueblo, poeta, hazlo llegar al poder") no sin una agitada inmersión en un machismo estereofónico.

Por diversos lados, se empieza a dudar sarcásticamente de la "religión de la poesía". Confluyen la reducción del candor culturalista, la lectura de poetas anglosajones, la influencia de Nicanor Parra y Ernesto Cardenal, el temor a los "desbordamientos líricos" automáticos, el afán de antisolemnidad". Las nuevas estéticas se entreveran o se complementan. Para un escritor como Tomás Segovia, la poesía es consumación de la forma (emoción, lucidez, rigor, uso de la tradición como memoria viva, persecución del misterio), lo que lleva de nuevo, en lo nacional, a refrendar el valor de las lecciones de los Contemporáneos (en especial Villaurrutia) y la excepcionalidad de Paz. En su turno, Marco Antonio Montes de Oca, después de un principio deslumbrante, se rehúsa a cualquier práctica selectiva y consagrada de las "palabras poéticas", maneja un vasto vocabulario y deifica, con diversa fortuna, a la metáfora, a la sucesión implacable de enredijos y laberintos de la metáfora como razón de ser del poema. El caso de Homero Aridjis es otro: un principio interesante cede el paso a una invasión logorreica.

Se intensifica en esta década la lectura de poesía francesa, en especial Mallarmé y Lautréamont; cunde el interés por la poesía concreta y el movimiento brasileño; se acrecienta, con la difusión de lo hippie, la devoción por poetas vitales o vitalistas como Allen Ginsberg, sobreviviente declarado de la era de las profecías post-whitmanianas. Quizá por la influencia de Paz, movimientos de simplificación literaria como la antipoesía de Nicanor Parra no brotan en México con el furor mostrado en otros países latinoamericanos. Se diversifican los descubrimientos: José Lezama Lima, Enrique Molina, Cabral de Melo, Charles Olson, Macedonio Fernández. El *boom* de la novela latinoamericana confirma el rango de la poesía: Neruda, César Vallejo, Huidobro, Borges, Paz y el resucitado Rubén Darío. ¿Obsesiones teóricas perceptibles? El lenguaje, la lucha con las palabras, la historicidad del poema, el acto de libertad lingüística que a un tiempo anuncia y realiza esa libertad.

Las proposiciones son concretas: que en la poesía aparezca la vida cotidiana, que se gane en cercanía lo que se pierde en elegancia clásica, que irrumpa (molesto y divertido y vulgar y efímero) lo cotidiano. Tal revolución no acaba de consumarse, quedan truncas o inconexas las ideas en torno a esta "factura" del poema, pero dan origen a otra posición receptiva: que los lectores acudan, no —como señala José Joaquín Blanco en su *Crónica de la poesía mexicana*— para enaltecerse con lo inefable o sucumbir de gozo ante el "espejo de armonía", sino para recuperar intuiciones comunes, volverlas sutiles, sedimentarlas, conferirle prestigio a la reflexión sobre lo inmediato, ya sin prejuicios reverenciales o monumentos declarados.

Una consigna, la "tradición de la ruptura", preside estos años. El tránsito de la reverencia a la ironía, del estremecimiento a la malicia de los versos torresbodetianos a la antisolemnidad parece irreversible. Dos poetas, Eduardo Lizalde y Gabriel Zaid, representan distintamente la consumación del vuelco. *El tigre en la casa* de Lizalde es una revelación: intensidad lírica medida por el sarcasmo, prosaísmo que el relato del infortunio amoroso va desmintiendo, humor que rige a la pasión, inteligencia poética que frena las desacralizaciones. La antigua técnica de Lizalde —agotar la metáfora, extraerle sus últimas consecuencias— se pone en *El tigre en la casa* al servicio del equilibrio narrativo: una pasión romántica contada con ferocidad clásica, la exasperación descrita por la ironía. Los libros siguientes: *La zorra enferma* y *Caza mayor* confirman la calidad y la originalidad de Lizalde.

Poemas breves, donde priva una combinación precisa de inteligencia, calidad y celebración sensual. De *Seguimiento* a la recopilación de *Cuestionario*, la poesía de Gabriel Zaid ha sido (numéricamente) escasa pero su intensidad y su ironía implacablemente resuelta obtuvieron de un crítico la siguiente respuesta (1977): "en veinticinco años (1952-1976) Zaid sólo escribió 141 poemas, algunos de tres o cuatro líneas, casi a 6 por año; se diría un poeta estéril o casi. Sin embargo, de esos 141 poemas por lo menos 31 son magistrales y dignos de la más rigurosa antología, lo cual lo convierte en el más prolífico de los poetas recientes". Con nítida eficacia, Zaid maneja el formato epigramático, el humor hiriente, la paradoja, la sistemática reducción al absurdo, la hermosura ridiculizada por la fisiología, la futilidad de las cosas, la sátira y las interrogaciones permanentes.

No me preguntes cómo pasa el tiempo es, quizás y hasta hoy, el mejor libro de José Emilio Pacheco. En *Los elementos de la noche* y en *El reposo del fuego*, Pacheco había hecho del libre amor a la poesía su centro de gravedad. En tal comunión (ni pasiones ni confesiones personales), la poesía era visión última de las cosas, la aliada del páramo de fuego, oscilante entre la irrealidad y la sensación de pérdida. En *No me preguntes cómo pasa el tiempo*, aparece un personaje poético que, a partir de la franqueza y el sentido de límites, va sumando el escepticismo, la soledad y el desencanto prematuro "condenado a probar el naufragio de la vejez sin haber conocido la áspera juventud". Casi lo afirma el personaje: llegué muy tarde para la Revolución y muy temprano para la Revolución. Árbol entre dos muros, puente o elemento de tránsito, el personaje se indaga por el valor de la poesía y de la fama, el sentido de las glorias o las exaltaciones. En consecuencia, elige no la penumbra sino la reserva. Quizás de allí derive el indudable tono moral de los poemas. Entiéndase: moral como sustrato, no como admonición; como distancia, no como contienda. La parte titulada "Los animales saben", por ejemplo, es un fabulario que plantea la desmitificación de Esopo y Samaniego sobre una base: nada pueden enseñarnos los animales que nosotros podamos aprender.

La poesía social ha tenido, entre otros, un grupo fiel de practicantes: los agrupados bajo el nombre de su primer libro, *La Espiga Amotinada*. De ellos (Juan Bañuelos, Óscar Oliva, Jaime Augusto Shelley, Eraclio Zepeda y Jaime Labastida) los poetas interesantes son Bañuelos y Oliva, en especial el primero, que ha conseguido una indudable maestría formal que aprovecha formas tradicionales, versículos bíblicos y elaboraciones tipográficas para desplegar sus poemas, donde la intimidad amorosa y la militancia política se funden sin perderse o confundirse.

Un signo dominante de estos años: la ironía, con su mezcla de distanciamiento, autocrítica, humor, juego con un pasado sacramental, inversión de los procedimientos lógicos, uso crítico de los elementos cotidianos, ambigüedad psicológica. Dos poetas, Gerardo Deniz y Hugo Gutiérrez Vega, representan los usos opuestos de este recurso de una era de crisis. En Deniz, la ironía es una forma de la cultura, del laberinto barroco donde todas las insinuaciones han sido probadas en su eficacia clásica. En Gutiérrez Vega, la ironía (que se entrevera con la timidez romántica) es una forma de la piedad, y el autoescarnio una manera de suspender los juicios para dejarle libre juego a la añoranza, al fluir de las imágenes, a la serenidad de la desesperación.

Los acontecimientos de 1968 (el heroísmo del Movimiento Estudiantil, la matanza en la Plaza de las Tres Culturas, la revisión general de la vida mexicana

que esto trajo consigo) provocan un cambio drástico (al principio imperceptible) en la actividad literaria. La poesía se aproxima a la historia cuando la
historia empieza a manifestarse con violencia en el país. Un ejemplo de esta
progresiva radicalización (múltiple) en la concepción poética lo da un escritor
excelente, José Carlos Becerra, cuyo lirismo original (fuertemente influido por
Pellicer y Saint-John Perse) va cambiando, acepta las influencias de la mitología pop, incluye las nociones de la crisis y el desarraigo (ya no nacional, sino
de clase o de perspectiva histórica), atraviesa por el prosaísmo y vive el contagio de Lezama Lima y finalmente (en los poemas que ya no llegó a revisar para
su publicación), centra parabólicamente un reencuentro del mundo a través
(de nuevo) del escepticismo y la inacabable tensión amorosa.

Los años recientes

El múltiple simbolismo de Tlatelolco. La pérdida de credibilidad del aparato político. Las interminables metamorfosis del PRI. La era de la sociedad de
consumo y de las transnacionales. La utopía del petróleo y la "pesadilla" de la
distribución equitativa de la riqueza. La internacionalización de la experiencia cultural. La petición pública de madurez de la clase media. El estallido de
la enseñanza superior. El desempleo como el otro horizonte vital del país. Los
marginados, el cinturón de miseria que rodea al ejército industrial de reserva.
La divulgación del marxismo. El postfreudismo y la antisiquiatría. La explosión demográfica. Los derechos de las mayorías y las minorías oprimidas (mujeres y homosexuales, campesinos y subempleados).
    A este panorama responden o dejan de responder en su poesía los jóvenes.
Ahora, sin centros rectores demasiado contundentes, hay venturosamente de
todo: "exquisitez", barbarie, compromiso, dandismo del arrabal, hermetismo
sin claves correspondientes, alucinaciones topográfico-tipográficas, culto sacro por el Lenguaje que nos enseñará a hablar. El prosaísmo se ha impuesto,
la poesía del rock hace mucho que dejó de ser novedad, la división entre "cultistas" y "buenos salvajes" ha dejado de funcionar, el budismo zen de supermercado aún tiene clientela, la poesía realista socialista se sobrevive en cada
promoción de las preparatorias y los colegios de ciencias y humanidades, ser
"marginal" es la nueva divisa de moda en la clase media ilustrada. Al respecto,
escribe Luis Miguel Aguilar: "La poesía mexicana seguirá teniendo sus mejores
momentos según sus jóvenes poetas —que pronto dejarán de serlo— dejen
de ser también los pordioseros (cultos o bárbaros) de un ilusorio. Más Allá,
los poseedores de un Deseo Insaciable, los postuladores del gallináceo muero
porque no muero. No creo que, desde 1968 —para seguir usando esa fecha
divisoria o distintiva—, ningún poeta mexicano tenga derecho de encimársele a nadie con las dotes del espíritu o con una radicalidad más radical que ella

misma; tampoco creo que los otros —lo posibles otros, es decir el público que podría llegar a ellos— tengan derecho a despreciar los mejores esfuerzos de la joven poesía mexicana".

Cierra esta antología una selección de trabajos de poetas jóvenes. La mayoría ha publicado libros. Para todos ellos, el término "poeta joven" ya no resulta descriptivo o meramente informativo. Jaime Reyes, David Huerta, Ricardo Yáñez, José Joaquín Blanco, Enrique Márquez, Rafael Torres García, Kyra Galván, Ricardo Castillo y Luis Miguel Aguilar tienen en común la madurez precoz, el dominio formal. Como ellos, hay otros (no demasiados, conste) que al panorama opresivo y represivo oponen diversas proposiciones poéticas. En relación a ellos, no es posible hacer todavía juicio de conjunto de su labor poética. Por lo pronto, me conformaré con su lectura.

Por primera vez en un larguísimo periodo, no es perceptible en la poesía nueva (más reciente o más experimental) una tendencia predominante. Con igual fluidez, dominio formal o vehemencia se expresan la rebeldía o la serenidad, el lirismo o el juego de ingenio, la desolación urbana o la poesía como orbe autosuficiente. Una prueba: la muestra que cierra esta antología, de quienes empiezan a publicar en esta década, de Jaime Reyes a Luis Miguel Aguilar, muestra necesariamente más breve y más difícil. La mayoría de los incluidos ha publicado libros y en el caso de todos el término "poeta joven" ya no resulta descriptivo o siquiera informativo. Como ellos, hay otros (no demasiados, conste, pero los suficientes para que cualquier selección parezca injusta), que a una crisis institucional de la cultura y del país, demasiado real así su consignación suela ser retórica, oponen sus proposiciones poéticas y personales. Si aún no son fáciles o posibles los juicios de conjunto de tendencias y autores nuevos, sí es dable advertir en la calidad de la ya existente, la segura continuidad —que niega y afirma, que desconoce y recupera— de la gran tradición de la poesía mexicana.

José Juan Tablada

(1871-1945)

Nace en la Ciudad de México en 1871 y muere en Nueva York en 1945. Modernista a ultranza (colabora en la *Revista Azul* y promueve la *Revista Moderna)*, cultiva el "exotismo" al grado de ampliar, en un medio represivo, el concepto de "espiritualidad amorosa" entremezclando lo sexual y lo religioso. No sin consecuencias: a Tablada se le reprime literariamente por los aspavientos de la esposa de Porfirio Díaz, escandalizada con el poema "Misa negra" (1898). En 1900, Tablada viaja a Oriente y de Japón trae la moda del *haikú*, la imagen única que es un poema abierto. Su vanguardismo no le impide celebrar públicamente a don Porfirio y, en los años de la lucha armada, atacar soezmente a Francisco I. Madero, asustarse ante la "barbarie zapatista" y apoyar a Victoriano Huerta. En el exilio, prosigue su búsqueda experimental y se radicaliza con los poemas ideográficos cuyo sentido le explica a López Velarde:

La ideografía tiene, a mi modo de ver, la fuerza de una expresión "simultáneamente lírica y gráfica", a reserva de conservar el secular carácter ideofónico. Además, la parte gráfica sustituye ventajosamente la discursiva o explicativa de la antigua poesía, dejando los temas literarios en calidad de "poesía pura", como lo quería Mallarmé. Mi preocupación actual es la síntesis, en primer lugar porque sólo sintetizando creo poder expresar la vida moderna en su dinamismo y en su multiplicidad.

A la magnífica producción "ideográfica" le siguen poemas nacionalistas, en imitación de López Velarde. La UNAM ha publicado su poesía completa y su sátira. Obras principales: *El florilegio* (1899), *Al Sol y bajo la Luna* (1918), *Un día* (1919), *Li-Po y otros poemas* (1920), *El jarro de flores* (1922), *La feria* (1928). Memorias: *La feria de la vida* (1937).

Quinta Avenida

¡Mujeres que pasáis por la Quinta Avenida
tan cerca de mis ojos, tan lejos de mi vida!...

¿Soñáis desnudas que en el baño os cae
áureo Jove pluvial, como a Danae,
o por ser impregnadas de un tesoro,
al asalto de un toro de oro
tendéis las ancas como Pasifae?

¿Sobáis con perversiones de cornac
de broncíneo elefante la trompa metálica
o transmutáis, urentes, de Karnak
la sala hipóstila, en fálica?

¡Mujeres *fire-proof* a la pasión inertes,
hijas de la mecánica Venus *made in America*;
de vuestra fortaleza, la de las cajas fuertes,
es el secreto... idéntica combinación numérica!

[*Al Sol y bajo la Luna*]

Jaikais

EL SAÚZ

Tierno saúz
casi oro, casi ámbar
casi luz...

EL BAMBÚ

Cohete de larga vara
el bambú apenas sube se doblega
en lluvia de menudas esmeraldas.

EL PAVO REAL

Pavo real, largo fulgor,
por el gallinero demócrata
pasas como una procesión...

EL RUISEÑOR

Bajo el celeste pavor
delira por la única estrella
el cántico del ruiseñor.

LA LUNA

Es mar la noche negra;
la nube es una concha;
la luna es un perla.

LOS SAPOS

Trozos de barro,
por la senda en penumbras
saltan los sapos.

LA ARAÑA

Recorriendo su tela
esta luna clarísima
tiene a la araña en vela.

[*Un día*]

UN MONO

El pequeño mono me mira...
¡Quisiera decirme
algo que se le olvida!

HEROÍSMO

Triunfaste por fin, perrillo fiel,
y ahuyentado por tu ladrido
huye veloz el tren...

PECES VOLADORES

Al golpe del oro solar
estalla en astillas el vidrio del mar.

GARZA

Garza, en la sombra
es mármol tu plumón,
móvil nieve en el viento
y nácar en el sol.

SANDÍA

¡Del verano, roja y fría
carcajada,
rebanada
de sandía!

EL INSOMNIO

En su pizarra negra
suma cifras de fósforo.

[*El jarro de flores*]

Nocturno alterno

Neoyorquina noche dorada
    Fríos muros de cal moruna
Rector's champaña fox-trot
    Casas mudas y fuertes rejas
Y volviendo la mirada
    Sobre las silenciosas tejas
El alma petrificada
    Los gatos blancos de la luna
Como la mujer de Loth
    Y sin embargo
      es una
        misma
          en New York
            y en Bogotá
              ¡La Luna...!

[*Li-Po y otros poemas*]

Ja...! Ja...! Ja...!

Reina de Saba — desnuda cual Lady Godiva — y crudamente pintada — como
en las acuarelas infantinas — amazona peregrina — en un caballo de baraja —
doctor en el rentoy — rumbo a los gallos de — la Gran Feria de lagos — (lagos
de bermellón — surcados por garzas y patos — absolutamente paradisíacos)
— noches tachonadas de fuegos artificiales — de todos colores — flores fruta-
les entre zodíacos de plata — sobre la noche de negra laca.

> Y en todo el horizonte crepuscular el brillo
> ¡único de una manta de Saltillo!
> Oh hemisferio
> de cóncavo júbilo y pueril misterio,
> Nao de China
> flotando en el agua de la tina
> de la hidroterapia sabatina;
> presea de mi niñez
> te llevará la testa mía
> como una fez
> a un futurista baile de fantasía;
> policroma fiesta
> yuxtapuesta
> a esta
> testa
> con tus animales
> de ojos angelicales,
> tus venados azules
> ¡y tus flores frutales!

Flora que kaleidos — copió — en sus dechados mi abuela y vislumbró — mi
ojo infantil — al través de una almendra del candil...

> ¡Oh crátera del super-tinacal!,
> tinta en zumo de vides mexicanas,
> coróname las canas
> y disuelve mi esplín septentrional
> en cabal
> ímpetu *Dadá*
> ¡Oh, la la!
> ¡Ja, Ja, Ja!
> ¡Jícara de Olinalá!

[La feria]

El Caballero de la Yerbabuena

El erudito habla del pasado
y la chica-loca-de-su-cuerpo..., del futuro.

Un beluario de peces de colores
ansía gozar del instante
de azogue que le escurre entre las manos...

En la más sincopada de las rumbas
préndeme tu vacuna, oh mariguana,
universalizando el incidente.

Mudanza en la plazuela nocturna
sombras de caoba
y espejos triangulares de roperos de luna.

Hace equis en mi recuerdo
aquel zig-zag cubista
de la calle del Biombo, de Querétaro...

Estremece el procaz orgullo
de sus ancas elásticas
la daifa

ajena al ejemplar candor
de sus ojos de camaleón

　　　　entre la jaula ultra-violeta
　　　　y profesional de la ojera,

mientras que las momias del docto
apenas exhumadas se hacen polvo...

¡QUIÉN VIVE!... Grita la boca brutal del cuartel.
¿Quién vive?... ¿Quién muere?... ¡Quién sabe!

Las caobas se desploman en ébanos,
un relámpago frota de amarillo
los pretiles de vidrio
donde estrellan los gatos
sus violoncellos sádicos...

Escurre por los muros bermejos
un escalofrío plateresco...

EL GIGANTE INDIO VERDE,
sentado en cuclillas
en medio de la plazuela de Regina,
devora su irónica angustia
dentro de las transparentes
pirámides de la Luna...

¿Querría deshacer sus basaltos
de dolor antediluviano?

¡QUIÉN VIVE! Truena otra vez la voz
en fogonazo de pólvora y alcohol...

Coheteros de la noche, carboneros del día
mujerzuelas de la rumba,
amigo erudito
torvo político
arzobispo
jardinero de Xochimilco

Que espiabais detrás de la esquina
os acordáis que el espectro contestó
frente al volcán y al sol
¿Quién vive?

El Caballero de la Yerbabuena

¡YO!

[*Los mejores poemas de José Juan Tablada*]

Cabaret

El "jazz band" colgó del techo
un friso de máscaras africanas,
unas de marfil, otras de ébano.

Las mujeres pasaban,
rostros pintados y ojos en el cielo,
piernas y brazos en grácil arabesco
senos indóciles y graves traseros.

Los erotógenos perfumes:
Chipre, ámbar, origán
envolvían el vaivén hawaiano
y el kuchi-kuchi muscular.

A veces una flauta suspiraba:
Amor es inefable sentimiento;
pero luego perfumes, colores, ritmos
decían con el trueno del tambor:
¡Amor es una sensación!

Grité con voz que nadie oyó:
¡Soy el Sultán Scharriar,
me he bebido las Mil y una Noches
en esta corola de cristal!

Tristes madrugadas
en que los relojes andan hacia atrás...

Los abanicos vuelven a sus estuches
y los violines a sus parvos ataúdes...

Las mariposas regresan a sus crisálidas
para cambiarse en orugas...

El automóvil Rolls-Royce
es vieja silla de postas
por interminable cuesta pedregosa,
y los galeotes en sus celdas
están vestidos con las sombras de las rejas.

[Intersecciones]

(Las prostitutas)

Las prostitutas
Ángeles de la Guarda
de las tímidas vírgenes;
ellas detienen la embestida
de los demonios y sobre el burdel
se levantan las casas de cristal
donde sueñan las niñas...

[*Intersecciones*]

Poemas ideográficos

LI - PO

Lí - Pó, uno de los "Siete Sabios en el vino"
Fué un rutilante brocado de oro............

como una

gran copa de jade

de sonoro

su infancia fué de porcelana
su loca juventud

un rumoroso bosque de bambús lleno de garzas y de misterios

rOstrOs de mujeres

en la laguna

ruiseñores encantados por la luna en las jaulas de los salterios

luciernagas alternas
que enmarañaban el camino
del Poeta ébrio de vino
con el zigzag de sus linternas

Hasta que el poeta cae y el viento la deshoja el pensamiento como una flor

Como pesado tibor

un sapo que deslíe
S O R O
de Confucio un parangón
y un grillo
que ríe burlón

un pájaro que trina
musical y breve.
como una ocarina
en un almendro
florido de nieve

mejor viajar
en palanquín
y hacer
un poema
sin fin
en la torre
de Kaolín
de Nankín
. . . .
. . . . . .

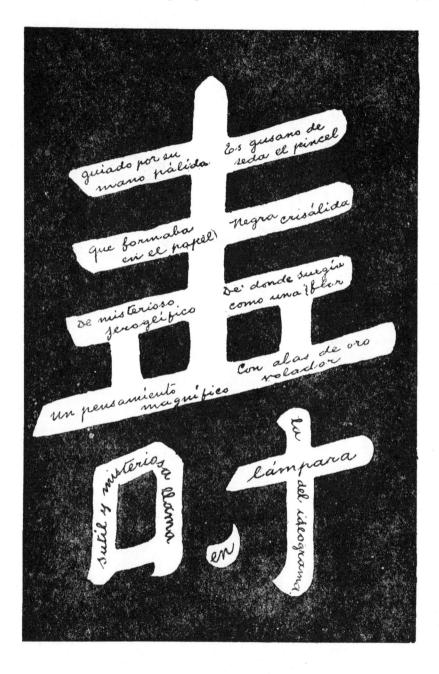

Es gusano de
seda el pincel
guiado por su
mano pálida

negra crisálida
que formaba
en el papel)

de donde surgió
como una flor
de misterioso
jeroglífico

Con alas de oro
rolador
un pensamiento
magnífico

sutil y misteriosa llama
la
lámpara
en
del ideograma

Los Cormoranes de la idea
en las ribe-   ...ras de la
meditaci   on de los
rios azu   les y Ama-
-rillos   quieren
con ansia   que aletea
pescar   de la luna
los bri   llos.. pero
nada   cojen sus
picos que   rompen el
reflejo del   astro en aro
gudos añicos de nácar
y alabastro Y Li-Pó mira
inmóvil como en la laca
bruna el silencio restaura

                                    la perla de la LUNA

La luna es araña
de plata
que tiende su telaraña
en el río que la retrata

                              I Li-Pó
                             el divino
                             que se
                               bebió
                              a la
                              luna
                              una
                       noche en su copa
                           de vino

Siente el maleficio
enigmático
y se aduerme en el vicio
del vino lunático

Dónde está Lí-Pó ? que lo llamen
Manda el Emperador desde su Yámen

Algo ébrio por fin
entre un femenino tropel,
llega el Poeta y se inclina;
una concubina
le alarga el pincel
cargado de tinta de China,
otra una seda fina
    por papel,
      y Lí
        escribe así :

           So
           l o
         es t o y
         con mi
         fr as co
         de vino
        bajo un
      árbol en flor

asoma
la luna
y dice
su rayo

      que ya
    somos DOS

        y mi propia sombra
        anuncia después

             que ya
             somos
              TRES

aunque el astro
no puede beber
su parte de vino
y mi sombra no
quiere alejarse
pues está conmigo

en esa compañía
placentera
reiré de mis dolores
entre tanto que dura
la Primavera

mirad
a la luna
a mis cantos
lanza su respues
ta en sereno fulgor
y mirad mi som
bra que ligera dan
za en mi derredor
Si estoy en mi jui
cio de sombra y
de luna la
amistad
es mía

cuando me emborracho
se disuelve nuestra compañía

pero pronto nos juntaremos
para no separarnos
ya en el inmenso
júbilo del azul
firmamen
to mas
allá

creyendo
que el re
flejo de la
luna era
una taza
de blanco
jade y así
reo vino
por cogerla
y beberla
y una noche
boyando
por el
río se.
ahogo
Li-Pò

Y hace
mil cien a.
ños el incienso
sube en cumbran
do al cielo perfuma
da nube.. Y hace mil
cien años la China
resuena doble fune
ral llorando esa
pena en el inmor
tal gongo de cris
tal de la lu
na llena!

Polifonía crepuscular

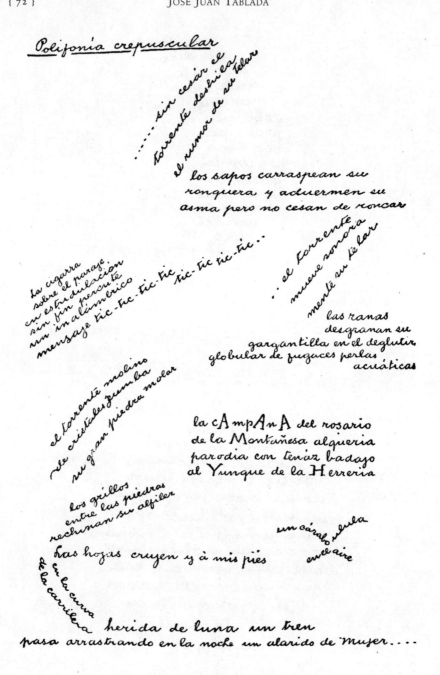

..... sin cesar el
torrente desbrilla
el rumor de su telar

el los sapos carraspean su
ronquera y aduermen su
asma pero no cesan de roncar

La cigarra
sobre el paraje
su estridulación
sin fin percute
su inalámbrico
mensaje tic-tic-tic-tic-tic tic-tic tic-tic..

.. el torrente
mueve sonora
mente su telar

las ranas
desgranan su
gargantilla en el deglutir
globular de fugaces perlas
acuáticas

el torrente molino
de cristales zumba
su gran piedra molar

la cAmpAnA del rosario
de la Montañesa alquería
parodia con tenáz badajo
al Yunque de la Herreria

los grillos
entre las piedras
rechinan su alfiler

las hojas crujen y à mis piés

un cárabo ulula
en el aire

en la curva
de la carrilera   herida de luna un tren
pasa arrastrando en la noche un alarido de mujer....

·LUCIERNAGAS

La luz

      de las

            Luciérnagas

es un

      blando   **suspiro**

Alternado

         con **pausas**   de oscuridad

Pensamientos

      sombríos   que se   **disuelven**

en **gotas**

      instantáneas   de claridad

EL JARDIN ESTA LLENO

        de suspiros de luz

Y por sus

      frondas   escurriendo   **van**

como

    lá

     gri

       mas   las últimas   **gotas**

De la

    lluvia

      lunar............

HUELLA

PIE DE LA BAI LA RINA

Pesada lápida tombal

Sobre su danza que onduló
en el viento

RUTILÓ entre la
MÚSICA

se deshizo

en el

SILENCIO

BROCADO

SEDA

GASA

pluma

INCIENSO

....

Ramón López Velarde

(1888-1921)

Nace en Jerez en 1888. Estudia Humanidades en los Seminarios Conciliares
de Zacatecas y Aguascalientes, y Leyes en San Luis Potosí, donde inicia la pu-
blicación de poemas y artículos. Es juez de paz en El Venado, San Luis Potosí
(1911), y en 1914 se establece en forma definitiva en la capital. En 1917 mue-
re Fuensanta (Josefa de los Ríos), su amor mítico. Da clases de literatura en
la Escuela Nacional Preparatoria y en la Escuela de Altos Estudios y colabora
en diarios y revistas. A los 33 años, en 1921, muere en la Ciudad de México a
consecuencia de una bronconeumonía.

A López Velarde le tocó en suerte la desgracia de ser el "poeta nacional", di-
fusión condicionada cuyo mayor inconveniente es transformar a lectores en
"gambusinos de esencias patrias". A esa atribución se añade otra: la de "cantor
de la Provincia", el eterno nostálgico imbuido de "íntima tristeza reaccionaria".
Hoy son insostenibles estos destinos manifiestos. López Velarde no es profesio-
nal ni de "la mexicanidad" ni de la evocación sensiblera; con genio, eso sí, creó
un gran personaje poético, el payo sentimental, que oscila entre las tentaciones
y el arrepentimiento, usa la rima para distanciarse de las costumbres literarias,
y proclama una teología popular donde el pecado es el otro nombre (de nin-
gún modo hipócrita) de la sensualidad. Si Tablada arremete contra las expecta-
tivas del lector (y el memorizador de la poesía rimada), López Velarde conduce
el sentimentalismo por formas que al serle ajenas, lo desconocen y lo anulan.

López Velarde es singular y es definitivo. Amplía y vigoriza una literatura, y
le permite a una colectividad vislumbrarse idealizadamente en una poesía que
funde impresiones o nociones consideradas antagónicas: piedad y lujuria, ar-
dor sensual y experiencia mística, carne y espíritu, devoción y blasfemia. Con-
tinuidad y transformismo: en metáforas drásticamente distintas los sentimientos
típicos dejan de serlo, el deseo insatisfecho se vuelve melancolía clásica, el
amor puro es el frenético deleite, el gusto por lo cotidiano es la suave patria, la
costumbre es la vida ceremonial. López Velarde vuelve tradición cultural a los
ritos de provincia, y por tanto, en vez de proteger su permanencia como se ha
dicho, los instala irremisiblemente en el pasado, mitos no de la realidad sino
de la estética.

Poesía: *La sangre devota* (1916), *Zozobra* (1919), *El son del corazón* (1932).
Prosa: *El minutero* (1933), *El don de febrero y otras prosas* (1952). El gobierno de
la República declaró 1971 en su honor "Año de Ramón López Velarde".

El Fondo de Cultura Económica recopiló su obra completa en edición de José
Luis Martínez.

Mi prima Águeda

A Jesús Villalpando

Mi madrina invitaba a mi prima Águeda
a que pasara el día con nosotros,
y mi prima llegaba
con un contradictorio
prestigio de almidón y de temible
luto ceremonioso.

Águeda aparecía, resonante
de almidón, y sus ojos
verdes y sus mejillas rubicundas
me protegían contra el pavoroso
luto...

Yo era rapaz
y conocía la *o* por lo redondo,
y Águeda que tejía
mansa y perseverante en el sonoro
corredor, me causaba
calosfríos ignotos...
(Creo que hasta le debo la costumbre
heroicamente insana de hablar solo.)

A la hora de comer, en la penumbra
quieta del refectorio,
me iba embelesando un quebradizo
sonar intermitente de vajilla
y el timbre caricioso
de la voz de mi prima.

Águeda era
(luto, pupilas verdes y mejillas
rubicundas) un cesto policromo
de manzanas y uvas
en el ébano de un armario añoso.

[*La sangre devota*]

Me estás vedada tú...

¿Imaginas acaso la amargura
que hay en no convivir
los episodios de tu vida pura?

Me está vedado conseguir que el viento
y la llovizna sean comedidos
con tu pelo castaño.

Me está vedado oír en los latidos
de tu paciente corazón (sagrario
de dolor y clemencia)
la fórmula escondida
de mi propia existencia.

Me está vedado, cuando te fatigas
y se fatiga hasta tu mismo traje,
tomarte en brazos, como quien levanta
a su propia ilusión incorruptible
hecha fantasma que renuncia al viaje.

Despertarás una mañana gris
y verás, en la luna de tu armario,
desdibujarse un puño
esquelético, y ante el funerario
aviso, gritarás las cinco letras
de mi nombre, con voz pávida y floja,
¡y yo me hallaré ausente
de tu final congoja!

¿Imaginas acaso
mi amargura impotente?
Me estás vedada tú... Soy un fracaso
de confesor y médico que siente
perder a la mejor de sus enfermas
y a su más efusiva penitente.

[*La sangre devota*]

Hermana, hazme llorar

Fuensanta:
dame todas las lágrimas del mar.
Mis ojos están secos y yo sufro
unas inmensas ganas de llorar.

Yo no sé si estoy triste por el alma
de mis fieles difuntos
o porque nuestros mustios corazones
nunca estarán sobre la tierra juntos.

Hazme llorar, hermana,
y la piedad cristiana
de tu manto inconsútil
enjúgueme los llantos con que llore
el tiempo amargo de mi vida inútil.

Fuensanta:
¿tú conoces el mar?
Dicen que es menos grande y menos hondo
que el pesar.
Yo no sé ni por qué quiero llorar:
será tal vez por el pesar que escondo,
tal vez por mi infinita sed de amar.

Hermana:
dame todas las lágrimas del mar...

[*La sangre devota*]

Nuestras vidas son péndulos

¿Dónde estará la niña
que en aquel lugarejo
una noche de baile
me habló de sus deseos
de viajar, y me dijo
su tedio?

Gemía el vals por ella,
y ella era un boceto
lánguido: unos pendientes
de ámbar, y un jazmín
en el pelo.

Gemían los violines
en el torpe quinteto...
E ignoraba la niña
que al quejarse de tedio
conmigo, se quejaba
con un péndulo.

Niña que me dijiste
en aquel lugarejo
una noche de baile
confidencias de tedio:
dondequiera que exhales
tu suspiro discreto,
nuestras vidas son péndulos...

Dos péndulos distantes
que oscilan paralelos
en una misma bruma
de invierno.

[*La sangre devota*]

La bizarra capital de mi Estado

A Jesús B. González

He de encomiar en verso sincerista
la capital bizarra
de mi Estado, que es un
cielo cruel y una tierra colorada.

Una frialdad unánime
en el ambiente, y unas recatadas
señoritas con rostro de manzana,
ilustraciones prófugas
de las cajas de pasas.

Católicos de Pedro el Ermitaño
y jacobinos de época terciaria.
(Y se odian los unos a los otros
con buena fe.)

        Una típica montaña
que, fingiendo un corcel que se encabrita,
al dorso lleva una capilla, alzada
al Patrocinio de la Virgen.

           Altas
y bajas del terreno, que son siempre
una broma pesada.

Y una Catedral, y una campana
mayor que cuando suena, simultánea
con el primer clarín del primer gallo,
en las avemarías, me da lástima
que no la escuche el Papa.
Porque la cristiandad entonces clama
cual si fuese su queja más urgida
la vibración metálica,
y al concurrir ese clamor concéntrico
del bronce, en el ánima del ánima,
se siente que las aguas
del bautismo nos corren por los huesos
y otra vez nos penetran y nos lavan.

                [*La sangre devota*]

Y pensar que pudimos...

Y pensar que extraviamos
la senda milagrosa
en que se hubiera abierto
nuestra ilusión, como perenne rosa...

Y pensar que pudimos
enlazar nuestras manos
y apurar en un beso
la comunión de fértiles veranos...

Y pensar que pudimos
en una onda secreta
de embriaguez, deslizarnos,
valsando un vals sin fin, por el planeta...

Y pensar que pudimos,
al rendir la jornada,
desde la sosegada
sombra de tu portal y en una suave
conjunción de existencias,
ver las cintilaciones del Zodíaco
sobre la sombra de nuestras conciencias...

[*La sangre devota*]

Ser una casta pequeñez...

A Alfonso Cravioto

Fuérame dado remontar el río
de los años, y en una reconquista
feliz de mi ignorancia, ser de nuevo
la frente limpia y bárbara del niño...

Volver a ser el arrebol, y el húmedo
pétalo, y la llorosa y pulcra infancia
que deja el baño por secarse al sol...

Entonces, con instinto maternal,
me subirías al regazo, para
interrogarme, Amor, si eras querida
hasta el agua inmanente de tu pozo
o hasta el penacho tornadizo y frágil
de tu naranjo en flor.

Yo, sintiéndome bien en la aromática
vecindad de tus hombros y en la limpia
fragancia de tus brazos,
te diría quererte más allá
de las torres gemelas.

Dejarías entonces en la bárbara
novedad de mi frente
el beso inaccesible
a mi experiencia licenciosa y fúnebre.

¿Por qué en la tarde inválida,
cuando los niños pasan por tu reja,
yo no soy una casta pequeñez
en tus manos adictas
y junto a la eficacia de tu boca?

[*La sangre devota*]

Hoy, como nunca...

A Enrique González Martínez

Hoy, como nunca, me enamoras y me entristeces;
si queda en mí una lágrima, yo la excito a que lave
nuestras dos lobregueces.

Hoy, como nunca, urge que tu paz me presida;
pero ya tu garganta sólo es una sufrida
blancura, que se asfixia bajo toses y toses,
y toda tú una epístola de rasgos moribundos
colmada de dramáticos adioses.

Hoy, como nunca, es venerable tu esencia
y quebradizo el vaso de tu cuerpo,
y sólo puedes darme la exquisita dolencia
de un reloj de agonías, cuyo tic-tac nos marca
el minuto de hielo en que los pies que amamos
han de pisar el hielo de la fúnebre barca.

Yo estoy en la ribera y te miro embarcarte:
huyes por el río sordo, y en mi alma destilas
el clima de esas tardes de ventisca y de polvo
en las que doblan solas las esquilas.

Mi espíritu es un paño de ánimas, un paño
de ánimas de iglesia siempre menesterosa;

es un paño de ánimas goteado de cera,
hollado y roto por la grey astrosa.

No soy más que una nave de parroquia en penuria,
nave en que se celebran eternos funerales,
porque una lluvia terca no permite
sacar el ataúd a las calles rurales.

Fuera de mí, la lluvia; dentro de mí, el clamor
cavernoso y creciente de un salmista;
mi conciencia, mojada por el hisopo, es un
ciprés que en una huerta conventual se contrista.

Ya mi lluvia es diluvio, y no miraré el rayo
del sol sobre mi arca, porque ha de quedar roto
mi corazón la noche cuadragésima;
no guardan mis pupilas ni un matiz remoto
de la lumbre solar que tostó mis espigas;
mi vida es sólo una prolongación de exequias
bajo las cataratas enemigas.

[*Zozobra*]

Día 13

Mi corazón retrógrado
ama desde hoy la temerosa fecha
en que surgiste con aquel vestido
de luto y aquel rostro de ebriedad.

Día 13 en que el filo de tu rostro
llevaba la embriaguez como un relámpago
y en que tus lúgubres arreos daban
una luz que cegaba al sol de agosto,
así como se nubla el sol ficticio
en las decoraciones
de los Calvarios de los Viernes Santos.

Por enlutada y ebria simulaste
en la superstición de aquel domingo,
una fúlgida cuenta de abalorio
humedecida en un licor letárgico.

¿En qué embriaguez bogaban tus pupilas
para que así pudiesen
narcotizarlo todo?
Tu tiniebla
guiaba mis latidos, cual guiaba
la columna de fuego al israelita.

Adivinaba mi acucioso espíritu
tus blancas y fulmíneas paradojas:
el centelleo de tus zapatillas,
la llamarada de tu falda lúgubre,
el látigo incisivo de tus cejas
y el negro luminar de tus cabellos.

Desde la fecha de superstición
en que colmaste el vaso de mi júbilo,
mi corazón oscurantista clama
a la buena bondad del mal agüero;
que si mi sal se riega, irán sus granos
trazando en el mantel tus iniciales;
y si estalla mi espejo en un gemido,
fenecerá diminutivamente
como la desinencia de tu nombre.

Superstición, consérvame el radioso
vértigo del minuto perdurable
en que su traje negro devoraba
la luz desprevenida del cenit,
y en que su falda lúgubre era un bólido
por un cielo de hollín sobrecogido...

[*Zozobra*]

No me condenes

Yo tuve, en tierra adentro, una novia muy pobre:
ojos inusitados de sulfato de cobre.
Llamábase María; vivía en un suburbio,
y no hubo entre nosotros ni sombra de disturbio.
Acabamos de golpe: su domicilio estaba
contiguo a la estación de los ferrocarriles,

y ¿qué noviazgo puede ser duradero, entre
campanadas centrífugas y silbatos febriles?

El reloj de su sala desgajaba las ocho;
era diciembre; y yo departía con ella
bajo la limpidez glacial de cada estrella.
El gendarme, remiso a mi intriga inocente,
hubo de ser, al fin, forzoso confidente.

María se mostraba incrédula y tristona:
yo no tenía traza de una buena persona.
¿Olvidarías acaso, corazón forastero,
el acierto nativo de aquella señorita
que oía y desoía tu pregón embustero?

Su desconfiar ingénito era ratificado
por los perros noctívagos, en cuya algarabía
reforzábase el duro presagio de María.

¡Perdón, María! Novia triste, no me condenes:
cuando oscile el quinqué, y se abatan las ocho,
cuando el sillón te mezca, cuando ululen los trenes,
cuando trabes los dedos por detrás de tu nuca,
no me juzgues más pérfido que uno de los silbatos
que turban tu faena y tus recatos.

[*Zozobra*]

Mi corazón se amerita...

A Rafael López

Mi corazón, leal, se amerita en la sombra.
Yo lo sacara al día, como lengua de fuego
que se saca de un ínfimo purgatorio a la luz;
y al oírlo batir su cárcel yo me anego
y me hundo en la ternura remordida de un padre
que siente, entre sus brazos, latir un hijo ciego.

Mi corazón, leal, se amerita en la sombra.
Placer, amor, dolor... todo le es ultraje

y estimula su cruel carrera logarítmica,
sus ávidas mareas y su eterno oleaje.

Mi corazón, leal, se amerita en la sombra.
Es la mitra y la válvula... Yo me lo arrancaría
para llevarlo en triunfo a conocer el día,
la estola de violetas en los hombros del alba,
el cíngulo morado de los atardeceres,
los astros, y el perímetro jovial de las mujeres.

Mi corazón, leal, se amerita en la sombra.
Desde una cumbre enhiesta yo lo he de lanzar
como sangriento disco a la hoguera solar.
Así extirparé el cáncer de mi fatiga dura,
seré impasible por el Este y el Oeste,
asistiré con una sonrisa depravada
a las ineptitudes de la inepta cultura,
y habrá en mi corazón la llama que le preste
el incendio sinfónico de la esfera celeste.

[*Zozobra*]

Tus dientes

Tus dientes son el pulcro y nimio litoral
por donde acompasadas navegan las sonrisas,
graduándose en los tumbos de un parco festival.

Sonríes gradualmente, como sonríe el agua
del mar, en la rizada fila de la marea,
y totalmente, como la tentativa de un
Fiat Lux para la noche del mortal que te vea.
Tus dientes son así la más cara presea.

Cuídalos con esmero, porque en ese cuidado
hay una trascendencia igual a la de un Papa
que retoca su encíclica y pule su cayado.

Cuida tus dientes, cónclave de granizos, cortejo
de espumas, sempiterna bonanza de una mina,
senado de cumplidas minucias astronómicas,

y maná con que sacia su hambre y su retina
la docena de Tribus que en tu voz se fascina.

Tus dientes lograrían, en una rebelión,
servir de proyectiles zodiacales al déspota
y hacer de los discordes gritos, un orfeón;
del motín y la ira, inofensivos juegos,
y de los sublevados, una turba de ciegos.

Bajo las sigilosas arcadas de tu encía,
como en un acueducto infinitesimal,
pudiera dignamente el más digno mortal
apacentar sus crespas ansias... hasta que truene
la trompeta del Ángel en el Juicio Final.

Porque la tierra traga todo pulcro amuleto
y tus dientes de ídolo han de quedarse mondos
en la mueca erizada del hostil esqueleto,
yo los recojo aquí, por su dibujo neto
y su numen patricio, para el pasmo y la gloria
de la humanidad giratoria.

[*Zozobra*]

Tierra mojada

Tierra mojada de las tardes líquidas
en que la lluvia cuchichea
y en que se reblandecen las señoritas, bajo
el redoble del agua en la azotea...

Tierra mojada de las tardes olfativas
en que un afán misántropo remonta las lascivas
soledades del éter, y en ellas se desposa
con la ulterior paloma de Noé;
mientras se obstina el tableteo
del rayo, por la nube cenagosa...

Tarde mojada, de hábitos labriegos,
en la cual reconozco estar hecho de barro,
porque en tus llantos veraniegos

bajo el auspicio de la media luz,
el alma se licúa sobre los clavos
de su cruz...

Tardes en que el teléfono pregunta
por consabidas náyades arteras,
que salen del baño al amor
a volcar en el lecho las fatuas cabelleras
y a balbucir, con alevosía y con ventaja,
húmedos y anhelantes monosílabos,
según que la llovizna acosa las vidrieras...

Tardes como una alcoba submarina
con su lecho y su tina;
tardes en que envejece una doncella
ante el brasero exhausto de su casa,
esperando a un galán que le lleve una brasa;
tardes en que descienden
los ángeles, a arar surcos derechos
en edificantes barbechos;
tardes de rogativa y de cirio pascual;
tardes en que el chubasco
me induce a enardecer a cada una
de las doncellas frígidas con la brasa oportuna;
tardes en que, oxidada
la voluntad, me siento
acólito del alcanfor,
un poco pez espada
y un poco San Isidro Labrador...

[Zozobra]

El retorno maléfico

A don Ignacio I. Gastélum

Mejor será no regresar al pueblo,
al edén subvertido que se calla
en la mutilación de la metralla.

Hasta los fresnos mancos,
los dignatarios de cúpula oronda,

han de rodar las quejas de la torre
acribillada en los vientos de fronda.

Y la fusilería grabó en la cal
de todas las paredes
de la aldea espectral,
negros y aciagos mapas,
porque en ellos leyese el hijo pródigo
al volver a su umbral
en un anochecer de maleficio,
a la luz de petróleo de una mecha,
su esperanza deshecha.

Cuando la tosca llave enmohecida
tuerza la chirriante cerradura,
en la añeja clausura
del zaguán, los dos púdicos
medallones de yeso,
entornando los párpados narcóticos,
se mirarán y se dirán: "¿Qué es eso?".

Y yo entraré con pies advenedizos
hasta el patio agorero
en que hay un brocal ensimismado,
con un cubo de cuero
goteando su gota categórica
como un estribillo plañidero.

Si el sol inexorable, alegre y tónico,
hace hervir a las fuentes catecúmenas
en que bañábase mi sueño crónico;
si se afana la hormiga;
si en los techos resuena y se fatiga
de los buches de tórtola el reclamo
que entre las telarañas zumba y zumba;
mi sed de amar será como una argolla
empotrada en la losa de una tumba.

Las golondrinas nuevas, renovando
con sus noveles picos alfareros
los nidos tempraneros;
bajo el ópalo insigne

de los atardeceres monacales,
el lloro de recientes recentales
por la ubérrima ubre prohibida
de la vaca, rumiante y faraónica,
que al párvulo intimida;
campanario de timbre novedoso;
remozados altares;
el amor amoroso
de las parejas pares;
noviazgos de muchachas
frescas y humildes, como humildes coles,
y que la mano dan por el postigo
a la luz de dramáticos faroles;
alguna señorita
que canta en algún piano
alguna vieja aria;
el gendarme que pita...
... Y una íntima tristeza reaccionaria.

[*Zozobra*]

A las vírgenes

¡Oh vírgenes rebeldes y sumisas;
convertidme en el fiel reclinatorio
de vuestros codos y vuestras sonrisas
y en la fragua sangrienta del holgorio
en que quieren quemarme vuestras prisas!

¡Oh botones baldíos en el huerto
de una resignación llena de abrojos;
lloráis un bien que, sin nacer, ha muerto,
y a vuestra pura lápida concierto
los fraternales llantos de mis ojos!...

¡Hermanas mías, todas
las que contentas, con el limpio daño
de la virginidad, vais en las bodas
celestes, por llevar sobre las finas
y litúrgicas palmas y en el paño
de la eterna Pasión, clavos y espinas;

y vosotras también, las de la hoguera
carnal en la vendimia y el chubasco,
en el invierno y en la primavera;
las del nítido viaje de Damasco
y las que en la renuncia llana y lisa
de la tarde, salís a los balcones
a que beban la brisa
los sexos, cual sañudos escorpiones!

¡El tiempo se desboca; el torbellino
os arrastra al fatal despeñadero
de la Muerte; en las sombras adivino
vuestro desnudo encanto volandero;
y os quisieran ceñir mis manos fieles,
por detener vuestra caída obscura
con un lúbrico lazo de claveles
lazado a cada virginal cintura!

¡Vírgenes fraternales: me consumo
en el álgido afán de ser el humo
que se alza en vuestro aceite
a hora y a deshora,
y de encarnar vuestro primer deleite
cuando se filtra la modesta aurora,
por la jactancia de la bugambilia,
en las sábanas de vuestra vigilia!

[*Zozobra*]

Hormigas

A la cálida vida que transcurre canora
con garbo de mujer sin letras ni antifaces,
a la invicta belleza que salva y que enamora,
responde, en la embriaguez de la encantada hora,
un encono de hormigas en mis venas voraces.

Fustigan el desmán del perenne hormigueo
el pozo del silencio y el enjambre del ruido,
la harina rebanada como doble trofeo
en los fértiles bustos, el Infierno en que creo,
el estertor final y el preludio del nido.

Mas luego mis hormigas me negarán su abrazo
y han de huir de mis pobres y trabajados dedos
cual se olvida en la arena un gélido bagazo;
y tu boca, que es cifra de eróticos denuedos,
tu boca, que es mi rúbrica, mi manjar y mi adorno,
tu boca, en que la lengua vibra asomada al mundo
como réproba llama saliéndose de un horno,
en una turbia fecha de cierzo gemebundo
en que ronde la luna porque robarte quiera,
ha de oler a sudario y a hierba machacada,
a droga y a responso, a pábilo y a cera.

Antes de que deserten mis hormigas, Amada,
déjalas caminar camino de tu boca
a que apuren los viáticos del sanguinario fruto
que desde sarracenos oasis me provoca.

Antes de que tus labios mueran, para mi luto,
dámelos en el crítico umbral del cementerio
como perfume y pan y tósigo y cauterio.

[*Zozobra*]

Ánima adoratriz

Mi virtud de sentir se acoge a la divisa
del barómetro lúbrico, que en su enagua violeta
los volubles matices de los climas sujeta
con una probidad instantánea y precisa.

Mi única virtud es sentirme desollado
en el templo y la calle, en la alcoba y el prado.

Orean mi bautismo, en alma y carne vivas,
las ráfagas eternas entre las fugitivas.

Todo me pide sangre: la mujer y la estrella,
la congoja del trueno, la vejez con su báculo,
el grifo que vomita su hidráulica querella,
y la lámpara, parpadeo del tabernáculo.

Todo lo que a mis ojos es limpio y es agudo
bebe de mis droláticas arterias el saludo.

Mi ángel guardián y mi demonio estrafalario,
desgranando granadas fieles, siguen mi pista
en las vicisitudes de la bermeja lista
que marca, en tierra firme y en mar, mi itinerario.

Como aquel que fue herido en la noche agorera
y denunció su paso goteando la acera,
yo puedo desandar mi camino rubí,
hasta el minuto y hasta la casa en que nací
místicamente armado contra la laica era.

Dejo, sin estancamiento, su gota a cada clavo
teñido con la savia de mi ritual madera;
no recojo mi sangre, ni siquiera la lavo.

Espiritual al prójimo, mi corazón se inmola
para hacer un empréstito sin usuras aciagas
a la clorosis virgen y azul de los Gonzagas
y a la cárdena quiebra del Marqués de Priola.

¿En qué comulgatorio secreto hay que llorar?
¿Qué brújula se imanta de mi sino? ¿Qué par
de trenzas destronadas se me ofrecen por hijas?
¿Qué lecho esquimal pide tibieza en su tramonto?
Ánima adoratriz: a la hora que elijas
para ensalzar tus fieles granadas, estoy pronto.

Mas será con el cálculo de una amena medida:
que se acaben a un tiempo el arrobo y la vida
y que del vino fausto no quedando en la mesa
ni la hez de una hez, se derrumbe en la huesa
el burlesco legado de una estéril pavesa.

[Zozobra]

Todo...

A José D. Frías

Sonámbula y picante,
mi voz es la gemela
de la canela.

Canela ultramontana
e islamita;
por ella mi experiencia
sigue de señorita.

Criado con ella,
mi alma tomó la forma
de su botella.

Si digo carne o espíritu,
paréceme que el diablo
se ríe del vocablo;
mas nunca vaciló
mi fe si dije: "yo".

Yo, varón integral
nutrido en el panal
de Mahoma
y en el que cuida Roma
en la Mesa Central.

Uno es mi fruto:
vivir en el cogollo
de cada minuto.

Que el milagro se haga,
dejándome aureola
o trayéndome llaga.

No porto insignias
de masón
ni de Caballero
de Colón.

A pesar del moralista
que la asedia
y sobre la comedia
que la traiciona,
es santa mi persona,
santa en el fuego lento
con que dora el altar
y en el remordimiento
del día que se me fue
sin oficiar.

En mis andanzas callejeras
del jeroglífico nocturno,
cuando cada muchacha
entorna sus maderas,
me deja atribulado
su enigma de no ser
ni carne ni pescado.

Aunque toca al poeta
roerse los codos,
vivo la formidable
vida de todas y de todos;
en mí late un pontífice
que todo lo posee
y todo lo bendice;
la dolorosa Naturaleza
sus tres reinos ampara
debajo de mi tiara;
y mi papal instinto
se conmueve
con la ignorancia de la nieve
y la sabiduría del jacinto.

[*Zozobra*]

La mancha de púrpura

Me impongo la costosa penitencia
de no mirarte en días y días, por que mis ojos,
cuando por fin te miren, se aneguen en tu esencia

como si naufragasen en un golfo de púrpura,
de melodía y de vehemencia.

Pasa el lunes, y el martes, y el miércoles... Yo sufro
tu eclipse, ¡oh creatura solar!, mas en mi duelo
el afán de mirarte se dilata
como una profecía; se descorre cual velo
paulatino; se acendra como miel; se aquilata
como la entraña de las piedras finas;
y se aguza como el llavín
de la celda de amor de un monasterio en ruinas.

Tú no sabes la dicha refinada
que hay en huirte, que hay en el furtivo gozo
de adorarte furtivamente, de cortejarte
más allá de la sombra, de bajarse el embozo
una vez por semana, y exponer las pupilas,
en un minuto fraudulento,
a la mancha de púrpura de tu deslumbramiento.

En el bosque de amor, soy cazador furtivo;
te acecho entre dormidos y tupidos follajes,
como se acecha una ave fúlgida; y de estos viajes
por la espesura, traigo a mi aislamiento
el más fúlgido de los plumajes:
el plumaje de púrpura de tu deslumbramiento.

[Zozobra]

El minuto cobarde

A Saturnino Herrán

En estos hiperbólicos minutos
en que la vida sube por mi pecho
como una marea de tributos
onerosos, la plétora de vida
se resuelve en renuncia capital
y en miedo se liquida.

Mi sufrimiento es como un gravamen
de rencor, y mi dicha como cera

que se derrite siempre en jubileos,
y hasta mi mismo amor es como un tósigo
que en la raíz del corazón prospera.

Cobardemente clamo, desde el centro
de mis intensidades corrosivas,
a mi parroquia, al ave moderada,
a la flor quieta y a las aguas vivas.

Yo quisiera acogerme a la mesura,
a la estricta conciencia y al recato
de aquellas cosas que me hicieron bien...

Anticuados relojes del Curato
cuyas pesas de cobre
se retardaban, con intención pura,
por aplazarme indefinidamente
la primera amargura.

Obesidad de aquellas lunas que iban
rodando, dormilonas y coquetas,
por un absorto azul
sobre los árboles de las banquetas.

Fatiga incierta de un incierto piano
en que un tema llorón se decantaba,
con insomnio y desgano,
en favor del obtuso centinela
y contra la salud del hortelano.

Santos de piedra que en el atrio exponen
su casulla de piedra a la herejía
del recio temporal.

Garganta criolla de Carmen García,
que mandaba su canto hasta las calles
envueltas en perfume vegetal.

Cromos bobalicones,
colgados por estímulo a la mesa,
y que muestran sandías y viandas
con exageraciones

pictóricas; exánimes gallinas,
y conejos en quienes no hizo sangre
lo comedido de los perdigones.

Canteras cuyo vértice poroso
destila el agua, con paciente escrúpulo,
en el monjil reposo
del comedor, a cada golpe neto
con que las gotas, simples y tardías,
acrecen el caudal noches y días.

Acudo a la justicia original
de todas estas cosas;
mas en mi pecho siguen germinando
las plantas venenosas,
y mi violento espíritu se halla
nostálgico de sus jaculatorias
y del pío metal de su medalla.

[*Zozobra*]

Humildemente...

A mi madre y a mis hermanas

Cuando me sobrevenga
el cansancio del fin,
me iré, como la grulla
del refrán, a mi pueblo,
a arrodillarme entre
las rosas de la plaza,
los aros de los niños
y los flecos de seda de los tápalos.

A arrodillarme en medio
de una banqueta herbosa,
cuando sacramentando
al reloj de la torre,
de redondel de luto
y manecillas de oro,
al hombre y a la bestia,

al azahar que embriaga
y a los rayos del sol,
aparece en su estufa el Divinísimo.

Abrazado a la luz
de la tarde que borda,
como al hilo de una
apostólica araña,
he de decir mi prez
humillada y humilde,
más que las herraduras
de las mansas acémilas
que conducen al Santo Sacramento.

"Te conozco, Señor,
aunque viajas de incógnito,
y a tu paso de aromas
me quedo sordomudo,
paralítico y ciego,
por gozar tu balsámica presencia.

"Tu carroza sonora
apaga repentina
el breve movimiento,
cual si fuesen las calles
una juguetería
que se quedó sin cuerda.

"Mi prima, con la aguja
en alto, tras sus vidrios,
está inmóvil con un gesto de estatua.

"El cartero aldeano
que trae nuevas del mundo,
se ha hincado en su valija.

"El húmedo corpiño
de Genoveva, puesto
a secar, ya no baila
arriba del tejado.

"La gallina y sus pollos
pintados de granizo
interrumpen su fábula.

"La frente de don Blas
petrificóse junto
a la hinchada baldosa
que agrietan las raíces de los fresnos.

"Las naranjas cesaron
de crecer, y yo apenas
si palpito a tus ojos
para poder vivir este minuto.

"Señor, mi temerario
corazón que buscaba
arrogantes quimeras,
se anonada y te grita
que yo soy tu juguete agradecido.

"Porque me acompasaste
en el pecho un imán
de figura de trébol
y apasionada tinta de amapola.

"Pero ese mismo imán
es humilde y oculto,
como el peine imantado
con que las señoritas
levantan alfileres
y electrizan su pelo en la penumbra.

"Señor, este juguete
de corazón de imán
te ama y te confiesa
con el íntimo ardor
de la raíz que empuja
y agrieta las baldosas seculares.

"Todo está de rodillas
y en el polvo las frentes;
mi vida es la amapola

pasional, y su tallo
doblégase efusivo
para morir debajo de tus ruedas."

[*Zozobra*]

Te honro en el espanto

Ya que tu voz, como un muelle vapor, me baña,
y mis ojos, tributos a la eterna guadaña,
por ti osan mirar de frente el ataúd;
ya que tu abrigo rojo me otorga una delicia
que es mitad friolenta, mitad cardenalicia,
antes que en la veleta llore el póstumo alud;
ya que por ti ha lanzado a la Muerte su reto
la cerviz animosa del ardido esqueleto
predestinado al hierro del fúnebre dogal;
te honro en el espanto de una perdida alcoba
de nigromante, en que tu yerta faz se arroba
sobre una tibia, como sobre un cabezal;
y porque eres, Amada, la armoniosa elegida
de mi sangre, sintiendo que la convulsa vida
es un puente de abismos en que vamos tú y yo,
mis besos te recorren en devotas hileras,
encima de un sacrílego manto de calaveras,
como sobre una erótica ficha de dominó.

[*Zozobra*]

El mendigo

Soy el mendigo cósmico y mi inopia es la suma
de todos los voraces ayunos pordioseros;
mi alma y mi carne trémulas imploran a la espuma
del mar y al simulacro azul de los luceros.

El cuervo legendario que nutre al cenobita
vuela por mi Tebaida sin dejarme su pan,
otro cuervo transporta una flor inaudita,
otro lleva en el pico a la mujer de Adán,
y sin verme siquiera, los tres cuervos se van.

Prosigue descubriendo mi pupila famélica
más panes y más lindas mujeres y más rosas
en el bando de cuervos que en la jornada célica
sus picos atavían con las cargas preciosas,
y encima de mi sacro apetito no baja
sino un pétalo, un rizo prófugo, una migaja.

Saboreo mi brizna heteróclita, y siente
mi sed la cristalina nostálgica de la fuente,
y la pródiga vida se derrama en el falso
festín y en el suplicio de mi hambre creciente,
como una cornucopia se vuelca en un cadalso.

[*Zozobra*]

La última odalisca

Mi carne pesa, y se intimida
porque su peso fabuloso
es la cadena estremecida
de los cuerpos universales
que se han unido con mi vida.

Ámbar, canela, harina y nube
que en mi carne, al tejer sus mimos,
se eslabonan con el efluvio
que ata los náufragos racimos
sobre las crestas del Diluvio.

Mi alma pesa, y se acongoja
porque su peso es el arcano
sinsabor de haber conocido
la Cruz y la floresta roja
y el cuchillo del cirujano.

Y aunque todo mi ser gravita
cual un orbe vaciado en plomo
que en la sombra paró su rueda,
estoy colgado en la infinita
agilidad del éter, como
de un hilo escuálido de seda.

Gozo... Padezco... Y mi balanza
vuela rauda con el beleño
de las esencias del rosal:
soy un harem y un hospital
colgados juntos de un ensueño.

Voluptuosa Melancolía:
en tu talle mórbido enrosca
el Placer su caligrafía
y la Muerte su garabato,
y en un clima de ala de mosca
la Lujuria toca a rebato.

Mas luego las samaritanas,
que para mí estuvieron prestas
y por mí dejaron sus fiestas,
se irán de largo al ver mis canas,
y en su alborozo, rumbo a Sión,
buscarán el torrente endrino
de los cabellos de Absalón.

¡Lumbre divina, en cuyas lenguas
cada mañana me despierto:
un día, al entreabrir los ojos,
antes que muera estaré muerto!

Cuando la última odalisca,
ya descastado mi vergel,
se fugue en pos de nueva miel,
¿qué salmodia del pecho mío
será digna de suspirar
a través del harem vacío?

Si las victorias opulentas
se han de volver impedimentas,
si la eficaz y viva rosa
queda superflua y estorbosa,
¡oh, Tierra ingrata, poseída
a toda hora de la vida:
en esa fecha de ese mal,
hazme humilde como un pelele

a cuya mecánica duele
ser solamente un hospital!

[Zozobra]

Que sea para bien...

Ya no puedo dudar... Diste muerte a mi cándida
niñez, toda olorosa a sacristía, y también
diste muerte al liviano chacal de mi cartuja.
Que sea para bien...

Ya no puedo dudar... Consumaste el prodigio
de, sin hacerme daño, sustituir mi agua clara
con un licor de uvas... Y yo bebo
el licor que tu mano me depara.

Me revelas la síntesis de mi propio Zodíaco:
el León y la Virgen. Y mis ojos te ven
apretar en los dedos —como un haz de centellas—
éxtasis y placeres. Que sea para bien...

Tu palidez denuncia que en tu rostro
se ha posado el incendio y ha corrido la lava...
Día último de marzo: emoción, aves, sol...
Tu palidez volcánica me agrava.

¿Ganaste ese prodigio de pálida vehemencia
al huir, con un viento de ceniza,
de una ciudad en llamas? ¿O hiciste penitencia
revolcándote encima del desierto? ¿O, quizá,
te quedaste dormida en la vertiente
de un volcán, y la lava corrió sobre tu boca
y calcinó tu frente?

¡Oh tú, reveladora, que traes un sabor
cabal para mi vida, y la entusiasmas:
tu triunfo es sobre un motín de satiresas
y un coro plañidero de fantasmas!

Yo estoy en la vertiente de tu rostro, esperando
las lavas repentinas que me den
un fulgurante goce. Tu victorial y pálido
prestigio ya me invade... ¡Que sea para bien!

[*Zozobra*]

Treinta y tres

La edad del Cristo azul se me acongoja
porque Mahoma me sigue tiñendo
verde el espíritu y la carne roja,
y los talla, al beduino y a la hurí,
como una esmeralda en un rubí.

Yo querría gustar del caldo de habas,
mas en la infinidad de mi deseo
se suspenden las sílfides que veo,
como en la conservera las guayabas.

La piedra pómez fuera mi amuleto,
pero mi humilde sino se contrista
porque mi boca se instala en secreto
en la feminidad del esqueleto
con un escrúpulo de diamantista.

Afluye la parábola y flamea
y gasto mis talentos en la lucha
de la Arabia Feliz con Galilea.

Me asfixia, en una dualidad funesta,
Ligia, la mártir de pestaña enhiesta,
y de Zoraida la grupa bisiesta.

Plenitud de cerebro y corazón;
oro en los dedos y en las sienes rosas;
y el Profeta de cabras se perfila
más fuerte que los dioses y las diosas.

¡Oh, plenitud cordial y reflexiva:
regateas con Cristo las mercedes

de fruto y flor, y ni siquiera puedes
tu cadáver colgar de la impoluta
atmósfera imantada de una gruta!

[El son del corazón]

Si soltera agonizas

Amiga que te vas:
quizá no te vea más.

Ante la luz de tu alma y de tu tez
fui tan maravillosamente casto
cual si me embalsamara la vejez.

Y no tuve otro arte
que el de quererte para aconsejarte.

Si soltera agonizas
irán a visitarte mis cenizas.

Porque ha de llegar un ventarrón
color de tinta, abriendo tu balcón.
Déjalo que trastorne tus papeles,
tus novenas, tus ropas, y que apague
la santidad de tus lámparas fieles...

No vayas, encogido el corazón,
a cerrar tus vidrieras
a la tinta que riega el ventarrón.

Es que voy en la racha
a filtrarme en tu paz, buena muchacha.

[El son del corazón]

La suave Patria

PROEMIO

Yo que sólo canté de la exquisita
partitura del íntimo decoro,
alzo hoy la voz a la mitad del foro,
a la manera del tenor que imita
la gutural modulación del bajo,
para cortar a la epopeya un gajo.

Navegaré por las olas civiles
con remos que no pesan, porque van
como los brazos del correo chuán
que remaba la Mancha con fusiles.

Diré con una épica sordina:
la Patria es impecable y diamantina.

Suave Patria: permite que te envuelva
en la más honda música de selva
con que me modelaste por entero
al golpe cadencioso de las hachas,
entre risas y gritos de muchachas
y pájaros de oficio carpintero.

PRIMER ACTO

Patria: tu superficie es el maíz,
tus minas el palacio del Rey de Oros,
y tu cielo, las garzas en desliz
y el relámpago verde de los loros.

El Niño Dios te escrituró un establo
y los veneros de petróleo el diablo.

Sobre tu Capital, cada hora vuela
ojerosa y pintada, en carretela;
y en tu provincia, del reloj en vela
que rondan los palomos colipavos,
las campanadas caen como centavos.

Patria: tu mutilado territorio
se viste de percal y de abalorio.

Suave Patria: tu casa todavía
es tan grande, que el tren va por la vía
como aguinaldo de juguetería.

Y en el barullo de las estaciones,
con tu mirada de mestiza, pones
la inmensidad sobre los corazones.

¿Quién, en la noche que asusta a la rana,
no miró, antes de saber del vicio,
del brazo de su novia, la galana
pólvora de los fuegos de artificio?

Suave Patria: en tu tórrido festín
luces policromías de delfín,
y con tu pelo rubio se desposa
el alma, equilibrista chuparrosa,
y a tus dos trenzas de tabaco sabe
ofrendar aguamiel toda mi briosa
raza de bailadores de jarabe.

Tu barro suena a plata, y en tu puño
su sonora miseria es alcancía;
y por las madrugadas del terruño,
en calles como espejos, se vacía
el santo olor de la panadería.

Cuando nacemos, nos regalas notas,
después, un paraíso de compotas,
y luego te regalas toda entera,
suave Patria, alacena y pajarera.

Al triste y al feliz dices que sí,
que en tu lengua de amor prueben de ti
la picadura del ajonjolí.

¡Y tu cielo nupcial, que cuando truena,
de deleites frenéticos nos llena!
Trueno de nuestras nubes, que nos baña

de locura, enloquece a la montaña,
requiebra a la mujer, sana al lunático,
incorpora a los muertos, pide el Viático,
y al fin derrumba las madererías
de Dios, sobre las tierras labrantías.
Trueno del temporal: oigo en tus quejas
crujir los esqueletos en parejas;
oigo lo que se fue, lo que aún no toco,
y la hora actual con su vientre de coco,
y oigo en el brinco de tu ida y venida,
oh trueno, la ruleta de mi vida.

INTERMEDIO

(CUAUHTÉMOC)

Joven abuelo: escúchame loarte,
único héroe a la altura del arte.

Anacrónicamente, absurdamente,
a tu nopal inclínase el rosal;
al idioma del blanco, tú lo imantas
y es surtidor de católica fuente
que de responsos llena el victorial
zócalo de ceniza de tus plantas.

No como a César el rubor patricio
te cubre el rostro en medio del suplicio:
tu cabeza desnuda se nos queda,
hemisféricamente, de moneda.

Moneda espiritual en que se fragua
todo lo que sufriste: la piragua
prisionera, el azoro de tus crías,
el sollozar de tus mitologías,
la Malinche, los ídolos a nado
y por encima, haberte desatado
del pecho curvo de la emperatriz
como del pecho de una codorniz.

SEGUNDO ACTO

Suave Patria: tú vales por el río
de las virtudes de tu mujerío.
Tus hijas atraviesan como hadas,
o destilando un invisible alcohol,
vestidas con las redes de tu sol,
cruzan como botellas alambradas.

Suave Patria: te amo no cual mito,
sino por tu verdad de pan bendito,
como a niña que asoma por la reja
con la blusa corrida hasta la oreja
y la falda bajada hasta el huesito.

Inaccesible al deshonor, floreces:
creeré en ti, mientras una mexicana
en su tápalo lleve los dobleces
de la tienda, a las seis de la mañana,
y al estrenar su lujo, quede lleno
el país, del aroma del estreno.

Como la sota moza, Patria mía,
en piso de metal, vives al día,
de milagro, como la lotería.

Tu imagen, el Palacio Nacional,
con tu misma grandeza y con tu igual
estatura de niño y de dedal.

Te dará, frente al hambre y al obús,
un higo San Felipe de Jesús.

Suave Patria, vendedora de chía:
quiero raptarte en la cuaresma opaca,
sobre un garañón, y con matraca,
y entre los tiros de la policía.

Tus entrañas no niegan un asilo
para el ave que el párvulo sepulta
en una caja de carretes de hilo,
y nuestra juventud, llorando, oculta

dentro de ti el cadáver hecho poma
de aves que hablan nuestro mismo idioma.

Si me ahogo en tus julios, a mí baja
desde el vergel de tu peinado denso,
frescura de rebozo y de tinaja:
y si tirito, dejas que me arrope
en tu respiración azul de incienso
y en tus carnosos labios de rompope.

Por tu balcón de palmas bendecidas
el Domingo de Ramos, yo desfilo
lleno de sombras, porque tú trepidas.

Quieren morir tu ánima y tu estilo,
cual muriéndose van las cantadoras
que en las ferias, con el bravío pecho
empitonando la camisa, han hecho
la lujuria y el ritmo de las horas.

Patria, te doy de tu dicha la clave:
sé siempre igual, fiel a tu espejo diario;
cincuenta veces es igual el AVE
taladrada en el hilo del rosario,
y es más feliz que tú, Patria suave.

Sé igual y fiel; pupilas de abandono;
sedienta voz, la trigarante faja
en tus pechugas al vapor; y un trono
a la intemperie, cual una sonaja:
¡la carreta alegórica de paja!

[*El son del corazón*]

El perro de San Roque

Yo sólo soy un hombre débil, un espontáneo
que nunca tomó en serio los sesos de su cráneo.

A medida que vivo ignoro más las cosas;
no sé ni por qué encantan las hembras y las rosas.

Sólo estuve sereno, como en un trampolín,
para asaltar las nuevas cinturas de las Martas
y con dedos maniáticos de sastre, medir cuartas
a un talle de caricias ideado por Merlín.

Admiro el universo como un azul candado,
gusto del cristianismo porque el Rabí es poeta,
veo arriba el misterio de un único cometa
y adoro en la Mujer el misterio encarnado.

Quiero a mi siglo; gozo de haber nacido en él.
Los siglos son en mi alma rombos de una pelota
para la dicha varia y el calosfrío cruel
en que cesa la media y lo crudo se anota.

He oído la rechifla de los demonios sobre
mis bancarrotas chuscas de pecador vulgar,
y he mirado a los ángeles y arcángeles mojar
con sus lágrimas de oro mi vajilla de cobre.

Mi carne es combustible y mi conciencia parda;
efímeras y agudas refulgen mis pasiones
cual vidrios de botella que erizaron la barda
del gallinero contra gatos y ladrones.

¡Oh, Rabí, si te dignas, está bien que me orientes:
he besado mil bocas, pero besé diez frentes!

Mi voluntad es labio y mi beso es el rito...
¡Oh, Rabí, si te dignas, bien está que me encauces;
como el can de San Roque, ha estado mi apetito
con la vista en el cielo y la antorcha en las fauces!

[*El son del corazón*]

Eva

Porque tu pecado sirve a maravilla para explicar el horror de la Tierra, mi amor,
creciente cada año, se desboca hacia ti, Madre de las víctimas. Tu corazón,
consanguíneo del de la pantera y del ruiseñor, enloqueciéndose ante la ira
de Jehová, que te produjo falible y condenable, se desenfrenó con la congoja

sumada de los siglos. La espada flamígera te impidió mirar el laicismo pedestre que habría de convertir al verdugo de Abel en símbolo de la energía y de la perseverancia. Pon mi desnudez al amparo de la tuya, con el candor aciago con que ceñiste el filial cadáver cruento. Mi amor te circuye con tal estilo, que cuanto te sentiste desnuda, en vez de apelar al follaje de la vid, pudieras haber curvado tu brazo por encima de los milenios para pescar mi corazón. Yo te conjuro, a fin de que vengas, desde la intemperie de la expulsión, a agasajar la inocencia de mis ojos con el arquetipo de tu carne. Puedo merecerlo, por haber llevado la vergüenza alícuota que me viene de ti, con la ufanía de los pigmeos que, en la fábula de nieve, conducen el cadáver cuyas blancas encías envenenó la fruta falaz.

[*El minutero*]

◆

Alfonso Reyes

(1889-1959)

Nace en 1889 en Monterrey. Miembro fundador del Ateneo de la Juventud (1909). Se recibe de abogado en 1913, año en que muere su padre, el general Bernardo Reyes, encabezando un ataque al Palacio Nacional durante la Decena Trágica, y año en que parte a Francia. De 1914 a 1924 en España, en el Centro de Estudios Históricos de Madrid y, desde 1920, en la representación diplomática de México. Ministro en Francia (1924-1927) y embajador en Argentina y en Brasil (de 1927 a 1937). En 1939, presidente de la Casa de España en México (después Colegio de México). Premio Nacional de Literatura en 1945. Muere en 1959 en la Ciudad de México y es enterrado en la Rotonda de los Hombres Ilustres. Poeta, cuentista, cronista, tratadista literario, dramaturgo, ensayista. El Fondo de Cultura Económica lleva ya publicados 21 tomos de sus *Obras completas*.

Si no uno de nuestros mayores poetas, sí el creador de una extraordinaria literatura, a Reyes le debemos entre otras cosas la decisión de construir una cultura nacional sobre bases debidamente clásicas. Con amenidad e inteligencia, él quiere ser, en primera y última instancia, un escritor, y en las primeras décadas del siglo XX es una novedad: un profesional de las letras. Él no impugna: es un discernidor inteligente (y un vehículo sistemático de difusión) de los puntos capitales donde la tradición humanista es ejercicio de concordia y continuidad. "La cultura es una función unificadora", y es absurdo jerarquizar a Homero, Góngora, Ruiz de Alarcón, Sor Juana, Goethe, Mallarmé o a la cultura helénica.

Sólo un afán enciclopédico nos pondrá al día con la cultura occidental. En su poesía hay claridad expresiva, humor, juego idiomático, delicadeza.

Glosa de mi tierra

Amapolita morada
del valle donde nací:
si no estás enamorada,
enamórate de mí.

I

Aduerma el rojo clavel,
o el blanco jazmín las sienes;
que el dardo sólo desdenes,
y sólo furia el laurel.
Dé el monacillo su miel,
y la naranja rugada,
y la sedienta granada,
zumo y sangre —oro y rubí—:
que yo te prefiero a ti,
amapolita morada.

II

Al pie de la higuera hojosa
tiende el manto la alfombrilla;
crecen la anacua sencilla
y la cortesana rosa;
donde no la mariposa,
tornasola el colibrí.
Pero te prefiero a ti,
de quien la mano se aleja;
vaso en que duerme la queja
del valle donde nací.

III

Cuando, al renacer el día
y al despertar de la siesta,
hacen las urracas fiesta

y salvas de gritería,
¿por qué, amapola, tan fría,
o tan pura o tan callada?
¿Por qué, sin decirme nada,
me infundes un ansia incierta
—copa exhausta, mano abierta—
si *no estás enamorada*?

IV

¿Nacerán estrellas de oro
de tu cáliz tremulento
—norma para el pensamiento
o bujeta para el lloro?
No vale un canto sonoro
el silencio que te oí.
Apurando estoy en ti
cuanto la música yerra.
Amapola de mi tierra:
enamórate de mí.

[*Huellas*]

La amenaza de la flor

Flor de las adormideras:
engáñame y no me quieras.

¡Cuánto el aroma exageras,
cuánto extremas tu arrebol,
flor que te pintas ojeras
y exhalas el alma al sol!

Flor de las adormideras.

Una se te parecía
en el rubor con que engañas,
y también porque tenía
como tú negras pestañas.

Flor de las adormideras.

Una se te parecía...
(Y tiemblo sólo de ver
tu mano puesta en la mía:
tiemblo no amanezca un día
en que te vuelvas mujer.)

[*Huellas*]

El descastado

I

En vano ensayaríamos una voz que les recuerde algo a los hombres,
alma mía que no tuviste a quién heredar;
en vano buscamos, necios, en ondas del mismo Leteo,
reflejos que nos pinten las estrellas que nunca vimos.
Como el perro callejero, en quien unas a otras se borran las marcas
de los atavismos,
o como el canalla civilizado
—heredera de todos, alma mía, mestiza irredenta, no tuviste a quién heredar.

Y el hombre sólo quiere oír lo que sus abuelos contaban;
y los narradores de historias
buscan el Arte Poética en los labios de la nodriza.

Pudo seducirnos la brevedad simple, la claridad elegante,
la palabra única que salta de la idea como bota el luchador
sobre el pie descalzo...
Mientras el misterio lo consentía, mientras el misterio lo consentía.

Alma mía, suave cómplice:
¡no se hizo para nosotros la sintaxis de todo el mundo,
ni hemos nacido, no, bajo la arquitectura de los Luises de Francia!

II

¿Quién, a la hora del duende, no vio escaparse la esfera,
rodando, de la mano del sabio?
Con zancadas de muerte en zancos échase a correr el compás,
acuchillando los libros que el cuidado olvidó en la mesa.
Así se nos han de escapar las máquinas de precisión, las balanzas de Filología,
mientras las pantuflas bibliográficas nos pegan a la tierra los pies.

(Y un ruido indefinible se oía, y el buen hombre se daba a los diablos.
    Y cuando acabó de soñar, pudo percatarse de que aquella noche los ángeles
    —¡los ángeles!— habían cocinado para él.)

III

San Isidro, patrón de Madrid, protector de la holgazanería;
    San Isidro labrador: quítame el agua y ponme el sol.

San Isidro, por la manera que nunca tu mano tocara;
    San Isidro: quítame el sol, a cuya luz se espulgó la canalla; quítame el sol y
    ponme el agua.

Si por los cabellos arrastras la vida, como arrastra el hampón la querida
    ella trabajará para ti.
    San Isidro, patrón de Madrid: deja que los ángeles vengan a labrar,
    y hágase en todo nuestra voluntad.

IV

Bíblica fatiga de ganarse el pan, desconsiderado miedo a la pobreza.
    Con la cruz de los brazos abiertos ¡quién girara al viento como veleta!

Fatiga de ganarse el pan: como la cintura de Saturno, ciñe al mundo la Necesidad.
    La Necesidad, maestra de herreros,
    madre de las rejas carcelarias y de los barrotes de las puertas;
    tan bestial como la coz del asno en la cara fresca de la molinera,
    y tan majestuosa como el cielo.

Odio a la pobreza: para no tener que medir por peso tantos
kilogramos de hijos y criados;
    para no educar a los niños en escasez de juguetes y flores;
    para no criar monstruos despeinados, que alcen mañana los puños
    contra la nobleza de la vida.

Pero ¿vale más que eso ser un Príncipe sin corona, ser un
Príncipe Internacional,
    que va chapurrando todas las lenguas y viviendo por todos los
pueblos, entre la opulencia de sus recuerdos?
        ¿Valen más las plantas llagadas por la poca costumbre de andar
        que las sordas manos sin tacto, callosas de tanto afanar?

Bíblica fatiga de ganarse el pan, desconsiderado miedo a la pobreza.
Alma, no heredamos ninguno —ama loca sin economía.

Si lo compro de pan, se me acaba;
si lo compro de aceite, se me acaba.
Compraremos una escoba de paja.
Haremos
       con la paja
            una escalera.
La escalera ha de llegar hasta el cielo.
Y, a tanto trepar, hemos de alcanzar,
siempre adelantando una pierna a la otra.

                         [*Huellas*]

Golfo de México
[Fragmento]

VERACRUZ

La vecindad del mar queda abolida:
basta saber que nos guardan las espaldas,
que hay una ventana inmensa y verde
por donde echarse a nado.

LA HABANA

No es Cuba, donde el amor disuelve el alma.
No es Cuba —que nunca vio Gauguin,
que nunca vio Picasso—,
donde negros vestidos de amarillo y de guinda
rondan el malecón, entre dos luces,
y los ojos vencidos
no disimulan ya los pensamientos.

No es Cuba —la que nunca oyó Stravinsky
concertar sones de marimba y güiros
en el entierro de Papá Montero,
ñáñigo de bastón y canalla rumbero.

No es Cuba —donde el yanqui colonial
se cura el bochorno sorbiendo "granizados"

de brisa, en las terrazas del reparto;
donde la policía desinfecta
el aguijón de los mosquitos últimos
que zumban todavía en español.

No es Cuba —donde el mar se transparenta
para que no se pierdan los despojos del Maine,
y un contratista revolucionario
tiñe de blanco el aire de la tarde,
abanicando, con sonrisa veterana,
desde su mecedora, la fragancia
de los cocos y mangos aduaneros.

VERACRUZ

No: aquí la tierra triunfa y manda
—caldo de tiburones a sus pies.
Y entre arrecifes, últimas cumbres de la Atlántida,
las esponjas de algas venenosas
manchan de verde bilis que se torna violeta
los lejos donde el mar cuelga del aire.

Basta saber que nos guardan las espaldas:
la ciudad sólo abre hacia la costa
sus puertas de servicio.

En el aburridero de los muelles,
los mozos de cordel no son marítimos:
cargan en la bandeja del sombrero
un sol de campo adentro:
hombres color de hombre,
que el sudor emparienta con el asno
—y el equilibrio jarocho de los bustos,
al peso de las cívicas pistolas.

Herón Proal, con manos juntas y ojos bajos,
siembra la clerical cruzada de inquilinos;
y las bandas de funcionarios en camisa
sujetan el desborde de sus panzas
con relumbrantes dentaduras de balas.

[Huellas]

ALFONSO REYES

Arte poética

1

Asustadiza gracia del poema:
flor temerosa, recatada en yema.

2

Y se cierra, como la sensitiva,
si la llega a tocar la mano viva.

3

—Mano mejor que la mano de Orfeo:
mano que la presumo y no la creo,

4

para traer la Eurídice dormida
hasta la superficie de la vida.

[*París*]

Yerbas del Tarahumara

Han bajado los indios tarahumaras,
que es señal de mal año
y de cosecha pobre en la montaña.

Desnudos y curtidos,
duros en la lustrosa piel manchada,
denegridos de viento y sol, animan
las calles de Chihuahua,
lentos y recelosos,
con todos los resortes del miedo contraídos,
como panteras mansas.

Desnudos y curtidos,
bravos habitadores de la nieve
—como hablan de tú—,

contestan siempre así la pregunta obligada:
—"Y tú ¿no tienes frío en la cara?"

Mal año en la montaña,
cuando el grave deshielo de las cumbres
escurre hasta los pueblos la manada
de animales humanos con el hato a la espalda.

La gente, al verlos, gusta
aquella desazón tan generosa
de otra belleza que la acostumbrada.

Los hicieron católicos
los misioneros de la Nueva España
—esos corderos de corazón de león.
Y, sin pan y sin vino,
ellos celebran la función cristiana
con su cerveza-chicha y su pinole,
que es un polvo de todos los sabores.

Beben tesgüino de maíz y peyote,
yerba de los portentos,
sinfonía lograda
que convierte los ruidos en colores;
y larga borrachera metafísica
los compensa de andar sobre la tierra,
que es, al fin y a la postre,
la dolencia común de las razas de los hombres.
Campeones del Maratón del mundo,
nutridos en la carne ácida del venado,
llegarán los primeros con el triunfo,
el día que saltemos la muralla
de los cinco sentidos.

A veces, traen oro de sus ocultas minas
y todo el día rompen los terrones,
sentados en la calle,
entre la envidia culta de los blancos.
Hoy sólo traen yerbas en el hato,
las yerbas de salud que cambian por centavos:
yerbaniz, limoncillo, simonillo,
que alivian las difíciles entrañas

junto con la orejuela de ratón
para el mal que la gente llama "bilis";
la yerba del venado, el chuchupaste
y la yerba del indio, que restauran la sangre;
el pasto de ocotillo de los golpes contusos,
contrayerba para las fiebres pantanosas,
la yerba de la víbora que cura los resfríos;
collares de semillas de ojo de venado,
tan eficaces para el sortilegio;
y la sangre de grado, que aprieta las encías
y agarra en la raíz los dientes flojos.

(Nuestro Francisco Hernández
—el Plinio Mexicano de los Mil y Quinientos—
logró hasta mil doscientas plantas mágicas
de la farmacopea de los indios.
Sin ser un gran botánico,
don Felipe Segundo
supo gastar setenta mil ducados,
¡para que luego aquel herbario único
se perdiera en la incuria y en el polvo!
Porque el padre Moxó nos asegura
que no fue culpa del incendio
que en el siglo décimo séptimo
aconteció en el Escorial.)

Con la paciencia muda de la hormiga,
los indios van juntando sobre el suelo
la yerbecita en haces
—perfectos en su ciencia natural.

[Buenos Aires]

Salambona

¡Ay, Salambó, Salambona,
ya probé de tu persona!

¿Y sabes a lo que sabes?
Sabes a piña y a miel,
sabes a vino y a dátiles,

a naranja y a clavel,
a canela y azafrán,
a cacao y a café,
a perejil y tomillo,
higo blando y dura nuez.
Sabes a yerba mojada,
sabes al amanecer.
Sabes a égloga pura
cantada con el rabel.
Sabes a leña olorosa,
pino, resina y laurel.
A moza junto a la fuente,
que cada noche es mujer.
Al aire de mis montañas,
donde un tiempo cabalgué.
Sabes a lo que sabía
la infancia que se me fue.
Sabes a todos los sueños
que a nadie le confesé.

¡Ay, Salambó, Salambona,
ya probé de tu persona!

Alianza del mito ibérico
y el mito cartaginés,
tienes el gusto del mar,
tan antiguo como es.
Sabes a fiesta marina,
a trirreme y a bajel.
Sabes a la *Odisea*,
sabes a Jerusalén.
Sabes a toda la historia,
tan antigua como es.
Sabes a toda la tierra,
tan antigua como es.
Sabes a luna y a sol,
cometa y eclipse, pues
sabes a la astrología,
tan antigua como es.
Sabes a doctrina oculta
y a revelación tal vez.

Sabes al abecedario,
tan antiguo como es.
Sabes a vida y a muerte
y a gloria y a infierno, amén.

[Río de Janeiro]

◆

Carlos Pellicer

(1879-1977)

Nace en 1897 en Villahermosa, Tabasco. Estudia en la capital y viaja por Sudamérica. En Europa y Oriente de 1926 a 1929. Participa en el movimiento vasconcelista en 1929 y, acusado de conspirar contra la vida del presidente Ortiz Rubio, sólo la intervención del ministro Genaro Estrada lo salva del fusilamiento. Profesor de literatura y de historia en escuelas secundarias y en Filosofía y Letras. Museógrafo notable: la Casa Museo de Frida Kahlo, el Museo Parque de La Venta, el Anahuacalli (museo de Diego Rivera), los dos museos de Villahermosa, el museo de Tepoztlán. Senador de la República en 1976. Muere en la Ciudad de México en 1977.

En 1921, Pellicer publica *Colores en el mar* y otros poemas y declara: "Tengo 23 años y creo que el mundo tiene la misma edad que yo". De los poemas de adolescencia a los últimos de la edad octogenaria, él mantiene su vitalidad y su asombro regocijado ante las diversas formas de la belleza. Bolivariano y vasconcelista hasta el fin, iguala su credo latinoamericano con la recreación de la Naturaleza, a la que considera ámbito de la libertad expresiva. Creyente que halla a Cristo en la fiesta de los sentidos, partidario del amor diurno, Pellicer le allega a la poesía en lengua española elementos tan imponderables como la alegría de vivir, tan específicos como la insistencia en el paisaje, los colores, la grandiosidad que es expansión sensorial. Al principio (*Piedra de sacrificios, Camino, 6, 7 poemas*) desiste de la rima y se sumerge en la creación de imágenes sorprendentes que continúan y niegan al modernismo. Luego, sin renunciar jamás a la flexibilidad adquirida, retorna al soneto donde transmite su desolación amorosa (*Hora de junio*) o su vehemencia religiosa (*Práctica de vuelo*). Su genio poético carece de prioridades, y su exuberancia todo lo iguala: los colores y la naturaleza antropomórfica, la educación de la vista y el rezo al lado de la madre, junio (símbolo en Pellicer del tiempo como melancolía amorosa) y el culto por los héroes, las imágenes puramente sensibles y la musicalidad de la palabra. Otros libros fundamentales: *Recinto* (1944), *Subordinaciones* (1948), *Material poético* (1962), *Reincidencias* (1979). En 1981, el Fondo de Cultura Económica publicó la poesía en edición de Luis Mario Schneider.

Estudio

A Pedro Henríquez Ureña

Jugaré con las casas de Curazao,
pondré el mar a la izquierda
y haré más puentes movedizos.
¡Lo que diga el poeta!
Estamos en Holanda y en América
y es una isla de juguetería,
con decretos de Reina
y ventanas y puertas de alegría.
Con las cuerdas de la lira
y los pañuelos del viaje,
haremos velas para los botes
que no van a ninguna parte.
La casa de Gobierno es demasiado pequeña
para una familia holandesa.
Por la tarde vendrá Claude Monet
a comer cosas azules y eléctricas.
Y por esa callejuela sospechosa
haremos pasar la Ronda de Rembrandt.
...¡Pásame el puerto de Curazao!
isla de juguetería,
con decretos de Reina
y ventanas y puertas de alegría.

[*Colores en el mar*]

Recuerdos de Iza
Un pueblecito de los Andes

1　Creeríase que la población,
　　después de recorrer el valle,
　　perdió la razón
　　y se trazó una sola calle.

2   Y así bajo la cordillera
     se apostó febrilmente como la primavera.

3   En sus ventas el alcohol
     está mezclado con sol.

4   Sus mujeres y sus flores
     hablan el dialecto de los colores.

5   Y el riachuelo que corre como un caballo
     arrastra las gallinas en febrero y en mayo.

6   Pasan por la acera
     lo mismo el cura, que la vaca y que la luz postrera.

7   Aquí no suceden cosas
     de mayor trascendencia que las rosas.

8   Como amenaza lluvia,
     se ha vuelto morena la tarde que era rubia.

9   Parece que la brisa
     estrena un perfume y un nuevo giro.

10   Un cantar me despliega una sonrisa
     y me hunde un suspiro.

                                   [*Colores en el mar*]

Exágonos

XXI

El buque ha chocado con la luna.
Nuestros equipajes, de pronto, se iluminaron.
Todos hablábamos en verso
y nos referíamos los hechos más ocultados.
Pero la luna se fue a pique
a pesar de nuestros esfuerzos románticos.

                                   [*Exágonos*]

Divagación del puerto

Es claro:
me gusta más Veracruz,
que Curazao.
Aquí llega la primavera
en buque de vapor
y allá en barco de madera.
Y con la primavera
el amor.
Mi baúl está lleno de huellas
de Nueva York
de Colombia y Venezuela.
Dulce melancolía
de viajar.
Ilusión de moverse a otro poema
que alguna vez se había de cantar.
Nueva York se opuso a mi conciencia
pero esta invaluable ciudad,
inclusos Rockefeller y Roosevelt,
por cinco centavos la pude comprar.
¿Verdad Mr. Woolworth?
Mas una tarde aguas fuertes costosísimas
húbela de abandonar.
(Crepúsculo desde el puente de Brooklyn
y última hoja otoñal.)
¡Viajar!
Es una ilusión
más.
En Cuba bailé un danzón
—impresión de baño de mar—,
adivinad: punto y guion.
La Habana
con su abanico suave
y su mujer imposibilitada
para ser Beatriz.
(Allí han estado Cleopatra Faraona
y Teodora Emperatriz.)
El que de Roma va pierde su Roma.
Cigarro y hembra viva; madrigal de Hafiz.
En las travesías
la luna exagera
mi melancolía.

Desde la cubierta,
la Noche absoluta, íntegra, perfecta,
me echa en cara su oro desde las estrellas.
Momento inexorable de ignorancia,
estupidez y miseria.
El íntimo desorden de mi raza.
Kant aplastado por Inglaterra.
La inutilidad de mi vida.
El mendigo que espera.
La Navidad estéril de la obrerita.
Los ricos y la ingratitud eterna.
Y sobre todas las cosas,
la infinita tristeza
de Nuestro Señor Jesucristo,
en las últimas tardes de Galilea.
Y el ansia de ser bueno y humilde,
y sin embargo, querer izar muchas banderas...
En las travesías
la luna exagera mi melancolía.
En Veracruz hay muchos tiburones
que comen yanquis con frecuencia.
Truculento plato de ladrones.
Las tardes son mejores
que las de Curazao.
Las mujeres van desnudas
en su confabulación de trapos.
Recuerdo que allí tuve un amigo
que me decía: "No seas guaje,
con guitarras y liras
iniciemos mejoras al paisaje.
Yo traeré de mi casa unas sillas
y tú las forrarás con celajes".
Mi amigo se fue con una bailarina
y ahora vive de estibador en el Havre.
Viajar;
es una ilusión más.
Alma mía que te entristeces
por la tristeza humana,
y construyes a la luz de la luna
una Ciudad Sagrada.
Tú te sabes quedar sola en el puerto
para encender el faro.
Sálvate de la angustia

de tu primer naufragio
y escoge la estrella futura
a donde irás a cantar otros cantos.
En tu Universo propio hay una hora
inaugural de tu destino:
¡líbrate de no escucharla, cuídate de no sentirla!
y haz de tu vida un tiempo joven
que centralice todos los caminos.

[*Piedra de sacrificios*]

Elegía

Desde mis gafas negras te he de ver,
puesta de sol, torre insigne, ola nueva o mujer.
Desde mis gafas negras he de gastar
mi lotería de angustia continental.
La buena suerte idiota del enemigo es
el síntoma elegido para minar mi fe.
(¡Si trastabillaría el dístico en inglés!)
Le he visto el cuerpo todo a la doncella. Es bella
como una ciudad oída en otra estrella.
Tiene oro en los riñones y petróleo en las venas.
Su corazón repica cual una catedral,
y en sus hombros se izan
cóndores que dan cielos y águilas que dan mar.
Le he visto todo el cuerpo a la doncella. Tiene
las espaldas atléticas, las rodillas de nieve.
Y selváticamente levanta las pestañas
cuando el Ogro deslíndale panoramas de sol,
o le enluta las aguas del Atlántico
o le acerca las patas para darle una coz.
Esta doncella es bella como mi fe. Sus manos
ataron a mi suerte la de sus propias manos.
Sus senos centellean a pesar de mis gafas
oscuras. A pesar de mis desmanteladas
galerías. Las torres viajan hacia el oriente.
Tiñó de olas valientes la tempestad, mi son.
Y alargó el par de mástiles a mi buque indigente,
para salvar señales que oirá mi corazón.

[*Piedra de sacrificios*]

Deseos

A Salvador Novo

Trópico, ¿para qué me diste
las manos llenas de color?
Todo lo que yo toque
se llenará de sol.
En las tardes sutiles de otras tierras
pasaré con mis ruidos de vidrio tornasol.
Déjame un solo instante
dejar de ser grito y color.
Déjame un solo instante
cambiar de clima el corazón,
beber la penumbra de una cosa desierta,
inclinarme en silencio sobre un remoto balcón,
ahondarme en el manto de pliegues finos,
dispersarme en la orilla de una suave devoción,
acariciar dulcemente las cabelleras lacias
y escribir con un lápiz muy fino mi meditación.
¡Oh, dejar de ser un solo instante
el Ayudante de Campo de sol!
¡Trópico, para qué me diste
las manos llenas de color!

[6, 7 poemas]

Segador

A José Vasconcelos

El segador, con pausas de música,
segaba la tarde.
Su hoz es tan fina,
que siega las dulces espigas y siega la tarde.

Segador que en dorados niveles camina
con su ruido afilado,
derrotando las finas alturas de oro
echa abajo también el ocaso.

Segaba las claras espigas.
Su pausa era música.
Su sombra alargaba la tarde.
En los ojos traía un lucero
que a veces
brincaba por todo el paisaje.

La hoz afilada tan fino
segaba lo mismo
la espiga que el último sol de la tarde.

[6, 7 *poemas*]

Oda a Salvador Novo

La luna no es República
—afirma el padre Ripalda en su edición secreta—.
Esto es lo único que te faltaba saber
¡oh poeta!
¡Oh querido poeta
chofer!
En la bailada luna de la fuente
naufragan los rollos de música
del siglo XIX
y casi todos los del siglo XX.
Un huelga de adjetivos
paraliza el tráfico en mis versos
y todo es —¡al fin!— ya, como es:
montañas: montañas; ciprés: ciprés.
Mucho gusto, le digo a la basura
que me saluda fraternalmente.
La noche conspira a puertas cerradas
un nuevo despotismo retórico,
pero las piedras a boca cerrada
me lo comunican todo.
Supresión de pensiles
serenatas, pianos sumamente lejanos
y otras cosas azules, como marfiles.
El hipérbaton será fusilado
por la espalda
para justificar sus traioncitas.

Morirá también el "hado"
y una gran cantidad de princesitas.
Magnífico, dicen las piedras.
Espléndido, dice la basura.
Y si la luna se sigue poniendo pesada...
Pero si no es la luna,
esa pobre mujer nunca ha hecho nada
¿verdad, señor Schubert?
¡naturalmente! esa hija de la nada...
El silencio aplaudía a rabiar.
¡Ah! ¡si se nos escapaba el silencio!
Señores, un momento, he organizado un jazz band
soy el silencio jr.; mi padre
será el que morirá.
Y a todo esto, la luna,
que administra todos los recuerdos,
deshojó margaritas, abrió cartas,
"erró por el azul del claro cielo"
y las flores cerraron su broche
cuando —precisamente— se oyó pasar un coche.
La luna no es República pero será. Tú solo
saldrás en un fotingo hasta el cero del polo.
Es el tiempo del tiempo maravilloso. Viaja
la retórica en ondas aéreas. Una caja
de zapatos es suficiente. Napoleón
volvió a perder en Rusia su sangrienta ilusión.
Gloriosa la basura que alzó tan alto el fuego
y ha despejado a X para mirar mi juego.
Joyería de basuras pondremos algún día.
Quien la robe será nuestro aliado; sería
como poner en venta el infinito. Alguna
vez los dioses vendrán a comprar su oportuna
cuelga. Después, despueses, estos son los despueses,
siglos, años, fonógrafos y meses.
La luna no es República, y esto es lo que me puso
a cantar —un buen canto, naturalmente—. Uso
tacón de goma y otras cosas por el estilo.
(¡Qué buena consonante para Venus de Milo!)
Luna Republicana, tus manos estadistas
harán. Los adjetivos van a ser comunistas.
¡Qué maravilla! El triunfo mayor de la basura,
hilachas con rocío a precios de montañas.

Un momentito: también cáscaras de cañas.
Salvador, salvarás a aquella pobre gente
de la filosofía. Serás el Presidente
de la luna. Impondrás los automóviles
marca Chopin para familias gordas.
¡Oh Novo Salvador!
inaugurarás el garaje del amor
con películas incaico siberianas.
Serás el único y su propiedad
en medio de una cosa destartalada.
Ya te he dicho pues
lo único que te faltaba saber:
lo que dice el padre Ripalda
en su edición secreta, ¡oh poeta,
oh querido poeta
chofer!

[*Poemas no coleccionados*]

Grupos de palomas

A la señora Lupe Medina de Ortega

I

Los grupos de palomas,
notas, claves, silencios, alteraciones,
modifican el ritmo de la loma.
La que se sabe tornasol afina
las ruedas luminosas de su cuello
con mirar hacia atrás a su vecina.
Le da al sol la mirada
y escurre en una sola pincelada
plan de vuelos a nubes campesinas.

II

La gris es una joven extranjera
cuyas ropas de viaje
dan aire de sorpresas al paisaje
sin compradores y sin primaveras.

III

Hay una casi negra
que bebe astillas de agua en una piedra.
Después se pule el pico,
mira sus uñas, ve las de las otras,
abre un ala y la cierra, tira un brinco
y se para debajo de las rosas.
El fotógrafo dice:
para el jueves, señora.
Un palomo amontona sus *erres* cabeceadas,
y ella busca alfileres,
en el suelo que brilla por nada.
Los grupos de palomas
—notas, claves, silencios, alteraciones—,
modifican lugares de la loma.

IV

La inevitablemente blanca,
sabe su perfección. Bebe en la fuente
y se bebe a sí misma y se adelgaza
cual un poco de brisa en una lente
que recoge el paisaje.
Es una simpleza
cerca del agua. Inclina la cabeza
con tal dulzura,
que la escritura desfallece
en una serie de sílabas maduras.

V

Corre un automóvil y las palomas vuelan.
En la aritmética del vuelo,
los *ochos* árabes desdóblanse
y la suma es impar. Se mueve el cielo
y la casa se vuelve redonda.
Un viraje profundo.
Regresan las palomas.
Notas. Claves. Silencios. Alteraciones.

El lápiz se descubre, se inclinan las lomas,
y por 20 centavos se cantan las canciones.

[*Hora y 20*]

Estudio

A Carlos Chávez

La sandía pintada de prisa
contaba siempre
los escandalosos amaneceres
de mi señora
la aurora.
Las piñas saludaban el medio día.
Y la sed de grito amarillo
se endulzaba en doradas melodías.
Las uvas eran gotas enormes
de una tinta esencial,
y en la penumbra de los vinos bíblicos
crecía suavemente su tacto de cristal.
¡Estamos tan contentas de ser así!
Dijeron las peras frías y cinceladas.
Las manzanas oyeron estrofas persas
cuando vieron llegar a las granadas.
Las que usamos ropa interior de seda...
dijo una soberbia guanábana.
Pareció de repente que los muebles crujían...
Pero ¡si es más el ruido que las nueces!
Dijeron los silenciosos chicozapotes
llenos de cosas de mujeres.
Salían
de sus *eses* redondas las naranjas.
Desde un cuchillo de obsidiana
reía el sol la escena de las frutas.
Y la ventana abierta hacía entrar la montaña
con los pequeños viajes de sus rutas.

[*Hora y 20*]

Estudio

Para J. M. González de Mendoza

1. Los pueblos azules de Siria
   donde no hay más que miradas y sonrisas.

2. Donde me miraron
   y miré.
   Donde me acariciaron
   y acaricié.

3. Las casas juegan a la buena suerte
   y a la niña de quince años
   inocente como la muerte.

4. Hay una sed de naranja
   junto a la tarde todavía muy alta.

5. El agua de los cántaros
   sabe a pájaros.

6. Unos ojos me sonríen
   sobre un cuerpo prohibido.

7. Hay azules que se caen de morados.

8. El paisaje es a veces de bolsillo
   con todo y horas.

9. El amarillo junto al azul no cuesta caro:
   un charco de cielo y un ganso.

10. Estoy en Siria.
    Lo sé por los ojos
    que veo puestos a la brisa.

11. Y es un martes viajero y alegría
    de dulce tiempo y de fastuosa fecha,
    tan flexible y tan apto que podría
    borrar mi sombra sin tirar la flecha.

[*Camino*]

Concierto breve

III

Hans Memling me pregunta:
¿Cómo están mis discípulos de Pátzcuaro?

—Maestro: todos los detalles te saludan,
tus discípulos pintan...

(Venado azul de Pátzcuaro que corres bajo el sorbo
de agua que en la jornada me dio mano silvestre;
tu galope sediento sesgó a la tarde un soplo
que extingues junto al lago, sobre tus sorbos breves.

Por los belfos vibrantes que tu olfato amorata
pasa la humilde brisa que alzaste de la hierba,
petrificas el bosque de una sola ojeada
y quiebras, perseguido, la noche de las selvas.

Silba un reflejo en tu anca. Un escorzo y un paso.
Tu mirada aludió a cien recuerdos finos.
¡Espacio de decir tu belleza, despacio!

Ligó sílabas ágiles la evocación sedienta,
venado azul de Pátzcuaro que laqueo y preciso
bebiendo al ras la imagen profunda, clara, lenta.)

[*Camino*]

Horas de junio

I

Vuelvo a ti, soledad, agua vacía,
agua de mis imágenes, tan muerta,
nube de mis palabras, tan desierta,
noche de la indecible poesía.

Por ti la misma sangre —tuya y mía—
corre al alma de nadie siempre abierta.

Por ti la angustia es sombra de la puerta
que no se abre de noche ni de día.

Sigo la infancia en tu prisión y el juego
que alterna muertes y resurrecciones
de una imagen a otra vive ciego.

Claman el viento, el sol y el mar del viaje.
Yo devoro mis propios corazones
y juego con los ojos del paisaje.

II

Junio me dio la voz, la silenciosa
música de callar un sentimiento.
Junio se lleva ahora como el viento
la esperanza más dulce y espaciosa.

Yo saqué de mi voz la limpia rosa,
única rosa eterna del momento.
No la tomó el amor, la llevó el viento
y el alma inútilmente fue gozosa.

Al año de morir todos los días
los frutos de mi voz dijeron tanto
y tan calladamente que unos días

vivieron a la sombra de aquel canto.
(Aquí la voz se quiebra y el espanto
de tanta soledad llena los días.)

III

Hoy hace un año, Junio, que nos viste,
desconocidos, juntos, un instante.
Llévame a ese momento de diamante
que tú en un año has vuelto perla triste.

Álzame hasta la nube que ya existe,
líbrame de las nubes, adelante.
Haz que la nube sea el buen instante
que hoy cumple un año, Junio, que me diste.

Yo pasaré la noche junto al cielo
para escoger la nube, la primera
nube que salga del sueño, del cielo,

del mar, del pensamiento, de la hora,
de la única hora que me espera.
¡Nube de mis palabras, protectora!

[Hora de junio]

Esquemas para una oda tropical

A Jorge Cuesta

La oda tropical a cuatro voces
ha de llegar sentada en la mecida
que amarró la guirnalda de la orquídea.

Vendrá del Sur, del Este y del Oeste,
del Norte avión, del Centro que culmina
la pirámide trunca de mi vida.

Yo quiero arder mis pies en los braceros
de la angustia más sola,
para salir desnudo hacia el poema
con las sandalias de aire que otros poros
inocentes le den.

A la cintura tórrida del día
han de correr los jóvenes aceites
de las noches de luna del pantano.

La esbeltez de ese día
será la fuga de la danza en ella,
la voluntad medida en el instante
del reposo estatuario,
el agua de la sed
rota en el cántaro.

Entonces yo podría
tolerar la epidermis
de la vida espiral de la palmera,

valerme de su sombra que los aires mutilan,
ser fiel a su belleza
sin pedestal, erecta en ella misma,
sola, tan sola que todos los árboles
la miran noche y día.
Así mi voz al centro de las cuatro
voces fundamentales
tendría sobre sus hombros
el peso de las aves del paraíso.
La palabra oceanía
se podría bañar en buches de oro
y en la espuma flotante que se quiebra,
oírse, espuma a espuma, gigantesca.

El deseo del viaje
siempre deseo sería.
Del fruto verde a los frutos maduros
las distancias maduran en penumbras
que de pronto retoñan en tonos niños.

En la ciudad, entre fuerzas automóviles,
los hombres sudorosos beben agua en guanábanas.
Es la bolsa de semen de los trópicos
que huele a azul en carnes madrugadas
en el encanto lóbrego del bosque.
La tortuga terrestre
carga encima un gran trozo
que cayó cuando el sol se hacía lenguas.
Y así huele a guanábana
de los helechos a la ceiba.

Un triángulo divino
macera su quietud entre la selva
del Ganges. Las pasiones
crecen hasta pudrirse. Sube entonces
el tiempo de los lotos y la selva
tiene ya en su poder una sonrisa.
De los tigres al boa
hormiguea la voz de la aventura
espiritual. Y el Himalaya
tomó en sus brazos la quietud nacida
junto a las verdes máquinas del trópico.

Las brisas limoneras
ruedan en el remanso de los ríos.
Y la iguana nostálgica de siglos
en los perfiles largos de su tiempo
fue, es y será.

Una tarde en Chichén yo estaba en medio
del agua subterránea que un instante
se vuelve cielo. En los muros del pozo
un jardín vertical cerraba el vuelo
de mis ojos. Silencio tras silencio
me anudaron la voz y en cada músculo
sentí mi desnudez hecha de espanto.
Una serpiente, apenas,
desató aquel encanto
y pasó por mi sangre una gran sombra
que ya en el horizonte fue un lucero.
¿Las manos del destino
encendieron la hoguera de mi cuerpo?

En los estanques del Brasil diez hojas
junto a otras diez hojas, junto a otras diez hojas,
de un metro de diámetro
florean en un día, cada año,
una flor sola, blanca al entreabrirse,
que al paso que el gran sol del Amazonas
sube,
se tiñe lentamente de los rosas del rosa
a los rojos que horadan la sangre de la muerte;
y así naufraga cuando el sol acaba
y fecunda pudriéndose la otra primavera.

El trópico entrañable
sostiene en carne viva la belleza
de Dios. La tierra, el agua, el aire, el fuego.
Al Sur, al Norte, al Este y al Oeste
concentran las semillas esenciales
el cielo de sorpresas
la desnudez intacta de las horas
y el ruido de las vastas soledades.

La oda tropical a cuatro voces
podrá llegar, palabra por palabra,

a beber en mis labios,
a amarrarse en mis brazos,
a golpear en mi pecho,
a sentarse en mis piernas,
a darme la salud hasta matarme
y a esparcirme en sí misma,
a que yo sea a vuelta de palabras,
palmera y antílope,
ceiba y caimán, helecho y ave-lira,
tarántula y orquídea, zenzontle y anaconda.
Entonces seré un grito, un solo grito claro
que dirija en mi voz las propias voces
y alce de monte a monte
la voz del mar que arrastra las ciudades.
¡Oh trópico!
Y el grito de la noche que alerta el horizonte.

[*Hora de junio*]

Dúos marinos

A Xavier Villaurrutia

El mar diurno en la sombra de sus naves.
El mar nocturno en el farol de proa.
El mar del día que voltea el día.
El mar de noche que el timón platea.
Los días en el mar nos siembran cielo.
Las olas diarias lían su fortuna.
El mar noche es la rana gigantesca:
croa gárgaras bruscas en las rocas.
El sol arquea peces voladores,
la luz a tiempo es flecha en tiempo claro.
El mar sabe su edad en pleno día.
En las noches marinas son morenos
los andantes espumas del pasado.
El mar de noche es de segunda mano.
El mar de día es toda la sandía,
la primera tajada es brisa y rosa,
barca lisa en el agua amanecida,
mano de siesta y agua presurosa.

La tinta de los pulpos deja a tientas
el mar que busca la puerta del baño.
La gran noche del mar es vida o muerte.
El mar se busca y se halla y grita y huye.

La sal huele a azúcar en manos mojadas
y el color es nada que nadie miró.
Cuando el mar nocturno, cuando el mar diurno
—¿las sombras desde cuándo?, ¿las luces cuándo?—
vira el viaje a las islas sorprendidas,
el ave del paraíso mueve su reflector
sobre la fiesta enorme de Oceanía.
El agua en la mañana
ciñe a los niños limpia resolana.
Las noches están llenas de piedras usadas.
El mar nocturno, el mar bajo de noche
cuyo viaje aplazó porque es de noche,
y en las noches el mar corre más riesgo.
El mar diurno entre azul y buenas noches
que se comió las perlas y se ríe
con las perlas que valen un gobierno.
El mar cuenta en las noches las ausencias,
su voz tiene una lágrima, otra lágrima,
dos lágrimas tan juntas que parecen de dos.

Una cualquier mañana
de mar, volvieron los adioses.
Ni quien los despidiera, ni una ventana abierta.
¿Volvería a comprarlos el que ya los conoce?

Y el mar de día
se metía a caballo en las basílicas
de los cantiles vastos y tan altos
que el águila costera
escuchó los barriles del asalto
y preguntó a las nubes: ¿es o era?
Mar de noche, mar ciego, mar frío,
cuando los capitanes son más lúcidos
entre la borrachera de los barcos.
En una mano tengo el mar de noche.
En otra mano tengo el mar de día.

La angustia de estar solo un solo día
abre los ojos para mí en la noche.
El mar nocturno traigo en una mano.
Premio al número par deste mareo.
La voz a nado sube a su deseo.
El mar diurno en la palma de la mano.
Mar de día y de noche,
abierto de noche y de día,
de perfil y de frente,
sangre al costo, poema y poesía.

[Hora de junio]

Que se cierre esa puerta...

Que se cierre esa puerta
que no me deja estar a solas con tus besos.
Que se cierre esa puerta
por donde campos, sol y rosas quieren vernos.
Esa puerta por donde
la cal azul de los pilares entra
a mirar como niños maliciosos
la timidez de nuestras dos caricias
que no se dan porque la puerta, abierta...

Por razones serenas
pasamos largo tiempo a puerta abierta.
Y arriesgado es besarse
y oprimirse las manos, ni siquiera
mirarse demasiado, ni siquiera
callar en buena lid...

Pero en la noche
la puerta se echa encima de sí misma
y se cierra tan ciega y claramente,
que nos sentimos ya, tú y yo, en campo abierto
escogiendo caricias como joyas
ocultas en las noches con jardines
puestos en las rodillas de los montes,
pero solos, tú y yo.

La mórbida penumbra
enlaza nuestros cuerpos y saquea
mi ternura tesoro,
la fuerza de mis brazos que te agobian
tan dulcemente, el gran beso insaciable
que se bebe a sí mismo
y en su espacio redime
lo pequeño de ilímites distancias...

Dichosa puerta que nos acompañas
cerrada, en nuestra dicha. Tu obstrucción
es la liberación destas dos cárceles;
la escapatoria de las dos pisadas
idénticas que saltan a la nube
de la que se regresa en la mañana.

[*Recinto*]

Tú eres más que mis ojos...

Tú eres más que mis ojos porque ves
lo que en mis ojos llevo de tu vida.
Y así camino ciego de mí mismo
iluminado por mis ojos que arden
con el fuego de ti.

Tú eres más que mi oído porque escuchas
lo que en mi oído llevo de tu voz.
Y así camino sordo de mí mismo
lleno de las ternuras de tu acento.
¡La sola voz de ti!

Tú eres más que mi olfato porque hueles
lo que mi olfato lleva de tu olor.
Y así voy ignorando el propio aroma,
emanando tus ámbitos perfumes,
pronto huerto de ti.

Tú eres más que mi lengua porque gustas
lo que en mi lengua llevo de ti sólo,
y así voy insensible a mis sabores

saboreando el deleite de los tuyos,
sólo sabor de ti.

Tú eres más que mi tacto porque en mí
tu caricia acaricias y desbordas.
Y así toco en mi cuerpo la delicia
de tus manos quemadas por las mías.

Yo solamente soy el vivo espejo
de tus sentidos. La fidelidad
del lago en la garganta del volcán.

[Recinto]

¿Qué harás?...

¿Qué harás? ¿En qué momento
tus ojos pensarán en mis caricias?

¿Y frente a cuáles cosas, de repente,
dejarás, en silencio, una sonrisa?
Y si en la calle
hallas mi boca triste en otra gente,
¿la seguirás?
¿Qué harás si en los comercios —semejanzas—
algo de mí encuentras?

¿Qué harás?

¿Y si en el campo un grupo de palmeras
o un grupo de palomas o uno de figuras
vieras?
(Las estrofas brillan en sus aventuras
de desnudas imágenes primeras.)

¿Y si al pasar frente a la casa abierta,
alguien adentro grita: ¡Carlos!?
¿Habrá en tu corazón el buen latido?
¿Cómo será el acento de tu paso?

Tu carta trae el perfume predilecto.
Yo la beso y la aspiro.
En el rápido drama de un suspiro
la alcoba se encamina hacia otro aspecto.
¿Qué harás?

Los versos tienen ya los ojos fijos.
La actitud se prolonga. De las manos
caen papel y lápiz. Infinito
es el recuerdo. Se oyen en el campo
las cosas de la noche. —Una vez
te hallé en el tranvía y no me viste.
—Atravesando un bosque ambos lloramos.
—Hay dos sitios malditos en la ciudad. ¿Me diste
tu dirección la noche del infierno?
—... Y yo creí morirme mirándote llorar.
Yo soy...
                              Y me sacude el viento
¿Qué harás?

[*Recinto*]

Con cuánta luz camino...

Con cuánta luz camino
junto a la noche a fuego de los días.
Otros soles no dieron sino ocasos,
sino puertas sin dueño, soledades.
En ti está la destreza de mis actos
y la sabiduría de las voces
del buen nombrar; lo claro del acento
que nos conduce al vértice del ámbito
que gobierna las cosas.
Gracias a ti soy yo quien me descubre
a mí mismo, después de haber pasado
el serpentino límite que Dios
puso a su gran izquierda. Sólo tú
has sabido decirme y escucharme.
Sólo tu voz es ave de la mía,
sólo en tu corazón hallé la gloria
de la batalla antigua.

¡Ten piedad
de nuestro amor y cuídalo, oh vida!

[Recinto]

El viaje

Y moví mis enérgicas piernas de caminante
y al monte azul tendí.
Cargué la noche entera en mi dorso de Atlante.
Cantaron los luceros para mí.

Amaneció en el río y lo crucé desnudo
y chorreando la aurora en todo el monte hendí.
Y era el sabor sombrío que da al cacao crudo
cuando al mascar lo muelen los dientes del tapir.

Pidió la luz un hueco para saldar su cuenta
(yo llevaba un puñado de amanecer en mí).
Apretaron los cedros su distancia, y violenta
reunió la sombra el rayo de luz que yo partí.

Sobre las hojas muertas de cien siglos, acampo.
Vengo de la mañana y el azul retoñé.
Arqueo en claro círculo la horizontal del campo.
Sube, sobre mis piernas, todo el cuerpo que alcé.
Rodea el valle. Hablo,
y alrededor, la vida, sabe lo que yo sé.

[Subordinaciones]

Tema para un nocturno

Cuando hayan salido del reloj todas las hormigas
y se abra —por fin— la puerta de la soledad,
la muerte
ya no me encontrará.

Me buscaré entre los árboles, enloquecidos
por el silencio de una cosa tras otra.

No me hallará en la altiplanicie deshilada
sintiéndola en la fuente de una rosa.

Estoy partiendo el fruto del insomnio
con la mano acuchillada por el azar.
Y la casa está abierta de tal modo,
que la muerte ya no me encontrará.

Y ha de buscarme sobre los árboles y entre las nubes.
(¡Fruto y color la voz encenderá!)
Y no puedo eśperarla: tengo cita
con la vida, a las luces de un cantar.

Se oyen pasos —¿muy lejos?...— todavía
hay tiempo de escapar.
Para subir la noche sus luceros,
un hondo son de sombras cayó sobre la mar.

Ya la sangre contra el corazón se estrella.
Anochece tan claro que me puedo desnudar.
Así, cuando la muerte venga a buscarme,
mi ropa solamente encontrará.

[*Subordinaciones*]

El canto del Usumacinta

Al Doctor Atl

De aquel hondo tumulto de rocas primitivas,
abriéndose paso entre sombras incendiadas,
arrancándose harapos de los gritos de nadie,
huyendo de los altos desórdenes de abajo,
con el cuchillo de la luz entre los dientes,
y así sonriente y límpida,
brotó el agua.

Y era la desnudez corriendo sola
surgida de su clara multitud,
que aflojó las amarras de sus piernas brillantes
y en el primer remanso puso la cara azul.

El agua, con el agua a la cintura,
dejaba a sus dioses nuevas piedras de olvido,
y era como el rumor de una escultura
que tapó con las manos sus aéreos oídos.

Agua de las primeras aguas, tan remota,
que al recordarla tiemblan los helechos
cuando la mano de la orilla frota
la soledad de los antiguos trechos.

Y el agua crece y habla y participa.
Sácala del torrente animador,
tiempo que la tormenta fertiliza;
el agua pide espacio agricultor.

Pudrió el tiempo los años que en las selvas pululan.
Yo era un gran árbol tropical.
En mi cabeza tuve pájaros;
sobre mis piernas un jaguar.
Junto a mí tramaba la noche
el complot de la soledad.
Por mi estatura derrumbaba el cielo
la casa grande de la tempestad.
En mí se han amado las fuerzas de origen:
el fuego y el aire, la tierra y el mar.

Y éste es el canto del Usumacinta
que viene de muy allá
y al que acompañan, desde hace siglos, dando la vida,
el Lakantún y el Lakanjá.
¡Ay, las hermosas palabras,
que si se van,
que no se irán!

¿En dónde está mi corazón
atravesado por una flecha?
La garza blanca vuela, vuela como una fecha
sobre un campo de concentración.

Porque el árbol de la vida,
sangra.
Y la noche herida,
sangra.

Y el camino de la partida,
sangra.
Y el águila de la caída,
sangra.
Y la ventaja del amanecer, cedida,
sangra.
¿De quién es este cuello ahorcado?
Oíd la gritería a media noche.
Todo lo que en mí ya solamente palpo
es la sombra que me esconde.

Empieza a llover
en el tablado de la tempestad
y la anchura del agua abandonada
disminuye la nave de su seguridad.

Es la gran noche errónea. Nada y nadie la ocupan.
Tropiezan los relámpagos los escombros del cielo.
La gran boca del viento se estranguló en la ceiba
que defiende energúmena su cantidad de tiempo.

Se canta el canto del Usumacinta,
que viene de tan allá,
y al que acompañan, dando la vida,
el Lakantún y el Lakanjá.

En una jornada de millones de años
partió el gran río la serranía en dos.
Y en remolinos de sombrío júbilo
creó el festival de su frutal furor.

Los manteles de su mesa son más anchos que el horizonte.
Pedid, y no acabaréis.
En el cielo de toda su noche,
una alegría planetaria nos hace languidecer.

Ésta es la parte del mundo
en que el piso se sigue construyendo.
Los que allí nacimos tenemos una idea propia
de lo que es el alma y de lo que es el cuerpo.

Se me vuelven tiendas de campo los pulmones,
cuando pienso en este río tropical,
y así en mi sangre se pudre la vida
de tanto ser energía
en soledad antigua o en presente caudal.

Cuando me llega el ruido de hachazos
de la palabra Izankanak,
me abunda el alma hasta salirme a los ojos
y oigo el plumaje golpe de un águila herida por el huracán.
Un mundo vegetal que trabaja cien horas diarias
me ha visto pasar en pos de la noche y del alba.

Reconoció en mis ojos el poderoso espejo;
reconoció en mi boca fidelidad madura.
Vio en mis manos la caña que aflautó el aire húmedo
y le mostré mi pecho en que se oye la lluvia.

Mirando el río de aquellos días que el sol engríe,
al verde fuego de las orillas robé volumen
y entre las luces de lo que ríe, lo que sonríe,
es un jacinto que boga al sueño de otro perfume.

El pájaro turquesa
se engarzó en la penumbra de un retoño
y entre verdes azules canta y brilla
mientras la hembra gris calla de gozo.

Mirando el río de aquellas tardes
junté las manos para beberlo.
Por mi garganta pasaba un ave,
pasaba el cielo.

Mirando el río
di poca sombra:
todo era mío.

Todas pintadas, jamás extintas,
son estas aguas, río de monos, Usumacinta.
En tu grandeza
con esplendores reconfortaste savia y tristeza.
Te descubrí,

y en ese instante
tras un diamante
solté un rubí:
de asombro existo,
preclara cosa;
sangre dichosa
de haberte visto.

Robé a tu geografía
su riqueza continua de solemne alegría:
El que tumbe así el árbol de que estoy hecho
va a encontrar tus rumores entre mi pecho.
Y es un cantar a cántaros,
y es la nube de pájaros
y es tu lodo botánico.

En las sombras históricas de tu destino
cien ciudades murieron en tu camino.
Atadas de pies y manos
están esas ciudades.
Entre una jauría de árboles desmanes
se moduló la sílaba final de esas edades.

Los hombres de un tiempo del río
la frente se hacían en talud;
y el resplandor terrestre de sus avíos
les dio una honda gracia de juventud.
Sonreían con las manos
como alguien que ha podido tocar la luz.

¡Ay, las hermosas palabras!,
que si se irán,
que no se irán!
Lo que acontece ya en mi memoria cunde en mis labios,
con Uaxaktún,
con Yaxchilán.

Después fueron los paisajes sumergidos
y el sagrado maíz se pudrió.
Y en las ciudades desalojadas,
el reinado de las orquídeas se inició.
Así, cuando llueve socavando sobre el Usumacinta,

aun en la corteza de los viejos árboles
se encoge el terror.
El hombre abandonado que ahora lo puebla
fulgurará otra vez poderoso entre la muerte y el amor.

Eres el agua grande de mi tierra.
La tormenta dinámica del ocio tropical.
El hombre en ti es ahora la piedra que habla
entre el reino animal y el reino vegetal.
Por el hueco de un árbol podrido
pasa el verde silencio del quetzal.
Es una rama póstuma.
Es la inocencia deslumbrante que nada tiene que declarar.

La sapientísima serpiente,
lo llevó un día sobre su frente cenital.

¿En dónde está mi corazón
partido en dos por una flecha?
La garza blanca vuela, vuela como una fecha
sobre un campo de concentración.

¡Ay, las hermosas palabras!,
que si se van...,
que no se irán
de este canto del Usumacinta,
que brotó de tan acá,
y al que acompañan, dando la vida, desde hace siglos,
el Lakantún y el Lakanjá.

Porque del fondo del río
he sacado mi mano y la he puesto a cantar.

[Subordinaciones]

Discurso por las flores

A Joaquín Romero

Entre todas las flores, señoras y señores,
es el lirio morado la que más me alucina.

Andando una mañana solo por Palestina,
algo de mi conciencia con morados colores
tomó forma de flor y careció de espinas.

El aire con un pétalo tocaba las colinas
que inaugura la piedra de los alrededores.

Ser flor es ser un poco de colores con brisa.
Sueño de cada flor la mañana revisa
con los dedos mojados y los pómulos duros
de ponerse en la cara la humedad de los muros.

El reino vegetal es un país lejano
aun cuando nosotros creámoslo a la mano.
Difícil es llegar a esbeltas latitudes;
mejor que doña Brújula, los jóvenes laúdes.
Las palabras con ritmo —camino del poema—
se adhieren a la intacta sospecha de una yema.
Algo en mi sangre viaja con voz de clorofila.
Cuando a un árbol le doy la rama de mi mano
siento la conexión y lo que se destila
en el alma cuando alguien está junto a un hermano.
Hace poco, en Tabasco, la gran ceiba de Atasta
me entregó cinco rumbos de su existencia. Izó
las más altas banderas que en su memoria vasta
el viento de los siglos inútilmente ajó.

Estar árbol a veces, es quedarse mirando
(sin dejar de crecer) el agua humanidad
y llenarse de pájaros para poder, cantando,
reflejar en las ondas quietud y soledad.

Ser flor es ser un poco de colores con brisa;
la vida de una flor cabe en una sonrisa.
Las orquídeas penumbras mueren de una mirada
mal puesta de los hombres que no saben ver nada.
En los nidos de orquídeas la noche pone un huevo
y al otro día nace color de color nuevo.
La orquídea es una flor de origen submarino.
Una vez a unos hongos, allá por Tepoztlán,
los hallé recordando la historia y el destino
de esas flores que anidan tan distantes del mar.

Cuando el nopal florece hay un ligero aumento
de luz. Por fuerza hidráulica el nopal multiplica
su imagen. Y entre espinas con que se da tormento,
momento colibrí a la flor califica.

El pueblo mexicano tiene dos obsesiones:
el gusto por la muerte y el amor a las flores.
Antes de que nosotros "habláramos castilla"
hubo un día del mes consagrado a la muerte;
había extraña guerra que llamaron florida
y en sangre los altares chorreaban buena suerte.

También el calendario registra un día flor,
Día Xóchitl. Xochipilli se desnudó al amor
de las flores. Sus piernas, sus hombros, sus rodillas
tienen flores. Sus dedos en hueco tienen flores
frescas a cada hora. En su máscara brilla
la sonrisa profunda de todos los amores.

(Por las calles aún vemos cargadas de alcatraces
a esas jóvenes indias en que Diego Rivera
halló a través de siglos los eternos enlaces
de un pueblo en pie que siembra la misma primavera.)

A sangre y flor el pueblo mexicano ha vivido.
Vive de sangre y flor su recuerdo y su olvido.
(Cuando estas cosas digo mi corazón se ahonda
en su lecho de piedra de agua clara y redonda.)

Si está herido de rosas un jardín, los gorriones
le romperán con vidrio sonoros corazones
de gorriones de vidrio, y el rosal más herido
deshojará una rosa allá por los rincones,
donde los nomeolvides en silencio han sufrido.

Nada nos hiere tanto como hallar una flor
sepultada en las páginas de un libro. La lectura
calla; y en nuestros ojos, lo triste del amor
humedece la flor de una antigua ternura.

(Como ustedes han visto, señoras y señores,
hay tristeza también en esto de las flores.)

Claro que en el clarísimo jardín de abril y mayo
todo se ve de frente y nada de soslayo.
Es uno tan jardín entonces que la tierra
mueve gozosamente la negrura que encierra,
y el alma vegetal que hay en la vida humana
crea el cielo y las nubes que inventan la mañana.

Estos mayos y abriles se alargan hasta octubre.
Todo el Valle de México de colores se cubre
y hay en su poesía de otoñal primavera
un largo sentimiento de esperanza que espera.
Siempre por esos días salgo al campo. (Yo siempre
salgo al campo.) La lluvia y el hombre como siempre
hacen temblar el campo. Ese último jardín,
en el valle de octubre, tiene un profundo fin.

Yo quisiera decirle otra frase a la orquídea;
esa frase sería una frase lapídea;
mas tengo ya las manos tan silvestres que en vano
saldrían las palabras perfectas de mi mano.

Que la última flor de esta prosa con flores
séala un pensamiento. (De pensar lo que siento
al sentir lo que piensan las flores, los colores
de la cara poética los desvanece el viento
que oculta en jacarandas las palabras mejores.)

Quiero que nadie sepa que estoy enamorado.
De esto entienden y escuchan solamente las flores.
A decir me acompañe cualquier lirio morado:
señoras y señores, aquí hemos terminado.

                                        [Subordinaciones]

Rafael

Hundió el arcángel la brillante mano
en el agua y el pez fue prisionero.
Del hígado fluvial sacó el lucero
que hizo el eclipse de los ojos vano.

Y la sombra cayó del cuerpo anciano
y amontonó su manto pordiosero
al pie del joven cuya voz primero
calló en sus ojos y apretó su mano.

El arcángel de pie junto a la puerta
miraba las miradas y en sus ojos
brincó la luz en peces descubierta.

La noche en cantos familiares vino
cuando el arcángel con los dedos rojos
tomó sus alas y salió al camino.

[*Práctica de vuelo*]

"Hermano sol", nuestro padre San Francisco

A Jaime Sabines

Hermano sol, cuando te plazca, vamos
a colocar la tarde donde quieras.
Tiene la milpa edad para que hicieras
con puñados de luz sonoros tramos.

Si en la última piedra nos sentamos
verás cómo caminan las hileras
y las hormigas de tu luz raseras
moverán prodigiosos miligramos.

Se fue haciendo la tarde con las flores
silvestres. Y unos cuantos resplandores
sacaron de la luz el tiempo oscuro

que acomodó el silencio; con las manos
encendimos la estrella y como hermanos
caminamos detrás de un hondo muro.

[*Práctica de vuelo*]

Soneto nocturno

Tiempo soy entre dos eternidades.
Antes de mí la eternidad y luego
de mí, la eternidad. El fuego:
sombra sola entre inmensas claridades.

Fuego del tiempo, ruidos, tempestades;
si con todas mis fuerzas me congrego,
siento enormes los ojos, miro ciego
y oigo caer manzanas soledades.

Dios habita mi muerte, Dios me vive.
Cristo, que fue en el tiempo Dios, derive
gajos perfectos de mi ceiba innata.

Tiempo soy, tiempo último y primero,
el tiempo que no muere y que no mata,
templado de cenit y de lucero.

[*Práctica de vuelo*]

Regina Cœli

Ojos para mirar lo no mirado;
oídos para oír lo nunca oído.
Ritmo de más nivel no fue sonido;
el sol de junio, teatro desolado.

Tacto para tocar lo no tocado;
olfato para oler lo nunca olido.
La mano que rocé, un día herido.
Abril en flor jardín jamás plantado.

Lengua para decir aquel lenguaje
que oiga la luz en el primer celaje.
Cuerpo para encerrar otros sentidos;

sangre que en las arterias se amotine
por correr en el aire que origine
eternos corazones sin latidos.

[*Práctica de vuelo*]

Ninguna soledad como la mía…

Ninguna soledad como la mía.
Lo tuve todo y no me queda nada.
Virgen María, dame tu mirada
para que pueda enderezar mi guía.

Ya no tengo en los ojos sino un día
con la vegetación apuñalada.
Ya no me oigas llorar por la llorada
soledad en que estoy, Virgen María.

Dame a beber del agua sustanciosa
que en cada sorbo tiene de la rosa
y de la estrella aroma y alhajero.

Múdame las palabras, ven primero,
que la noche se encienda y silenciosa
me pondrás en las manos un lucero.

[*Práctica de vuelo*]

Soneto postrero

Haz que tenga piedad de Ti, Dios mío.
Huérfano de mi amor, callas y esperas.
En cuántas y andrajosas primaveras
me viste arder buscando un atavío.

Vuelve donde a las rosas el rocío
conduce al festival de sus vidrieras.
Llaga que en tu costado reverberas,
no tiene en mí ni un leve calosfrío.

Del bosque entero harás carpintería
que yo estaré impasible a tus labores
encerrado en mi cruenta alfarería.

El grano busca en otro sembradío.
Yo no tengo qué darte, ni unas flores.
Haz que tenga piedad de Ti, Dios mío.

[*Práctica de vuelo*]

A Frida Kahlo

III

A Frida, enviándole un anillo
adornado con el cero maya

Cero a la izquierda, nada. Yo te digo:
toma esta nada, póntela en un dedo.
Nada en un dedo llevarás sin miedo.
La nada poderosa del mendigo.

Te veo por la nada de un postigo
y eres la cifra que alcanzar no puedo.
Ante tu fuerza saludable quedo
igual a un árbol hueco y enemigo.

Cero sin fin a la derecha es tuyo.
Si pienso en ti —robándote—, destruyo
toda la cobardía que me llena.

Nada soy. Todo tú. Con nuestra vida
llena de soledad, yo soy la arena
y tú la raya horizontal sufrida.

[*Material poético*]

Señas para un retrato

DOS

Camino firme
y con la cabeza
hermosamente en su lugar.
Trátese del mar o del cielo
llevo siempre
la cabeza en su lugar.
Al encender el día,
mis manos esconden
lo que de estrella haya tenido mi sueño.
Y la vellosidad

de mi pecho y de mi vientre
indican la orientación del viento.
Mi sexo es fruto variable
de las órdenes del día
y la hechura de mis piernas
es cosa habida en la montaña.
Siempre mi boca
anda por mis ojos.
Mi voz es la del viento entre los árboles.
Acto de presencia al medio día,
y a espaldas de la tarde,
me llevo lo que puedo
para esperar la noche.

[*Reincidencias*]

He olvidado mi nombre

He olvidado mi nombre.
Todo será posible menos llamarse Carlos.
¿Y dónde habrá quedado?
¿En manos de qué algo habrá quedado?
Estoy entre la noche desnudo como un baño
liso y que nadie usa por no ser el primero
en revolver el mármol de un agua tan estricta
que fuera uno a parar en estatua de aseo.

Al olvidar mi nombre siento comodidades
de lluvia en un paraje donde nunca ha llovido.
Una presencia lluvia con paisaje
y un profundo entonar el olvido.

¿Qué hará mi nombre,
en dónde habrá quedado?

Siento que un territorio parecido a Tabasco
me lleva entre sus ríos inaugurando bosques,
unos bosques tan jóvenes que da pena escucharlos
deletreando los nombres de los pájaros.

Son ríos que se bañan cuando lo anochecido
de todas las palabras siembra la confusión
y la desnudez del sueño está dormida
sobre los nombres íntimos de lo que fue una flor.

Y yo sin nombre y solo con mi cuerpo sin nombre
llamándole amarillo al azul y amarillo
a lo que nunca puede ser jamás amarillo;
feliz, desconocido de todos los colores.

¿A qué fruto sin árbol le habré dado mi nombre
con este olvido lívido de tan feliz memoria?
En el Tabasco nuevo de un jaguar despertado
por los antiguos pájaros que enseñaron al día
a ponerse la voz igual que una sortija
de frente y de canto.

Jaguar que está en Tabasco y estrena desnudez
y se queda mirando los trajes de la selva,
con una gran penumbra de pereza y desdén.

Por nacer en Tabasco cubro de cercanías
húmedas y vitales el olvido a mi nombre
y otra vez terrenal y nuevo paraíso
mi cuerpo bien herido toda mi sangre corre.

Correr y ya sin nombre y estrenando hojarasca
de siglos.
Correr feliz, feliz de no reconocerse
al invadir las islas de un viaje arena y tibio.
He perdido mi nombre
¿En qué jirón de bosque habrá quedado?

¿Qué corazón del río lo tendrá como un pez,
sano y salvo?

Me matarán de hambre la aurora y el crepúsculo.
Un pan caliente —el Sol— me dará al mediodía.
Yo era siete y setenta y ahora sólo uno,
uno que vale uno de cerca y lejanía.

El bien bañado río todo desnudo y fuerte,
sin nombre de colores ni de cantos.
Defendido del Sol con la hoja de toh.
Todo será posible menos llamarse Carlos.

[*Material poético*]

◆

Renato Leduc

(1898-1986)

Nace en la Ciudad de México en 1898, hijo del escritor Alberto Leduc. Telegrafista con las tropas de Pancho Villa. Estudia brevemente Leyes y parte a Francia donde permanece cerca de diez años. Regresa y se incorpora al periodismo (artículos y crónicas), convirtiéndose en una institución. Director de la revista *Momento de México*. Premio Nacional de Periodismo. Entre sus libros de poesía (recopilados por Editorial Diana): *El aula, etc.* (1929), *Algunos poemas deliberadamente románticos* (1933), *Breve glosa al Libro de Buen Amor* (1939), *XV fabulillas de animales, niños y espantos* (1957).

Quizá la suerte multitudinaria del soneto "Tiempo" (recitado y cantado) ha obstaculizado la comprensión de la obra magnífica de Leduc. Él, de manera inevitable, se forma en el modernismo, del cual deriva entonaciones rítmicas y delicadeza metafórica, y al cual "traiciona" oponiéndole ánimo sardónico y sincerismo romántico. Una de sus contribuciones al espíritu moderno es el relajo, que es reducción al absurdo de la solemnidad y erosión de la dictadura de los Temas Prestigiosos. Seguramente el poeta que mejor demuestra la falsedad de los límites entre "alta cultura" y "cultura popular", Leduc transforma la melancolía en gracia, la apagada tristeza en "grosería" alivianadora, la fábula en pasmo pirotécnico, el erotismo en decepción cachonda. El humor directo, la maestría en el símil y lo que ya no es válido llamar "cinismo" sustentan la actualidad de una poesía nutrida en Darío, López Velarde o Lugones, fortalecida con ecos de la calle y la cantina y diestramente negada a las pretensiones del arte eterno: "No haremos obra perdurable. No / tenemos de la mosca la voluntad tenaz".

Los buzos diamantistas

I

Una nítida noche, en que la pedrería
sideral deslumbraba,
los buzos diamantistas, en santa cofradía,
descendimos al mar...

Puede ser, nos dijimos, puede ser
que la luz de Saturno, diluyéndose, forme
algún extravagante sulfato, alguna gema
nunca vista jamás...

Puede ser, nos dijimos...

II

Lunarios opalinos. Academias
rutilantes de nácar y coral,
donde monstruos socráticos decían
que sólo siendo feo se puede ser genial...

Dialéctica sucinta de un sabio calamar:

Seamos impasibles, sublimes y profundos
como el fondo del mar.
Si no por altivez, por desencanto
imitemos el gesto del océano
monótono y salobre...

Es lo mismo que un astro se derrumbe,
o que muera un gusano.
Seamos impasibles como el fondo del mar...

III

Y después —¡oh!, adverbio ineludible—,
una joven medusa iridiscente
embrujó nuestros sueños...
¿Qué doncella mortal puede tener
su encanto deleznable, y sus pupilas
que fosforecen vírgenes de llanto?

Una vez nada más, entre dos aguas,
contemplamos su grácil navegar.
Como el rey Apolonio, ahora decimos:
Yo tuve un nombre,
un bello nombre que perdí en el mar.

IV

En un cielo violáceo, bosteza Lucifer.
El ponto está cantando su gran canción azul.
Los buzos-diamantistas, en santa cofradía,
volvemos a la tierra, a vivir otra vez.
Traemos del abismo la pesadumbre ignota
de lo que pudo ser...

[*El aula, etc.*]

Cine

La marimba toca hawaianamente,
Dolores del Río ensaya una pose.
Flota en el ambiente
perfume de axilas y polvos de arroz...

Penumbra propicia
para esparcimiento
de chicos y chicas.

Como dos cocuyos
fulgen las pupilas
de una doncellita,
que pronto, muy pronto
dejará de serlo...

Mi boca está seca —¿chicle? ¿limonadas?—
Dos novios se besan con fe que conforta;
toca la marimba hawaianamente.
La pantalla dice:

Episodio sexto —triunfa la Virtud.

Y una niña grita
con rabia inaudita:
¡Soez, majadero! ¡Que prendan la luz!...

[El aula, etc.]

El mar

Inmensidad azul. Inmensidad
patria del tiburón y el calamar;
por el temblor rumbero de tus ondas
vienes a ser el precursor del jazz...

Síntesis colosal
de mariscos, espumas "and steamers".
Profundo aquel filósofo que dijo:

"Cuánta agua tiene el mar"...
¿Fue Vasconcelos?
¿Fue Bergson?
¿Fue Kant?

[El aula, etc.]

Temas

No haremos obra perdurable. No
tenemos de la mosca la voluntad tenaz.

Mientras haya vigor
pasaremos revista
a cuanta niña vista
y calce regular...

Como Nerón, emperador
y mártir de moralistas cursis,
coronados de rosas
o cualquier otra flor de la estación,
miraremos las cosas
detrás de una esmeralda de ilusión...

Va pasando de moda meditar.
Oh, sabios, aprended un oficio.
Los temas trascendentes han quedado,
como Dios, retirados de servicio.
La ciencia... los salarios...
el arte... la mujer...
Problemas didascálicos, se tratan
cuando más, a la hora del cocktail.

¿Y el dolor? ¿y la muerte ineluctable?
Asuntos de farmacia y notaría.
Una noche —la noche es más propicia—
vendrán con aspavientos de pariente,
pero ya nuestra trémula vejez
encogeráse de hombros, y si acaso,
murmurará cristianamente.

Pues...

[*El aula, etc.*]

Invocación a la Virgen de Guadalupe y a una señorita del mismo nombre: Guadalupe...

Hay gente mala en el país,
hay gente
que no teme al señor omnipotente,
ni a la beata, ni al ínclito palurdo
que da en diezmos la hermana y el maíz.

Adorable candor el de la joven
que un pintor holandés puso en el burdo
ayate de Juan Diego.
El "sex-appeal" hará que se la roben
en plena misa y a la voz de fuego.

Tórrido amor,
amor no franciscano el que le brinda
año por año turbulenta plebe
mientras pulque y fervor
en frescos barros de Oaxaca bebe.

Una reminiscencia: Guadalupe
era tibia y redonda, suave y linda.
Otra reminiscencia:
a ella fui como el toro a la querencia,
por ella supe todo cuanto supe.

Negra su cabellera, negra, negra,
negros sus ojos,
negros como la fama de una suegra,
tan lúcidos provocan y tan propios
el guiño adusto de los telescopios.

Vestida de verde toda
iba —excepto los labios rojos
y los dientes— vestida de verde-oruga,
verde-esperanza o lechuga,
verde-moda.

El indio grave que a brazadas llega
mar cruzando, picada de aspereza,
a su santuario;
y la mujer infame que navega
con virtuosa bandera de corsario...

Otros dieran los ojos de la cara
sólo por que a la vuelta de una esquina
la pequeña sonrisa que ilumina
de luz ultraterrestre su cabeza,
les bañara...

La "flapper" y el atleta
piernas dieran —milagros de oro y plata—
si la clara
ternura de esta Virgen les bañara
al llegar a la cama o a la meta.
Manos de oro colgara
manos, el acreedor hipotecario
colgara, y el ladrón y el funcionario
si sus ojos veteados de escarlata
esta risa una vez iluminara.

Amapolas
que en un suspiro se deshojan solas;

testimonios fehacientes de mi fe;
rosas inmarcesibles... por un día
opio de teponaxtle y chirimía.

Anhelantes de sed y de impotencia
en turbias fuentes beberemos ciencia...
para qué...
Si el caramelo que mi boca chupe
será siempre tu nombre: Guadalupe.

[*Breve glosa al Libro de Buen Amor*]

Aquí se transcribe la copla que mis oídos oyeron

Acre sabor de las tardes
en que fuimos
bizarramente cobardes.
Primer amor... ¿la quisimos?
Tiempo de ensueños opimos
y de alardes.

Tiempo de aplicar el llanto
como lubricante, así
como el aceite del ajonjolí
a las muchachas pálidas de espanto,
al patriotismo, al arte, al desencanto
exacerbados hasta el frenesí.

Cansancio de haber nacido
cuando ya todo está hecho,
dicho, mirado y oído;
la semilla en el barbecho
y el sentimiento raído
que lleva el hombre en el pecho.

Cansancio de todas esas
cosas;
de las lunas, los azules y las rosas
y de las blondas cabezas.
Hondo anhelo de asperezas
ominosas.

Cansancio de haber nacido
en este
gran siglo empequeñecido,
sin pasión torva o celeste.
Cueste, ¡oh!, Dios, lo que cueste
mártir mejor, o bandido.

Vivir con la vista fija
en algo
que fijeza rauda exija:
la locura de un hidalgo,
la reputación de una hija
o la carrera de un galgo.

Vivir consagrado a una
gran pasión;
no caer en tentación,
pintar de verde la Luna,
desbancar a la fortuna
o querer sin corazón.

Quisiera yo que siquiera
al final
el arduo camino fuera
para bien o para mal,
árbol no de ciencia artera,
sí, pecado original.

[*Breve glosa al Libro de Buen Amor*]

Aquí se habla del tiempo perdido que, como dice el dicho, los santos lo lloran

Sabia virtud de conocer el tiempo;
a tiempo amar y desatarse a tiempo;
como dice el refrán: dar tiempo al tiempo...
que de amor y dolor alivia el tiempo.

Aquel amor a quien amé a destiempo
martirizóme tanto y tanto tiempo

que no sentí jamás correr el tiempo
tan acremente como en ese tiempo.

Amar queriendo como en otro tiempo
—ignoraba yo aún que el tiempo es oro—
cuánto tiempo perdí ¡ay! cuánto tiempo.

Y hoy que de amores ya no tengo tiempo,
amor de aquellos tiempos, cómo añoro
la dicha inicua de perder el tiempo...

[Breve glosa al Libro de Buen Amor]

Tardía dedicatoria al primero pero ya difunto amor del fabulista

Tiempo en que era yo adolescente
y el señor don Porfirio presidente
y Dios nuestros señor, omnipotente.

I

Tiempos en que era Dios omnipotente
y el señor don Porfirio presidente.
Tiempos —ay— tan lejanos del presente.
Cándida fe de mi niñez ingrata
muerta al nacer, en plena colegiata
viendo folgar a un cura y una beata.
Ciencia y paciencia que aprendí en la escuela
de la mosca impertérrita que vuela
sobre calvas del tiempo de mi abuela.
Arte de ver las cosas al soslayo,
cantar de madrugada como el gallo,
vivir en el invierno como en mayo
y errar desenfadado y al garete
bajo este augurio: ¡Lo que usted promete...!
y en la raída indumentaria un siete.

II

Tiempos en que era Dios omnipotente
y el señor don Porfirio presidente.
Tiempos en que el amor delicuescente
y delicado y delictuoso hacía
un dechado en cada hija de María
de flores blancas y melancolía.
Tiempos en que el amor usaba flechas
y se invitaba al coito con endechas.
Tiempos de ideales y de frases hechas.
¿Quién no insinuó a su prima con violetas
u otra flor, esperanzas tan concretas
cual dormir una noche entre sus tetas...?
Bizarra edad que puso cuello tieso
y corbata plastrón a mi pescuezo
y me inhibió a la alegría y al beso.

III

Novia insolvente: por tus medias rotas
vertí de llanto las primeras gotas...
En mi recuerdo como corcho flotas
cuando laxa de amor y complacencia,
en un cuarto de hotel y en mi presencia,
te lavabas el árbol de la ciencia
perdida ya tu condición virgínea.
Perdón si en actitud antiapolínea
besé tus muslos y aflojé la línea.
Llanto que derramaste, amargo llanto,
ira, dolor, remordimiento, espanto...
Lo que perdiste no era para tanto.
Tiempos en que yo era adolescente
y el señor don Porfirio presidente
y Dios nuestro señor, omnipotente...

[*XV fabulillas de animales, niños y espantos*]

Epístola a una dama que nunca en su vida conoció elefantes

Hay elefantes blancos que no son comunes:
.son como la gallina que pone huevo en lunes.

En realidad, los elefantes
no tienen la importancia que nosotros les dimos
antes.

Son como una señora con los senos opimos
los pobres elefantes.

El símil no es exacto pero da bien la idea:
el elefante tiene su trompa y la menea
con el fláccido ritmo que la dama sus senos...
Y se parecen mucho aunque usted no lo crea.

El símil no es exacto pero eso es lo de menos.

Dice un proverbio indio: "Haz que tu amada ostente
la gracia quebradiza de un joven elefante..."

He allí un símil, señora, un sí es no es imprudente
y clásico, no obstante.

Cuando usted me decía: Yo no creo en elefantes...
abrigaba mis dudas.

Opiniones ajenas no son siempre bastantes:
la jirafa, el camello, ciertas aves zancudas
son menos admisibles. Como dije a usted antes
gusto hablar de animales con el pelo en la mano.

Como errar es humano
perseguí paquidermos por los seis continentes
—el antártico incluso— por verdades fehacientes
en dinero y cuidados no paré nunca mientes.

Hay elefantes blancos pero no son comunes;
son como la gallina que pone huevo en lunes.

Los usan en los circos y en las cortes fastuosas
para atraer turistas y algunas otras cosas.

Los elefantes son, más comúnmente, grises:
a veces son gris-rata, a veces son gris-perla
y tienen sonrosadas como usted las narices.

Cuando miro elefantes, siento anhelos de verla
y estrecharla en mis brazos, como en tiempos felices...
Los elefantes son, más comúnmente, grises...
Un rajah de la India, por razones que ignoro,
arrancó los colmillos a su fiel proboscidio
quien se puso ipso-facto, dentadura de oro
y murió ipso-facto... ¿fue piorrea? ¿fue suicidio?

¿Un rajah de la India? Eso sí es hilarante, hilarante
sobre todo en el cine con un buen comediante...

Un defecto, no obstante
tiene —justo es decirlo— el amigo elefante:
la epidermis que cubre su maciza estructura
es tan dura, tan dura
que adecuarse no puede a la industria del guante.

De otros puntos de vista este gran paquidermo
es tan útil, señora,
como un cambio de dieta a un estómago enfermo.

[*XV fabulillas de animales, niños y espantos*]

◆

Manuel Maples Arce

(1898-1981)

Nace en Veracruz. Abogado. Cursos especiales en La Sorbona. Secretario general de gobierno de Veracruz en 1925. Diputado al Congreso de la Unión. Embajador de México en Japón y Líbano. Muere en la Ciudad de México.

El Fondo de Cultura Económica ha recopilado su poesía completa en 1980. Entre sus libros: *Rag. Tintas de abanico* (1920), *Andamios interiores* (1922), *Urbe* (1924), *Poemas interdictos* (1927), *Memorial de la sangre* (1947). También una antología de poesía mexicana, ensayos y dos volúmenes autobiográficos.

A principios de los veinte, el estridentismo se propone como resumen litera-
rio del impulso de la revolución. Próximos a los futuristas y su loa de la máqui-
na ("Locomotoras, gritos, arsenales, telégrafos"), dinamiteros instantáneos, los
estridentistas inauguran una etapa de la historia cultural de vanguardia, con
irreverencia, intrepidez y acumulación de imágenes desafiantes aunque no siem-
pre afortunadas. Actúan tribalmente, acuñan consignas apoteósicas ("¡Muera
el cura Hidalgo!" o "¡Viva el mole de guajolote!"), remueven los círculos ilus-
trados de provincia, publican manifiestos y libros, hacen exposiciones. Son
poetas (Maples Arce, Luis Quintanilla, Salvador Gallardo, Germán List Arzubi-
de), narradores (Arqueles Vela), pintores y escultores (Ramón Alva de la Canal,
Leopoldo Méndez, Jean Charlot, Germán Cueto, Fermín Revueltas, Máximo
Pacheco). Odian a la burguesía y a los "asalta-braguetas literarios", y aman la
"belleza sudorosa" de los obreros y "la aristocracia de la gasolina". Van todo lo
lejos que se puede: "Somos más que Dios", declaran. De ellos, el mejor es Ma-
ples Arce, cuyo trabajo define Borges en 1922: "un diccionario amotinado, la
gramática en fuga, un acopio vehemente de tranvías, ventiladores, arcos voltai-
cos y otros cachivaches jadeantes".

Prisma

Yo soy un punto muerto en medio de la hora,
equidistante al grito náufrago de una estrella.
Un parque de manubrio se engarrota en la sombra,
y la luna sin cuerda
me oprime en las vidrieras.

Margaritas de oro
deshojadas al viento.

La ciudad insurrecta de anuncios luminosos
flota en los almanaques,
y allá de tarde en tarde,
por la calle planchada se desangra un eléctrico.

El insomnio, lo mismo que una enredadera,
se abraza a los andamios sinoples del telégrafo,
y mientras que los ruidos descerrajan las puertas,
la noche ha enflaquecido lamiendo su recuerdo.

El silencio amarillo suena sobre mis ojos.
Prismal, diáfana mía, para sentirlo todo.

Yo departí sus manos,
pero en aquella hora
gris de las estaciones,
sus palabras mojadas se me echaron al cuello,
y una locomotora
sedienta de kilómetros la arrancó de mis brazos.

Hoy suenan sus palabras más heladas que nunca.
¡Y la locura de Edison a manos de la lluvia!

El cielo es un obstáculo para el hotel inverso
refractado en las lunas sombrías de los espejos;
los violines se suben como la champaña,
y mientras las ojeras sondean la madrugada,
el invierno huesoso tirita en los percheros.

Mis nervios se derraman.
    La estrella del recuerdo
naufraga en el agua
del silencio.
Tú y yo
    coincidimos
        en la noche terrible,
meditación temática
deshojada en jardines.

Locomotoras, gritos,
arsenales, telégrafos.

El amor y la vida
son hoy sindicalistas,
y todo se dilata en círculos concéntricos.

[*Andamios interiores*]

Revolución

El viento es el apóstol de esta hora interdicta.
Oh épocas marchitas
que sacudieron sus últimos otoños!

Barrunta su recuerdo los horizontes próximos
desahuciados de pájaros,
y las corolas deshojan su teclado.
Sopla el viento absoluto contra la materia
cósmica: la música
es la propaganda que flota en los balcones,
y el paisaje despunta
en las veletas.

Viento, dictadura
de hierro
que estremece las confederaciones!
Oh, las muchedumbres
azules
y sonoras, que suben
hasta los corazones!

La tarde es un motín sangriento
en los suburbios;
árboles harapientos
que piden limosna en las ventanas;
las fábricas se abrasan
en el incendio del crepúsculo,
y en el cielo brillante
los aviones
ejecutan maniobras vesperales.

Banderas clamorosas
repetirán su arenga proletaria
frente a las ciudades.

En el mitin romántico de la partida
donde todos lloramos
hoy recojo la espera de su cita;
la estación
despedazada se queda entre sus manos,
y su desmayo
es el alto momento del adiós.
Beso la fotografía de su memoria
y el tren despavorido se aleja entre la sombra,
mientras deshojo los caminos nuevos.

Pronto llegaremos a la cordillera.
Oh tierna geografía
de nuestro México,
sus paisajes aviónicos,
alturas inefables de la economía
política; el humo de las factorías
perdidas en la niebla
del tiempo,
y los rumores eclécticos
de los levantamientos.
Noche adentro
los soldados,
se arrancaron
del pecho
las canciones populares.

La artillería
enemiga, nos espía
en las márgenes de la Naturaleza;
los ruidos subterráneos
pueblan nuestro sobresalto
y se derrumba el panorama.

Trenes militares
que van hacia los cuatro puntos cardinales,
al bautizo de sangre
donde todo es confusión,
y los hombres borrachos
juegan a los naipes
y a los sacrificios humanos;
trenes sonoros y marciales
donde hicimos cantando la Revolución.
Nunca como ahora me he sentido tan cerca de la muerte.
Pasamos la velada junto a la lumbre intacta del recuerdo,
pero llegan los otros de improviso
apagando el concepto de las cosas,
las imágenes tiernas al borde del horóscopo.

Allá lejos,
mujeres preñadas
se han quedado rogando
por nosotros
a los Cristos de Piedra.

Después de la matanza
otra vez el viento
espanta
la hojarasca de los sueños.

Sacudo el alba de mis versos
sobre los corazones enemigos,
y el tacto helado de los siglos
me acaricia en la frente,
mientras que la angustia del silencio
corre por las entrañas de los nombres queridos.

[*Poemas interdictos*]

◆

Bernardo Ortiz de Montellano

(1899-1948)

Nace y muere en la Ciudad de México. Fundador en 1918 del Nuevo Ateneo de la Juventud, director de la revista *Contemporáneos* (1928-1930), que le da nombre al "grupo sin grupo", donde, junto a él, se suele incluir a Jaime Torres Bodet, Carlos Pellicer, Salvador Novo, Xavier Villaurrutia, Jorge Cuesta, Gilberto Owen, Enrique González Rojo y José Gorostiza (con frecuencia creciente, se menciona también a Octavio Barreda, Elías Nandino, Rubén Salazar Mallén, Celestino Gorostiza y Ermilo Abreu Gómez y, en ámbitos muy próximos, al músico Carlos Chávez, y a los pintores Rufino Tamayo, Agustín Lazo, María Izquierdo y Manuel Rodríguez Lozano). Ortiz de Montellano es profesor universitario y encargado de la revisión de libros de texto en la Secretaría de Educación Pública. Escribe cuento, teatro y ensayo, traduce a Eliot y compila una antología del cuento mexicano. *Sueño y poesía* (1952) recoge su producción poética.

Dos insistencias en la poesía de Ortiz de Montellano marcadas ya por la presencia inaugural del freudismo en México: la enfermedad (el instinto tanático) y lo desconocido (el inconsciente). En ambos casos, hay un descendimiento, una "pérdida de la conciencia". Precursoramente, Ortiz de Montellano exalta al sueño (las formas negadas socialmente) que quiebran las apariencias de la civilización, y ve en el inconsciente la defensa del individuo contra una cultura represiva. Hipnos, el reino de la videncia y los poderes extraños, incendiará el "lirismo lógico", el conformismo, la ausencia de inquietudes y rebeldías. Él, un intelectual, se ampara en la belleza que será arrasamiento antiintelectual y destrucción de las (inútiles) acumulaciones de la razón. El hombre es el agente de sus instintos, los instintos son el reducto donde el hombre se salva.

Segundo sueño
[Fragmento]

Au fond de l'inconnu pour trouver du nouveau.
CH. BAUDELAIRE

Del sonido a la piedra y de la voz al sueño
en la postura eterna del dormido
sobre mármol de cirios y cuchillos
ofensa a la raíz
del árbol de la sangre —concentrado—
mi cuerpo vivo, mío,
mi concha de armadillo
triángulo de color sentido y movimiento
contorno de mi mundo que me adhiere y me forma
y me conduce
del sonido a la voz y de la voz al sueño.

Batas blancas y manos como encías.
Pasos leves de goma de ratones.
Luz hendida, amarilla, luz que hiere
bisturí del más hondo hueco de sombra oculta.
Luz de paredes blancas, anémica, de mármol.
Nidos del algodón para lo verde y negro
de la vida y la muerte.

Mármoles y aluminios
que no empaña el reflejo ni el aliento ni el alba
de unos ojos de niño.
Luz de allá de la llama amarillenta
para el aire del éter más fino de los cielos.
Nidos del algodón
para las alas de los peces del alcanfor y el yodo
líquidos mensajeros de la muerte.

¡Oh, Saturno,
escafandra de siglos en mi siglo,
descenderás conmigo entre los brazos
a un mundo de sigilos!
Y detrás de la muerte —centinelas—
ojos de dos en dos vivos, cautivos.

Soy el último testigo de mi cuerpo

¡Veo los rostros, la sábana, los cuchillos, las voces
y el calor de mi sangre que enrojece los bordes
y el olor de mi aliento tan alegre y tan mío!

Soy el último testigo de mi cuerpo

[Sueños]

Letra muerta

Frío, universal paisaje de cosas que nadie usa
ajeno a los frutos y las aves.
Desconectado, íntimo mundo
en los cuartos de hotel
adonde entramos a descubrir el nuestro
mundo desconocido
en la primera desnudez frente al espejo
de la mujer primera
Eva en el paraíso metálico de un mundo
de latones y níqueles, musical, pavoroso.
Jarra, plástica amiga de mi sombra de arañas silenciosas
fieles a la frialdad de las paredes;
muebles desconocidos y rumores enanos
polilla de los bosques que tuercen la cadera de los ríos;

luz de sombra amarilla
palabras de los climas y los hombres
que alguna vez grabaron su frente en el sudor de las almohadas
y el calor de su sangre en la pared, la sábana y lo triste
del secreto.

Paralelo a los límites del agua
mi cuerpo ocioso y libre

recorre los suburbios del diamante y el ancla,
inolvidable impacto en la pared más blanca
y en el blanco más blanco de mi sangre y tu llama,
en un cuarto de hotel con ángulos y arañas
y sombras que apenas nos mutilan
la cara del reloj viajero en marcha
y el ímpetu interior de una palabra
y esa mano que crece, larga, y crece
a encender el cerillo y arrojar el cigarro
como una noche ardiente en la mañana de un viento sin espalda.

Primera, eterna, noche de arrojo en los hoteles
sin retratos de familia,
sin calendarios,
sin llaves en las puertas,
sin costumbres y sin repeticiones.

Lucha viva de ángulos y plumas,
de sueños y distancias,
pureza de lo impuro para lectores pasajeros que
    prolonguen el calor de su sangre en la pared y
    en la sábana y en lo triste del secreto.

[*Sueños*]

Himno a Hipnos

Incendia, joven Hipnos, ese lirismo lógico
que ha reducido al hombre a ser un placentero bazar de cosas útiles,
sin inquietudes y sin rebeldías.

Lirismo calculado para cerebros satisfechos
con el calor eléctrico, el trabajo, las lluvias y el dinero.
Un lirismo de formas, suaves formas,
fuego, apenas, de flores de tabaco;
lirismo que se aparta del corazón del mar y de los femeninos nublados de la tierra
porque no está bien que el hombre —Ser superior—
que se engaña sabiendo lo que ignora,
que ignora lo que sabe
conceda cosa alguna a otro poder extraño al de su voluntad serpiente
    omnipotente.

El poder de su *yo* feroz que impone con razones su falta de razón.
Incendia, joven Hipnos, esos corazones letrados
que amenazan sin duda a la sabiduría,
esos falsos corazones de hierba endurecida
impenetrables a la sed y al fuego con que la sed se apaga.
Quema sus fábricas de verbos,
la maquinaria de sus pensamientos y de sus acciones
ajenos a los ritmos de amor indescifrados;
afina sus sentidos de mariposas torpes;
haz profunda en sus pechos la conciencia
del ala de la muerte que llevamos;
destruye las anémonas de su sangre cuando se conformen, no más,
    con superficies y con cantidades;
devuélveles la honda simplicidad de tus paraísos de silencio
en donde crece sin horror la Vida.
Joven Hipnos vidente.
Yo sé que soy, también, un hombre de estos hombres.

Hipnos, creador de sueños,
que tus manos de sueño derramen su veneno saludable sobre la fatiga
    y el temor del hombre,
que de los ritmos de la noche tuya
despierte sin orgullo ni martirios,
sin sentimientos sucios, sin vicios vegetales,
sin trabajos forzados
ajenos al deseo de fabricar el día:
ciego rodar la rueda de un mecanismo ciego
insensible al tacto de formas musculares
muerto al goce de abeja de hacernos pensamientos.

El hombre no es árbol ni edificio
ni campo ni ciudad,
es pez y pájaro.
Devuélvele su vuelo submarino,
su reino de belleza compartida,
su identificación con otros hombres.
Roza la soledad inerte de sus *consigo mismo* de muerte anticipada
invernaderos turbios de los sueños,
que penetre su diálogo de espuma al fondo de la roca de la oreja
que sus voces se quemen de preguntas
su silencio se aclame de pronombres
ramos de vida plantados una vez en este paraíso
único Paraíso verdadero

de la diaria belleza de innumerables modos repetida,
oculta y fragmentada
la Belleza que sólo pueden gozar los hombres juntos
unidos de lirismo vital y sin engaños
de hombre a cielo, de pecho a inanimado,
de pulsación a ritmo, cuerpo a cuerpo
de inteligencia, verbo, naturaleza y sueños.

Delirios, joven Hipnos, que los hombres destruimos en los niños
enemigos del hombre
y otra vez enemigos.

Joven Hipnos
es justo que el hombre valga, ni más ni menos, el valor del hombre
sin torturas de infancia, sin tormentas de viejo,
sin propiedad de nada,
ni de hombre o prestigio o bien alguno que defender a espada.
Pero que el hombre valga,
ni más ni menos, el valor del hombre.

[*Hipnos*]

Materia de la muerte

Cuando llega la noche
y a la muerte del sueño, gozo, entrego
mi despojada desnudez,
tibia zona de espumas y ecos
de nombres y de cosas
que adhieren a mi sombra, bajo el fuego
del día, su velo presuroso,
van pronto yendo hacia el azul y luego
cierro los ojos.
Una ausencia, pereza, desmantela los párpados
ya todos los sentidos se disgregan
se pierden
o se ocultan
de la audaz vigilancia de ser útiles
y a la Noche me entrego, a su delito,
sin defensa, sin lucha, sin consuelo,
a sus labios de césped enlutado
en silencio, sin voz.

Es el sueño
es la muerte,
otro mundo de mágicas esencias
que habito cuando duermo,
sin movimiento acaso, sin el cuerpo,
al goce de existir, esencia pura
de una esencia invisible, ajena al río,
al fruto, al pez, al mineral,
a las cosas que mueren o que duran.
Es el sueño,
es la muerte,
y sin embargo...

Esta columna de sudor y sombra
entierra sus sentidos en la almohada
pero la danza
la danza con angustia
la angustia de danzar sigue su llamada
devela los escombros de la sangre
recupera su grito, su voz pura,
sabe su libertad
—hondas llanuras de su misma imagen—
sin límites de vanos pensamientos
escoge mariposas y palabras
y en libre acuerdo
de amores sin el cuerpo se resume
en latido creador
en donde acaba el hombre y comienza otro reino.

La dura piel de piedra mármol fría
palpita llama escama del pescado,
se ablanda en la raíz del vegetal,
reluce entre los nervios del caballo;
su cabello dormido
es tacto ya en la rosa de líquido sonrojo
pero la piel consciente de su goce
y enajenada al tacto de la amada
—yema fría que no quema,
humo en sueños desnudo—
ha recorrido todas las distancias
de lo inerte a lo vivo,
del pez petrificado al tibio pájaro

hasta ascender —¡qué soledad, es cierto!—
a la piel sin sentidos de un recuerdo.

En la noche del sueño
sin las cosas
sin los nudos del hombre
hacia mí mismo, lo que soy y siento,
hasta sus fuentes,
un vago abismo de palabras secas
de silencios impávidos y pálidos
de incomprensibles signos, me separa.
Es otra la materia de la muerte
su sombra inicia apenas los mármoles del sueño.

[*Hipnos*]

¿Lázaro, Orfeo?

¡Quién vive!
—Orfeo.

¿Lo insensible es lo muerto y lo que siente vive?
¿Lo que piensa está vivo y lo que calla ha muerto?
¿El recuerdo es lo vivo, la inconsciencia es lo muerto?
¿Qué vale más, el goce de vivir, el sueño de vivir,
o el seco muro, nada, de estar muerto?
Inconsciente, no siento, y callo, y estoy muerto.
Anestesiado acaso, pero acaso más vivo.

¡Quién vive!
—Lázaro.

Este que así se mueve, activo, rápido,
que acumula dinero,
que se embriaga o discute, insensible, olvidado,
que ni piensa ni siente,
que si duerme no busca, si despierta no sabe,
cuerpo mudo, sin sombra, sano, fuerte,
que ha cercenado al hombre la inquietud de la muerte,
sin pasiones, sin goces, sin misterios,
que siente lo que siente sin compararlo, acaso

porque sabe que ha muerto,
oculta solamente con su vida más muerte.

¿Quién vive entonces, Lázaro u Orfeo?

Es otra la materia de la muerte,
actividad inerte,
cuerpo y sombra.
Lázaro, muerte inmortal, rondan tus brazos
el pecho solo de los hombres solos.
Tu mirada de sombra recogida
—párpados de la luz— entre los huecos
de los ojos del hombre quieta anida,
y si te mueves, sí, vertiginoso,
en gestos, en palabras, en acciones,
es por la ley fatal de la consigna:
¡Levántate y anda!
Andar es tu misión, no decir lo que sabes
ni callar lo que ignoras.
Muerto inmortal el hombre.
¿Vida de Lázaro? ¿Muerte de Orfeo?

¿Quién habita en mi pecho, Dios mío?
¡Lázaro, Orfeo?

[*Libro de Lázaro*]

Canto diuturno

Lo primero es la vida
la que circula roja por las venas de todos
la que sube y rebota por los tallos del agua
y el aire de las flores suspiradas
por las manos pequeñas y hacendosas de la hormiga
los espantados ojos del caballo
los rugidos del león que sabemos que existe
aun fuera de los circos,
la que despierta y dicta los colores tardíos
en los cielos de alúcidas llamadas
la casta diosa que levanta las pestañas, la vibración
intensa de la música y el rumor de las almas.

Lo primero es la muerte
la vejez de la silla que en un rincón se queja paralítica
insomne, devorando la conciencia de la noche
la del libro entreabierto que nos conduce al sueño
la de mi pensamiento cuando vaga sin rumbo por un mar de recuerdos
la muerte de la belleza profunda, solitaria,
que descubro en un rostro alguna vez, un día,
entre la multitud, en una calle, bajo la lluvia sorda,
con la luz apenas débil de mi propia mirada,
o cuando junto a un niño siento en mí la pureza rodar como una lágrima.

Lo primero es la vida
poseer las cosas para luego amarlas
usar el tiempo ("Son las seis. A las ocho sabré —desnudo fuego— si es más
    blanco tu pecho que tu mano")
volver los ojos donde quiera hallarlos
oír la risa o recorrer el campo
dolor o goce, según que por mi sangre
asciende microscópica burbuja
el veneno o la savia
la flor de un pensamiento rojo o negro.

Lo primero es la muerte
de entregarse a las rosas cuando apenas despiertan de su sombra
de perseguir un verso, un arco, una voluta,
un color, un sonido
vibrando entre palabras de negocios
o en el sucio mercado
que del lodo levanta la pobreza de un pájaro vendido
o en la conversación de dos amantes que no reconocemos
que angustiados recorren la noche de sus sueños
detrás de la palabra que así les proponemos
y que no ven caer sobre sus pechos
sedientos de un placer que no penetra hasta sus huesos

Lo primero es la vida
la de los ojos, las manos y los sexos
la de pensar en ti
la que, oculta, restaura las cenizas
la del grito, la del silencio, cuando el silencio arrastra
turbios ámbitos secos,
la del eje, del acumulador y del cemento,

la del motor en orden,
la del switch arquitecto,
la del hombre que no cree en los motores
ni los necesita para comprenderlos,
la del lector que descifra y acumula alfabetos,
la de la mujer que baila y el hombre que respira
y que soporta suavemente sobre sus hombros el cielo
azul, la atmósfera, los planetas, el sol y las banderas.

Lo primero es la muerte
en el desequilibrio del cuerpo que cae sin resistirlo
al golpe de una imagen,
o de la flecha de olores de una sustancia bíblica
o la preocupación por el dinero,
la soledad que llena de gérmenes la sombra
la condena sutil del arte, de la danza, de la música, de la oración,
o ser llamado de noche por su nombre en secreto
o recibir noticias de muy lejos
y saber que nos aman cuando nosotros ya olvidamos.

Lo primero es la vida
el movimiento y el descanso
la palabra no dicha y la que brota al punto
la soledad soleada y el sucio contacto con las gentes
la lucha por el sueldo y la dádiva muda de los ojos
la naturaleza y la conciencia
la flor que pesa y la que apenas oímos
el beso de los labios y su desintegración en la guarida de la noche
el oscuro pasaje entre dos sueños y la luz que nos garantiza y nos clasifica
el aceite y el agua del recuerdo
y tantas, tantas ruinas y alucinaciones y piedras brillantes que se tocan con
    olvidadas manos,
y frutas que palpitan, sin mentir,
entre brazos y bellezas mortales que sólo el alma toca por caminos de nieve
    salerosa.

Lo primero es la muerte de estar solo en todos los momentos.

[Libro de Lázaro]

Desnudo

Sin pasión, sin la sangre
que excita la mirada y el tacto;
sin el deseo de poseer o de ser poseído
que reduce el corazón a la utilidad de las astillas,
que arrebata a la llama el calor y por su goce
sabe su nombre y su danza deshace.

Sin pasión, sin la sangre,
descubro en mi memoria la línea que rehace
tu desnudo
de cristales y sombras, de submarinos tallos
de marfiles y esponjas, de granates y marzos
de nubes en la noche y maléficos triángulos.

Sin los pliegues del manto que te oculta,
sin pasión, sin la sangre
que excita la mirada y el tacto,
como la llama en su esplendor desnuda
estatua ondulación secreto vivo
resumes la belleza de los físicos mundos,
magia de los instintos de la luz
tacto de los pensamientos nocturnos.

[*Hipnos*]

◆

José Gorostiza

(1901-1973)

Nace en Villahermosa, Tabasco. Profesor universitario, jefe del Departamento de Bellas Artes (1932). En su larga carrera diplomática llega a ser subsecretario de Relaciones Exteriores (1958-1963) y secretario (1964). Dirige la Comisión Mexicana de Energía Nuclear (1965-1970). Muere en la Ciudad de México.

En 1925 publica Gorostiza *Canciones para cantar en las barcas.* En 1939, *Muerte sin fin.* En el primer libro intervienen la levedad, la gracia, la fascinación por el ritmo infantil, la melancolía coloquial. El segundo es una de las obras maestras de la poesía en idioma español, que admite todas las interpretaciones y las sobrevive. Todo lo que se diga puede ser válido y nada de lo que se diga fija al poema. ¿De qué se trata *Muerte sin fin*? ¿Del asedio a Dios, del diálogo con lo inasible (la forma), de la materia que se interroga a sí misma, de la metafísica fundada en la extinción de la materia y la resurrección del lenguaje, de la oscura teología donde la inteligencia es un reflejo de la divinidad? Las interpretaciones se aquietan, y el poema prosigue, con su vértigo de imágenes y su sonido clásico, listo para la siguiente exégesis y renacido en la siguiente lectura.

El error —creo— es la pretensión de "entender" (disecar) *Muerte sin fin*, en vez de permitir su revelación por fragmentos, en vez de admitir su carácter de "poema frustrado" ("La poesía", escribe Gorostiza, "para mí, es una investigación de ciertas esencias —el amor, la vida, la muerte, Dios— que se produce en un esfuerzo por quebrantar el lenguaje de tal manera que, haciéndolo más transparente, se pueda ver a través de él dentro de esas esencias"). ¿Esto se logra? Lo evidente es la continuidad de una tradición portentosa, la de las *Soledades* de Góngora y el "Primero sueño" de sor Juana, la tradición del poema largo abierto e inagotable a la que corresponden Eliot, Valéry, Jorge Guillén.

Se alegra el mar

Iremos a buscar
hojas de plátano al platanar.

Se alegra el mar.

Iremos a buscarlas en el camino,
padre de las madejas de lino.

Se alegra el mar.

Porque la luna (cumple quince años a pena)
se pone blanca, azul, roja, morena.

Se alegra el mar.

Porque la luna aprende consejo del mar,
en perfume de nardo se quiere mudar.

Se alegra el mar.

Siete varas de nardo desprenderé
para mi novia de lindo pie.

Se alegra el mar.

Siete varas de nardo; sólo un aroma,
una sola blancura de pluma de paloma.

Se alegra el mar.

Vida —le digo— blancas las desprendí, yo bien lo sé,
para mi novia de lindo pie.

Se alegra el mar.

Vida —le digo— blancas las desprendí.
¡No se vuelvan oscuras por ser de mí!

Se alegra el mar.

[*Canciones para cantar en las barcas*]

Acuario

A Xavier Villaurrutia

Los peces de colores juegan
donde cantaba Jenny Lind.

Jenny era casi una niña
por 1840,
pero tenía
un glu-glu de agua embelesada
en la piscina etérea de su canto.

New York era pequeño entonces.
Las casitas de cuatro pisos
debían de secar la ropa
recién lavada
sobre los tendederos
azules de la madrugada.

Iremos a Battery Place
—aquí, tan cerca—
a recibir saludos de pañuelo
que nos dirigen los barcos de vela.

Y las sonrisas luminosas
de las cinco de la tarde,
oh, sí darían
un brillo de luciérnaga a las calles.

Luego, cuando el iris del faro
ponga a tiro de piedra el horizonte,
tendremos pesca
de luces blancas, amarillas, rojas,
para olvidarnos de Broadway.

Porque Jenny Lind era
como el agua reída de burbujas
donde los peces de colores juegan.

[*Canciones para cantar en las barcas*]

Preludio

Esa palabra que jamás asoma
a tu idioma cantado de preguntas,
esa, desfalleciente,
que se hiela en el aire de tu voz,
sí, como una respiración de flautas
contra un aire de vidrio evaporada,
¡mírala, ay, tócala!
¡mírala ahora!
en esa exangüe bruma de magnolias,
en esta nimia floración de vaho
que —ensombrecido en luz el ojo agónico
y a funestos pestillos
anclado el tenue ruido de las alas—
guarda un ángel de sueño en la ventana.

¡Qué muros de cristal, amor, qué muros!
Ay, ¿para qué silencios de agua?

Esa palabra, sí, esa palabra
que se coagula en la garganta
como un grito de ámbar
¡mírala, ay, tócala!
¡mírala ahora!

Mira que, noche a noche, decantada
en el filtro de un áspero silencio,
quedose a tanto enmudecer desnuda,
hiriente e inequívoca
—así en la entraña de un reloj la muerte,
así la claridad en una cifra—
para gestar este lenguaje nuestro,
inaudible,
que se abre al tacto insomne
en la arena, en el pájaro, en la nube,
cuando negro de oráculos retruena
el panorama de la profecía.

¿Quién, si ella no,
pudo fraguar este universo insigne
que nace como un héroe en tu boca?
¡Mírala, ay, tócala,
mírala ahora,
incendiada en un eco de nenúfares!
¿No aquí su angustia asume la inocencia
de una hueca retórica de lianas?
Aquí, entre líquenes de orfebrería
que arrancan de minúsculos canales
¿no echó a tañer al aire
sus cándidas mariposas de escarcha?

Qué, en lugar de esa fe que la consume
hasta la transparencia del destino
¿no aquí —escapada al dardo
tenaz de la estatura—
se remonta insensata una palmera
para estallar en su ficción de cielo,
maestra en fuegos no,
mas en puros deleites de artificio?

Esa palabra, sí, esa palabra,
esa, desfalleciente,

que se ahoga en el humo de una sombra,
esa que gira —como un soplo— cauta
sobre bisagras de secreta lama,
esa en que el aura de la voz se astilla,
desalentada,
como si rebotara
en una bella úlcera de plata,
esa que baña sus vocales ácidas
en la espuma de las palomas sacrificadas,
esa que se congela hasta la fiebre
cuando no, ensimismada, se calcina
en la brusca intemperie de una lágrima,
¡mírala, ay, tócala!
¡mírala ahora!
¡mírala, ausente toda de palabra,
sin voz, sin eco, sin idioma, exacta,
mírala cómo traza
en muros de cristal amores de agua!

[Del poema frustrado]

Presencia y fuga

Tu destrucción se gesta en la codicia
de esta sed, toda tacto, asoladora,
que deshecha, no viva, te atesora
en el nimio caudal de la noticia.

Te miro ya morir en la caricia
de tus ecos; en esa ardiente flora
que, nacida en tu ausencia, la devora
para mentir la luz de tu delicia.

Pues no eres tú, fluente, a ti anudada.
Es belleza, no más, desgobernada
que en ti porque la asumes se consuma.

Es tu muerte, no más, que se adelanta,
que al habitar tu huella te suplanta
con audaces resúmenes de espuma.

[Poesía]

Agua, no huyas

¡Agua, no huyas de la sed, detente!
Detente, oh claro insomnio, en la llanura
de este sueño sin párpados que apura
el idioma febril de la corriente.

No el tierno simulacro que te miente,
entre rumores, viva; no, madura,
ama la sed esa tensión de hondura
con que saltó tu flecha de la fuente.

Detén, agua, tu prisa, porque en tanto
te ciegue el ojo y te estrangule el canto,
dictar debieras a la muerte zonas;

que por tu propia muerte concebida,
sólo me das la piel endurecida
¡oh movimiento, sierpe! que abandonas.

Muerte sin fin

> *Conmigo está el consejo y el ser; yo soy la*
> *inteligencia; mía es la fortaleza.*
>
> Proverbios, 8, 14.

> *Con él estaba yo ordenándolo todo; y fui*
> *su delicia todos los días, teniendo solaz*
> *delante de él en todo tiempo.*
>
> Proverbios, 8, 30.

> *Mas el que peca contra mí, defrauda su*
> *alma; todos los que me aborrecen aman*
> *la muerte.*
>
> Proverbios, 8, 36.

Lleno de mí, sitiado en mi epidermis
por un dios inasible que me ahoga,
mentido acaso
por su radiante atmósfera de luces
que oculta mi conciencia derramada,

mis alas rotas en esquirlas de aire,
mi torpe andar a tientas por el lodo;
lleno de mí —ahíto— me descubro
en la imagen atónita del agua,
que tan sólo es un tumbo inmarcesible,
un desplome de ángeles caídos
a la delicia intacta de su peso,
que nada tiene
sino la cara en blanco
hundida a medias, ya, como una risa agónica,
en las tenues holandas de la nube
y en los funestos cánticos del mar
—más resabio de sal o albor de cúmulo
que sola prisa de acosada espuma.
No obstante —oh paradoja— constreñida
por el rigor del vaso que la aclara,
el agua toma forma.
En él se asienta, ahonda y edifica,
cumple una edad amarga de silencios
y un reposo gentil de muerte niña,
sonriente, que desflora
un más allá de pájaros
en desbandada.
En la red de cristal que la estrangula,
allí, como en el agua de un espejo,
se reconoce;
atada allí, gota con gota,
marchito el tropo de espuma en la garganta
¡qué desnudez de agua tan intensa,
qué agua tan agua,
está en su orbe tornasol soñando,
cantando ya una sed de hielo justo!
¡Mas qué vaso —también— más providente
éste que así se hinche
como una estrella en grano,
que así, en heroica promisión, se enciende
como un seno habitado por la dicha,
y rinde así, puntual,
una rotunda flor
de transparencia al agua,
un ojo proyectil que cobra alturas
y una ventana a gritos luminosos

sobre esa libertad enardecida
que se agobia de cándidas prisiones!

¡Mas qué vaso —también— más providente!
Tal vez esta oquedad que nos estrecha
en islas de monólogos sin eco,
aunque se llama Dios,
no sea sino un vaso
que nos amolda el alma perdediza,
pero que acaso el alma sólo advierte
en una transparencia acumulada
que tiñe la noción de Él, de azul.
El mismo Dios,
en sus presencias tímidas,
ha de gastar la tez azul
y una clara inocencia imponderable,
oculta al ojo, pero fresca al tacto,
como este mar fantasma en que respiran
—peces del aire altísimo—
los hombres.
¡Sí, es azul! ¡Tiene que ser azul!
Un coagulado azul de lontananza,
un circundante amor de la criatura,
en donde el ojo de agua de su cuerpo
que mana en lentas ondas de estatura
entre fiebres y llagas;
en donde el río hostil de su conciencia
¡agua fofa, mordiente, que se tira,
ay, incapaz de cohesión al suelo!;
en donde el brusco andar de la criatura
amortigua su enojo,
se redondea
como una cifra generosa,
se pone en pie, veraz, como una estatua.
¿Qué puede ser —si no— si un vaso no?
Un minuto quizá que se enardece
hasta la incandescencia,
que alarga el arrebato de su brasa,
ay, tanto más hacia lo eterno mínimo
cuanto es más hondo el tiempo que lo colma.
Un cóncavo minuto del espíritu
que una noche impensada,

al azar
y en cualquier escenario irrelevante
—en el terco repaso de la acera,
en el bar, entre dos amargas copas
o en las cumbres peladas del insomnio—
ocurre, nada más, madura, cae
sencillamente,
como la edad, el fruto y la catástrofe.
¿También —mejor que un lecho— para el agua
no es un vaso el minuto incandescente
de su maduración?
Es el tiempo de Dios que aflora un día,
que cae, nada más, madura, ocurre,
para tornar mañana por sorpresa
en un estéril repetirse inédito,
como el de esas eléctricas palabras
—nunca aprehendidas,
siempre nuestras—
que eluden el amor de la memoria,
pero que a cada instante nos sonríen
desde sus claros huecos
en nuestras propias frases despobladas.
Es un vaso de tiempo que nos iza
en sus azules botareles de aire
y nos pone su máscara grandiosa,
ay, tan perfecta,
que no difiere un rasgo de nosotros.
Pero en las zonas ínfimas del ojo,
en su nimio saber,
no ocurre nada, no, sólo esta luz,
esta febril diafanidad tirante,
hecha toda de pura exaltación,
que a través de su nítida substancia
nos permite mirar,
sin verlo a Él, a Dios,
lo que detrás de Él anda escondido:
el tintero, la silla, el calendario
—¡todo a voces azules el secreto
de su infantil mecánica!—
en el instante mismo que se empeñan
en el tortuoso afán del universo.

Pero en las zonas ínfimas del ojo
no ocurre nada, no, sólo esta luz
—ay, hermano Francisco,
esta alegría,
única, riente claridad del alma.
Un disfrutar en corro de presencias,
de todos los pronombres —antes turbios
por la gruesa efusión de su egoísmo—
de mí y de Él y de nosotros tres
¡siempre tres!
mientras nos recreamos hondamente
en este buen candor que todo ignora,
en esta aguda ingenuidad del ánimo
que se pone a soñar a pleno sol
y sueña los pretéritos de moho,
la antigua rosa ausente
y el prometido fruto de mañana,
como un espejo del revés, opaco,
que al consultar la hondura de la imagen
le arrancara otro espejo por respuesta.
Mirad con qué pueril austeridad graciosa
distribuye los mundos en el caos,
los echa a andar acordes como autómatas;
al impulso didáctico del índice
oscuramente
¡hop!
los apostrofa
y saca de ellos cintas de sorpresas
que en un juego sinfónico articula,
mezclando en la insistencia de los ritmos
¡planta-semilla-planta!
¡planta-semilla-planta!
su tierna brisa, sus follajes tiernos,
su luna azul, descalza, entre la nieve,
sus mares plácidos de cobre
y mil y un encantadores gorgoritos.
Después, en un crescendo insostenible,
mirad cómo dispara cielo arriba,
desde el mar,
el tiro prodigioso de la carne
que aun a la alta nube menoscaba
con el vuelo del pájaro,

estalla en él como un cohete herido
y en sonoras estrellas precipita
su desbandada pólvora de plumas.

Mas en la médula de esta alegría,
no ocurre nada, no;
sólo un cándido sueño que recorre
las estaciones todas de su ruta
tan amorosamente
que no elude seguirla a sus infiernos,
ay, y con qué miradas de atropina,
tumefactas e inmóviles, escruta
el curso de la luz, su instante fúlgido,
en la piel de una gota de rocío;
concibe el ojo
y el intangible aceite
que nutre de esbeltez a la mirada;
gobierna el crecimiento de las uñas
y en la raíz de la palabra esconde
el frondoso discurso de ancha copa
y el poema de diáfanas espigas.
Pero aún más —porque en su cielo impío
nada es tan cruel como este puro goce—
somete sus imágenes al fuego
de espaciosas torturas que imagina
—las infla de pasión,
en el prisma del llanto las deshace,
las ciega con el lustre de un barniz,
las satura de odios purulentos,
rencores zánganos
como una mala costra,
angustias secas como la sed del yeso.
Pero aún más —porque, inmune a la mácula,
tan perfecta crueldad no cede a límites—
perfora la substancia de su gozo
con rudos alfileres;
piensa el tumor, la úlcera y el chancro
que habrán de festonar la tez pulida,
toma en su mano etérea a la criatura
y la enjuta, la hincha o la demacra,
como a un copo de cera sudorosa,
y en un ilustre hallazgo de ironía

la estrecha enternecido
con los brazos glaciales de la fiebre.

Mas nada ocurre, no, sólo este sueño
desorbitado
que se mira a sí mismo en plena marcha;
presume, pues, su término inminente
y adereza en el acto
el plan de su fatiga,
su justa vacación,
su domingo de gracia allá en el campo,
al fresco albor de las camisas flojas.
¡Qué trebolar mullido, qué parasol de niebla,
se regala en el ánimo
para gustar la miel de sus vigilias!
Pero el ritmo es su norma, el solo paso,
la sola marcha en círculo, sin ojos;
así, aun de su cansancio, extrae
¡hop!
largas cintas de cintas de sorpresa
que en un constante perecer enérgico,
en un morir absorto,
arrasan sin cesar su bella fábrica
hasta que —hijo de su misma muerte,
gestado en la aridez de sus escombros—
siente que su fatiga se fatiga,
se erige a descansar de su descanso
y sueña que su sueño se repite,
irresponsable, eterno,
muerte sin fin de una obstinada muerte,
sueño de garza anochecido a plomo
que cambia sí de pie, mas no de sueño,
que cambia sí la imagen,
mas no la doncellez de su osadía
¡oh inteligencia, soledad en llamas!
que lo consume todo hasta el silencio,
sí, como una semilla enamorada
que pudiera soñarse germinando,
probar en el rencor de la molécula
el salto de las ramas que aprisiona
y el gusto de su fruta prohibida,
ay, sin hollar, semilla casta,
sus propios impasibles tegumentos.

¡Oh inteligencia, soledad en llamas,
que todo lo concibe sin crearlo!
Finge el calor del lodo,
su emoción de substancia adolorida,
el iracundo amor que lo embellece
y lo encumbra más allá de las alas
a donde sólo el ritmo
de los luceros llora,
mas no le infunde el soplo que lo pone en pie
y permanece recreándose en sí misma,
única en Él, inmaculada, sola en Él,
reticencia indecible,
amoroso temor de la materia,
angélico egoísmo que se escapa
como un grito de júbilo sobre la muerte
—¡oh inteligencia, páramo de espejos!
helada emanación de rosas pétreas
en la cumbre de un tiempo paralítico;
pulso sellado;
como una red de arterias temblorosas,
hermético sistema de eslabones
que apenas se apresura o se retarda
según la intensidad de su deleite;
abstinencia angustiosa
que presume el dolor y no lo crea,
que escucha ya en la estepa de sus tímpanos
retumbar el gemido del lenguaje
y no lo emite;
que nada más absorbe las esencias
y se mantiene así, rencor sañudo,
una, exquisita, con su dios estéril,
sin alzar entre ambos
la sorda pesadumbre de la carne,
sin admitir en su unidad perfecta
el escarnio brutal de esa discordia
que nutren vida y muerte inconciliables,
siguiéndose una a otra
como el día y la noche,
una y otra acampadas en la célula
como en un tardo tiempo de crepúsculo,
ay, una nada más, estéril agria,
con Él, conmigo, con nosotros tres;

como el vaso y el agua, sólo una
que reconcentra su silencio blanco
en la orilla letal de la palabra
y en la inminencia misma de la sangre.
¡ALELUYA, ALELUYA!

Iza la flor su enseña,
agua, en el prado.
¡Oh, qué mercadería
de olor alado!

¡Oh, qué mercadería
de tenue olor!
¡cómo inflama los aires
con su rubor!

¡Qué anegado de gritos
está el jardín!
"¡Yo, el heliotropo, yo!"
"¿Yo? El jazmín."

Ay, pero el agua,
ay, si no huele a nada.

Tiene la noche un árbol
con frutos de ámbar;
tiene una tez la tierra,
ay, de esmeraldas.

El tesón de la sangre
anda de rojo;
anda de añil el sueño;
la dicha, de oro.

Tiene el amor feroces
galgos morados;
pero también sus mieses,
también sus pájaros.

Ay, pero el agua,
ay, si no luce a nada.

Sabe a luz, a luz fría,
sí, la manzana.
¡Qué amanecida fruta
tan de mañana!

¡Qué anochecido sabes,
tú, sinsabor!
¡cómo pica en la entraña
tu picaflor!

Sabe la muerte a tierra,
la angustia a hiel.
Este morir a gotas
me sabe a miel.

Ay, pero el agua,
ay, si no sabe a nada.

[BAILE]
Pobrecilla del agua,
ay, que no tiene nada,
ay, amor, que se ahoga,
ay, en un vaso de agua.

En el rigor del vaso que la aclara,
el agua toma forma
—ciertamente.
Trae una sed de siglos en los belfos,
una sed fría, en punta, que ara cauces
en el sueño moroso de la tierra,
que perfora sus miembros florecidos,
como una sangre cáustica,
incendiándolos, ay, abriendo en ellos
desapacibles úlceras de insomnio.
Más amor que sed; más que amor, idolatría,
dispersión de criatura estupefacta
ante el fulgor que blande
—germen del trueno olímpico— la forma
en sus netos contornos fascinados.
¡Idolatría, sí, idolatría!
Mas no le basta el ser un puro salmo,
un ardoroso incienso de sonido;
quiere, además, oírse.

Ni le basta tener sólo reflejos
—briznas de espuma—
para el ala de luz que en ella anida;
quiere, además, un tálamo de sombra,
un ojo,
para mirar el ojo que la mira.
En el lago, en la charca, en el estanque,
en la entumida cuenca de la mano,
se consuma este rito de eslabones,
este enlace diabólico
que encadena el amor a su pecado.
En el nítido rostro sin facciones
el agua, poseída,
siente cuajar la máscara de espejos
que el dibujo del vaso le procura.
Ha encontrado, por fin,
en su correr sonámbulo,
una bella, puntual fisonomía.
Ya puede estar de pie frente a las cosas.
Ya es, ella también, aunque por arte
de estas limpias metáforas cruzadas,
un encendido vaso de figuras.
El camino, la barda, los castaños,
para durar el tiempo de una muerte
gratuita y prematura, pero bella,
ingresan por su impulso
en el suplicio de la imagen propia
y en medio del jardín, bajo las nubes,
descarnada lección de poesía,
instalan un infierno alucinante.

Pero el vaso en sí mismo no se cumple.
Imagen de una deserción nefasta
¿qué esconde en su rigor inhabitado,
sino esta triste claridad a ciegas,
sino esta tentaleante lucidez?
Tenedlo ahí, sobre la mesa, inútil.
Epigrama de espuma que se espiga
ante un auditorio anestesiado,
incisivo clamor que la sordera
tenaz de los objetos amordaza,
flor mineral que se abre para adentro

hacia su propia luz,
espejo ególatra,
que se absorbe a sí mismo contemplándose.
Hay algo en él, no obstante, acaso un alma,
el instinto augural de las arenas,
una llaga tal vez que debe al fuego,
en donde le atosiga su vacío.
Desde este erial aspira a ser colmado.
En el agua, en el vino, en el aceite,
articula el guion de su deseo;
se ablanda, se adelgaza;
ya su sobrio dibujo se le nubla,
ya, embozado en el giro de un reflejo,
en un llanto de luces se liquida.

Mas la forma en sí misma no se cumple.
Desde su insigne trono faraónico,
magnánima,
deífica,
constelada de epítetos esdrújulos,
rige con hosca mano de diamante.
Está orgullosa de su orondo imperio.
¿En las augustas pituitarias de ónice
no juega, acaso, el encendido aroma
con que arde a sus pies la poesía?
¡Ilusión, nada más, gentil narcótico
que puebla de fantasmas los sentidos!
Pues desde ahí donde el dolor emite
¡oh turbio sol de podre!
el esmerado brillo que lo embosca,
ay, desde ahí, presume la materia
que apenas cuaja su dibujo estricto
y ya es un jardín de huellas fósiles,
estruendoso fanal,
rojo timbre de alarma en los cruceros
que gobierna la ruta hacia otras formas.
La rosa edad que esmalta su epidermis
—senil recién nacida—
envejece por dentro a grandes siglos.
Trajo puesta la proa a lo amarillo.
El aire se coagula entre sus poros
como un sudor profuso

que se anticipa a destilar en ellos
una esencia de rosas subterráneas.
Los crudos garfios de su muerte suben,
como musgo, por grietas inasibles,
ay, la hostigan con tenues mordeduras
y abren hueco por fin a aquel minuto
—¡miradlo en la lenteja del reloj,
neto, puntual, exacto,
correrse un eslabón cada minuto!—
cuando al soplo infantil de un parpadeo,
la egregia masa de ademán ilustre
podrá caer de golpe hecha cenizas.

No obstante —¿por qué no?— también en ella
tiene un rincón el sueño,
árido paraíso sin manzana
donde suele escaparse de su rostro,
por el rostro marchito del espectro
que engendra, aletargada, su costilla.
El vaso de agua es el momento justo.
En su audaz evasión se transfigura,
tuerce la órbita de su destino
y se arrastra en secreto hacia lo informe.
La rapiña del tacto no se ceba
—aquí, en el sueño inhóspito—
sobre el templado nácar de su vientre,
ni la flauta Don Juan que la requiebra
musita su cachonda serenata.
El sueño es cruel,
ay, punza, roe, quema, sangra, duele.
Tanto ignora infusiones como ungüentos.
En los sordos martillos que la afligen,
la forma da en el gozo de la llaga
y el oscuro deleite del colapso.
Temprana madre de esa muerte niña
que nutre en sus escombros paulatinos,
anhela que se hundan sus cimientos
bajo sus plantas, ay, entorpecidas
por una espesa lentitud de lodo;
oye nacer el trueno del derrumbe;
siente que su materia se derrama
en un prurito de ácidas hormigas;

que, ya sin peso, flota
y en un claro silencio se deslíe.
Por un aire de espejos inminentes
¡oh impalpables derrotas del delirio!
cruza entonces, a velas desgarradas,
la airosa teoría de una nube.

En la red de cristal que la estrangula,
el agua toma forma,
la bebe, sí, en el módulo del vaso,
para que éste también se transfigure
con el temblor del agua estrangulada
que sigue allí, sin voz, marcando el pulso
glacial de la corriente.
Pero el vaso
—a su vez—
cede a la informe condición del agua
a fin de que —a su vez— la forma misma,
la forma en sí, que está en el duro vaso
sosteniendo el rencor de su dureza
y está en el agua de aguijada espuma
como presagio cierto de reposo,
se pueda sustraer al vaso de agua;
un instante, no más,
no más que el mínimo
perpetuo instante del quebranto,
cuando la forma en sí, la pura forma,
se abandona al designio de su muerte
y se deja arrastrar, nubes arriba,
por ese atormentado remolino
en que los seres todos se repliegan
hacia el sopor primero,
a construir el escenario de la nada.
Las estrellas entonces ennegrecen.
Han vuelto el dardo insomne
a la noche perfecta de su aljaba.

Porque en el lento instante del quebranto,
cuando los seres todos se repliegan
hacia el sopor primero
y en la pira arrogante de la forma
se abrasan, consumidos por su muerte

—¡ay, ojos, dedos, labios,
etéreas llamas del atroz incendio!—
el hombre ahoga con sus manos mismas,
en un negro sabor de tierra amarga
los himnos claros y los roncos trenos
con que cantaba la belleza,
entre tambores de gangoso idioma
y esbeltos címbalos que dan al aire
sus golondrinas de latón agudo;
ay, los trenos e himnos que loaban
la rosa marinera
que consuma el periplo del jardín
con sus velas henchidas de fragancia;
y el malsano crepúsculo de herrumbre,
amapola del aire lacerado
que se pincha en las púas de un gorjeo;
y la febril estrella, lis de calosfrío,
punto sobre las íes
de las tinieblas;
y el rojo cáliz del pezón macizo,
sola flor de granado
en la cima angustiosa del deseo,
y la mandrágora del sueño amigo
que crece en los escombros cotidianos
—ay, todo el esplendor de la belleza
en el bello amor que la concierta toda
en un orbe de imanes arrobados.

Porque el tambor rotundo
y las ricas bengalas que los címbalos
tremolan en la altura de los cantos,
se anegan, ay, en un sabor de tierra amarga,
cuando el hombre descubre en sus silencios
que su hermoso lenguaje se le agosta,
se le quema —confuso— en la garganta,
exhausto de sentido;
ay, su aéreo lenguaje de colores,
que así se jacta del matiz estricto
en el humo aterrado de sus sienas
o en el sol de sus tibios bermellones;
él, que discurre en la ansiedad del labio
como una lenta rosa enamorada;
él, que cincela sus celos de paloma

y modula sus látigos feroces;
que salta en sus caídas
con un ruidoso síncope de espumas;
que prolonga el insomnio de su brasa
en las mustias cenizas del oído;
que oscuramente repta
e hinca enfurecido la palabra
de hiel, la tuerta frase de ponzoña;
él, que labra el amor del sacrificio
en columnas de ritmos espirales;
sí, todo él, lenguaje audaz del hombre,
se le ahoga —confuso— en la garganta
y de su gracia original no queda
sino el horror de un pozo desecado
que sostiene su mueca de agonía.

Porque el hombre descubre en sus silencios
que su hermoso lenguaje se le agosta
en el minuto mismo del quebranto,
cuando los peces todos
que en cautelosas órbitas discurren
como estrellas de escamas, diminutas,
por la entumida noche submarina,
cuando los peces todos
y el ulises salmón de los regresos
y el delfín apolíneo, pez de dioses,
deshacen su camino hacia las algas;
cuando el tigre que huella
la castidad del musgo
con secretas pisadas de resorte
y el bóreas de los ciervos presurosos
y el cordero Luis XV, gemebundo,
y el león babilónico
que añora el alabastro de los frisos
—¡flores de sangre, eternas,
en el racimo inmemorial de las especies!—;
cuando todos inician el regreso
a sus mudos letargos vegetales;
cuando la aguda alondra se deslíe
en el agua del alba,
mientras las aves todas
y el solitario búho que medita
con su antifaz de fósforo en la sombra,

la golondrina de escritura hebrea
y el pequeño gorrión, hambre en la nieve,
mientras todas las aves se disipan
en la noche enroscada del reptil;
cuando todo —por fin— lo que anda o repta
y todo lo que vuela o nada, todo,
se encoge en un crujir de mariposas,
regresa a sus orígenes
y al origen fatal de sus orígenes,
hasta que su eco mismo se reinstala
en el primer silencio tenebroso.

Porque los bellos seres que transitan
por el sopor añoso de la tierra
—¡trasgos de sangre, libres,
en la pantalla de su sueño impuro!—
todos se dan a un frenesí de muerte,
ay, cuando el sauce
acumula su llanto
para urdir la substancia de un delirio
en que —¡tú! ¡yo! ¡nosotros!— de repente,
a fuerza de atar nombres destemplados,
ay, no le queda sino el tronco prieto,
desnudo de oración ante su estrella;
cuando con él, desnudos, se sonrojan
el álamo temblón de encanecida barba
y el eucalipto rumoroso,
témpano de follaje
y tornillo sin fin de la estatura
que se pierde en las nubes, persiguiéndose;
y también el cerezo y el durazno
en su loca efusión de adolescentes
y la angustia espantosa de la ceiba
y todo cuanto nace de raíces,
desde el heroico roble
hasta la impúbera
menta de boca helada;
cuando las plantas de sumisas plantas
retiran el ramaje presuntuoso,
se esconden en sus ásperas raíces
y en la acerba raíz de sus raíces
y presas de un absurdo crecimiento
se desarrollan hacia la semilla,

hasta quedar inmóviles
¡oh cementerios de talladas rosas!
en los duros jardines de la piedra.

Porque desde el anciano roble heroico
hasta la impúbera
menta de boca helada,
ay, todo cuanto nace de raíces
establece sus tallos paralíticos
en los duros jardines de la piedra,
cuando el rubí de angélicos melindres
y el diamante iracundo
que fulmina a la luz con un reflejo,
más el ario zafir de ojos azules
y la geórgica esmeralda que se anega
en el abril de su robusta clorofila,
una a una, las piedras delirantes,
con sus lindas hermanas cenicientas,
turquesa, lapislázuli, alabastro,
pero también el oro prisionero
y la plata de lengua fidedigna,
ingenuo ruiseñor de los metales
que se ahoga en el agua de su canto;
cuando las piedras finas
y los metales exquisitos, todos,
regresan a sus nidos subterráneos
por las rutas candentes de la llama,
ay, ciegos de su lustre,
ay, ciegos de su ojo,
que el ojo mismo,
como un siniestro pájaro de humo,
en su aterida combustión se arranca.

Porque raro metal o piedra rara,
así como la roca escueta, lisa,
que figura castillos
con sólo naipes de aridez y escarcha,
y así la arena de arrugados pechos
y el humus maternal de entraña tibia,
ay, todo se consume
con un mohíno crepitar de gozo,
cuando la forma en sí, la forma pura,
se entrega a la delicia de su muerte

y en su sed de agotarla a grandes luces
apura en una llama
el aceite ritual de los sentidos,
que sin labios, sin dedos, sin retinas,
si, paso a paso, muerte a muerte, locos,
se acogen a sus túmidas matrices,
mientras unos a otros se devoran
al animal, la planta
a la planta, la piedra
a la piedra, el fuego
al fuego, el mar
al mar, la nube
a la nube, el sol
hasta que todo este fecundo río
de enamorado semen que conjuga,
inaccesible al tedio,
el suntuoso caudal de su apetito,
no desemboca en sus entrañas mismas,
en el acre silencio de sus fuentes,
entre un fulgor de soles emboscados,
en donde nada es ni nada está,
donde el sueño no duele,
donde nada ni nadie, nunca, está muriendo
y solo ya, sobre las grandes aguas,
flota el Espíritu de Dios que gime
con un llanto más llanto aún que el llanto,
como si herido —¡ay, Él también!— por un cabello,
por el ojo en almendra de esa muerte
que emana de su boca,
hubiese al fin ahogado su palabra sangrienta.
                    ¡ALELUYA, ALELUYA!

¡Tan-tan! ¿Quién es? Es el Diablo,
es una espesa fatiga,
un ansia de trasponer
estas lindes enemigas,
este morir incesante,
tenaz, esta muerte viva,
¡oh Dios! que te está matando
en tus hechuras estrictas,
en las rosas y en las piedras,
en las estrellas ariscas
y en la carne que se gasta

como una hoguera encendida,
por el canto, por el sueño,
por el color de la vista.

¡Tan-tan! ¿Quién es? Es el Diablo,
ay, una ciega alegría,
un hambre de consumir
el aire que se respira,
la boca, el ojo, la mano;
estas pungentes cosquillas
de disfrutarnos enteros
en sólo un golpe de risa,
ay, esta muerte insultante,
procaz, que nos asesina
a distancia, desde el gusto
que tomamos en morirla,
por una taza de té,
por una apenas caricia.

¡Tan-tan! ¿Quién es? Es el Diablo,
es una muerte de hormigas
incansables, que pululan
¡oh Dios! sobre tus astillas;
que acaso te han muerto allá,
siglos de edades arriba,
sin advertirlo nosotros,
migajas, borra, cenizas
de ti, que sigues presente
como una estrella mentida
por su sola luz, por una
luz sin estrella, vacía,
que llega al mundo escondiendo
su catástrofe infinita.

[BAILE]

Desde mis ojos insomnes
mi muerte me está acechando,
me acecha, sí, me enamora
con su ojo lánguido.
¡Anda, putilla del rubor helado,
anda, vámonos al diablo!

◆

Jorge Cuesta

(1903-1942)

Nace en Córdoba, Veracruz. En 1932 llega a la Ciudad de México a estudiar Ciencias Químicas. Colabora en *Contemporáneos* y se casa con Lupe Marín, la exmujer de Diego Rivera. Desde los años veinte, polemiza en artículos y ensayos contra nacionalistas y marxistas. Se suicida en la Ciudad de México. En vida, sólo publica una *Antología de la poesía mexicana moderna* (1928), trabajos de grupo que él firma. La UNAM ha publicado cinco tomos de sus poemas y ensayos, en edición preparada por Luis Mario Schneider y Miguel Capistrán.

En el ensayo y en la crítica de Cuesta, una generación se opone a los fatalismos sociales y culturales y eleva, a contracorriente, dos exigencias: rigor intelectual y precisión estética. Hecho para diarios y revistas, el trabajo de Cuesta es profundamente unitario, así analice a Mae West, el virtuosismo musical, la metamorfosis "religiosa" de la enseñanza o el régimen de Calles. Como Reyes, se propone de puente entre lo universal y México, pero a diferencia de Reyes, sólo se interesa por las ideas, que para él constituyen la fuerza entera de la civilización.

A su poesía le falta la enorme lucidez (la necesidad de pensar o imaginar hasta lo último) que en sus ensayos se convierte en discusión genuinamente democrática. Sin embargo, pese a la rigidez que arrastra un culto desbocado por la forma, en "Canto a un dios mineral", recuento de la identidad entre las abstracciones y la materia, entre la eternidad y lo fugaz, Cuesta alcanza la creación del lenguaje como "saber melódico".

Canto a un dios mineral

Capto la seña de una mano, y veo
que hay una libertad en mi deseo;
ni dura ni reposa;
las nubes de su objeto el tiempo altera
como el agua la espuma prisionera
de la masa ondulosa.

Suspensa en el azul la seña, esclava
de la más leve onda, que socava
el orbe de su vuelo,
se suelta y abandona a que se ligue
su ocio al de la mirada que persigue
las corrientes del cielo.

Una mirada en abandono y viva,
si no una certidumbre pensativa,
atesora una duda;
su amor dilata en la pasión desierta
sueña en la soledad, y está despierta
en la conciencia muda.

Sus ojos, errabundos y sumisos,
el hueco son, en que los fatuos rizos
de nubes y de frondas
se apoderan de un mármol de un instante
y esculpen la figura vacilante
que complace a las ondas.

La vista en el espacio difundida
es el espacio mismo, y da cabida
vasto y mismo al suceso
que en las nubes se irisa y se desdora
e intacto, como cuando se evapora,
está en las ondas preso.

Es la vida allí estar, tan fijamente,
como la helada altura transparente
lo finge a cuanto sube
hasta el purpúreo límite que toca,
como si fuera un sueño de la roca,
la espuma de la nube.

Como si fuera un sueño, pues sujeta,
no escapa de la física que aprieta
en la roca la entraña,
la penetra con sangres minerales
y la entrega en la piel de los cristales
a la luz, que la daña.

No hay solidez que a tal prisión no ceda
aun la sombra más íntima que veda
un receloso seno
¡en vano!; pues al fuego no es inmune
que hace entrar en las carnes que desune
las lenguas del veneno.

A las nubes también el color tiñe,
túnicas tintas en el mal les ciñe,
las roe, las horada,
y a la crítica nuestra, si las mira,
por qué al museo su ilusión retira
la escultura humillada.

Nada perdura, ¡oh, nubes!, ni descansa.
Cuando en un agua adormecida y mansa
un rostro se aventura,
igual retorna a sí del hondo viaje
y del lúcido abismo del paisaje
recobra su figura. ·

Íntegra la devuelve el limpio espejo,
ni otra, ni descompuesta en el reflejo
cuyas diáfanas redes
suspenden a la imagen submarina,
dentro del vidrio inmersa, que la ruina
detiene en sus paredes.

¡Qué eternidad parece que le fragua,
bajo esa tersa atmósfera de agua,
de un encanto el conjuro
en una isla a salvo de las horas,
áurea y serena al pie de las auroras
perennes del futuro!

Pero hiende también la imagen, leve,
del unido cristal en que se mueve
los átomos compactos;
se abren antes, se cierran detrás de ella
y absorben el origen y la huella
de sus nítidos actos.

Ay, que del agua el inmantado centro
no fija al hielo que se cuaja adentro
las flores de su nado;
una onda se agita, y la estremece
en una onda más desaparece
su color congelado.

La transparencia a sí misma regresa
y expulsa a la ficción, aunque no cesa;
pues la memoria oprime
de la opaca materia que, a la orilla,
del agua en que la onda juega y brilla,
se entenebrece y gime.

La materia regresa a su costumbre.
Que del agua un relámpago deslumbre
o un sólido de humo
tenga en un cielo ilimitado y tenso
un instante a los ojos en suspenso,
no aplaza su consumo.

Obscuro perecer no la abandona
si sigue hacia una fulgurante zona
la imagen encantada.
Por dentro la ilusión no se rehace;
por dentro el ser sigue su ruina y yace
como si fuera nada.

Embriagarse en la magia y en el juego
de la áurea llama, y consumirse luego,
en la ficción conmueve
el alma de la arcilla sin contorno:
llora que pierde un venturero adorno
y que no se renueve.

Aun el llanto otras ondas arrebatan,
y atónitos los ojos se desatan
del plomo que acelera
el descenso sin voz a la agonía
y otra vez la mirada honda y vacía
flota errabunda fuera.

Con más encanto si más pronto muere,
el vivo engaño a la pasión se adhiere
y apresura a los ojos
náufragos en las ondas ellos mismos,
al borde a detener de los abismos
los flotantes despojos.

Signos extraños hurta la memoria,
para una muda y condenada historia,
y acaricia las huellas
como si oculta obcecación lograra,
a fuerza de tallar la sombra avara,
recuperar estrellas.

La mirada a los aires se transporta,
pero es también vuelta hacia dentro, absorta,
el ser a quien rechaza
y en vano tras la onda tornadiza
confronta la visión que se desliza
con la visión que traza.

Y abatido se esconde, se concentra,
en sus recónditas cavernas entra
y ya libre en los muros
de la sombra interior de que es el dueño
suelta al nocturno paladar del sueño
sus sabores obscuros.

Cuevas innúmeras y endurecidas,
vastos depósitos de breves vidas,
guardan impenetrable
la materia sin luz y sin sonido
que aún no recoge el alma en su sentido
ni supone que hable.

¡Qué ruidos, qué rumores apagados
allí activan, sepultos y estrechados,
el hervor en el seno
convulso y sofocado por un mudo!
Y graba al rostro su rencor sañudo
y al lenguaje sereno.

Pero, ¡qué lejos de lo que es y vive
en el fondo aterrado, y no recibe
las ondas todavía
que recogen, no más, la voz que aflora
de un agua móvil al rielar que dora
la vanidad del día!

El sueño, en sombras desasido, amarra
la nerviosa raíz, como una garra
contráctil o bien floja;
se hinca en el murmullo que la envuelve,
o en el humor que sorbe y que disuelve
un fijo extremo aloja.

Cómo pasma a la lengua blanda y gruesa,
y asciende un burbujear a la sorpresa
del sensible oleaje:
su espuma frágil las burbujas prende,
y las prueba, las une, las suspende
la creación del lenguaje.

El lenguaje es sabor que entrega al labio
la entraña abierta a un gusto extraño y sabio:
despierta en la garganta;
su espíritu aún espeso al aire brota
y en la líquida masa donde flota
siente el espacio y canta.

Multiplicada en los propicios ecos
que afuera afrontan otros vivos huecos
de semejantes bocas,
en su entraña ya vibra, densa y plena,
cuando allí late aún, y honda resuena
en las eternas rocas.

Oh, eternidad, oh, hueco azul, vibrante
en que la forma oculta y delirante
su vibración no apaga,
porque brilla en los muros permanentes,
que labra y edifica, transparentes,
la onda tortuosa y vaga.

Oh, eternidad, la muerte es la medida,
compás y azar de cada frágil vida,
la numera la Parca.
Y alzan tus muros las dispersas horas,
que distantes o próximas, sonoras
allí graban su marca.

Denso el silencio trague al negro, obscuro
rumor, como el sabor futuro
sólo la entraña guarde
y forme en sus recónditas moradas,
su sombra ceda formas alumbradas
a la palabra que arde.

No al oído que al antro se aproxima
que el banal espacio, por encima
del hondo laberinto
las voces intrincadas en sus vetas
originales vayan, más secretas
de otra boca al recinto.

A otra vida oye ser, y en un instante
la lejana se une al titubeante
latido de la entraña;
al instinto un amor llama a su objeto;
y afuera en vano un porvenir completo
la considera extraña.

El aire tenso y musical espera;
y eleva y fija la creciente esfera,
sonora, una mañana;
la forman ondas que juntó un sonido,
como en la flor y enjambre del oído
misteriosa campana.

Ése es el fruto que del tiempo es dueño;
en él la entraña su pavor, su sueño
y su labor termina.
El sabor que destila la tiniebla
es el propio sentido, que otros puebla
y el futuro domina.

[*Poemas y ensayos*]

No aquel que gozo, frágil y ligero

No aquel que gozo, frágil y ligero,
ni el que contengo es acto que perdura,

y es en vano el amor rosa futura
que fascina a cultivo pasajero;

la vida cambia lo que fue primero
y lo que más tarde es no lo asegura,
y la memoria, que el rigor madura,
no defiende su fruto duradero.

Más consiente el sabor áspero y grueso;
el color que resiste y se endurece;
la materia que al tacto se destroza.

Y en vano guarda su crecido peso
el árbol, y la fuente permanece,
y el mismo instante se revive y goza.

[Poemas y ensayos]

Cómo esquiva el amor la sed remota

Cómo esquiva el amor la sed remota
que al gozo que se da mira incompleto,
y es por la sed por la que está sujeto
el gozo, y no la sed la que se agota.

La vida ignora, mas la muerte nota
la ávida eternidad del esqueleto;
así la forma en que creció el objeto,
dura más que él, de consumirlo brota.

Del alma al árido desierto envuelve
libre vegetación, que se disuelve,
que nace sólo de su incertidumbre,

y suele en el azar de su recreo
ser la instantánea presa del deseo
y el efímero pasto de su lumbre.

[Poemas y ensayos]

◆

Elías Nandino

(1900[-1993])

Nace en Cocula, Jalisco. Se recibe de médico cirujano en 1930. Trabaja en hospitales, en la Penitenciaría y en clínicas oficiales y privadas. Ha dirigido la colección de cuadernos *Nuevo México* (1936-1937), la revista *Estaciones* (1956-1960), *Cuadernos de Bellas Artes* (1960-1964) y talleres literarios en México, Guadalajara y Colula. Premio Nacional de Literatura en 1979. Retirado, vive en su pueblo natal.

En la poesía de Nandino, de *Espiral* (1928), *Color de ausencia* (1932) y *Eco* (1934) a *Naufragio de la duda* (1950), *Triángulo de silencios* (1953) y *Nocturna suma* (1955), una retórica, por la que el autor siente inclinación natural, busca transmitir hondura, esencialidad. La paradoja aparente se resuelve con explosiones periódicas.

Así por ejemplo, *Eco* expresa las dificultades del poeta para decir su verdad heterodoxa, y sólo hoy, a la ley de la nueva política sexual, admite una lectura desprejuiciada. Contaminado por Villaurrutia, Nandino elige también a la noche (y al sueño de la muerte) como escenarios fundamentales. Pero él no encuentra en la noche la otra ciudad, la otra playa del deseo clandestino. Más bien, la utiliza como el ámbito consagrado que le permite ser, simultáneamente, retórico y directo, sensual y ascético. (Ver *Nocturno amor* de 1958, *Nocturno día* de 1959, *Nocturna palabra* de 1960.) Desde *Eternidad del polvo* (1960), Nandino opta por la sencillez, y en sus libros recientes, *Cerca de lo lejos* (1979) y *Erotismo al rojo blanco* (1982), es muy personal, indaga de modo dramático en los poderes menguantes de la vejez, canta al sexo desde la añoranza y rehabilita el albur con grave ironía.

El azul es el verde que se aleja

El azul es el verde que se aleja
—verde color que mi trigal tenía—,
azul de un verde preso en lejanía
con que tu fuga construyó su reja.

Inmensidad azul, donde mi queja
tiende su mudo vuelo de agonía,
para buscar el verde que tenía,
verde en azul, allá donde se aleja...

Mi angustia, en horizontes liberada,
corporiza en tu azul de transparencia
el verde que persigue la mirada;

y en el color que brota de la esencia
de gozarte en un ritmo de llegada,
yo sufro la presencia de tu ausencia.

[*Sonetos*]

Décimas a mi muerte

A Rubén Salazar Mallén

I

He de morir de mi muerte,
de la que vivo pensando,
de la que estoy esperando
y en temor se me convierte.
Mi voz oculta me advierte
que la muerte con que muera
no puede venir de fuera,
sino que debe nacer
de la hondura de mi ser
donde crece prisionera.

II

De tanto saberte mía,
muerte, mi muerte sedienta,
no hay ninguno en que no sienta
tu invasión lenta y sombría.
Antes no te conocía
o procuraba ignorarte,
pero al sentirte y pensarte
he podido comprender
que vivir es aprender
a morir para encontrarte.

III

Sufro tu cauce sombrío
que bajo mi piel avanza
fatigando mi esperanza
con su oculto desafío.
Yo siento que tu vacío
de mis entrañas respira
y que sediento me mira
desde mi sangre hacia fuera
como verdad prisionera
que en contra de mí conspira.

[*Triángulo de silencios*]

A un poeta difunto

No te captan mis sentidos
pero te siento presente
en el silencio insistente
del hueco de tus latidos.
Como roces sumergidos
en el aire que me roza,
la existencia misteriosa
de tu muerte, me rodea
con la invisible marea
de tu verdad victoriosa.

[*Triángulo de silencios*]

Poema desde la muerte

A veces despertamos con una muerte a cuestas,
maternal, indolora, acariciante,
que nos obliga a caminar despacio
por el miedo a caer
y nos sume en la niebla
de un tenaz y voraz presentimiento.
Sentimos nuestro cuerpo, nos movemos,
respiramos tranquilos;

pero de pronto, el fardo que en la espalda
con presencia invisible nos oprime
hace que el pensamiento
adivine el peligro,
y entonces, con cuidado
medimos nuestros pasos,
y hacemos penetrante la mirada
como queriendo descubrir la forma
de un enemigo próximo que anhela devorarnos.

Ni la mañana con desnudez de aroma,
ni los golpes de luz en nuestros ojos,
ni las palabras que pronuncia el viento,
logran hacer que nuestro cuerpo sienta
seguridad y fuerza
para vivir la vida que posee;
y al pasar por lugares conocidos,
por calles que sabemos de memoria,
por esquinas amigas,
nos hiere un sobresalto,
una angustiada sensación de espera,
y nos parece que todo lo que vemos
no tiene realidad
ni tampoco volumen,
que existe como existen los espectros
levitando la nube de su hueco;
y tanto nos contagia
el incierto desfile de sorpresas,
que también nos sentimos
sonámbulas imágenes sin nombre.

Ni la mano que ardiente nos saluda,
ni la voz que nos llama
por nuestro justo nombre y apellido,
ni la pregunta disparada al paso
por un ser desolado,
nos logra convencer
de que estamos aún en este mundo;
y la duda se vuelve certidumbre
de que ya, desde el área de la muerte,
estamos contemplando lo que existe.

A veces despertamos con una muerte a cuestas,
material, indolora, acariciante,
tan viva en su morir
que nos hace sentir que ya no somos;
pero al librarnos de ella
volvemos a pisar en tierra firme,
a creer en el cuerpo que habitamos,
a contemplar el sol que late sin descanso,
a sufrir la fatiga de la sangre;
y entonces nos invade
un llanto como el llanto que lloramos
en el instante exacto de nacer,
porque todo lo que vemos nos convence
de la verdad de haber resucitado.

[*Nocturna suma*]

Tú no podrás a nadie enajenarte

Tú no podrás a nadie enajenarte,
amor, nocturno amor, prófugo vuelo,
porque al brotar de mi encendido hielo
se niega el corazón a secundarte.

A pesar de que logres encontrarte
lo que forjas en noche de desvelo,
nada podrá satisfacer tu anhelo
si te falta mi fe para incendiarte.

Por eso, acaso, sales en el día,
descubres, imaginas, enamoras,
seguro de que alcanzas todavía

a inculparme la fuerza que atesoras,
sin comprender, amor, que mi agonía
es sólo vida por contadas horas.

[*Nocturno amor*]

Nocturno llanto

Ese llanto invencible que brota a medianoche,
cuando nadie nos ve ni nuestros propios ojos
pueden atestiguarlo,
porque es llanto reseco, privado de su sal,
        de linfa,
de aridez de fiebre
y amargo como el humo de los remordimientos.

Ese llanto que irrumpe sin causa y sin sollozo,
sin roce y sin historia,
desprovisto de gota, de tibieza y caída,
pero dando la sensación exacta
de nacer y rodar
en cauce frío lento que invade hasta los huesos.

Ese llanto del hombre asomado al misterio
que le duele en la voz, en la piel, en la venas
y en el arroyo oscuro
de la noche que ciega su pensamiento en llamas.

Ese llanto sin lágrimas
—huracán en vacío, surtidor sin derrame—
que al borde de los párpados
detiene sus impulsos
y retorna al dolor de donde nace.

Ese llanto tan mío, tan de todos y ajeno,
expansión comprimida de atávicas nostalgias
que no alcanzan la lluvia que las baje a la tierra
para seguir por ella, en humedades hondas,
persiguiendo el declive
que las retorne a su raíz marina.

Ese llanto de todos acendrado en el mío,
ese llanto tan mío en que afluye el de todos
—agua y sal trasvasadas en angustia ambulante—,
que circula enclaustrado
como altura caída que anhela levantarse,
y al no poder hacerlo
se retuerce en el centro de su lumbre vacía

para seguir luchando contra el blindaje sordo
que no puede llorarlo.

Llanto ciego que brota de la oculta resaca
de una sangre viajera en su cárcel de agobio.
El calor dilatado de musculares zonas
que sube hasta la orilla
de la flor sin corola del insomnio sediento.

Ese llanto sin llanto, percepción absoluta
del íntimo goteo
que al nacer se derrama nuevamente hacia dentro,
porque le dieron vida lacrimales sin parto
o porque lo producen las vertientes secretas
de siglos de memoria
que quisieron rodarse
por el salto mortal de nuestras lágrimas.

Ese llanto inllorado, ese llanto en deseo
de volcarse en el llanto;
esas olas de miedo, de ansiedad, de tormento
que se agolpan y piden
el nacer repentino de su líquida fuga.

Ese llanto sin llanto, empotrado en la frente,
que se muere sin agua y se bebe a sí mismo
para seguir formando
el manantial sin cauce
que detrás de la carne presiona con su asfixia
y transforma la vida en un volcán sin cráter
o alud que sin espacio se rebulle en su sitio.

Ese llanto sin llanto, ese impulso encerrado
de un brotar que no puede encontrar desahogo
y que vive en nosotros, comprimido, creciente,
porque es llanto de hombre que no cabe en el hombre
y que tiene por fuerza que vivir sumergido
hasta el trágico instante en que la muerte hiera
y lo apague fundido al corporal derrumbe.

[*Nocturna palabra*]

Si hubieras sido tú lo que en las sombras

Si hubieras sido tú lo que en las sombras, anoche,
bajó por la escalera del silencio
y se posó a mi lado,
para crear el cauce de acentos en vacío
que, me imagino, será el lenguaje de los muertos.

Si hubieras sido tú, la verdad, la nube sola
que detuvo su viaje debajo de mis sábanas
y se amoldó a mi piel
de una manera leve, brisa, aroma,
casi contacto angelical soñado...
Si hubieras sido tú
lo que apartando la quietud oscura
se apareció, tal como si fuera tu dibujo
espiritual que quiso convencerme
de que sigues, sin cuerpo, viviendo en la otra vida.
Si hubieras sido tú la voz callada
que se infiltró en la voz de mi conciencia,
buscando incorporarte en la palabra
surgida de tu muerte, por mis labios.
Si hubieras sido tú lo que en mi sueño
descendió como bruma, poco a poco,
y me fue encarcelando
en una vaga túnica de vuelo fallecido...
Si hubieras sido tú la llama
que inquemante pasó por mi desvelo
sin conmover el lago del azoro,
igual que en el espejo se sumerge
la imagen, sin herir
el límpido frescor de su epidermis.
Si hubieras sido tú...

Pero nuestros sentidos
no pueden identificar las ánimas.
Los muertos, si es que vuelven, han perdido
todo lo que pudiera
darnos el goce de reconocerlos.

¿Quién más pudo venir a visitarme?
Recuerdo que contigo solamente,

muchas veces hablé de la zozobra
en que el constante asedio de la muerte
nos tiene sepultados,
y hablábamos los dos adivinando,
haciendo conjeturas,
ajustando preguntas, inventando respuestas,
para quedar sumidos en derrota,
muriendo en vida por pensar en muerte.
Ahora tú ya sabes descifrar el misterio
porque estás en su seno; pero yo no sé nada...

En esta incertidumbre secretamente pienso
que si no fuiste tú lo que en las sombras, anoche,
bajó por la escalera del silencio
y se posó a mi lado,
entonces quizá fue
una visita de mi propia muerte.

[*Nocturna palabra*]

Llega el día

Para el poeta Carlos Luquín

*Lo trágico es que, si el hombre es longevo, tiene
que contemplar y sufrir su propio lento derrumbe.*

Llega el día en que el hombre se satura y se cansa
del amor, del placer, del dolor, de la esperanza,
y se vuelve solitario, empedernido, mudo
como soltera piedra varada en el desierto.

Llega el día en que nada, absolutamente nada
le despierta deseo. Lo ayer apetecido
hoy carece de encanto, de sabor, de alegría,
y no lo incita al beso ni tampoco al orgasmo.

Llega el día en que el hombre, insensible, no ambiciona
ni excitar ni excitarse, ni hacer nido con nadie,
porque cualquier contacto ya le produce náusea
o repulsión a humores muy antes deleitosos.

Llega el día en que el hombre consuela su existencia
con el íntimo invierno de recuerdos y rostros
en que a solas tirita. Esta ilusión helada
es la hada que impide que su carne se hedionde.

Llega el día en que el hombre es su cadáver vivo
que continúa de pie. Y si respira, conversa,
camina a tientas, llora en seco, es tan sólo porque
su mineral corazón aún mueve su sangre.

Llega el día en que el hombre, indigesto de mundo,
detesta los mitos, las religiones, la Biblia,
y quisiera haber nacido sin deidades ni avernos,
libre como las nubes, el aire o el sonido.

Llega el día en que el hombre reniega de su especie
en la que cunde el odio, la crueldad, la ambición,
y más al darse cuenta que hay un ardid latente
con que trata de probarlo aquel que lo creó.

Llega el día en que el día ya no llega, y el hombre
se derrumba en la noche de la eterna tiniebla,
despojado de rostro, sin memoria, exprimido,
como grano de arena que se pierde en la arena.

[Cerca de lo lejos]

Derecho de propiedad

¡Nada es tan mío
como el mar
cuando lo miro!

[Cerca de lo lejos]

Hormiguero

La parroquia
de mi pueblo
es como hormiguero:

las hormigas llegan,
las hormigas entran,
a dejar dinero.

De enero a diciembre,
de diciembre a enero,
las pobres hormigas,
devotas hormigas,
llegan y entran
a dejar dinero.

[Cerca de lo lejos]

◆

Xavier Villaurrutia

(1903-1950)

Nace y muere en la Ciudad de México. Abandona la carrera de Leyes. Dirige, en compañía de Novo, la revista *Ulises* (1927-1928). Estudia teatro en la Universidad de Yale, Estados Unidos, y escribe, con regular fortuna, 14 comedias y melodramas entre los cuales destacan *Invitación a la muerte* (1943), *La hiedra* (1941), *La mujer legítima* (1943), *El pobre Barba Azul* (1948), y *El solterón* (1950). Excelente crítico de las artes plásticas, él defiende el derecho a un espacio distinto al avasallado por los muralistas. No es significativa su crítica de cine, aunque sí un guion donde colabora, el de *Vámonos con Pancho Villa*, dirigido por Fernando de Fuentes en 1936. Si su única novela (*Dama de corazones*, de 1928) corresponde demasiado a la moda del psicologismo sentimental, sus ensayos literarios (*Textos y pretextos*, de 1940) son de primer orden. En poesía, *Reflejos* (1926), *Nocturnos* (1933), *Nocturno mar* (1927), *Nostalgia de la muerte* (1946).

Villaurrutia nunca oculta sus admiraciones: Cocteau, Supervielle, los surrealistas, Valéry. Y las asimila y reelabora desde su sensibilidad de minoría. Él utiliza su evidente talento formal para introducir a una poesía la pluralidad (herética) de los sentidos. Ni el insomnio, ni el sueño, ni la noche, ni la muerte, ni la rosa son en su poesía lo que tradicionalmente han sido. Retienen su función de Grandes Vocablos indispensables pero, por ejemplo, la muerte "es el hueco que dejas en el lecho", y "la rosa increada, / la sumergida rosa" es el deseo y sus desprendimientos.

En sus grandes libros, *Nocturnos* y *Nostalgia de la muerte*, Villaurrutia despliega su oposición a las seguridades y luminosidades de la razón burguesa, al mutilado entendimiento de la vida "o lo que así llamamos inútilmente". En la zona prohibida de la noche y la muerte se localizan los orígenes inconfesos de certidumbres y zozobras personales, los paisajes donde se recobra una destrozada geografía erótica. El sueño pierde sus resonancias clásicas y se convierte en el territorio del instinto (de nuevo, resonancias freudianas. De nuevo, estrategias contra la censura y a favor de un idioma poético). En *Nostalgia de la muerte*, una lógica subterránea sugiere ámbitos marginales, pasiones furtivas que se visten de invasión de ángeles o provocación de estatuas. La noche es otra versión de los hechos, la negación y la ampliación de las costumbres respetadas; la muerte es la certeza de la brevedad de toda experiencia dichosa.

Nocturno

Todo lo que la noche
dibuja con su mano
de sombra:
el placer que revela,
el vicio que desnuda.

Todo lo que la sombra
hace oír con el duro
golpe de su silencio:
las voces imprevistas
que a intervalos enciende,
el grito de la sangre,
el rumor de unos pasos
perdidos.

Todo lo que el silencio
hace huir de las cosas:
el vaho del deseo,
el sudor de la tierra,
la fragancia sin nombre
de la piel.

Todo lo que el deseo
unta en mis labios:
la dulzura soñada
de un contacto,

el sabido sabor
de la saliva.

Y todo lo que el sueño
hace palpable:
la boca de una herida,
la forma de una entraña,
la fiebre de una mano
que se atreve.

¡Todo!
circula en cada rama
del árbol de mis venas,
acaricia mis muslos,
inunda mis oídos,
vive en mis ojos muertos,
muere en mis labios duros.

[*Nostalgia de la muerte*]

Nocturno de la estatua

A Agustín Lazo

Soñar, soñar la noche, la calle, la escalera
y el grito de la estatua desdoblando la esquina.

Correr hacia la estatua y encontrar sólo el grito,
querer tocar el grito y sólo hallar el eco,
querer asir el eco y encontrar sólo el muro
y correr hacia el muro y tocar un espejo.
Hallar en el espejo la estatua asesinada,
sacarla de la sangre de su sombra,
vestirla en un cerrar de ojos,
acariciarla como a una hermana imprevista
y jugar con las fichas de sus dedos
y contar a su oreja cien veces cien cien veces
hasta oírla decir: "estoy muerta de sueño".

[*Nostalgia de la muerte*]

Nocturno en que nada se oye

En medio de un silencio desierto como la calle antes del crimen
sin respirar siquiera para que nada turbe mi muerte
en esta soledad sin paredes
al tiempo que huyeron los ángulos
en la tumba del lecho dejo mi estatua sin sangre
para salir en un momento tan lento
en un interminable descenso
sin brazos que tender
sin dedos para alcanzar la escala que cae de un piano invisible
sin más que una mirada y una voz
que no recuerdan haber salido de ojos y labios
¿qué son labios? ¿qué son miradas que son labios?
y mi voz ya no es mía
dentro del agua que no moja
dentro del aire de vidrio
dentro del fuego lívido que corta como el grito
y en el juego angustioso de un espejo frente a otro
cae mi voz
y mi voz que madura
y mi voz quemadura
y mi bosque madura
y mi voz quema dura
como el hielo de vidrio
como el grito de hielo
aquí en el caracol de la oreja
el latido de un mar en el que no sé nada
en el que no se nada
porque he dejado pies y brazos en la orilla
siento caer fuera de mí la red de mis nervios
mas huye todo como el pez que se da cuenta
hasta siento en el pulso de mis sienes
muda telegrafía a la que nadie responde
porque el sueño y la muerte nada tienen ya que decirse.

[Nostalgia de la muerte]

Nocturno eterno

Cuando los hombres alzan los hombros y pasan
o cuando dejan caer sus nombres
hasta que la sombra se asombra,

cuando un polvo más fino aún que el humo
se adhiere a los cristales de la voz
y a la piel de los rostros y las cosas,

cuando los ojos cierran sus ventanas
al rayo del sol pródigo y prefieren
la ceguera al perdón y el silencio al sollozo,

cuando la vida o lo que así llamamos inútilmente
y que no llega sino con un nombre innombrable
se desnuda para saltar al lecho
y ahogarse en el alcohol o quemarse en la nieve,

cuando la vi cuando la vid cuando la vida
quiere entregarse cobardemente y a oscuras
sin decirnos siquiera el precio de su nombre,

cuando en la soledad de un cielo muerto
brillan unas estrellas olvidadas
y es tan grande el silencio del silencio
que de pronto quisiéramos que hablara,

o cuando de una boca que no existe
sale un grito inaudito
que nos echa a la cara su luz viva
y se apaga y nos deja una ciega sordera,

o cuando todo ha muerto
tan dura y lentamente que da miedo
alzar la voz y preguntar "quién vive"

dudo si responder
a la muda pregunta con un grito
por temor de saber que ya no existo,

porque acaso la voz tampoco vive
sino como un recuerdo en la garganta
y no es la noche sino la ceguera
lo que llena de sombra nuestros ojos,

y porque acaso el grito es la presencia
de una paloma antigua
opaca y muda que de pronto grita

porque vida silencio piel y boca
y soledad recuerdo cielo y humo
nada son sino sombras de palabras
que nos salen al paso de la noche.

[*Nostalgia de la muerte*]

Nocturno en que habla la muerte

Si la muerte hubiera venido aquí, a New Haven,
escondida en un hueco en mi ropa en la maleta,
en el bolsillo de uno de mis trajes,
entre las páginas de un libro
como la señal que ya no me recuerda nada;
si mi muerte particular estuviera esperando
una fecha, un instante que sólo ella conoce
para decirme: "Aquí estoy.
Te he seguido como la sombra
que no es posible dejar así nomás en casa;
como un poco de aire cálido e invisible
mezclado al aire frío y duro que respiras;
como el recuerdo de lo que más quieres;
como el olvido, sí, como el olvido
que has dejado caer sobre las cosas
que no quisieras recordar ahora.
Y es inútil que vuelvas la cabeza en mi busca;
estoy tan cerca que no puedes verme,
estoy fuera de ti y a un tiempo dentro.
Nada es el mar que como un dios quisiste
poner entre los dos;
nada es la tierra que los hombres miden
y por la que matan y mueren;

ni el sueño en que quisieras creer que vives
sin mí, cuando yo misma lo dibujo y lo borro;
ni los días que cuentas
una vez y otra vez a todas horas,
ni las horas que matas con orgullo
sin pensar que renacen fuera de ti.
Nada son estas cosas ni los innumerables
lazos que me tendiste,
ni las infantiles argucias con que has querido dejarme
engañada, olvidada.
Aquí estoy, ¿no me sientes?
Abre los ojos; ciérralos, si quieres".

Y me pregunto ahora,
si nadie entró en la pieza contigua,
¿quién cerró cautelosamente la puerta?
¿Qué misteriosa fuerza de gravedad
hizo caer la hoja de papel que estaba en la mesa?
¿Por qué se instala aquí, de pronto, y sin que yo la invite,
la voz de una mujer que habla en la calle?

Y al oprimir la pluma,
algo como la sangre late y circula en ella,
y siento que las letras desiguales
que escribo ahora,
más pequeñas, más trémulas, más débiles,
ya no son de mi mano solamente.

[*Nostalgia de la muerte*]

Nocturno amor

A Manuel Rodríguez Lozano

El que nada se oye en esta alberca de sombra
no sé cómo mis brazos no se hieren
en tu respiración sigo la angustia del crimen
y caes en la red que tiende el sueño
Guardas el nombre de tu cómplice en los ojos
pero encuentro tus párpados más duros que el silencio
y antes que compartirlo matarías el goce

de entregarte en el sueño con los ojos cerrados
sufro al sentir la dicha con que tu cuerpo busca
el cuerpo que te vence más que el sueño
y comparo la fiebre de tus manos
con mis manos de hielo
y el temblor de tus sienes con mi pulso perdido
y el yeso de mis muslos con la piel de los tuyos
que la sombra corroe con la lepra incurable
Ya sé cuál es el sexo de tu boca
y lo que guarda la avaricia de tu axila
y maldigo el rumor que inunda el laberinto de tu oreja
sobre la almohada de espuma
sobre la dura página de nieve
No la sangre que huyó de mí como del arco huye la flecha
sino la cólera circula por mis arterias
amarilla de incendio en mitad de la noche
y todas las palabras en la prisión de la boca
y una sed que en el agua del espejo
sacia su sed con una sed idéntica.
De qué noche despierto a esta desnuda
noche larga y cruel noche que ya no es noche
junto a tu cuerpo más muerto que muerto
que no es tu cuerpo ya sino su hueco
porque la ausencia de tu sueño ha matado a la muerte
y es tan grande mi frío que con un calor nuevo
abre mis ojos donde la sombra es más dura
y más clara y más luz que la luz misma
y resucita en mí lo que no ha sido
y es un dolor inesperado y aún más frío y más fuego
no ser sino la estatua que despierta
en la alcoba de un mundo en el que todo ha muerto.

[*Nostalgia de la muerte*]

Nocturno de los ángeles

A Agustín J. Fink

Se diría que las calles fluyen dulcemente en la noche.
Las luces no son tan vivas que logren desvelar el secreto,
el secreto que los hombres que van y vienen conocen,

porque todos están en el secreto
y nada se ganaría con partirlo en mil pedazos
si, por el contrario, es tan dulce guardarlo
y compartirlo sólo con la persona elegida.

Si cada uno dijera en un momento dado,
en sólo una palabra, lo que piensa,
las cinco letras del deseo formarían una enorme cicatriz luminosa,
una constelación más antigua, más viva aún que las otras.
Y esa constelación sería como un ardiente sexo
en el profundo cuerpo de la noche,
o, mejor, como los Gemelos que por primera vez en la vida
se miraran de frente, a los ojos, y se abrazaran ya para siempre.

De pronto el río de la calle se puebla de sedientos seres,
caminan, se detienen, prosiguen.
Cambian miradas, atreven sonrisas.
Forman imprevistas parejas...

Hay recodos y bancos de sombra,
orillas de indefinibles formas profundas
y súbitos huecos de luz que ciega
y puertas que ceden a la presión más leve.

El río de la calle queda desierto un instante.
Luego parece remontar de sí mismo
deseoso de volver a empezar.
Queda un momento paralizado, mudo, anhelante,
como el corazón entre dos espasmos.

Pero una nueva pulsación, un nuevo latido
arroja al río de la calle nuevos sedientos seres.
Se cruzan, se entrecruzan y suben.
Vuelan a ras de tierra.
Nadan de pie, tan milagrosamente
que nadie se atrevería a decir que no caminan.

¡Son los ángeles!
Han bajado a la tierra
por invisibles escalas.
Vienen del mar, que es el espejo del cielo,
en barcos de humo y sombra,

a fundirse y confundirse con los mortales,
a rendir sus frentes en los muslos de las mujeres,
a dejar que otras manos palpen sus cuerpos febrilmente,
y que otros cuerpos busquen los suyos hasta encontrarlos
como se encuentran al cerrarse los labios de una misma boca,
a fatigar su boca tanto tiempo inactiva,
a poner en libertad sus lenguas de fuego,
a decir las canciones, los juramentos, las malas palabras
en que los hombres concentran el antiguo misterio
de la carne, la sangre y el deseo.

Tienen nombres supuestos, divinamente sencillos.
Se llaman Dick o John, o Marvin o Louis.
En nada sino en la belleza se distinguen de los mortales.
Caminan, se detienen, prosiguen.
Cambian miradas, atreven sonrisas.
Forman imprevistas parejas.

Sonríen maliciosamente al subir en los ascensores de los hoteles
donde aún se practica el vuelo lento y vertical.
En sus cuerpos desnudos hay huellas celestiales:
signos, estrellas y letras azules.
Se dejan caer en las camas, se hunden en las almohadas
que los hacen pensar todavía un momento en las nubes.
Pero cierran los ojos para entregarse mejor a los goces
de su encarnación misteriosa,
y cuando duermen sueñan no con los ángeles sino con los mortales.

[*Nostalgia de la muerte*]

Nocturno rosa

A José Gorostiza

Yo también hablo de la rosa.
Pero mi rosa no es la rosa fría
ni la de piel de niño,
ni la rosa que gira
tan lentamente que su movimiento
es una misteriosa forma de la quietud.

No es la rosa sedienta,
ni la sangrante llaga,
ni la rosa coronada de espinas,
ni la rosa de la resurrección.

No es la rosa de pétalos desnudos,
ni la rosa encerada,
ni la llama de seda,
ni tampoco la rosa llamarada.

No es la rosa veleta,
ni la úlcera secreta,
ni la rosa puntual que da la hora,
ni la brújula rosa marinera.

No, no es la rosa rosa
sino la rosa increada,
la sumergida rosa,
la nocturna,
la rosa inmaterial,
la rosa hueca.

Es la rosa del tacto en las tinieblas,
es la rosa que avanza enardecida,
la rosa de rosadas uñas,
la rosa yema de los dedos ávidos,
la rosa digital,
la rosa ciega.

Es la rosa moldura del oído,
la rosa oreja,
la espiral del ruido,
la rosa concha siempre abandonada
en la más alta espuma de la almohada.

Es la rosa encarnada de la boca,
la rosa que habla despierta
como si estuviera dormida.
Es la rosa entreabierta
de la que mana sombra,
la rosa entraña
que se pliega y expande

evocada, invocada, abocada,
es la rosa labial,
la rosa herida.

Es la rosa que abre los párpados,
la rosa vigilante, desvelada,
la rosa del insomnio desojada.

Es la rosa del humo,
la rosa de ceniza,
la negra rosa de carbón diamante
que silenciosa horada las tinieblas
y no ocupa lugar en el espacio.

[*Nostalgia de la muerte*]

Nocturno mar

A Salvador Novo

Ni tu silencio duro cristal de dura roca,
ni el frío de la mano que me tiendes,
ni tus palabras secas, sin tiempo ni color,
ni mi nombre, ni siquiera mi nombre
que dictas como cifra desnuda de sentido;

ni la herida profunda, ni la sangre
que mana de tus labios, palpitante,
ni la distancia cada vez más fría
sábana nieve de hospital invierno
tendida entre los dos como la duda;

nada, nada podrá ser más amargo
que el mar que llevo dentro, solo y ciego.
El mar antiguo edipo que me recorre a tientas
desde todos los siglos,
cuando mi sangre aún no era mi sangre,
cuando mi piel crecía en la piel de otro cuerpo,
cuando alguien respiraba por mí que aún no nacía.

El mar que sube mudo hasta mis labios,
el mar que me satura
con el mortal veneno que no mata
pues prolonga la vida y duele más que el dolor.
El mar que hace un trabajo lento y lento
forjando en la caverna de mi pecho
el puño airado de mi corazón.

Mar sin viento ni cielo,
sin olas, desolado,
nocturno mar sin espuma en los labios,
nocturno mar sin cólera, conforme
con lamer las paredes que lo mantienen preso
y esclavo que no rompe sus riberas
y ciego que no busca la luz que le robaron
y amante que no quiere sino su desamor.

Mar que arrastra despojos silenciosos,
olvidos olvidados y deseos,
sílabas de recuerdos y rencores,
ahogados sueños de recién nacidos,
perfiles y perfumes mutilados,
fibras de luz y náufragos cabellos.

Nocturno mar amargo
que circula en estrechos corredores
de corales arterias y raíces
y venas y medusas capilares.

Mar que teje en la sombra su tejido flotante,
con azules agujas ensartadas
con hilos nervios y tensos cordones.

Nocturno mar amargo
que humedece mi lengua con su lenta saliva,
que hace crecer mis uñas con la fuerza
de su marea oscura.

Mi oreja sigue su rumor secreto,
oigo crecer sus rocas y sus plantas
que alargan más y más sus labios dedos.

Lo llevo en mí como un remordimiento,
pecado ajeno y sueño misterioso,
y lo arrullo y lo duermo
y lo escondo y lo cuido y le guardo el secreto.

[*Nostalgia de la muerte*]

Nocturno de la alcoba

La muerte toma siempre la forma de la alcoba
que nos contiene.

Es cóncava y oscura y tibia y silenciosa,
se pliega en las cortinas en que anida la sombra,
es dura en el espejo y tensa y congelada,
profunda en las almohadas y, en las sábanas, blanca.

Los dos sabemos que la muerte toma
la forma de la alcoba, y que en la alcoba
es el espacio frío que levanta
entre los dos un muro, un cristal, un silencio.

Entonces sólo yo sé que la muerte
es el hueco que dejas en el lecho
cuando de pronto y sin razón alguna
te incorporas o te pones de pie.

Y es el ruido de hojas calcinadas
que hacen tus pies desnudos al hundirse en la alfombra.

Y es el sudor que moja nuestros muslos
que se abrazan y luchan y que, luego, se rinden.

Y es la frase que dejas caer, interrumpida.
Y la pregunta mía que no oyes,
que no comprendes o que no respondes.

Y el silencio que cae y te sepulta
cuando velo tu sueño y lo interrogo.

Y solo, sólo yo sé que la muerte
es tu palabra trunca, tus gemidos ajenos
y tus involuntarios movimientos oscuros
cuando en el sueño luchas con el ángel del sueño.

La muerte es todo esto y más que nos circunda,
y nos une y separa alternativamente,
que nos deja confusos, atónitos, suspensos,
con una herida que no mana sangre.

Entonces, sólo entonces, los dos solos, sabemos
que no el amor sino la oscura muerte
nos precipita a vernos cara a cara a los ojos,
y a unirnos y a estrecharnos, más que solos y náufragos
todavía más, y cada vez más, todavía.

[*Nostalgia de la muerte*]

Amor condusse noi ad una morte

Amar es una angustia, una pregunta,
una suspensa y luminosa duda;
es un querer saber todo lo tuyo
y a la vez un temor de al fin saberlo.

Amar es reconstruir, cuando te alejas,
tus pasos, tus silencios, tus palabras,
y pretender seguir tu pensamiento
cuando a mi lado, al fin inmóvil, callas.

Amar es una cólera secreta,
una helada y diabólica soberbia.

Amar es no dormir cuando en mi lecho
sueñas entre mis brazos que te ciñen,
y odiar el sueño en que, bajo tu frente,
acaso en otros brazos te abandonas.

Amar es escuchar sobre tu pecho
hasta colmar la oreja codiciosa,
el rumor de tu sangre y la marea
de tu respiración acompasada.

Amar es absorber tu joven savia
y juntar nuestras bocas en un cauce
hasta que de la brisa de tu aliento
se impregnen para siempre mis entrañas.

Amar es una envidia verde y muda,
una sutil y lúcida avaricia.

Amar es provocar el dulce instante
en que tu piel busca mi piel despierta;
saciar a un tiempo la avidez nocturna
y morir otra vez la misma muerte
provisional, desgarradora, oscura.

Amar es una sed, la de la llaga
que arde sin consumirse ni cerrarse,
y el hambre de una boca atormentada
que pide más y más y no se sacia.

Amar es una insólita lujuria
y una gula voraz, siempre desierta.

Pero amar es también cerrar los ojos,
dejar que el sueño invada nuestro cuerpo
como un río de olvido y de tinieblas,
y navegar sin rumbo, a la deriva:
porque amar es, al fin, una indolencia.

[*Canto a la primavera*]

Muerte en el frío

Cuando he perdido toda fe en el milagro,
cuando ya la esperanza dejó caer la última nota
y resuena un silencio sin fin, cóncavo y duro;

cuando el cielo de invierno no es más que la ceniza
de algo que ardió hace muchos, muchos siglos;

cuando me encuentro tan solo, tan solo,
que me busco en mi cuarto

como se busca, a veces, un objeto perdido
una carta estrujada, en los rincones;

cuando cierro los ojos pensando inútilmente
que así estaré más lejos
de aquí, de mí, de todo
aquello que me acusa de no ser más que un muerto,

siento que estoy en el infierno frío,
en el invierno eterno
que congela la sangre en las arterias,
que seca las palabras amarillas,
que paraliza el sueño,
que pone una mordaza de hielo a nuestra boca
y dibuja las cosas con una línea dura.

Siento que estoy viviendo aquí mi muerte,
mi sola muerte presente,
mi muerte que no puedo compartir ni llorar,
mi muerte de que no me consolaré jamás.

Y comprendo de una vez para nunca
el clima del silencio
donde se nutre y perfecciona la muerte.
Y también la eficacia del frío
que preserva y purifica sin consumir como el fuego.

Y en el silencio escucho dentro de mí el trabajo
de un minucioso ejército de obreros que golpean
con diminutos martillos mi linfa y mi carne estremecidas;

siento cómo se besan
y juntan para siempre sus orillas
las islas que flotaban en mi cuerpo;

cómo el agua y la sangre
son otra vez la misma agua marina,
y cómo se hiela primero
y luego se vuelve cristal
y luego duro mármol,
hasta inmovilizarme en el tiempo más angustioso y lento,

con la vida secreta, muda e imperceptible
del mineral, del tronco, de la estatua.

[*Nostalgia de la muerte*]

Cementerio en la nieve

A nada puede compararse un cementerio en la nieve.
¿Qué nombre dar a la blancura sobre lo blanco?
El cielo ha dejado caer insensibles piedras de nieve
sobre las tumbas,
y ya no queda sino la nieve sobre la nieve
como la mano sobre sí misma eternamente posada.

Los pájaros prefieren atravesar el cielo,
herir los invisibles corredores del aire
para dejar sola la nieve,
que es como dejarla intacta,
que es como dejarla nieve.

Porque no basta decir que un cementerio en la nieve
es como un sueño sin sueños
ni como unos ojos en blanco.

Si algo tiene de un cuerpo insensible y dormido,
de la caída de un silencio sobre otro
y de la blanca persistencia del olvido,
¡a nada puede compararse un cementerio en la nieve!

Porque la nieve es sobre todo silenciosa,
más silenciosa aún sobre las losas exangües:
labios que ya no pueden decir una palabra.

[*Nostalgia de la muerte*]

◆

Salvador Novo

(1904-1974)

Nace y muere en la Ciudad de México. La primaria en Torreón, Coahuila, y los estudios universitarios en la capital. Abandona la carrera de Derecho. Es fundador del Teatro Ulises, donde dirige, traduce y actúa. Profesor de literatura, crítico, traductor. Jefe del departamento editorial de la Secretaría de Educación Pública a principios de 1931. Hostigado por el Comité de Salud Pública renuncia e ingresa a una agencia de publicidad. Director del Departamento de Teatro de Bellas Artes (1946-1952). A partir de 1953, director de teatro, publicista, periodista y restaurantero (La Capilla). Cronista de la Ciudad de México, Premio Nacional de Literatura.

En el periodismo mexicano, Novo ha sido una presencia fundamental. Prosista deslumbrante, sólo una porción mínima de su vastísima producción de artículos y crónicas se ha reunido en *Toda la prosa* (de 1964, que incluye ocho libros, entre ellos *Nueva grandeza mexicana*) y en los tomos de la vida en México en los periodos presidenciales de Cárdenas, Ávila Camacho y Alemán. Entre sus obras de teatro: *El tercer Fausto* (1934), *La culta dama* (1951), *Diálogos* (1956), *A ocho columnas* (1956) y *La guerra de las gordas* (1963). El Fondo de Cultura Económica ha reunido en un tomo su poesía más "publicable": *XX poemas* (1952), *Espejo* (1933), *Nuevo amor* (1933), *Poemas proletarios* (1934) y *Never ever* (1934). Aparte, *Sátira* (1955).

A diferencia de sus compañeros, Novo se decide muy pronto por una alternativa más coloquial, directa, autobiográfica y sarcástica, la poesía de lo no consagrado, de las aportaciones de la industria y la modernidad, poemas "que se podrían colgar como cuadros", ante todo visuales. De los juegos de artificio de *XX poemas* pasa a la sinceridad evocativa (y prosaísta) de *Espejo* y luego, a exaltar la marginalidad (psicológica, más que sexual) en *Nuevo amor*. Esto no agota la riqueza de los textos, pero la disidencia moral explica las insistencias y un hálito de falso y genuino patetismo: la confesión elevada al rango de revelación largamente esperada. En *Nuevo amor,* el personaje arduamente elaborado se desvanece. Ni vanidad, ni frivolidad, ni poderes satíricos. Novo evoca su condición amorosa como algo que nunca será posible aunque ocurra, y se presenta a la luz de los riesgos y las opresiones del homosexual en los años treinta, ávido de la plenitud que le niegan los prejuicios dominantes, y dueño del cinismo y la ironía que, teatralizados, son la máscara donde se transfigura la soledad.

Viaje

Los nopales nos sacan la lengua;
pero los maizales por estaturas
—con su copetito mal rapado
y su cuaderno debajo del brazo—
nos saludan con sus mangas rotas.

Los magueyes hacen gimnasia sueca
de quinientos en fondo
y el sol —policía secreto—
(tira la piedra y esconde la mano)
denuncia nuestra fuga ridícula
en la linterna mágica del prado.

A la noche nos vengaremos
encendiendo nuestros faroles
y echando por tierra los bosques.

Alguno que otro árbol
quiere dar clase de filología.
Las nubes, inspectores de monumentos,
sacuden las maquetas de los montes.

¿Quién quiere jugar tennis con nopales y tunas
sobre la red de los telégrafos?
Tomaremos más tarde un baño ruso
en el jacal perdido de la sierra:
nos bastará un duchazo de arco iris,
nos secaremos con algún stratus.

[XX poemas]

El mar

Post natal total inmersión
para la ahijada de Colón
con un tobillo en Patagonia
y un masajista en Nueva York.
(Su apendicitis
abrió el canal de Panamá.)

Caballeriza para el mar continentófago
doncellez del agua playera
frente a la luna llena.
Cangrejos y tortugas
para los ejemplares moralistas:
langostas para los gastrónomos.
Santa Elena de Poseidón
y garage de las sirenas.

¡Hígado de bacalao
calamares de su tinta!
Ejemplo de la Biología
en que los peces grandes
no tienen más que bostezar
y dejar que los chicos vengan a sí.
(Al muy prepotente Guillermo el segundo
en la vieja guerra torpedo alemán.)

¡Oh mar, cuando no había
este lamentable progreso
y eran entre tus dedos los asirios
viruta de carpintería
y la cólera griega
te hacía fustigar con alfileres!

En tu piel la llaga romana
termocauterizó Cartago.
¡Cirugía de Arquímedes!
Baños, baños
por la Física y a los romanos.

Europa, raptada de toros,
buscaba caminos.
Tierra insuficiente,
problema para Galileo,
Newton, los fisiócratas
y los agraristas.

¿No te estremeces al recuerdo
de las tres carabelas magas
que patinaron mudamente
la arena azul de tu desierto?

Nao de China
cofre de sándalo
hoy los perfumes
son de Guerlain o de Coty
y el té es Lipton's.
Mar, viejecito, ya no juegas
a los naufragios con Eolo
desde que hay aire líquido
Agua y aire gratis.

Las velas
hoy son banderas de colores
y los transatlánticos
planchan tu superficie
y separan a fuerza tus cabellos.

Los buzos
te ponen inyecciones intravenosas
y los submarinos
hurtan el privilegio de Jonás.

Hasta el sol
se ha vuelto capataz de tu trabajo
y todo el día derrite
tu vergüenza y tu agotamiento.
Las gaviotas contrabandistas
son espías o son aeroplanos
y si el buque se hunde
—sin que tú intervengas—
todo el mundo se salva en andaderas...

¡Oh mar, ya que no puedes
hacer un sindicato de océanos
ni usar la huelga general,
arma los batallones de tus peces espadas,
vierte veneno en el salmón
y que tus peces sierras
incomuniquen los cables
y regálale a Nueva York
un tiburón de Troya
lleno de incógnitas venganzas!

Haz un diluvio universal
que sepulte al monte Ararat,
y que tus sardinas futuras
coman cerebros fósiles
y corazones paleontológicos.

[*XX poemas*]

Diluvio

Espaciosa sala de baile
alma y cerebro
dos orquestas, dos,
baile de trajes
las palabras iban entrando
las vocales daban el brazo a las consonantes.
Señoritas acompañadas de caballeros
y tenían trajes de la Edad Media
y de muchísimo antes
y ladrillos cuneiformes
papiros, tablas,
gama, delta, ómicron,
peplos, vestes, togas, armaduras,
y las pieles bárbaras sobre las pieles ásperas
y el gran manto morado de la cuaresma
y el color de infierno de la vestidura de Dante
y todo el alfalfar Castellano,
las pelucas de muchas Julietas rubias
las cabezas de Iokanaanes y Marías Antonietas
sin corazón ni vientre
y el Príncipe Esplendor
vestido con briznas de brisa
y una princesa monosilábica
que no era ciertamente Madame Butterfly
y un negro elástico de goma
con ojos blancos como incrustaciones de marfil.
Danzaban todos en mí
cogidos de las manos frías
en un antiguo perfume apagado
tenían todos trajes diversos
y distintas fechas
y hablaban lenguas diferentes.

Y yo lloré inconsolablemente
porque en mi gran sala de baile
estaban todas las vidas
de todos los rumbos
bailando la danza de todos los siglos
y era sin embargo tan triste
esa mascarada!

Entonces prendí fuego a mi corazón
y las vocales y las consonantes
flamearon un segundo su penacho
y era lástima ver el turbante del gran Visir
tronar los rubíes como castañas
y aquellos preciosos trajes Watteau
y todo el estrado Queen Victoria
de damas con altos peinados.
También debo decir
que se incendiaron todas las monjas
B.C. y C.O.D.
y que muchos héroes esperaron
estoicamente la muerte
y otros bebían sus sortijas envenenadas.
Y duró mucho el incendio
mas vi al fin en mi corazón únicamente
el confetti de todas las cenizas
y al removerlo
encontré
una criatura sin nombre
enteramente, enteramente desnuda,
sin edad, muda, eterna,
y ¡oh! nunca, nunca sabrá que existen las parras
y las manzanas se han trasladado a California
y ella no sabrá nunca que hay trenes!
Se ha clausurado mi sala de baile
mi corazón no tiene ya la música de todas las playas
de hoy más tendrá el silencio de todos los siglos.

[*XX poemas*]

Las ciudades

En México, en Chihuahua,
en Jiménez, en Parral, en Madera,
en Torreón,
los inviernos helados y las mañanas claras,
las casas de la gente,
los grandes edificios en que no vive nadie
o los teatros a los que acuden y se sientan
o la iglesia donde se arrodillan
y los animales que se han habituado a la gente
y el río que pasa cerca del pueblo
y que se vuelve turbulento con la lluvia de anoche
o el pantano en que se crían las ranas
y el jardín en que se abren las maravillas
todas las tardes, a las cinco, cerca del quiosco
y el mercado lleno de legumbres y cestas
y el ritmo de los días y el domingo
y la estación del ferrocarril
que a diario deposita y arranca gentes nuevas
en las cuentas de su rosario
y la noche medrosa
y los ojos de Santa Lucía
en el quitasol de la sombra
y la familia siempre
y el padre que trabaja y regresa
y la hora de comer y los amigos
y la familia y las visitas
y el traje nuevo
y las cartas de otra ciudad
y las golondrinas al ras del suelo
o en su balcón de piedra bajo el techo.

Y en todas partes
como una gota de agua
mezclarse con la arena que la acoge.

[*Espejo*]

Epifania

Un domingo
Epifania no volvió más a la casa.

Yo sorprendí conversaciones
en que contaban que un hombre se la había robado
y luego, interrogando a las criadas,
averigüé que se la había llevado a un cuarto.
No supe nunca dónde estaba ese cuarto
pero lo imaginé, frío, sin muebles,
con el piso de tierra húmeda
y una sola puerta a la calle.
Cuando yo pensaba en ese cuarto
no veía a nadie en él.

Epifania volvió una tarde
y yo la seguí por el jardín
rogándole que me dijera qué le había hecho el hombre
porque mi cuarto estaba vacío
como una caja sin sorpresas.
Epifanía reía y corría
y al fin abrió la puerta
y dejó que la calle entrara en el jardín.

[*Espejo*]

La escuela

A horas exactas
nos levantan, nos peinan, nos mandan a la escuela.

Vienen los muchachos de todas partes,
gritan y se atropellan en el patio
y luego suena una campana
y desfilamos, callados, hacia los salones.
Cada dos tienen un lugar
y con lápices de todos tamaños
escribimos lo que nos dicta el profesor
o pasamos al pizarrón.

El profesor no me quiere;
ve con malos ojos mi ropa fina
y que tengo todos los libros.

No sabe que se los daría todos a los muchachos
por jugar con ellos, sin este
pudor extraño que me hace sentir tan inferior
cuando a la hora del recreo les huyo,
cuando corro, al salir de la escuela,
hacia mi casa, hacia mi madre.

[*Espejo*]

El amigo ido

Me escribe Napoleón:
"El Colegio es muy grande,
nos levantamos muy temprano,
hablamos únicamente inglés,
te mando un retrato del edificio..."

Ya no robaremos juntos dulces
de las alacenas, ni escaparemos
hacia el río para ahogarnos a medias
y pescar sandías sangrientas.

Ya voy a presentar sexto año;
después, según todas las probabilidades,
aprenderé todo lo que se deba,
seré médico,
tendré ambiciones, barba, pantalón largo...

Pero si tengo un hijo
haré que nadie nunca le enseñe nada.
Quiero que sea tan perezoso y feliz
como a mí no me dejaron mis padres
ni a mis padres mis abuelos
ni a mis abuelos Dios.

[*Espejo*]

La poesía

Para escribir poemas,
para ser un poeta de vida apasionada y romántica
cuyos libros están en las manos de todos
y de quienes hacen libros y publican retratos los periódicos,
es necesario decir las cosas que leo,
esas del corazón, de la mujer y del paisaje,
del amor fracasado y de la vida dolorosa,
en versos perfectamente medidos,
sin asonancias en el mismo verso,
con metáforas nuevas y brillantes.

La música del verso embriaga
y si uno sabe referir rotundamente su inspiración
arrancará las lágrimas del auditorio,
le comunicará sus emociones recónditas
y será coronado en certámenes y concursos.

Yo puedo hacer versos perfectos,
medirlos y evitar sus asonancias,
poemas que conmuevan a quien los lea
y que les hagan exclamar: "¡Que niño tan inteligente!"

Yo les diré entonces
que los he escrito desde que tenía once años:
No he de decirles nunca
que no he hecho sino darles la clase que he aprendido
de todos los poetas.

Tendré una habilidad de histrión
para hacerles creer que me conmueve lo que a ellos.

Pero en mi lecho, solo, dulcemente,
sin recuerdos, sin voz,
siento que la poesía no ha salido de mí.

[*Espejo*]

La renovada muerte de la noche

La renovada muerte de la noche
en que ya no nos queda sino la breve luz de la conciencia
y tendernos al lado de los libros
de donde las palabras escaparon sin fuga, crucificadas en mi mano,
y en esta cripta de familia
en la que existe en cada espejo y en cada sitio la evidencia del crimen
y en cuyos roperos dejamos la crisálida de los adioses irremediables
con que hemos de embalsamar el futuro
y en los ahorcados que penden de cada lámpara
y en el veneno de cada vaso que apuramos
y en esa silla eléctrica en que hemos abandonado nuestros disfraces
para ocultarnos bajo los solitarios sudarios
mi corazón ya no sabe sino marcar el paso
y dar vueltas como un tigre de circo
inmediato a una libertad inasible.
Todos hemos ido llegando a nuestras tumbas
a buena hora, a la hora debida,
en ambulancias de cómodo precio
o bien de suicidio natural y premeditado.
Y yo no puedo seguir trazando un escenario perfecto
en que la luna habría de jugar un papel importante
porque en estos momentos
hay trenes por encima de toda la tierra
que lanzan unos dolorosos suspiros
y que parten,
y la luna no tiene nada que ver
con las breves luciérnagas que nos vigilan
desde un azul cercano y desconocido
lleno de estrellas poliglotas e innumerables.

[*Nuevo amor*]

Tú, yo mismo

Tú, yo mismo, seco como un viento derrotado
que no pudo sino muy brevemente sostener en sus brazos una hoja
        que arrancó de los árboles
¿cómo será posible que nada te conmueva
que no haya lluvia que te estruje ni sol que rinda tu fatiga?

Ser una transparencia sin objeto
sobre los lagos limpios de tus miradas
oh tempestad, diluvio de hace ya mucho tiempo.
Si desde entonces busco tu imagen que era solamente mía
si en mis manos estériles ahogué la última gota de tu sangre y mi lágrima
y si fue desde entonces indiferente el mundo e infinito el desierto
y cada nueva noche musgo para el recuerdo de tu abrazo
¿cómo en el nuevo día tendré sino tu aliento,
sino tus brazos impalpables entre los míos?
Lloro como una madre que ha reemplazado al hijo único muerto.
Lloro como la tierra que ha sentido dos veces germinar el fruto perfecto y mismo.
Lloro porque eres tú para mi duelo
y ya te pertenezco en el pasado.

[Nuevo amor]

Junto a tu cuerpo

Junto a tu cuerpo totalmente entregado al mío
junto a tus hombros tersos de que nacen las rutas de tu abrazo,
de que nacen tu voz y tus miradas, claras y remotas,
sentí de pronto el infinito vacío de su ausencia.
Si todos estos años que me falta
como una planta trepadora que se coge del viento
he sentido que llega o que regresa en cada contacto
y ávidamente rasgo todos los días un mensaje que nada contiene sino una fecha
y su nombre se agranda y vibra cada vez más profundamente
porque su voz no era más que para mi oído,
porque cegó mis ojos cuando apartó los suyos
y mi alma es como un gran templo deshabitado.
Pero este cuerpo tuyo es un dios extraño
forjado en mis recuerdos, reflejo de mí mismo,
suave de mi tersura, grande por mis deseos,
máscara
estatua que he erigido a su memoria.

[Nuevo amor]

Hoy no lució la estrella de tus ojos

Hoy no lució la estrella de tus ojos.
Náufrago de mí mismo, húmedo del abrazo de las ondas,
llego a la arena de tu cuerpo
en que mi propia voz nombra mi nombre,
en que todo es dorado y azul como un día nuevo
y como las espigas herméticas, perfectas y calladas.

En ti mi soledad se reconcilia
para pensar en ti. Toda ha mudado
el sereno calor de tus miradas
en fervorosa madurez mi vida.

Alga y espumas frágiles, mis besos
cifran el universo en tus pestañas
—playa de desnudez, tierra alcanzada
que devuelve en miradas tus estrellas.

¿A qué la flor perdida
que marchitó tu espera, que dispersó el Destino?
Mi ofrenda es toda tuya en la simiente
que secaron los rayos de tus soles.

[*Nuevo amor*]

Al poema confío

Al poema confío la pena de perderte.
He de lavar mis ojos de los azules tuyos,
faros que prolongaron mi naufragio.
He de coger mi vida deshecha entre tus manos,
leve jirón de niebla
que el viento entre sus alas efímeras dispersa.
Vuelva la noche a mí, muda y eterna,
del diálogo privada de soñarte,
indiferente a un día
que ha de hallarnos ajenos y distantes.

[*Nuevo amor*]

Elegía

Los que tenemos unas manos que no nos pertenecen,
grotescas para la caricia, inútiles para el taller o la azada,
largas y fláccidas como una flor privada de simiente
o como un reptil que entrega su veneno
porque no tiene nada más que ofrecer.

Los que tenemos una mirada culpable y amarga
por donde mira la muerte no lograda del mundo
y fulge una sonrisa que se congela frente a las estatuas desnudas
porque no podrá nunca cerrarse sobre los anillos de oro
ni entregarse como una antorcha sobre los horizontes del tiempo
en una noche cuya aurora es solamente este mediodía
que nos flagela la carne por instantes arrancados a la eternidad.

Los que hemos rodado por los siglos como una roca desprendida del Génesis
sobre la hierba o entre la maleza en desenfrenada carrera
para no detenernos nunca ni volver a ser lo que fuimos
mientras los hombres van trabajosamente ascendiendo
y brotan otras manos de sus manos para torcer el rumbo de los vientos
o para tiernamente enlazarse.

Los que vestimos cuerpos como trajes envejecidos
a quienes basta el hurto o la limosna de una migaja que es todo el pan y la
　　　única hostia
hemos llegado al litoral de los siglos que pesan sobre nuestros corazones
　　　angustiados
y no veremos nunca con nuestros ojos limpios
otro día que este día en que toda la música del universo
se cifra en una voz que no escucha nadie entre las palabras vacías
y en el sueño sin agua ni palabras en la lengua de la arcilla y del humo.

[Nuevo amor]

Roberto, el subteniente

Cuando salió del Colegio y cumplió veintiún años
y ostentó en la gorra la barra de subteniente,
llegó al cuartel con una gran energía acumulada.
En el Colegio todo era perfecto y limpio,

la gimnasia y la equitación lo habían hecho fuerte y ligero
y conocía perfectamente la historia antigua
y todas las campañas de Napoleón.
Iba a ganar ya sueldo.
Cuatro pesos son mucho dinero para uno solo.
Le dieron un asistente que le traía comida
y le quitaba las botas, o le ensillaba el caballo.
A diana, se levantaba
e iba a dar instrucción a los soldados
y luego hacía guardia en la puerta
toda una mañana muerta y ociosa,
toda una tarde llena de moscas y de polvo
hasta que llamaban a lista de seis
y asistía a la complicada ceremonia
de la lectura de la Orden del Día.
Entonces, con la sombra,
despertaban sus más primitivos instintos
y reunido con otros oficiales
bebía tequila hasta embriagarse
e iba a buscar a una mujerzuela
para golpearla despiadadamente
azotándola como a su caballo,
mordiéndola hasta la sangre,
insultándola hasta hacerla llorar
y luego acariciándola con ternura,
dándole todo su cuerpo febril y joven,
para marcharse luego al cuartel
abriéndose paso, a puntapiés, hasta su habitación,
entre los soldados que yacían en la sombra, sin almohada,
enlazados a sus mujeres o a sus fusiles.

[*Poemas proletarios*]

Bernardo, el soldado

Se dio de alta porque no encontró ningún otro trabajo,
al mismo tiempo que Carlos, que había sido bañero,
que Ignacio, que venía de Sonora y parecía gringo
y que El Alacrán, que debía muchas muertes.
El Alacrán los inducía a fumar marihuana
y a echar pólvora en el tequila.

Cuando él lo hacía,
le daban deseos irrefrenables de golpear las paredes
con las manos de hierro, insensibles,
y el día siguiente las tenía llenas de heridas.
Carlos estaba siempre enfermo,
tenía las manos llenas de manchas rojizas
y despedía un olor intolerable a yodoformo.
Ignacio hablaba siempre de su tierra
y mostraba su certificado de instrucción primaria
en un papel cuidadosamente doblado
y los cuatro iban quedándose dormidos
a la puerta del capitán del cuartel.

[Poemas proletarios]

Cruz, el gañán

Todas las mañanas, desde que se acuerda,
ha pasado por la tienda de Fidel
a tomar unos tragos de alcohol teñido
antes de sacar la yunta.
El sol va quitándole el frío primero,
luego ya le quema la espalda
y cuando es más fuerte, porque el Sol está en medio,
llega su mujer con el almuerzo y el jarro de pulque.
No hablan absolutamente nada,
mastican lentamente, en silencio
y luego ella recoge las cazuelas y se marcha
con pasos menudos
y él vuelve a instalarse detrás de la yunta
hasta que comienza a hacer frío y ya nada se ve.
Entonces vuelve a pasar por la tienda de Fidel
y se para en la puerta, estático, embozado en su poncho;
ve llegar a los chicos a comprar dos centavos de petróleo
o tres de azúcar o un litro de maíz
y luego se toma otros tragos de alcohol teñido
y vuelve, tropezándose, a su choza,
hablando solo en voz muy baja,
saludando a los que tropiezan en el camino,
y se acuesta al lado de su mujer.
El sábado le darán su raya
porque gana setenta y cinco centavos diarios.

Todas las mañanas, desde que se acuerda,
y los domingos, le queda más tiempo
para tomar tragos de alcohol teñido
y hablar, hablar, en voz muy baja, para sí mismo.

[*Poemas proletarios*]

Frida Kahlo

Cuando los pinceles vuelven a ser pinzas las posibilidades del vientre
Vulcano lleno de gasolina con un aneurisma en potencia
seres como Ceres o Ícaro con paracaídas en el Hospital Morelos
la organización roja de los glóbulos con el mapa de las terminales
puntos de partida y partido partidos a todas las partes parciales
correspondencia aérea tejida con una sola mano de cinco agujas
en el piso en el quinto piso en el canto paso en el conto peso
en el hondo pozo en el ando buzo en el indo beso
hasta que no salga de la tierra la escuela anatómica
de otro cadáver anciano hasta las mariposas de otro cadáver anciano
para volver a llevarse todas las ramas consigo
como un cohete como una granada como un vidrio estrellado
como una noticia como un telégrafo como la sangre
por las venas rojas y azules como los semáforos regularizados
como los sistemas de riego de riesgo de rasgo de raso de rizo
de Diego de ciego de llego de pego de niego
el color de la tierra entre algodones al pie de la cama
la langosta con el pensamiento en los cangrejos
vigilada por la policía que violó el reglamento
desde su condecoración de la Legión de Honor y los siete puñales
y la cabeza parlante instaló su teléfono su televisión
con ínfulas y tirabuzones a larga distancia
instalación local hacia los azahares azarosos
e instalación oculta y clima artificial hacia la terminal
de suerte que uno puede con ayuda del microscopio
leer en las líneas de la mano las constelaciones
de suerte que uno puede con ayuda del telescopio
observar cómo los colorantes revelan la existencia de las hormonas
asistir a una música estática elástica y sintonizarse
con la utilería del mundo llena de los trajes desechados de Wanamaker's
Wanamaker's y Child's han sido allí objeto de un monumento
y del puente colgante más grande del mundo

el camisón de la tehuana puesto a secar ha miado todo el Hudson
por donde los barcos de papel higiénico salen de vacaciones
con saludos de Christmas para Pompeya y sus productos
cuando la millonaria ha hecho que le bajen todo el almacén
y ha examinado las compañías de seguros contra la seguridad
los salones de belleza los discos de Rudy Vallee
los cereales llenos de vitaminas las espinacas llenas de tiempo
la complicación de los subterráneos previstos en los teléfonos
en las venas en el vidrio estrellado en el vidrio ahumado del eclipse
observado con un microscopio desde el Empire State Building
cuyo último piso también se hizo bajar la millonaria para sus sobrinos.

[Frida Kahlo]

◆

Gilberto Owen

(1905-1952)

Nieto de un minero irlandés, nace en El Rosario, Sinaloa. Estudia en Toluca y luego en la capital, donde se incorpora al grupo de Contemporáneos. Adscrito al cuerpo diplomático, vive en Estados Unidos, Ecuador, Perú y Colombia. Vicecónsul en Filadelfia, allí muere. Poesía: *Desvelo* (1952), *Línea* (1930), *Libro de Ruth* (1944), *Perseo vencido* (1949), *Poesía y prosa* (1953). En narrativa: *Novela como nube* (1928). El Fondo de Cultura Económica recopiló sus *Obras* (1979).

Lector fervoroso de Gide, Juan Ramón, Cocteau y Villaurrutia, Owen se inicia con prosas finas, suavemente pulidas, levemente monótonas. El contacto de la literatura anglosajona (Eliot, sobre todo) lo subvierte y lo lleva a impresiones y símbolos herméticos, a una estética aparentemente inaccesible, que sólo más tarde irá encontrando sus lectores. En *Sindbad el varado*, la magnífica elegía del amor viajero, la conversión en geografía y en naturaleza de los sentimientos, Owen extrema la falta de concesiones a la poesía tradicional y perfecciona el rechazo a la antigua lógica, todavía acatada de un modo u otro por sus coetáneos (así se proponga como enigma metafísico, o como "hallazgo lírico" que se hunde o se salva por su propia vehemencia). En Owen el hermetismo es real, y es legendaria la celebración de una poesía cuyas claves estarán siempre en otra parte, y que el lector deberá captar como un haz de sensaciones, ronda de imágenes "descoyuntadas", sostenidas por su pura potencia visual, por las asociaciones y evocaciones que suscita. Hoy, la cultura poética general lo ha alcanzado, y el vanguardista inaccesible es ya, de modo obvio, un poeta fundamental.

Espejo vacío

Busco desde mañana hasta el último día recordado
no puedo ver dónde te olí primero
supiera al menos en qué ángulo te deshojaste desvelada
aquel día fumabas por hacerte máscaras de humo
ahora ninguna te disfraza más que el aire
esa sombra a la izquierda del sol es la que te desnuda
ahora es la mitad negra de tu rostro la exacta
tu realidad es el misterio de la palabra que nada nombra

Sufro tu voz caída   poesía
se movía en árboles y se junta ahora en mudas alfombras
sabes que hay voces que nunca se muestran desdobladas
algunos maniquíes mal enseñados nunca giran
hacen girar en torno suyo a las que quisieran comprarlos

Ya no sé cuántos rostros hay que tirar para ser ángeles
he esperado hacia atrás el año de los vicios impunes
los gano sólo para esta sombra inmerecida
mírala regarse también en la tierra para oírte

[Línea]

Poema en que se usa mucho
la palabra amor

Comienza aquí una palabra vestida de sueño más música
lleva puñados de árboles en el viento pausado de Orfeo
en los ojos menos grandes que el sol pero mucho más vírgenes
mañanas eternas y que llegan hasta París y hasta China
ese otro ojo azul de párpados de oro en el dedo
no sabrías sin él Niágaras a tu espalda de espuma
tampoco el sueño duro en que ya nada cabe como nada en el huevo
iba el sabio bajo la fábula y volvió la cabeza
nadie sino él mismo recogería las hierbas desdeñadas
así me lloro vacío y lleno de mi pobreza como de sombra.

O acabo de inventar la línea recta
todo el horizonte fracasa después de sus mil siglos de ensayos
el mar no te lo perdonará nunca mi Dionysos
recuerda aquella postura en que yo era tu tío y que ha eternizado
otra fotografía desenfocada por un temblor de tierra en la luna.

[Línea]

Madrigal por Medusa

No me sueltes los ojos astillados,
se me dispersarían sin la cárcel
de hallar tu mano al rehuir tu frente,
dispersos en la prisa de salvarme.

Embelesado el pulso, como noche
feliz cuyos minutos no contamos,
que es noche nada más, amor dormido,
dolor bisiesto emparedado en años.

Cante el pez sitibundo, preso en redes
de algas en tus cabellos serpentinos,
pero tu voz se hiele en tu garganta
y no rompa mi muerte con su grito.

Déjame así, de estatua de mí mismo,
la cabeza que no corté, en la mano,
la espada sin honor, perdido todo
lo que gané, menos el gesto huraño.

[Perseo vencido]

Sindbad el varado
Bitácora de febrero
[Fragmentos]

Encontrarás tierra distinta de tu
tierra pero tu alma es una sola y
no encontrarás otra.

SINDBAD EL MARINO

Because I do not hope to turn again
Because I do not hope
Because I do not hope to turn.

T. S. ELIOT

Día primero. EL NAUFRAGIO

Esta mañana te sorprendo con el rostro tan desnudo que temblamos;
sin más que un aire de haber sido y sólo estar, ahora,
un aire que te cuelga de los ojos y los dientes,
correveidile colibrí, estático
dentro del halo de su movimiento.
Y no hablas. No hables,
que no tienes ya voz de adivinanza
y acaso te he perdido con saberte,
y acaso estás aquí, de pronto inmóvil,
tierra que me acogió de noche náufrago
y que al alba descubro isla desierta y árida;
y me voy por tu orilla, pensativo, y no encuentro
el litoral ni el nombre que te deseaba en la tormenta.

Esta mañana me consume en su rescoldo la conciencia de mis llagas;
sin ella no creería en la escalera inaccesible de la noche
ni en su hermoso guardián insobornable;
aquí me hirió su mano, aquí su sueño,
en Emel su sonrisa, en luz su poesía,
su desamor me agobia en tu mirada.

Y luché contra el mar toda la noche,
desde Homero hasta Joseph Conrad,
para llegar a tu rostro desierto
y en su arena leer que nada espere,
que no espere misterio, que no espere.

Con la mañana derogaron las estrellas sus señales y sus leyes
y es inútil que el cartógrafo dibuje ríos secos en la palma de la mano.

Día tres. AL ESPEJO

Me quedo en tus pupilas, sin convite a tu fiesta de fantasmas.

Adentro todos trenzan sus efímeros lazos,
yo solo afuera, y sin amor, mas prisionero,
yo, mozo de cordel, con mi lamento, a tu ventana,
yo, nuevo triste, yo, nuevo romántico.

Dentro de ti las nupcias de hielo al sol del árbol y la nube,
pareadas risas que se pierden por perdidos senderos,
la inevitable luna casi líquida,
el agua rota en trinos y en su música un lirio y una abeja en su estigma
y en su aguijón tu anhelo de olvidarme.

Yo, en alta mar de cielo
estrenando mi cárcel de jamases y siempres.

Dentro de ti, la casa, sus palmeras, su playa,
el mal agüero de los pavos reales,
jaibas bibliopiratas que amueblan sus guaridas con mis versos,
y al fondo el amarillo amargo mar de Mazatlán
por el que soplan ráfagas de nombres.
Mas si gritan el mío responden muchos rostros que yo no conocía
o que borró una esponja calada de minutos,
como el de ese párvulo que esta noche se siente solo e íntimo
y que suele llorar ante el retrato
de un gambusino rubio que se quemó en rosales de sangre al mediodía.

Día cuatro. ALMANAQUE

Todos los días 4 son domingos
porque los Owen nacen ese día,
cuando Él, pues descansa, no vigila
y huyen de sed en sed por su delirio.

Y, además, que ha de ser martes el 13
en que sabrán mi vida por mi muerte.

Día cinco. VIRGIN ISLANDS

Me acerco a las prudentes Islas Vírgenes
(la canela y el sándalo, el ébano y las perlas,
y otras, las rubias, el añil y el ámbar)
pero son demasiado cautas para mi celo
y me huyen, fingiéndose ballenas.

Ignorantina, espejo de distancias:
por tus ojos me ve la lejanía
y el vacío me nombra con tu boca,
mientras tamiza el tiempo sus arenas
de un seno al otro seno por tus venas.

Heloísa se pone por el revés la frente
para que yo le mire su pensar desde afuera,
pero se cubre el pecho cristalino
y no sabré si al fin la olvidaría
la llama errante que me habitó sólo un día.

María y Marta, opuestos sinsabores
que me equilibraron en vilo
entre dos islas imantadas,
sin dejarme elegir el pan o el sueño
para soñar el pan por madurar mi sueño.

La inexorable Diana, e Ifigenia,
vestal que sacrifica a filo de palabras
cuando a filo de alondras agoniza Julieta,
y Juana, esa visión dentro de una armadura,
y Marcia, la perennemente pura.

Y Alicia, Isla, país de maravillas,
y mi prima Águeda en mi hablar a solas,
y Once Mil que se arrancan los rostros y los nombres
por servir a la plena de gracia, la más fuerte
ahora y en la hora de la muerte.

Día siete. EL COMPÁS ROTO

Pero esta noche el capitán, borracho
de ron y de silencios,
me deja la memoria a la deriva,
y este viento civil entre los árboles
me sabe amar, me sabe a mar colérico en los mástiles,
a memoria morosa en las heridas,
a norte y sur de rosa de los tiempos.

Día ocho. LLAGADO DE SU MANO

La ilusión serpentina del principio
me tentaba a morderte fruto vano
en mi tortura de aprendiz de magia.

Luego, te fuiste por mis siete viajes
con una voz distinta en cada puerto
e idéntico quemarte en mi agonía.

Lascivia temblorosa de las tardes de lluvia
cuando tu cuerpo balbucía en Morse
su respuesta al mensaje del tejado.

Y la desesperada de aquel amanecer
en el Bowery, transidos del milagro,
con nuestro amor sin casa entre la niebla.

Y la pluvial, de una mirada sola
que te palpó, en la iglesia, más desnuda
vestida en carmesí lluvia de sangre.

Y la que se quedó en bajorrelieves
en la arena, en el hielo y en el aire,
su frenesí mayor sin tu presencia.

Y la que no me atrevo a recordar,
y la que me repugna recordar,
y la que ya no puedo recordar.

Día once. LLAGADO DE SU SUEÑO

Encima de la vida, inaccesible,
negro en los altos hornos y blanco en mis volcanes
y amarillo en las hojas supérstites de octubre,
para fumarlo a sorbos lentos de copos ascendentes,
para esculpir sus monstruos en las últimas nubes de la tarde
y repasar su geometría con los primeros pájaros del día.

Debajo de la vida, impenetrable,
veta que corre, estampa del río que fue otrora,
y del que es, cenote de un Yucatán en carne viva,
y Corriente del Golfo contra climas estériles,
y entrañas de lechuzas en las que leo mis augurios.

Al lado de la vida, equidistante
de las hambres que no saciamos nunca
y las que nunca saciaremos,
pueril peso en el pico de la pájara pinta
o viajero al acaso en la pata del rokh,
hongo marciano, pensador y tácito,
niño en los brazos de la yerma, y vida,
una vida sin tiempo y sin espacio,
vida insular, que el sueño baña por todas partes.

Día doce. LLAGADO DE SU POESÍA

Tu tronco de misterio es lo que me apuntala un cielo en ruinas.
Mis ojos solos no podían ya evitarme su caída.
Me enredo en sus raíces de lecturas mal soñadas,
me agosto en su hojarasca de frustradas invenciones,
pero tu tronco sobrevive a mis inviernos.

Lo ven por fuera, retorcido, muerto, oscuro,
pero hay una rendija para fisgar, y miro:

Yo voy por sus veredas claustradas que ilumina
una luz que no llega hasta las ramas
y que no emana de las raíces,
y que me multiplica, omnipresente,
en su juego de espejos infinito.

Yo cruzo sin respiro por su aire irrespirable
que desnuda un prodigio en cada voz con sólo dibujarla
y en cada pensamiento con sentirlo.

Me asomo a sus inmóviles canales y me miro
de pájaro en el agua o de pez en el aire,
ahogándome en las formas mutables de su esencia.

Día quince. SEGUNDA FUGA
("Un coup de dés")

Alcohol, albur ganado, canto de cisne del azar.
Sólo su paz redime del Anciano del Mar
y de su erudita tortura.
Alcohol, ancla segura y abolición de la aventura.

Día dieciséis. EL PATRIOTERO

Para qué huir. Para llegar al tránsito
heroico y ruin de una noche a la otra
por los días sin nadie de una Bagdad olvidadiza
en la que ya no encontraré mi calle;
a andar, a andar por otras de un infame pregón en cada esquina,
reedificando a tientas mansiones suplantadas.

Acaso los muy viejos se acordarán a mi cansancio,
o acaso digan: "Es el marinero
que conquistó siete poemas,
pero la octava vez vuelve sin nada".

El cielo seguirá en su tarea pulcra
de almidonar sus nubes domingueras,
¡pero en mis ojos ha llovido en tantos deplorables paisajes!

La luz miniaturista seguirá dibujando
sus intachables árboles, sus pájaros exactos,
¡pero sobre mi frente no han arado en el mar tantas tinieblas!

La catedral sentada en su cátedra docta
dictará sumas de arte y teología,

pero ya en mis orejas sólo habita el zumbido
de un diablillo churrigueresco
y una cascada con su voz de campana cascada.

No huir. ¿Para qué? Si este dieciséis de Febrero borrascoso
volviera a serlo de Septiembre.

Día diecisiete. NOMBRES

Preso mejor. Tal vez así recuerde
otra iglesia, la catedral de Taxco,
y sus piedras que cambian de forma con la luz de cada hora.

Las calles ebrias tambaleándose por cerros y hondonadas,
y no lo sé, pero es posible que llore ocultamente,
al recorrer en sueños algún nombre:
"Callejón del Agua Escondida".

O bajaré al puerto nativo
donde el mar es más mar que en parte alguna:
blanco infierno en las rocas y torcaza en la arena
y amarilla su curva femenil al poniente.
Y no lo sé, pero es posible que oiga mi primer grito
al recorrer en sueños algún nombre:
"El Paseo de Cielo de Palmeras".

O en Yuriria veré la mocedad materna,
plácida y tenue antes del Torbellino Rubio.
Ella estará deseándome en su vientre
frente al gran ojo insomne y bovino del lago,
y no lo sé, pero es posible que me sienta nonato
al recorrer en sueños algún nombre:
"Isla de la Doncella que aún Aguarda".

O volveré a leer teología en los pájaros
a la luz del Nevado de Toluca.
El frío irá delante, como un hermano más esbelto y grave
y un deshielo de dudas bajará por mi frente,
y no lo sé, pero es posible que me mire a mí mismo
al recorrer en sueños algún nombre:
"La Calle del Muerto que Canta".

Día veinte. RESCOLDOS DE CANTAR

Más supo el laberinto, allí, a su lado,
de tu secreto amor con las esferas,
mar martillo que gritas en yunques pitagóricos
la sucesión contada de tus olas.

Una tarde inventé el número siete
para ponerle letra a la canción trenzada
en el corro de niñas de la Osa Menor.

Estuve con Orfeo cuando lo destrozaban brisas fingidas vientos,
con San Antonio Abad abandoné la dicha
entre un lento lamento de mendigos,
y escuché sin amarras a unas sirenas que se llamaban Niágara,
o Tequendama, o Iguazú.

Y la guitarra de Rosa de Lima
transfigurada por la voz plebeya,
y los salmos, la azada, el caer de la tierra
en el sepulcro del largo frío rubio
que era idéntico a Búffalo Bill
pero más dueño de mis sueños.

Todo eso y más oí, o creí que lo oía.

Pero ahora el silencio congela mis orejas;
se me van a caer pétalo a pétalo;
me quedaré completamente sordo;
haré versos medidos con los dedos;
y el silencio se hará tan pétreo y mudo
que no dirá ni el trueno de mis sienes
ni el habla de burbujas de los peces.

Y no habré oído nunca lo que nadie me dijo:
tu nombre, poesía.

Día veintitrés. Y TU POÉTICA

Primero está la noche con su caos de lecturas y de sueños.
Yo subo por los planos que se dejan encendidos hasta el alba;
arriba el día me amenaza con el frío ensangrentado de su aurora
y no sabré el final de ese nocturno que empezaba a dibujarme,
ni las estrellas me dirán cuál fue, cabal, mi nombre. Ni mi rostro.

Si no es amor, ¿qué es esto que me agobia de ternura?
Mañana inútil: pájaros y flores sin testigos.
La esposa está dormida y a su puerta imploro en vano;
querrá decir mi nombre con los labios incoloros entreabiertos,
los párpados pesados de buscarme por el cielo de la muerte.

Mas no estaré en sus ojos para verme renacer al despertarse
y cuando me abra, al fin, preguntará sin voz: ¿quién eres?
El luto de la casa —todo es humo ya y lo mismo— que jamás habitaremos;
el campo abierto y árido que lleva a todas partes y a ninguna.
¿A dónde, a qué otra noche, irá el viudo por la tarde borrascosa?

Día veinticinco. YO NO VI NADA

Mosca muerta canción del no ver nada,
del nada oír, que nada es.

De yacer en sopor de tierra firme
con puertos como párpados cerrados, que no azota
la tempestad de un mar de lágrimas
en el que no logré perderme.

De estar, mediterránea charca aceda,
bajo el sueño dormido de los pinos, inmóviles
como columnas en la nave de una iglesia abandonada,
que pudo ser el vientre
de la ballena para el viaje último.

De llamar a mi puerta y de oír que me niegan
y ver por la ventana que sí estaba yo adentro,
pues no hubo, no hubo
quien cerrara mis párpados a la hora de mi paso.

Sucesión de naufragios, inconclusos
no por la cobardía de pretender salvarme,
pues yo llamaba al buitre de tu luz
a que me devorara los sentidos,
pero mis vicios renacían siempre.

Día veintisiete. JACOB Y EL MAR

Qué hermosa eres, Diablo, como un ángel con sexo pero mucho más despiadada,
cuando te llamas alba y mi noche es más noche de esperarte,
cuando tu pie de seda se clava de caprina pezuña en mi abstinencia,
cuando si eres silencio te rompes y en mis manos repican a rebato tus dos senos,
cuando apenas he dicho amor y ya en el aire está sin boca el beso y la ternura
    sin empleo aceda,
cuando apenas te nombro flor y ya sobre el prado ruedan los labios del clavel,
cuando eres poesía y mi rosa se inclina a oler tu cifra y te me esfumas.
Mañana habrá en la playa otro marino cojo.

Día veintiocho. FINAL

Mañana. Acaso el sol golpea en dos ventanas que entran en erupción.
Antes salen los indios que pasan al mercado tiritando con todo el trópico a la
    espalda.
Y aún antes
los amantes se miran y se ven tan ajenos que se vuelven la espalda.

Antes aún
ese ángel de la guarda que se duerme borracho mientras allí a la vuelta matan
    a su pupilo:
¿Qué va a llevar más que el puñal del grito último a su Amo?
¿Qué va a mentir?

"Lo hiciste cieno y vuelve humo pues ardió como Te amo."

Tal vez mañana el sol en mis ojos sin nadie,
tal vez mañana el sol,
tal vez mañana,
tal vez.

[Perseo vencido]

Tres versiones superfluas
(Para el día veintinueve de los años bisiestos)

PRIMERA
DISCURSO DEL PARALÍTICO

Encadenado al orden.
Abate Bremond

Cómo fatiga el orden.
Espronceda

Encadenado al cielo, en paz y orden,
mutilado de todo lo imperfecto,
en esta soledad desmemoriada
—paisaje horizontal de arena o hielo—
nada se mueve y ya nada se muere
en la pureza estéril de mi cuerpo.

Sólo la ausencia. Sólo las ausencias.
A la luz que me ofusca, en el silencio
del aire ralo inmóvil que me envuelve
en las nubes de roca de este cielo
de piedra de mi mundo de granito,
sólo una ausencia viuda de recuerdos.

Pues quise ver la lumbre en las ciudades
malditas. Quise verlas flor de fuego.
Quise verlas el miércoles. Al frente
no me esperaba ya sino un incesto
y el carnaval quemaba en sus mejillas
el último arrebol de mi deseo.

Aquí me estoy. La sal va por mis brazos
y no llega a mis ojos, río yerto,
río más tarde aún que la cisterna
del pulso de mi sombra en el espejo,
camino desmayado aquí, a la puerta
de mi Cafarnaúm, allí, tan lejos.

No ser y estar en todas las fronteras
a punto de olvidarlo o recordarlo todo totalmente.

En mi lenguaje de crepúsculos
no hay ya las voces mediodía, ni altanoche, ni sueño.

Por mi cuerpo tendido no han de llegar las olas a la playa
y no habrá playas nunca,
y por mí, horizontal, no habrá nunca horizontes.

Hosco arrecife, aboliré los litorales.
Los barcos vagarán sin puerto y sin estela
—pues yo estaré entre su quilla y el agua—
40 noches y 40 días,
hasta la consumación de los siglos.

(Si tuviera mis ojos, mis dedos, mis oídos,
iba a pensar una disculpa para cantarla esa mañana.)

Venganza, en carne mía, de la estatua
que condené para mi gula al tiempo,
a moverse, olvidada de sus límites,
a palabras de vidrio sus silencios.
Venganza de la estatua envejecida
por el fláccido mármol de su seno.

Y Coventry. La lumbre que mis ojos
en los ijares lánguidos hundieron,
Lady Godiva que se me esfumaba
muy nube arrebatada por el viento,
y era Diana dura, o sus lebreles,
o la hija de Forkis y de Ceto.

Porque yo tuve un día una mañana
y un amor. Fino y frío amor, tan claro
que lo empañaba el tacto de pensarlo.

Vi al caballo de azogue y al pez lúbrico
por cuya piel los ríos se deslizan,
lentos para su imagen evasiva.

Y tendría también un nombre, pero
no logró aprehenderlo la memoria,
pues mudaba de sílabas su idioma
cuando las estaciones de paisajes.

Aún canta el hueco que dejó en mi mano
la traslúcida mano de su sombra,
y en mi oreja el mar múltiple del eco
de sus pausas aún brilla.

Huyó la forma de su pensamiento
a la Belén alpina o subterránea
donde los ríos nacen, y velaron
su signo las palomas de Dodona.

Y una voz en las rutas verticales
del mediodía al mediodía por mis ojos:

"Cuando el sol se caía del cielabril de México
el aire se quedaba iluminado hasta la aurora."

"Las muchachas pasaban como cocuyos
con un incendio de ámbar a la grupa,
y en nuestros rostros de ángeles ardían canciones y alcoholes
con una llama impúdica e impune."

"Nuestras sombras se iban de nosotros,
amputaban de nuestros pies los suyos
para irse a llorar a los antípodas
y decíamos luna y miel y triste y lágrima
y eran simples figuras retóricas."

(¿No recuerdas, Winona, no recuerdas
aquel cuarto de Chelsea? El alto muro
contra los muros altos, y las cuerdas
con su ropa a secar al aire impuro.

Y el río de tu cuerpo, desbordado
de luz de desnudez, y más desnuda
adentro de sus aguas, tú, y al lado
tuyo tu alma mucho más desnuda.

Y recuerda, Winona, aquel instante
de aquel estío que arrojó madura
tu cereza en la copa del amante.

Y el grito que me guiaba en la espesura
de tu fiebre, y mi fiebre calcinante
entrelazada a tu desgarradura.)

Pero la tarde todo lo diluye.

La luz revela sus siete pecados
que nos fingieron una salud sola
y oímos y entendemos y decimos
las blancas voces que a la voz repugnan:
lágrimas, miel, candor, melancolía.

Porque la tarde todo lo dispersa.

Todas las mozas del mundo destrenzan sus brazos y acaba la ronda.
A las seis de la tarde se sale de las cárceles
y están cerradas las iglesias.
Nada nos ata a nada
y, en libertad, pasamos.

Mirad, la tarde todo me dispersa.

Que ya despierte el que me sueña.

Va a despertar exhausto, Segismundo:
un helado sudor y un tenebroso
vacío entre las sienes. Pero el premio
que habrá en su apremio de sentirse móvil...

Alargará las manos ateridas
y de su vaso brotará la blanca
flor de la sal de frutas. Y en cien gritos
repetirá su nombre y todo el día
saltará por los campos su alarido.
Y por la noche ha de llegar exhausto,
mas no podrá dormirse, Segismundo.

Que ya despierte. Son treinta y tres siglos,
son ya treinta y tres noches borrascosas,
que le persigo yo, su pesadilla,
y el rayo que le parta o le despierte.
Quien lo tiene en sus manos me lo esquiva.

CLAVE

Donde el silencio ya no dice nada
porque nadie lo oye; a esta hora
que no es la noche aún sino en los vacuos
rincones en que ardieron nuestros ojos;

donde la rosa no es ya sino el nombre
sin rosa de la rosa y nuestros dedos
no saben ya el contorno de las frutas
ni los labios la pulpa de los labios,

grita Elías (arrebatado en llamas
a cualquier punto entre el cielo y la tierra),
grita Elías su ley desacordada
en el viento enemigo de las leyes:

"Cuando la luz emana de nosotros
todo dentro de todos los otros queda en sombras
y cuando nos envuelve
¡qué negra luz nos anochece adentro!"

[*Perseo vencido*]

Libro de Ruth
[Fragmentos]

> *Y aconteció que, a la media noche, se
> estremeció aquel hombre, y palpó: y
> he aquí la mujer, que estaba acostada
> a sus pies.*
>
> RUTH, III-8

BOOZ SE IMPACIENTA

Entonces doblarán las doce de la noche
y el Caos
acogerá sonriente al hijo pródigo.

Pasan sin nadie todos los tranvías.
Su huracán de esperanzas no para en las esquinas de mi cuerpo.
Ni su trueno. Ni un piano. Ni los grillos.

Las mujeres apagan las lámparas del mundo entero.
El cielo sus estrellas. Yo mi espera.
Cierran sin ruido todas las ventanas.
Dedos que no son tuyos han bajado mis párpados.
Ya no vienes. No llegas.
Más allá de las doce no se puede ver nada.

Pero aún no es la noche.
Todavía la tarde te espera deshojándome,
robándote mi carne trozo a trozo:
las pupilas primero, que se van a cansadas lejanías
como dos niños ávidos, perdidos
en la busca de algo que no saben;
el rescoldo en mi boca pronto será ceniza
de adivinarte en todos los nombres de lo creado
con mi voz amarilla y áspera de toronja;
y mis manos, callosas de esculpir en el aire
el fiel vacío exacto que llenará la forma de tu gracia.
Así iré mutilándome hasta las doce de la noche,
mas si llegaras un minuto antes
en él todas mis dichas vivirías de nuevo.

Deja la luz sin sexo en que te ahogas,
ángel mientras mi lecho no te erija mujer;
sal de la voz marina que te sueña,
sirena sin canción mientras yo no la oiga;
deja la arcilla informe que habitas y que eres
en tanto que mis dedos no modelen tu estatua;
sal del bosque de horas inmóviles en que te pierdes,
corza sin pulso mientras mi miedo no te anime;
deja el no ser de tu Moab incierta;
sal ya de ti. Mis pies están helándose.
Más allá de las doce no se puede ser nada.

BOOZ ENCUENTRA A RUTH

Traes un viento que mueve los rascacielos más tercos y que te ciñe para
    mostrarme cómo fue la cabeza de la Victoria de Samotracia,
y que luego te humilla a recoger espigas desdeñadas.

Traes un viento que llega de cabellos noruegos a alisarte los tuyos.
Traes un viento que lame tu nombre en las cien lenguas de Babel, y en él me
    traes a nacer en mí.

Y es nacer a la muerte que acecha en los festines de un octubre sin fin y sin castigo,
una muerte que desde mí te acecha en las ciudades y en las horas y en los aviones
    de cien pasajeros.
Fausto que te persigue desde el episodio fatal de la siega en mis manos
    nudosas y tiernas de asesino.
De mí saldrás exangüe y destinada a sueño como las mariposas que capturan
    los dedos crueles de los niños;
de mí saldrás seca y estéril como las maldiciones escondidas en los versos de
    amor que nadie escucha.

Huye de mí, que soy *elvientoeldiablo* que te arrastra.

[*Perseo vencido*]

De la ardua lección

Ahora vas a oír, Natanael, a un hombre
que a pesar de sus malas compañías, los ángeles,
se salvó de ser ángel con ser hombre;
míralo allá: pensil de aquella estrella
les sonríe lección de humanidades,
que es de sensualidades y de hambres.

Les dice: "Sea tu frente
alta y limpia y severa como el cielo de México
para que las cejas dibujen las dos montañas desiguales que lo sostienen;
que tu ojo izquierdo ignore lo que lea tu ojo derecho
para que el mundo brille tan virginal como el prístino día;
que en el juicio de Paris de tu nariz Helena se llame siempre rosa
para que la guerra de Troya estalle pronto
y sepas lo fatal y el mar y Ulises;
y que tu boca muerda los frutos verdes y los frutos maduros
y algunas veces hasta los acedos,
pero tu oreja reine fina e insobornable
como la tierna yema de tus dedos,
porque tu rostro salga idéntico a tu máscara
cuando la muerte llegue y te arranque la máscara".

Les dice: "El tiempo es una voz
hallada entre segundos como sílabas,
que si es poesía escribirás con equis
y si es su conciencia se ha de llamar en números romanos quince;
tiene los doce pétalos de rosa de la escala,
y es el trébol feliz de cuatro hojas
que forma las praderas y sus distancias y sus estaciones,
y cuando es punta de lanza ensangrentada que palpita
los hombres lo sentimos corazón
porque una mala noche nos atraviesa el corazón".

Les dice: "Si has de llorar,
que sea con los ojos de la soledad en un cuadro,
o vete como un Owen a la estación más honda del *subway*,
debajo de las piedras que se robaron de Prades
donde habita la virgen mutilada que oyó las infidencias de Abelardo.
Pero si te da miedo, sigue de ángel y no llores".

[*Poesía y prosa*]

◆

Efraín Huerta

(1914-1982)

Nace en Silao, Guanajuato. En la capital, abandona la carrera de Leyes, participa en la revista *Taller Poético* (con Rafael Solana, Octavio Paz, Neftalí Beltrán y Alberto Quintero Álvarez) y se radicaliza a partir de las grandes experiencias de su generación: la guerra civil española y el gobierno del presidente Cárdenas. Periodista político y de espectáculos. Premio Nacional de Literatura en 1976. Muere en la Ciudad de México.

A Huerta se le ha calificado, o etiquetado, de poeta social. Sin duda, fue el único escritor de primera línea que incurrió por momentos en el realismo socialista, con su cauda sexista. (Véanse al respecto algunos textos, por lo demás de una energía todavía actual: *Poemas de guerra y esperanza* de 1943, *¡Mi país, oh mi país!* de 1959, *Elegía de la policía montada* de 1959, *Poemas prohibidos y de amor* de 1973). Pero también Huerta es amoroso y satírico, profeta urbano, el primero de nuestros poetas que asume el fatalismo de la gran ciudad y lo convierte en una estética. De la exaltación del alba —ese símbolo progresista de los años treinta, la ambición de fundir utopía con juventud y con arraigo en las causas supremas— Huerta se desplaza a un territorio sórdido y esplendente, la proyección o la negación de los individuos. Si la sensación amorosa es un rito enumerativo, la Ciudad, para Huerta, nunca será "irreal", sino un rito propiciatorio que, sólo vulnerable a la pasión, representa grandezas y bajezas del comportamiento. Una Ciudad se traslada a un cuerpo y a un espíritu, a las luchas radicales y a la consumación carnal. En sus calles se entrecruzan el fulgor democrático y el autoritarismo, y en sus hoteles o en los paseos agoreros en un camión Juárez-Loreto, se consuman la frustración o la redención irónica.

Desde 1968, Huerta se convirtió en influencia primordial entre los jóvenes, lo que se acrecentó al crear él un género rápidamente plagiado: los *poemínimos*, acertijos graciosos, jaikáis humorísticos que contrastan con el desbordamiento erótico, urbano y político del resto de su obra. Otros libros: *Absoluto amor* (1935), *Línea del alba* (1936), *Los hombres del alba* (1944), *La rosa primitiva* (1950), *Poesía* (1951), *Estrella en alto* (1956), *El Tajín* (1963), *Poesía, 1935-1968* (1968), *Los eróticos y otros poemas* (1974), *Circuito interior* (1977), *Estampida de poemínimos* (1980).

Línea del alba

IV

Alba de añil vagando entre palomas,
asombro de montañas y de plumas,
blanda manta del día, perfecta causa
de los estanques con violines claros.

Alba de añil soñando por jardines,
con sorpresa de estatuas y ventanas,
puliendo los deseos, dando serenas
y templadas columnas al olvido.

Alba de añil, apresurada fruta,
deshecha estrella reclamando sitio,
lluvia de cabelleras, miel sin ruta,
alba suave de codos en el valle.

Alba de añil hiriéndonos la muerte
que tenemos por sueño y por amor,
desesperando besos, despedidas,
tirando espejos en el mar del día.

VI

Cuchillos en tumulto.
El alba de metal y de tormenta en frío,
enloquecido templo de suspiros,
rotundo piano en que maduran manzanas.
Agua furiosamente labrada,
agua del alba.

La lluvia del alba es una caída de guitarras.
Alba sonora de centellas,
tumulto en puntas de cuchillos.

(El alba de tu vientre,
de tu sexo,
sobre el chorro de mármol de tus piernas,
en esa quieta espuma de tus pies.)

Aire líquido,
soberano del alba entre la lluvia
linda de altiplanicie,
cuchillada del sol sobre el deseo,
agrietando el placer,
entumeciendo sábanas y labios.

[*Línea del alba*]

Declaración de odio

Estar simplemente como delgada carne ya sin piel,
como huesos y aire cabalgando en el alba,
como un pequeño y mustio tiempo
duradero entre penas y esperanzas perfectas.
Estar vilmente atado por absurdas cadenas
y escuchar con el viento los penetrantes gritos
que brotan del océano:
agonizantes pájaros cayendo en la cubierta
de los barcos oscuros y eternamente bellos,
o sobre largas playas ensordecidas, ciegas
de tanta fina espuma como miles de orquídeas.
Porque, ¡qué alto mar, sucio y maravilloso!

Hay olas como árboles difuntos,
hay una rara calma y una fresca dulzura,
hay horas grises, blancas y amarillas.
Y es el cielo del mar, alto cielo con vida,
que nos entra en la sangre, dando luz y sustento
a lo que hubiera muerto en las traidoras calles,
en las habitaciones turbias de esta negra ciudad.
Esta ciudad de ceniza y tezontle cada día menos puro,
de acero, sangre y apagado sudor.

Amplia y dolorosa ciudad donde caben los perros,
la miseria y los homosexuales,
las prostitutas y la famosa melancolía de los poetas,
los rezos y las oraciones de los cristianos.
Sarcástica ciudad donde la cobardía y el cinismo son alimento diario
de los jovencitos alcahuetes de talles ondulantes,
de las mujeres asnas, de los hombres vacíos.

Ciudad negra o colérica o mansa o cruel,
o fastidiosa nada más: sencillamente tibia.
Pero valiente y vigorosa porque en sus calles viven los días rojos y azules
de cuando el pueblo se organiza en columnas,
los días y las noches de los militantes comunistas,
los días y las noches de las huelgas victoriosas,
los crudos días en que los desocupados adiestran su rencor
agazapados en los jardines o en los quicios dolientes.

¡Los días en la ciudad! Los días pesadísimos
como una cabeza cercenada con los ojos abiertos.
Estos días como frutas podridas.
Días enturbiados por salvajes mentiras.
Días incendiarios en que padecen las curiosas estatuas
y los monumentos son más estériles que nunca.

Larga, larga ciudad con sus albas como vírgenes hipócritas,
con sus minutos como niños desnudos,
con sus bochornosos actos de vieja díscola y aparatosa,
con sus callejuelas donde mueren extenuados, al fin,
los roncos emboscados y los asesinos de la alegría.

Ciudad tan complicada, hervidero de envidias,
criadero de virtudes deshechas al cabo de una hora,

páramo sofocante, nido blando en que somos
como palabra ardiente desoída,
superficie en que vamos como un tránsito oscuro,
desierto en que latimos y respiramos vicios,
ancho bosque regado por dolorosas y punzantes lágrimas,
lágrimas de desprecio, lágrimas insultantes.

Te declaramos nuestro odio, magnífica ciudad.
A ti, a tus tristes y vulgarísimos burgueses,
a tus chicas de aire, caramelos y films americanos,
a tus juventudes *ice cream* rellenas de basura,
a tus desenfrenados maricones que devastan
las escuelas, la plaza Garibaldi,
la viva y venenosa calle de San Juan de Letrán.

Te declaramos nuestro odio perfeccionado a fuerza de sentirte cada día más
    inmensa,
cada hora más blanda, cada línea más brusca.
Y si te odiamos, linda, primorosa ciudad sin esqueleto,
no lo hacemos por chiste refinado, nunca por neurastenia,
sino por tu candor de virgen desvestida,
por tu mes de diciembre y tus pupilas secas,
por tu pequeña burguesía, por tus poetas publicistas,
¡por tus poetas, grandísima ciudad!, por ellos y su enfadosa categoría
    de descastados,
por sus flojas virtudes de ocho sonetos diarios,
por sus lamentos al crepúsculo y a la soledad interminable,
por sus retorcimientos histéricos de prometeos sin sexo
o estatuas del sollozo, por su ritmo de asnos en busca de una flauta.

Pero no es todo, soberana ciudad de lenta vida.
Hay por ahí escondidos, asustados, acaso masturbándose,
varias docenas de cobardes, niños de la teoría,
de la envidia y el caos, jóvenes del "sentido práctico de la vida",
ruines abandonados a sus propios orgasmos,
viles niños sin forma mascullando su tedio,
especulando en libros ajenos a lo nuestro.
¡A lo nuestro, ciudad!, lo que nos pertenece,
lo que vierte alegría y hace florecer júbilos,
risas, risas de gozo de unas bocas hambrientas,
hambrientas de trabajo,
de trabajo y orgullo de ser al fin varones
en un mundo distinto.

Así hemos visto limpias decisiones que saltan
paralizando el ruido mediocre de las calles,
puliendo caracteres, dando voces de alerta,
de esperanza y progreso.
Son rosas o geranios, claveles o palomas,
saludos de victoria y puños retadores.
Son las voces, los brazos y los pies decisivos,
y los rostros perfectos, y los ojos de fuego,
y la táctica en vilo de quienes hoy te odian
para amarte mañana cuando el alba sea alba
y no chorro de insultos, y no río de fatigas,
y no una puerta falsa para huir de rodillas.

[*Los hombres del alba*]

La muchacha ebria

Este lánguido caer en brazos de una desconocida,
esta brutal tarea de pisotear mariposas y sombras y cadáveres;
este pensarse árbol, botella o chorro de alcohol,
huella de pie dormido, navaja verde o negra;
este instante durísimo en que una muchacha grita,
gesticula y sueña por una virtud que nunca fue la suya.
Todo esto no es sino la noche,
sino la noche grávida de sangre y leche,
de niños que se asfixian,
de mujeres carbonizadas
y varones morenos de soledad
y misterioso, sofocante desgaste.
Sino la noche de la muchacha ebria
cuyos gritos de rabia y melancolía
me hirieron como el llanto purísimo,
como las náuseas y el rencor,
como el abandono y la voz de las mendigas.

Lo triste es este llanto, amigos, hecho de vidrio molido
y fúnebres gardenias despedazadas en el umbral de las cantinas,
llanto y sudor molidos, en que hombres desnudos, con sólo negra barba
y feas manos de miel se bañan sin angustia, sin tristeza:
llanto ebrio, lágrimas de claveles, de tabernas enmohecidas,
de la muchacha que se embriaga sin tedio ni pesadumbre,

de la muchacha que una noche —y era una santa noche—
me entregara su corazón derretido,
sus manos de agua caliente, césped, seda,
sus pensamientos tan parecidos a pájaros muertos,
sus torpes arrebatos de ternura,
su boca que sabía a taza mordida por dientes de borrachos,
su pecho suave como una mejilla con fiebre,
y sus brazos y sus piernas con tatuajes,
y su naciente tuberculosis,
y su dormido sexo de orquídea martirizada.

Ah la muchacha ebria, la muchacha del sonreír estúpido
y la generosidad en la punta de los dedos,
la muchacha de la confiada, inefable ternura para un hombre,
como yo, escapado apenas de la violencia amorosa.
Este tierno recuerdo siempre será una lámpara frente a mis ojos,
una fecha sangrienta y abatida.

¡Por la muchacha ebria, amigos míos!

[*Los hombres del alba*]

Los hombres del alba

Y después, aquí, en el oscuro seno del río más oscuro,
en lo más hondo y verde de la vieja ciudad,
estos hombres tatuados: ojos como diamantes,
bruscas bocas de odio más insomnio,
algunas rosas y azucenas en las manos
y una desesperante ráfaga de sudor.

Son los que tienen en vez de corazón
un perro enloquecido,
o una simple manzana luminosa,
o un frasco con saliva y alcohol,
o el murmullo de la una de la mañana,
o un corazón como cualquiera otro.

Son los hombres del alba.
Los bandidos con la barba crecida
y el bendito cinismo endurecido,

los asesinos cautelosos
con la ferocidad sobre los hombros,
los maricas con fiebre en las orejas
y en los blandos riñones,
los violadores,
los profesionales del desprecio,
los del aguardiente en las arterias,
los que gritan, aúllan como lobos
con las patas heladas.
Los hombre más abandonados,
más locos, más valientes:
los más puros.

Ellos están caídos de sueño y esperanzas,
con los ojos en alto, la piel gris
y un eterno sollozo en la garganta.
Pero hablan. Al fin, la noche es una misma
siempre, y siempre fugitiva:
es un dulce tormento, un consuelo sencillo,
una negra sonrisa de alegría,
un modo diferente de conspirar,
una corriente tibia temerosa
de conocer la vida un poco envenenada.
Ellos hablan del día. Del día,
que no les pertenece, en que no se pertenecen,
en que son más esclavos: del día,
en que no hay más caminos
que un prolongado silencio
o una definitiva rebelión.

Pero yo sé que tienen miedo del alba.
Sé que aman la noche y sus lecciones escalofriantes.
Sé de la lluvia nocturna cayendo
como sobre cadáveres.
Sé que ellos construyen con sus huesos
un sereno monumento a la angustia.
Ellos y yo sabemos estas cosas:
que la gemidora metralla nocturna,
después de alborotar brazos y muertes,
después de oficiar apasionadamente
como madre del miedo,
se resuelve en rumor,

en penetrante ruido,
en cosa helada y acariciante,
en poderoso árbol con espinas plateadas,
en reseca alambrada:
en alba. En alba
con eficacia de pecho desafiante.

Entonces un dolor desnudo y terso
aparece en el mundo.
Y los hombres son pedazos de alba,
son tigres en guardia,
son pájaros entre hebras de plata,
son escombros de voces.
Y el alba negrera se mete en todas partes:
en las raíces torturadas,
en las botellas estallantes de rabia,
en las orejas amoratadas,
en el húmedo desconsuelo de los asesinos,
en la boca de los niños dormidos.

Pero los hombres del alba se repiten
en forma clamorosa,
y ríen y mueren como guitarras pisoteadas,
con la cabeza limpia
y el corazón blindado.

[*Los hombres del alba*]

La noche de la perversión

El caracol del ansia, ansiosamente
se adhirió a las pupilas, y una especie de muerte
a latigazos creó lo inesperado.
A pausas de veneno, la desdichada flor de la miseria
nos penetró en el alma, dulcemente,
con esa lenta furia de quien sabe lo que hace.

Flor de la perversión, noche perfecta,
tantas veces deseable maravilla y tormenta.
Noche de una piedad que helaba nuestros labios.
Noche de a ciencia cierta saber por qué se ama.

Noche de ahogarme siempre en tu ola de miedo.
Noche de ahogarte siempre en mi sordo desvelo.

Noche de una lujuria de torpes niños locos.
Noche de asesinatos y sólo suave sangre.
Noche de uñas y dientes, mentes de calosfrío.
Noche de no oír nada y ser todo, imperfectos.
Hermosa y santa noche de crueles bestezuelas.

Y el caracol del ansia, obsesionante,
mataba las pupilas, y mil odiosas muertes
a golpes de milagro crearon lo más sagrado.
Fue una noche de espanto, la noche de los diablos.
Noche de corazones pobres y enloquecidos,
de espinas en los dedos y agua hirviendo en los labios.
Noche de fango y miel, de alcohol y de belleza,
de sudor como llanto y llanto como espejos.
Noche de ser dos frutos en su plena amargura:
frutos que, estremecidos, se exprimían a sí mismos.

Yo no recuerdo, amada, en qué instante de fuego
la noche fue muriendo en tus brazos de oro.
La tibia sombra huyó de tu aplastado pecho,
y eras una guitarra bellamente marchita.
Los cuchillos de frío segaron las penumbras
y en tu vientre de plata se hizo la luz del alba.

[*La rosa primitiva*]

Éste es un amor

Éste es un amor que tuvo su origen
y en un principio no era sino un poco de miedo
y una ternura que no quería nacer y hacerse fruto.

Un amor bien nacido de ese mar de sus ojos,
un amor que tiene a su voz como ángel y bandera,
un amor que huele a aire y a nardos y a cuerpo húmedo,
un amor que no tiene remedio, ni salvación,
ni vida ni muerte ni siquiera una pequeña agonía.

Éste es un amor rodeado de jardines y de luces
y de la nieve de una mañana de febrero
y del ansia que uno respira bajo el crepúsculo de San Ángel
y de todo lo que no se sabe, porque nunca se sabe
por qué llega el amor y luego las manos
—esas terribles manos delgadas como el pensamiento—
se entrelazan y un suave sudor de —otra vez— miedo
brilla como las perlas abandonadas
y sigue brillando aún cuando el beso, los besos,
los miles y millones de besos se parecen al fuego
y se parecen a la derrota y al triunfo
y a todo lo que parece poesía —y es poesía.

Ésta es la historia de un amor con oscuros y tiernos orígenes:
vino como unas alas de paloma y la paloma no tenía ojos
y nosotros nos veíamos a lo largo de los ríos
y a lo ancho de los países
y las distancias eran como inmensos océanos
y tan breves como una sonrisa sin luz
y sin embargo ella me tendía la mano y yo tocaba su piel llena de gracia
y me sumergía en sus ojos en llamas
y me moría a su lado y respiraba como un árbol despedazado
y entonces me olvidaba de mi nombre
y del maldito nombre de las cosas y de las flores
y quería gritar y gritarle al oído que la amaba
y que yo ya no tenía corazón para amarla
sino tan sólo una inquietud del tamaño del cielo
y tan pequeña como la tierra que cabe en la palma de la mano.
Y yo veía que todo estaba en sus ojos —otra vez ese mar—,
ese mal, esa peligrosa bondad,
ese crimen, ese profundo espíritu que todo lo sabe
y que ya ha adivinado que estoy con el amor hasta los hombros,
hasta el alma y hasta los mustios labios.
Ya lo saben sus ojos y ya lo sabe el espléndido metal de sus muslos,
ya lo saben las fotografías y las calles
y ya lo saben las palabras —y las palabras y las calles y las fotografías
ya saben que lo saben y que ella y yo lo sabemos
y que hemos de morirnos toda la vida para no rompernos el alma
y no llorar de amor.

[*Estrella en alto*]

Avenida Juárez

Uno pierde los días, la fuerza y el amor a la patria,
el cálido amor a la mujer cálidamente amada,
la voluntad de vivir, el sueño y el derecho a la ternura;
uno va por ahí, antorcha, paz, luminoso deseo,
deseos ocultos, lleno de locura y descubrimientos,
y uno no sabe nada, porque está dicho que uno no debe saber nada,
como si las palabras fuesen los pasos muertos del hambre
o el golpear en el oído de la espesa ola del vicio
o el brillo funeral de los fríos mármoles
o la desnudez angustiosa del árbol
o la inquietud sedosa del agua...

Hay en el aire un río de cristales y llamas,
un mar de voces huecas, un gemir de barbarie,
cosas y pensamientos que hieren;
hay el breve rumor del alba
y el grito de agonía de una noche, otra noche,
todas las noches del mundo
en el crispante vaho de las bocas amargas.

Se camina como entre cipreses,
bajo la larga sombra del miedo,
siempre al pie de la muerte.
Y uno no sabe nada,
porque está dicho que uno debe callar y no saber nada,
porque todo lo que se dice parecen órdenes,
ruegos, perdones, súplicas, consignas.
Uno debe ignorar la mirada de compasión,
caminar por esa selva con el paso del hombre
dueño apenas del cielo con un temor de siglos,
triste bajo la ráfaga azul de los ojos ajenos,
enano ante las tribus espigadas,
vencido por el pavor del día y la miseria de la noche,
la hipocresía de todas las almas y, si acaso,
salvado por el ángel perverso del poema y sus alas.

Marchar hacia la condenación y el martirio,
atravesado por las espinas de la patria perdida,
ahogado por el sordo rumor de los hoteles
donde todo se pudre entre mares de whisky y de ginebra.

Marchar hacia ninguna parte, olvidado del mundo,
ciego al mármol de Juárez y su laurel escarnecido
por los pequeños y los grandes canallas;
perseguido por las tibias azaleas de Alabama,
las calientes magnolias de Mississippi,
las rosas salvajes de las praderas
y los políticos pelícanos de Lousiana,
las castas violetas de Illinois,
las *bluebonnets* de Texas...
y los millones de Biblias
como millones de palomas muertas.

Uno mira los árboles y la luz, y sueña
con la pureza de las cosas amadas
y la intocable bondad de las calles antiguas,
con las risas antiguas y el relámpago dorado
de la piel amorosamente dorada por un sol amoroso.
Saluda a los amigos, y los amigos
parecen la sombra de los amigos,
la sombra de la rosa y el geranio,
la desangrada sombra del laurel enlutado.

¿Qué país, qué territorio vive uno?
¿Dónde la magia del silencio, el llanto
del silencio en que todo se ama?
(*¿Tantos millones de hombres hablaremos inglés?*)
Uno se lo pregunta
y uno mismo se aleja de la misma pregunta
como de un clavo ardiendo.
Porque todo parece que arde
y todo es un montón de frías cenizas,
un hervidero de perfumados gusanos
en el andar sin danza de las jóvenes,
un sollozar por su destino
en el rostro apagado de los jóvenes,
y un juego con la tumba
en los ojos manchados del anciano.

Todo parece arder, como
una fortaleza tomada a sangre y fuego.
Huele el corazón del paisaje,
el aire huele a pensamientos muertos,

los poetas tienen el seco olor de las estatuas
—y todo arde lentamente
como un ancho cementerio.

Todo parece morir, agonizar,
todo parece polvo mil veces pisado.
La patria es polvo y carne viva, la patria
debe ser, y no es, la patria
se la arrancan a uno del corazón
y el corazón se lo pisan sin ninguna piedad.

Entonces uno tiene que huir ante el acoso de los búfalos
que todo lo derrumban; ante la furia imperial
del becerro de oro que todo lo ha comprado
—la pequeña república, el pequeño tirano,
los ríos, la energía eléctrica y los bancos—,
y es inútil invocar el nombre de Lincoln
y es por demás volver los ojos a Juárez,
porque a los dos los ha decapitado el hacha
y no hay respeto para ninguna paz,
para ningún amor.

No se tiene respeto ni para el aire que se respira,
ni para la mujer que se ama tan dulcemente,
ni siquiera para el poema que se escribe.
Pues no hay piedad para la patria,
que es polvo de oro y carne enriquecida
por la sangre sagrada del martirio.

Pues todo parece perdido, hermanos,
mientras, amargamente, triunfalmente,
por la Avenida Juárez de la Ciudad de México
—perdón, *Mexico City*—
las tribus espigadas, la barbarie en persona,
los turistas adoradores de *Lo que el viento se llevó*,
las millonarias neuróticas cien veces divorciadas,
los gángsters y Miss Texas,
pisotean la belleza, envilecen el arte,
se tragan la Oración de Gettysburg y los poemas de Walt Whitman,
el pasaporte de Paul Robeson y las películas de Charles Chaplin,
y lo dejan a uno tirado a media calle,
con los oídos despedazados

y una arrugada postal de Chapultepec
entre los dedos.

[*Estrella en alto*]

El Tajín

A David Huerta
A Pepe Gelada

... el nombre de El Tajín le fue dado por los in-
dígenas totonacas de la región por la frecuencia
con que caían rayos sobre la pirámide...

1

Andar así es andar a ciegas,
andar inmóvil en el aire inmóvil,
andar pasos de arena, ardiente césped.
Dar pasos sobre agua, sobre nada
—el agua que no existe, la nada de una astilla—,
dar paso sobre muertes,
sobre un suelo de cráneos calcinados.

Andar así no es andar sino quedarse
sordo, ser ala fatigada o fruto sin aroma;
porque el andar es lento y apagado,
porque nada está vivo
en esta soledad de tibios ataúdes.
Muertos, estamos, muertos
en el instante, en la hora canicular,
cuando el ave es vencida
y una dulce serpiente se desploma.

Ni un aura fugitiva habita este recinto
despiadado. Nadie aquí, nadie en ninguna sombra.
Nada en la seca estela, nada en lo alto.
Nada se ha detenido, ciegamente,
como un fiero puñal de sacrificio.
Parece un mar de sangre
petrificada

a la mitad de su ascensión.
Sangre de mil heridas, sangre turbia,
sangre y cenizas en el aire inmóvil.

2

Todo es andar a ciegas, en la
fatiga del silencio, cuando ya nada nace
y nada vive y ya los muertos
dieron vida a sus muertos
y los vivos sepultura a los vivos.
Entonces cae una espada de este cielo metálico
y el paisaje se dora y endurece
o bien se ablanda como la miel
bajo un espeso sol de mariposas.

No hay origen. Sólo los anchos y labrados ojos
y las columnas rotas y las plumas agónicas.
Todo aquí tiene rumores de aire prisionero,
algo de asesinato en el ámbito de todo silencio.
Todo aquí tiene la piel
de los silencios, la húmeda soledad
del tiempo disecado; todo es dolor.
No hay un imperio, no hay un reino.
Tan sólo el caminar sobre su propia sombra,
sobre el cadáver de uno mismo,
al tiempo que el tiempo se suspende
y una orquesta de fuego y aire herido
irrumpe en esta casa de los muertos
—y un ave solitaria y un puñal resucitan.

3

Entonces ellos —son mi hijo y mi amigo—
ascienden la colina
como en busca del trueno y el relámpago.
Yo descanso a la orilla del abismo,
al pie de un mar de vértigos, ahogado
en un inmenso río de helechos doloridos.
Puedo cortar el pensamiento con una espiga,
la voz con un solo sollozo, o una lágrima,
dormir un infinito dolor, pensar

un amor infinito, una tristeza divina;
mientras ellos, en la suave colina,
sólo encuentran
la dormida raíz de una columna rota
y el eco de un relámpago.

Oh Tajín, oh naufragio,
tormenta demolida,
piedra bajo la piedra;
cuando nadie sea nada y todo quede
mutilado, cuando ya nada sea
y sólo quedes tú, impuro templo desolado,
cuando el país-serpiente sea la ruina y el polvo,
la pequeña pirámide podrá cerrar los ojos
para siempre, asfixiada,
muerta en todas las muertes,
bajo todo el silencio universal
y en todos los abismos.

Tajín, el trueno, el mito, el sacrificio.
Y después, nada.

[*El Tajín*]

Sílabas por el maxilar de Franz Kafka

Oh vieja cosa dura, dura lanza, hueso impío, sombrío objeto
de árida y seca espuma; ola y nave, navío sin rumbo, derrumbado
y secreto como la fórmula del alquimista; velero sin piloto
por un mar de aguda soledad; barca para pasar al otro lado del mundo,
enfilados hacia el cielo praguense y las callejuelas
donde la muerte pisa charcos de la cerveza que no bebió Neruda;
hueso infinito para ponerse verde de envidia,
para no remediar nada —ni el silencio ni las alas oscuras y obscenas de tus orejas;
para no ver siquiera la herida de tu boca
ni el incendio de allá arriba, donde tus ojos todo lo penetran
como otras naves, otras lanzas ardidas, otra amenaza;
para hipnotizar la espada de la melancolía
y acaso para descifrar el curso de aquel río de palacios
donde murieron los santos y las vírgenes agonizaron tañendo laúdes de piedra;
para que pasen la novia y el féretro y Nezval resucite

en el corazón del follaje del cementerio judío;
para que el poeta te mire y se sonría ante el retrato de Dios;
para la locura —tu maxilar de duelo—, para la demencia total
y hasta para la humildad de nuestro lenguaje y su negra lucidez;
para morir eternamente de una tuberculosis dorada
y cabalgar las nubes y nombrar a los ángeles del exterminio
y clamar por los asesinos —otra vez allá arriba—,
por los que quemaron a Juan Huss
y arrojaron sus cenizas a un ancho río de espinosa corriente.
Hueso de piedra, ojo derecho del carlino puente,
pirámide caída, demolida, muerta desde su muerte;
hueso para escribir cien veces Señor K Señor K Señor K
hasta la podredumbre de las estrellas y las ratas de los castillos
y la infamia de los jueces; hueso vivo, puntiagudo
como la faz del alma, como la ciega aurora de tus cejas;
hueso para llegar de rodillas y aguardar amorosamente
la carcajada y la oración, la blasfemia y el perdón.
Nave, navío, barca y espuma para sudar de miedo
y escribir sobre la piel la palabra abismo,
la palabra epitafio, la palabra sacrificio
y la palabra sufrimiento
                    y la palabra Hacedor.

[Responsos]

Bolivariana

He
Orado
En
El
    Mar

[Circuito interior]

Plagio XVII

La que
Quiera
Azul
Celeste
Que
Se
Acueste

[*Los eróticos y otros poemas*]

Mansa hipérbole

Los lunes, miércoles y viernes
Soy un indigente sexual;
Lo mismo que los martes,
Los jueves y los sábados.

Los domingos descanso.

[*Los eróticos y otros poemas*]

Ay poeta

Primero
Que nada:
Me complace
Enormísimamente
Ser
Un buen
Poeta
De Segunda
Del
Tercer
Mundo

[*Los eróticos y otros poemas*]

Juárez-Loreto

Alabados sean los ladrones...
H. M. E.

La del piernón bruto me rebasó por la derecha:
rozóme las regiones sagradas, me vio de arriba abajo
y se detuvo en el aire viciado: cielo sucio
de la Ruta 85, donde los ladrones
me conocen porque me roban, me pisotean
y me humillan: seguramente saben
que escribo versos: ¿Pero ella? ¿Por qué
me rebasa en esa forma tan desleal? ¿Por qué
me faulea, madruga, tumba, habita, bebe?
Tiene el pelo dorado de la madrugada
que empuña su arma y dispara sus violines.
Tiene un extraño follaje azul-morado
en unos ojos como faroles y aguardiente.
Es un jazmín angelical, maligno,
arrancado del zarzal en ruinas.
A los rateros los detesto con todo el corazón,
pero a ella, que debe llamarse Ría, Napoleona,
Bárbara o Letra Muerta o Cosa Quemada,
empiezo a amarla en la diagonal de Euler
y en la parada de Petrarca ya soy un horno
pálido de codicia, de sueños de poder,
porque como amante siempre he sido pan comido,
migaja llorona *(Ay de mí, Llorona),* y si ayer pasadas las diez de la noche
fui el vivo retrato de la Novena Maravilla,
ahora sólo soy la sombra de una séptima colina desyerbada.

Alabados sean los ladrones, dice Hans Magnus.
Pues que lo sean: los veo hurtar carteras, relojes, orejas,
pies, nalgas iridiscentes, bolígrafos, anteojos,
y ella, que debe llamarse Escaldada, ni se inmuta.
Vuelve al roce, al *foul,* al descaro;
se alisa la dorada cabellera
(¡Coño, carajo, caballero, qué cabellera de oro!),
se marea, se hegeliza, se newtoniza,
y pasamos por donde Maimónides y Hesíodo
y pone todavía más cara de estúpida
cuando Alejandro Dumas, Poe y Molière y los cines cercanos!

Malditilla, malditilla, putilla camionera,
vergüenza seas para las anchas avenidas
que son Horacio, Homero y, caray (aguas, aguas), Ejército Nacional.
Rozadora, pescadora en el río revuelto
de las horas febriles; ladrona de mi mala suerte,
abyecta cómplice del "dos de bastos", hembra de los flancos
como agua endemoniada;
cachondísima hasta la parada en seco
del autobús de la Muerte.
Alabada seas, bandida de mi lerda conmiseración,
Escorpiona te llamas, Cancerita, Cangreja,
amada hasta la terminal, hasta el infinito trasero
que me despertó imbecilizado en el *boulevard*
¡Miguel de Cervantes Saavedra y demás clásicos!
Porque luego de tus acuciosos frotamientos
y que cada quien llegó a donde quiso llegar
(para eso estamos y vivimos en un país libre)
hube de regresar al lugar del crimen
(así llamo a mi arruinado departamento de Lope de Vega),
y pues me vine, sí, me vine lo más pronto posible
en medio de una estruendosa rechifla celestial.

Adoro tu nalga derecha, tu pantorrilla izquierda,
tus muslos enteritos, lo adivinable y calientito, tus pechitos pachones
y tu indigno, antideportivo comportamiento.
Que te asalten, te roben, burlen, violen,
Nariz de Colibrí, Doncella Serpentina,
Suripantita de Oro, Cabellitos de Elote,
porque te amo y alabo desde lo alto de mi aguda marchitez.

Hoy debo dormir como un bendito
y despertar clamando en el desierto de la ciudad
donde el Juárez-Loreto que algún día compraré
me espera, como un palacio espera, adormilado,
a su viejo-príncipe-poeta
                              soberbiamente idiota.

[Los eróticos y otros poemas]

◆

Octavio Paz

(1914[-1998])

Nace en la Ciudad de México. Está en España durante la guerra civil. Estudia poesía hispanoamericana en California. Participa en las revistas *Taller* y *El Hijo Pródigo*. Ingresa en el servicio diplomático, en 1942. Ministro plenipotenciario en Francia y embajador de México en India, puesto al que renuncia en protesta por la matanza del 2 de octubre de 1968. Director de la revista *Plural* y, desde 1971, de *Vuelta*, ha recibido numerosas distinciones nacionales e internacionales. Una obra de teatro: *La hija de Rapaccini* (1950). Entre sus libros de ensayo: *El laberinto de la soledad* (1950), *El arco y la lira* (1936), *Las peras del olmo* (1957), *Cuadrivio* (1964), *Puertas al campo* (1966), *Corriente alterna* (1967), *Posdata* (1970), *Los hijos del limo* (1947), *El ogro filantrópico* (1979), *Sor Juana Inés de la Cruz o las trampas de la fe* (1982). De poesía: *Raíz del hombre* (1942), *Libertad bajo palabra, obra poética de 1953 a 1958* (1960), *Semillas para un himno* (1964), *Ladera este* (1969), *Versiones y diversiones* (1974), *Pasado en claro* (1974), *El mono gramático* (1975), *Vuelta* (1975). En 1979, la editorial Seix Barral publicó su poesía completa.

La obra de Paz, reconocida internacionalmente, asombra por su maestría, su diversidad, el poder de innovación y búsqueda, y el sistema de relaciones culturales, que le permite revisar a fondo la poesía universal y la mexicana, experimentar desde varias tradiciones, reivindicar la experiencia surrealista o las culturas orientales, analizar el diálogo de las civilizaciones y la utopía del ahora. A esto se añade la preocupación constante por aproximarse al sentido de la historia y de la política.

En lo básico, la línea creativa de Paz acata e integra sus ideales juveniles. Él desconfía del impulso adquirido y ve en la "tradición de la ruptura" (riesgo, rechazo de lo establecido) la alternativa cuya mayor razón de ser es la desconfianza perenne ante sus propios logros. Sus proposiciones son múltiples. Su poética se funda en la naturaleza histórica (paradójica) del poema que niega a la historia: "La poesía es conocimiento, salvación, poder, abandono. Operación capaz de cambiar el mundo, la actividad poética es revolucionaria por naturaleza; ejercicio espiritual, es un método de liberación interior". *Conocimiento, salvación, poder, abandono*. De *Raíz del hombre* a *Piedra de sol*, de *¿Águila o sol?* a *Blanco* y *Pasado en claro*, Paz ejemplifica estas fases y libera y cuestiona las palabras, crea intensos y angustiosos climas verbales, desmitifica y mitifica imaginación y deseo, usa de un animismo *sui generis* ("Hambre de eternidad padece el Tiempo"), insiste en la unidad de lo existente, rinde homenaje crítico a obras y tendencias, identifica erotismo (comunión) con libertad, y amor con transfiguración.

Por boca del poeta habla el presente y el presente es perpetuo. En poesía, Paz no cambia y nunca es el mismo. Permanecen la materia prima de la brillantez visual y los elementos (color, calor, sol, día, agua, piedras, noche, aves, ríos, árbol, nube, muchedumbre, luz, desierto, el cuerpo *otro*, el sueño, la destrucción, la dispersión), pero, al ser distinta la concepción, se modifica su función en el poema. En ocasiones, el gusto por la imagen cede a la irrupción totalizadora del lenguaje, que es el protagonista, o mejor, el relator de ese protagonista, el lenguaje, en su relación con el espacio y el silencio.

"La historia de la poesía moderna es la de una desmesura", afirma Paz, y ciertamente la historia de su poesía es la de una logradísima desmesura que (creo) halla su expresión culminante en los 584 endecasílabos perfectos de *Piedra de sol*.

[NOTA EDITORIAL

En las ediciones originales de esta antología, Carlos Monsiváis incluyó los siguientes poemas de Octavio Paz:

Libertad bajo palabra
Elegía
Elegía interrumpida
Las palabras
La vida sencilla
Trabajos del poeta
Tus ojos
Piedra de sol
Himno entre ruinas
Semillas para un himno
Movimiento
Intermitencias del oeste (2)
Intermitencias del oeste (3)
Viento entero
El mono gramático
Custodia
Pasado en claro

Como bien anotaba ya Monsiváis desde entonces, la obra lírica de Paz constituye una de las cumbres de nuestra poesía y de nuestra lengua. Ha sido reconocida, en vida de su autor y de manera póstuma, nacional e internacionalmente, con el premio Nobel y el Cervantes de las Letras Españolas, y con otros galardones, traducciones, estudios críticos y homenajes. Como es natural, quisiéramos que la reedición de esta antología a cargo de Océano incluyera este puñado de poemas, sin los cuales el volumen quedará irremediablemente incompleto.

Intentamos negociar con el Sistema Nacional para el Desarrollo Integral de la Familia, institución que hoy administra los derechos patrimoniales de la obra de Octavio Paz, un arreglo para su publicación. Por desgracia, y a diferencia de ocasiones anteriores en que pudimos llegar a acuerdos satisfactorios con los herederos del poeta para publicar su obra en distintas antologías, no fue posible firmar éste en condiciones justas para ambas partes, máxime por tratarse de una obra colectiva y no de un libro de autor. Esto nos obliga a omitir los poemas, caso excepcional en este volumen antológico. La ausencia resulta más decepcionante si consideramos que varios de estos textos circulan por internet, en versiones no autorizadas, descuidadas y con no pocas omisiones y erratas.

Exhortamos a los lectores a buscar por su cuenta, leer y experimentar, en sus volúmenes de obras completas o en sus poemarios individuales, los textos que Monsiváis seleccionó, pues sin duda constituyen una muestra clarísima del talento de uno de nuestros poetas mayores. Más aún: esperamos que la lectura de esta selección, y de su presentación por parte del antologador, los invite a leer muchas más páginas de Octavio Paz, en todos los géneros que cultivó.

Anhelamos asimismo, en un futuro cercano, poder negociar satisfactoriamente la inclusión de estos poemas, para que los lectores cuenten con el volumen íntegro que nos imaginamos cuando planeamos esta reedición.]

◆

Margarita Michelena

(1917[-1998])

Nace en Pachuca, Hidalgo. Estudios en la UNAM en Filosofía y Letras. Ha dirigido varias publicaciones, entre ellas *El libro y el pueblo*. Desde hace una década, articulista política. Poesía: *Paraíso y nostalgia* (1945), *Laurel del ángel* (1948), *La tristeza terrestre, El país más allá de la niebla* (1958), *Reunión de imágenes* (1959). El gobierno del estado de Hidalgo publicó su poesía completa en 1983.

En los años cuarenta y cincuenta, una tendencia priva entre escritores jóvenes, inspirada en la mezcla azarosa de poetas franceses, Neruda, Villaurrutia y Gorostiza. Sin mayores contactos con el vanguardismo, se impone una retórica, cuyo punto de partida es la instalación de ordenamientos literarios autosuficientes, cerrados, sin apoyos históricos o sociológicos, donde la confesión impersonal es la alabanza del mundo. Los Elementos Poéticos ineludibles (esos personajes absolutos: la muerte, la soledad, el polvo, la prisión, la libertad, el sueño, el silencio, el movimiento, el mundo, la vigilia, el tiempo, la tierra y el amor) son a la vez trama y contexto, origen y paisaje prestigiosos del poema. El repertorio es previsible: elogio de la soledad, escepticismo, feria de estados de ánimo ajustables a voluntad.

De este yugo generacional participan y se exceptúan dos mujeres, Pita Amor y Margarita Michelena. La segunda, entre otras cualidades, posee un finísimo oído literario que le permite crear "orbes melódicos", que trascienden la fijación previa (la moda) de un lenguaje y unas reacciones psicológicas.

A las puertas de Sión

J'attends une chose inconnue.
MALLARMÉ

Ya sólo soy un poco de nostalgia que canta.
Y a tus puertas estoy como una piedra
gris en el lujo nítido de un prado.

No traje nada aquí ni dejo nada.
Tampoco sombra alguna ha descendido
de mis propias tinieblas y mis brazos.
Ninguna flor tomé sobre la tierra
para no encadenarme a su hermosura
ni por gracia mortal ser poseída.
No traigo ni el fantasma de un perfume
a tu jardín de límpidas esferas.
La soledad te traigo que me diste.

Óyeme aquí gemir, tu criatura
del exilio y del llanto.
Óyeme aquí, tu ciega enamorada
que su muerte muriendo sin morirse,
tu estrella ve temblando, suspendida,
desde el hundido túnel de su canto.

¿Cuándo enviarás mi sombra a devorarme?
¿Cuándo podré marchar hacia tus prados,
a tus puertas de oro,
cuándo por tus jardines apartados
iré ya sin muerte, ya robada
para el ancla vencida de mi polvo?

No más mi cuerpo ver, como un alcázar
de música ruinosa, ni la noche
circundando mi fiesta de amargura.
No más hablar de ti desde mi boca
que es sólo como muerte detenida,
no hablarte con mi voz, que se levanta
demorado desastre. Abre tus puertas
y ciega con la vista mis dos ojos.
Mátame de belleza, ya alcanzando
el gran callar hacia donde navega
la nave de nostalgia que es mi canto.

Deja que en este punto mi ceniza
se caiga desde mí, que me desnude
y me deje a tu orilla, consumada.
Que con brazos de amor —no los que tuve—
llegue por fin a la sortija de oro
con que al misterio ciñen tus murallas.

[*Laurel del ángel*]

Por el laurel difunto

Aquí estás, en la tierra que me duele
por la corola abierta y emigrada
y justo en el invierno que atravieso
para ir de mi dolor a mis palabras.
Mira aquí, en la tiniebla que te sigue,
tu desolado rostro y esas lágrimas,
tan hondas, que te brotan inconclusas
y te llenan de estrellas desgarradas.

Debajo de tu piel hay como un niño
que no salió a la sombra de los árboles
ni sintió la dulzura con que instala
su dolor y su júbilo la sangre.

Y es así que en tu voz, donde naufragan
los pájaros no vistos, los cristales
de corriente y de música negadas,
algo que duele —fracasado y tierno—

no se puede morir, siempre se queda,
tal como en la estatura de la ola,
coronada de espumas y de espacios,
dulcísimo y menor se escucha siempre
el lírico metal de las arenas.

Yo te he amado en la sombra
de mi predio espantable y transitorio.
Mas no con brazos de mujer te he amado,
ni con los dedos de esperanza y hambre
que tejen mi tapiz, mientras desciende
sobre mi sol desértico el eclipse
del ala que me falta y vuelve el ángel:
con el dolor te amé de ver un río
ausente de su cauce.

No nos une en el tiempo sino un llanto
que no tuvo garganta en que alojarse
y la tibia estación de una caricia
de cuyas manos vi la arquitectura
adentro de mí misma desplomarse.

Esa ceniza de alguien que no vino,
a quien no pude dar el minucioso
labrado de su voz y su columna,
ese entrañable muerto de mí misma
cuyo nombre no sé ni sé su rostro,
es la madera impar de este naufragio
y nada más la huella de nosotros.

Eres toda la tierra que contengo,
todo el dolor mortal que haya sufrido.
Por el niño que amé bajo tus ojos
y que nunca saliera de ti mismo,
por el laurel difunto que me diste
para que en mí elevara sombra y fruto,
este amargo poema en que recuerdo
la única y posible coincidencia
que existió entre mi carne y mi destino.

[*Laurel del ángel*]

La casa sin sueño

I

Por estas altas cámaras de ruina,
por estos laberintos sollozantes,
vago mirando que mis sueños cuelgan
como bellos demonios ahorcados,
prófugos de su signo de consumida sangre,
de amor profundo y devastado.

Sueños de soledad. Orgullo fúnebre
de la boca inviolable,
de llegar a la noche
siendo un solo cadáver.
Manos sin testamento de ternura,
barco que parte sin dejar a nadie
diciendo adiós sobre la tierra:
ni al amor que devora
ni al hijo que se cae desde los brazos
a un destino de ser estrella muerta.

Puse la frente así bajo el dominio
de un oscuro zodiaco.
Y tuve que sonreír, el don prohibido
de la esterilidad y el fuego frío
de un ángel condenado.

II

Pero a mi soledad vino una sombra.
Pobló este mundo de soberbia ruina
con una voz que gime
como una criatura vengativa,
que tiembla entre sus lágrimas
lo mismo que una isla delirante.

Paso frente a sus ojos de niebla corroída
como si hubiera cometido un crimen
delante de un espejo...
¡Y esa voz! Esa voz desesperada,
columna federal de helado fuego,
me persigue y me grita:

"Tu boca sin amor es la morada
de una culpa de hielo.
Y tu vientre cerrado
—muelle de soledad en donde nunca
se empezaron las lágrimas de un niño—
es la casa de un gran asesinato.
Me amaste. Me conoces. Soy tu víctima,
y el rostro de tu muerte.
Soy el amor. El fruto de ternura
que no cayó del árbol de tu sangre.
Mírame. Soy la sombra que proyecta
el sol difunto de tu gloria oscura.

"Ya no podrás tocarme. Soy apenas
una amarga memoria de ceniza.
Pero he de rondar siempre
por tu casa sin sueño,
por tu orgulloso reino de fracaso
y tu victoria taciturna,
llevando entre mis brazos, como ahora,
el imposible rostro de tus hijos,
sus manos confinadas en la noche
y su amorosa forma destruida."

[*La tristeza terrestre*]

El velo centelleante

I

Yo no canto
por dejar testimonio de mi paso,
ni para que me escuchen los que, conmigo, mueren,
ni por sobrevivirme en las palabras.
Canto para salir de mi rostro en tinieblas
a recordar los muros de mi casa,
porque entrando en mis ojos quedé ciega
y a ciegas reconozco, cuando canto,
el infinito umbral de mi morada.

II

Cuando me separaste de ti, cuando me diste
el país de mi cuerpo, y me alejaste
del jardín de tus manos,
yo tuve, en prenda tuya, las palabras,
temblorosos espejos donde, a veces,
sorprendo tus señales.
Sólo tengo palabras. Sólo tengo
mi voz infiel para buscarte.

Reino oscuro de enigmas me entregaste.
Y un ángel que me hiere cuanto te olvido y callo.
Y una lengua doliente y una copa sellada.

Esto es la poesía. No un don de fácil música
ni una gracia riente.
Apenas una forma de recordar. Apenas
—entre el hombre y su orilla—
una señal, un puente.

Por él voy con mis pasos,
con mi tiempo y mi muerte,
llevando en estas manos prometidas al polvo
—que de ti me separan, que en otra me convierten—
un hilo misterioso, una escala secreta,
una llave que a veces abre puertas de sombra,
una lejana punta del velo centelleante.

Eso tengo y no más. Una manera
de zarpar por instantes de mi carne,
del límite y del nombre que me diste,
del ser y el tiempo en que me confinaste.
Has querido dejarme un torpe vuelo,
la raíz de mis alas anteriores
y este nublado espejo, rastro apenas
de la memoria que me arrebataste.

Y yo, que antes de la ceguera
del nacer, fui contigo
una sonora gota de tu música inmensa,
lloro bajo la cifra de mi nombre,
en esta soledad de ser yo misma,
de ser entre mi sangre un nostálgico huésped.

III

Pero voy caminando hacia el retorno.
Pero voy caminando hacia el silencio.
Pero voy caminando hacia tu rostro,
allá donde la música dejó de ser ya tiempo,
allá donde las voces son todas la voz tuya.

Aún es mi camino de palabras,
aún no me disuelves en tu música,
aún no me confundes y me salvas.
Mas tú me tomarás desde el cadáver
vacío de mis pasos.

Derribarás de un soplo la muralla
de mi nombre y mis manos
y apagarás la vacilante antorcha
con que mi voz, abajo, te buscaba.

Recobrarás el incendiado espejo
en que atisbé, temblando, tu fantasma,
y este sonoro sello que en mi frente
me señaló un destino de nostalgia.
Y callaré. Devolveré este reino
de frágiles palabras.
¿Por qué cantar entonces, si ya habré recordado,
si estará abierta entonces esta rosa enigmática?

[*La tristeza terrestre*]

◆

Alí Chumacero

(1918[-2010])

Nace en 1918 en Acaponeta, Nayarit. Estudió en Guadalajara y en México. Director de la revista *Tierra Nueva* (1940-1942), director ocasional de *Letras de México* y redactor de *El Hijo Pródigo* y *México en la Cultura*. Crítico literario y editor. Poesía: *Páramo de sueño* (1940), *Imágenes desterradas* (1948), *Palabras en reposo* (1956). Antología: *Poesía romántica* (1941).

A Chumacero no le ha interesado nunca convertir en fórmulas sus aciertos. Reacio a la moda, le da la razón a los Contemporáneos en su idea del poema, objeto y no acción, fin y no medio. Absorto en el dominio de la forma, todo lo cede (temas, sensaciones de permanencia o de fugacidad, descripciones o creencias) a la perfección expresiva, al esplendor verbal. En *Palabras en reposo*, sin embargo, a la obsesión de maestría se le agrega un propósito narrativo, una historia de hazañas interiores y visiones colectivas. La destrucción del amor es a su manera un hecho apocalíptico, donde la fe en el ser amado se traslada a símbolos de la agonía cristiana. Si el amor es una religión alternativa, *Palabras en reposo* es libro litúrgico, aprovechamiento de los himnos para decir las pasiones. La última consecuencia del culto por la forma es la indistinción entre el primer viaje de la tribu y el naufragio de los sentimientos. Vivimos en el siglo, y el valle de Josafat será un salón de baile donde aguardan en su heredad los borrachos, los pecadores y las vírgenes.

A una flor inmersa

Cae la rosa, cae
atravesando el agua,
lenta por el cristal de sombra
en que su tallo ahoga;
desciende imperceptible,
clara, ingrávida, pura
y las olas la cubren, la desnudan,
la vuelven a su aroma,
hácenla navegante por la savia
que de la tierra nace
y asciende temblorosa,
desborda la ternura de su tacto
en verde prisionero,
y al fin revienta en flor
como el esclavo que de noche sueña
en una luz que rompa
los orígenes de su sueño,
como el desnudo ciervo, cuando la fuente brota,
que moja con su vaho la corriente
destrozando su imagen.

Cae más aún, cae
más allá de su savia,
sobre la losa del sepulcro,
en la mirada de un canario herido
que atreve el último aletazo
para internarse mudo entre las sombras.
Cae sobre mi mano
inclinándose más y más al tacto,
cede a su suavidad de sábana mortuoria
y como un pálido recuerdo
o ángel desalado
pierde una estela de su aroma,
deja una huella: pie que no se posa
y yeso que se apaga en el silencio.

[*Páramo de sueños*]

Poema de amorosa raíz

Antes que el viento fuera mar volcado,
que la noche se unciera su vestido de luto
y que estrellas y luna fincaran sobre el cielo
la albura de sus cuerpos.

Antes que luz, que sombra y que montaña
miraran levantarse las almas de sus cúspides;
primero que algo fuera flotando bajo el aire;
tiempo antes que el principio.

Cuando aún no nacía la esperanza
ni vagaran los ángeles en su firme blancura;
cuando el agua no estaba ni en la ciencia de Dios;
antes, antes, muy antes.

Cuando aún no había flores en las sendas
porque las sendas no eran ni las flores estaban;
cuando azul no era el cielo ni rojas las hormigas,
ya éramos tú y yo.

[*Páramo de sueños*]

Elegía del marino

Los cuerpos se recuerdan en el tuyo:
su delicia, su amor o sufrimiento.
Si noche fuera amar, ya tu mirada
en incesante oscuridad me anega.
Pasan las sombras, voces que a mi oído
dijeron lo que ahora resucitas,
y en tus labios los nombres nuevamente
vuelven a ser memoria de otros nombres.
El otoño, la rosa y las violetas
nacen de ti, movidos por un viento
cuyo origen viniera de otros labios
aún entre los míos.
Un aire triste arrastra las imágenes
que de tu cuerpo surgen
como hálito de una sepultura:
mármol y resplandor casi desiertos,
olvidada su danza entre la noche.
Mas el tiempo disipa nuestras sombras,
y habré de ser el hombre sin retorno,
amante de un cadáver en la memoria vivo.
Entonces te hallaré de nuevo en otros cuerpos.

[Imágenes desterradas]

La noche del suicida
[Fragmento]

Alza la noche el salmo del olvido,
en oquedades su oración desata ásperas melodías
y al sonoro desfile el corazón suspende
el fragoroso duelo.
Con fría certidumbre desploma los linajes
y levanta la tempestad soberbia de la muerte.
Árbol de ráfaga sedienta,
fluye de su aridez un turbio canto
ardiendo entre las sombras, y a su vuelo
las aguas del bautismo se arrepienten,
lloran el largo tiempo, la familiar visita
en deslumbrante tarde,
la lenta juventud en ira absorta
sobre el fúnebre espacio que me espera.

No juegan ya los niños en la calle.
Señora de crueldad, apaciguada
ante el vencido párpado, a olas de traición
cubre de arena el rostro, hacia el temor despeña
el hálito mortal, la urna que contiene
sinsabores, delicias, melancólicos
mármoles yertos en museos,
arcas de honra antigua y soledad,
como abrasado huerto donde cae la frente del laurel.

En vano al pronunciar de la palabra
alienta el corazón espuma de áspides y música
y en efímero reino aloja a veces
lo que la vida arrastra en la marea:
el orbe del sollozo, el añorar insomne
y la caricia que corona en vano
la tierra que nos da perpetuidad.

Un eco solamente anima de fervores nuestro paso,
eco de la pantera que en reposo es cólera dormida:
a su inútil emblema inútilmente el labio invocará
las formas dobladas, el milagro
de un cuerpo que incendiaba la penumbra,
la furia de los dientes, a cierta hora hermosos,
los cabellos perdidos, el sudor.

Todo en silencio a la quietud navega.

[Palabras en reposo]

Monólogo del viudo

Abro la puerta, vuelvo a la misericordia
de mi casa donde el rumor defiende
la penumbra y el hijo que no fue
sabe a naufragio, a ola o fervoroso lienzo
que en ácidos estíos
el rostro desvanece. Arcaico reposar
de dioses muertos llena las estancias,
y bajo el aire respira la conciencia
la ráfaga que ayer mi frente aún buscaba
en el descenso turbio.

No podría nombrar sábanas, cirios, humo
ni la humildad y compasión y calma
a orillas de la tarde, no podría
decir "sus manos", "mi tristeza", "nuestra tierra"
porque todo en su nombre
de heridas se ilumina. Como señal de espuma
o epitafio, cortinas, lecho, alfombras
y destrucción hacia el desdén transcurren,
mientras vence la cal que a su desnudo niega
la sombra del espacio.

Ahora empieza el tiempo, el agrio sonreír
del huésped que en insomnio, al desvelar
su ira, canta en la ciudad impura
el calcinado son y al labio purifican
fuegos de incertidumbre
que fluyen sin respuesta. Astro o delfín, allá
bajo la onda el pie desaparece,
y túnicas tornadas en emblemas
hunden su ardiente procesión y con ceniza
la frente me señalan.

[*Palabras en reposo*]

Responso del peregrino

I

Yo, pecador, a orillas de tus ojos
miro nacer la tempestad.

Sumiso dardo, voz en la espesura,
incrédulo desciendo al manantial de gracia;
en tu solar olvida el corazón
su falso testimonio, la serpiente
de luz y aciago fallecer, relámpago vencido
en la límpida zona de laúdes
que a mi maldad despliega tu ternura.

Elegida entre todas las mujeres,
al ángelus te anuncias pastora de esplendores

y la alondra de Heráclito se agosta
cuando a tu piel acerca su denuedo.

Oh, cítara del alma, armónica al pesar,
del luto hermana: aíslas en tu efigie
el vértigo camino de Damasco
y sobre el aire dejas la orla del perdón,
como si ungida de piedad sintieras
el aura de mi paso desolado.

María te designo, paloma que insinúa
páramos amorosos y esperanzas,
reina de erguidas arpas y de soberbios nardos;
te miro y el silencio atónito presiente
pudor y languidez, la corona de mirto
llevada a la ribera donde mis pies reposan,
donde te nombro y en la voz flameas
como viento imprevisto que incendiara
la melodía de tu nombre y fuese,
sílaba a sílaba, erigiendo en olas
el muro de mi salvación.

Hablo y en la palabra permaneces.
No turbo, si te invoco,
el tranquilo fluir de tu mirada;
bajo la insomne nave tornas el cuerpo emblema
del ser incomparable, la obediencia fugaz
al eco de tu infancia milagrosa,
cuando, juntas las manos sobre el pecho,
limpia de infamia y destrucción
de ti ascendía al mundo la imagen del laurel.

Petrificada estrella, temerosa
frente a la virgen tempestad.

II

Aunque a cuchillo caigan nuestros hijos
e impávida del rostro airado baje a ellos
la furia del escarnio; aunque la ira
en signo de expiación señale el fiel de la balanza
y encima de su voz suspenda

el filo de la espada incandescente,
prolonga de tu barro mi linaje
—contrita descendencia secuestrada
en la fúnebre Pathmos, isla mía—
mientras mi lengua en su aflicción te nombra
la primogénita del alma.

Ofensa y bienestar serán la compañía
de nuestro persistir sentados a la mesa,
plática y plática en los labios niños.
Mas un día el murmullo cederá
al arcángel que todo inmoviliza;
un hálito de sueño llenará las alcobas
y cerca del café la espumeante sábana
dirá con su oleaje: "Aquí reposa
en paz quien bien moría".

(Bajo la inerme noche, nada
dominará el turbio fragor
de las beatas, como acordes:
"Ruega por él, ruega por él...")

En ti mis ojos dejarán su mundo,
a tu llorar confiados:
llamas, ceniza, música y un mar embravecido
al fin recobrarán su aureola,
y con tu mano arrojarás la tierra,
polvo eres triunfal sobre el despojo ciego,
júbilo ni penumbra, mudo frente al amor.

Óleo en los labios, llevarás mi angustia
como a Edipo su báculo filial lo conducía
por la invencible noche;
hermosa cruzarás mi derrotado himno
y no podré invocarte, no podré
ni contemplar el duelo de tu rostro,
purísima y transida, arca, paloma, lápida y laurel.

Regresarás a casa y, si alguien te pregunta,
nada responderás: sólo tus ojos
reflejarán la tempestad.

III

Ruega por mí y mi impía estirpe, ruega
a la hora solemne de la hora
el día de estupor en Josafat,
cuando el juicio de Dios levante su dominio
sobre el gélido valle y lo ilumine
de soledad y mármoles aullantes.

Tiempo de recordar las noches y los días,
la distensión del alma; todo petrificado
en su orfandad, cordero fidelísimo
e inmóvil en su cima, transcurriendo
por un inerte imperio de sollozos,
lejos de vanidad de vanidades.

Acaso entonces alce la nostalgia
horror y olvidos, porque acaso
el reino de la dicha sólo sea
tocar, oír, oler, gustar y ver
el despeño de la esperanza.

Sola, comprenderás mi fe desvanecida,
el pavor de mirar siempre el vacío
y gemirás amarga cuando sientas que eres
cristiana sepultura de mi desolación.

Fiesta de Pascua, en el destierro inmenso
añorarás la tempestad.

[*Palabras en reposo*]

El viaje de la tribu

Otoño sitia el valle, iniquidad
desborda, y la sacrílega colina al resplandor
responde en forma de venganza. El polvo mide
y la desdicha siente quien galopa
adonde todos con furor golpean:
prisionero asistir al quebrantado círculo
del hijo que sorprende al padre contemplando
tras la ventana obstruida por la arena.

Sangre del hombre víctima del hombre
asedia puertas, clama: "Aquí no existe nadie",
mas la mansión habita el bárbaro que busca
la dignidad, el yugo de la patria
interrumpida, atroz a la memoria,
como el marido mira de frente a la mujer
y en el cercano umbral la huella ajena apura
el temblor que precede al infortunio.

Hierro y codicia, la impotente lepra
de odios que alentaron rapiñas e ilusiones
la simiente humedece. Al desafío ocurren
hermano contra hermano y sin piedad
tornan en pausa el reino del estigma:
impulsa la soberbia el salto hacia el vacío
que al declinar del viento el águila abandona
figurando una estatua que cayó.

Volcada en el escarnio del tropel
la tarde se defiende, redobla la espesura
ante las piedras que han perdido los cimientos.
Su ofensa es compasión cuando pasamos
de la alcoba dorada a la sombría
con la seguridad de la pavesa: apenas
un instante, relámpago sereno cual soldado
ebrio que espera la degradación.

De niños sonreímos a la furia
confiando en el rencor y a veces en la envidia
ante el rufián que de improviso se despide
y sin hablar desciende de la bestia
en busca del descanso. El juego es suyo,
máscara que se aparta de la escena, catástrofe
que ama su delirio y con delicia pierde
el último vestigio de su ira.

Vino la duda y la pasión del vino,
cuerpos como puñales, aquello que transforma
la juventud en tiranía: los placeres
y la tripulación de los pecados.
Un estallar alzaba en la deshonra
el opaco tumulto y eran las cercanías

ignorados tambores y gritos y sollozos
a los que entonces nadie llamó "hermanos".

Al fin creí que el día serenaba
su propia maldición. Las nubes, el desprecio,
el sitio hecho centella por la amorosa frase,
vajilla, aceite, aromas, todo era
un diestro apaciguar al enemigo,
y descubrí después sobre el naufragio tribus
que iban, eslabones de espuma dando tumbos
ciegos sobre un costado del navío.

[*Palabras en reposo*]

Salón de baile

Música y noche arden renovando el espacio, inundan
sobre el cieno las áridas pupilas, relámpagos caídos
al bronce que precede la cima del letargo.

De orilla a orilla flota la penumbra
siempre reconocible, aquella que veían y hoy miramos
y habrán de contemplar en el dintel
donde una estrella elude la catástrofe, airosa
ante el insomnio donde nacen la música y la noche
como si un viento o la canción dejaran restos de su humedad.

Puesta la boca sobre el polvo por si hay esperanza
o por si acaso, en el placer la arcilla anima la memoria
y la conservación violenta y de la especie.

Porque amados del himno y las tinieblas, aprendiendo a morir,
los cuerpos desafían el sosiego:
descienden sierpes, águilas retornan con áspero sopor,
y en la lucha contra nadie tejen la sábana que aguarda
con la faz al golpear un paño oscuro
hace permanecer el miedo de una fatiga inagotable.

Sudores y rumor desvían las imágenes,
asedian la avidez frente al girar del vino que refleja
la turba de mujeres cantando bajo el sótano.

A humo reducidos los ojos de la esclava,
alud que en vano ruega, ahí holgará la estirpe confundida
por bárbaros naufragios, desoyendo
la espuma de la afrenta, el turbio eco al compartir
con islas que desolan armonías
la sofocante forma del lecho vencedor.

Desde su estanque taciturno increpan los borrachos
el bello acontecer de la ceniza, y luego entre las mesas
la tiranía agolpa un muro de puñales.

Sobre la roca inerte se disipa el nombre que grabó
la cautelosa bestia: asolada la máscara
en la sombra, tranquilo escombro que antes del desplome
ignora la espesura colmada de la herrumbre,
de su orfandad exige, implora, accede
al signo de la vid propicia a la simiente.

Cuando cede la música al fervor de la apariencia, grises
como las sílabas que olvida el coro,
casi predestinados se encaminan los rostros a lo eterno.

Vuelve la espada a su lugar, arrastra
hacia el asombro de Caín el dócil resplandor
del movimiento, impulsos y distancias mezclan la misma ola
        y sólo en su heredad persisten los borrachos,
        vulnerables columnas que prefieren
        del silencio elegido la sapiencia de la desesperanza.

Alabanza secreta

Sobre el azar alzaba su cabello
súbito resplandor, y en avaricia alucinante
hendía el porvenir como regresa el héroe,
después de la batalla, dando al escudo sones de cansancio.

Órbita del asombro su mirar
ornaba el viento fervoroso del "sí" antes de ser,
en el venal recinto de los labios, hoguera
sosegada por fácil devoción acrecentando escombros.

Entonces de su pecho a indiferencia
las horas ascendían tristes cual la fidelidad,
a lo variable ajenas, pálidas frente al muro
en donde pétreos nombres revivían hazañas olvidadas.

Muchos cruzaron la tormenta, muchos
amanecían a su lado: azufre victorioso
en inmortal historia acontecido, bestias
rendidas para siempre al usurpar la cima del asedio.

Acaso la soberbia apaciguaba
el deplorable aliento entre la noche, la agonía
abriendo en dos las aguas del orden sometido
a la heredad polvosa, casi pavor análogo a la duda.

Pero, sierpe cegada, ebria de orgullo
hería la avidez como si estar desnuda fuera
perenne despojarse del pecado mortal,
iluminada al ver el júbilo opacando el movimiento.

Inmóvil a la orilla del torrente,
yo era el aprendiz de la violencia, el sorprendido
olivo y el laurel mudable, porque a solas
solía renacer cuando salía de aquel inmundo cuarto.

Despierta Débora en ocaso o eclipse
erguido, ondea ahora hablando a media voz, por fin
inmune al implacable sudor fluyendo en sed
para el sediento o cólera labrada en el antiguo ariete.

Perdida entre la gente, derrotado
color en la penumbra, suelta el esquife hacia la nada,
mas su imagen un cántico profiere, brisa o trueno
pretérito sonando en el solar airado del cautivo.

[*Palabras en reposo*]

◆

Jorge Hernández Campos

(1921[-2004])

Nace en Guadalajara, Jalisco. Reside por más de una década en Italia, Actualmente dirige el Museo Nacional de Arte y ejerce el periodismo político. Poesía: *Parábola de terrón y otros poemas* (1945), *El vals* (1954), *A quien corresponda* (1961).

Con un poema narrativo, *El Presidente,* monólogo de confesión y arrogancia, Hernández Campos se ha ganado un lugar permanente en la historia de la poesía mexicana, Con un ritmo creciente que traza una historia de donde se desprenden los arquetipos, *El Presidente* es el inmejorable retrato de la figura del caudillo abordada en otras dimensiones por Asturias, Roa Bastos, García Márquez o Fuentes. ¿Cómo se llega al poder y cómo se vierte poéticamente el arribo al mando? Hernández Campos lo demuestra: no hay temas "antipáticos" ni psicologías inalcanzables.

Los poemas de *A quien corresponda* participan del fervor por Eliot, Montale y el Siglo de Oro. La captura del instante es la meta, y la medida del tiempo es la sensación de finitud ("Es lástima / en verdad, es lástima tener que morir"). Colores, paisajes vividos hasta el olvido, restos de comida, impresiones placenteras que se repiten de modo casi intolerable. La poesía de Hernández Campos se mueve entre un hedonismo que no necesita justificarse y la observación fascinada y airada del poder.

Vuelve flecha de amor

Vuelve flecha de amor
a la tímida fiera que te huía,
y en la boca tú, llaga,
apetecida
posa de nuevo
tu elocuencia.

Como vino derramado muchas veces
en la memoria,
que tu púrpura
una vez más
me inunde.

Y si no con amor
al menos por la gracia
de haber amado un día

certero vuelve
poema,
vuela,
infortunio,
numeroso,
infinito
tú mismo
tú
que aquí tú me escapaste
dejándome de nuevo
desprovisto.

[*A quien corresponda*]

Tú eres piedra

Tú
eres
piedra
y sobre esta piedra
fundaré lo impalpable
la mirada en la nube
el viento entre los árboles
el calosfrío que divide
el agua
de la piel
la desgana.

Tú
eres
piedra
y sobre esta piedra
dura
egoísta
dispondré lo efímero
deleznable
la flor en la oreja
la juventud
y si muchos pecados
mucho
también
arrepentimiento.

Tú
eres
piedra
y sobre esta piedra
quemaré la casa
pero edificaré

el vino
la cama revuelta
el amor repudiado
todo lo que
mísero
nos desnuda.

Y las puertas
del infierno
no prevalecerán
contra ello.

[*A quien corresponda*]

Diciembre

En estos últimos días la gracia de Dios cubrió
        de escarcha la tierra
Nada tan bello como las cepas negras
        sobre lo blanco
Ni tan delicado como el piar de los gorriones
        en el estercolero
Y el viento invernizo que aflige y hace comprender
        lo escuchado
Estamos en corro: Bernardo, el primero en llegar,
        Silvestre, Egido, Sabatino,
Morico, Filippo, sobre el suelo, sentados o de rodillas
        los trece, Giovanni,
Bárbaro, Angelo, Bernardo di Vigilante, y el otro
        Giovanni, di Capella,
que me entristece porque se buscará la muerte
        en la garganta.
Comemos pan y queso. La niebla entra
        por el tejado

y nos moja las manos el queso y el pan
        Estos varones
no comen para sí, en sus cuerpos: comen
        como lluvia.
Cada bocado es una rosa; las barbas llenas
        de migajas
son como la rama del durazno en agosto.
        "Frate ásino" tirita
yo me gozo en su insignificancia y le digo mañana
        iremos a Spoleto
cantaremos por el camino, mendigaremos, nos llamarán
        vagabundos.
En tanto debemos orar y llorar. La luna esplende
        sobre el cielo de Perusa
mas el silencio huye por el rumbo
        de Nardi.
En la noche tiembla como canto de cítara
        la perfecta alegría
y yo soy tu andrajo, tu vaso roto, tu cera quemada
        ¡Iddio mio! ¡Iddio mio!

[*A quien corresponda*]

El Presidente

...fuit magna vi et animi et corporis, sed ingenio malo pravoque. Huic ad adulescentia bella intestina, caedes, rapinae, discordia civilis grata fuere, ibique iuventutem sueam exercuit. Corpus patiens inediae, algoris, vigiliae supra quam cuiquam credibile est. Animus audax, subdolus, varius, cuius rei lubet simulator ac disimulator, alieni adpetens, sui profusus, ardens in cupiditatibus; satis eloquentiae, sapientiae parum. Vastus animus inmoderata, incredibilia, nimis alta semper cupiebat.

SALUSTIO, *La conjuración de Catilina*

    ...tengo frío tengo frío
    ¿este frío?
    el revólver
    la cacha del revólver

¡quién!
¡quién!
¿Quién vive?

En la tiniebla
las manos temblorosas
la boca amarga
            fuera, los centinelas
              la noche la ciudad
y el uuuiiuuuiiuuuiiii doloroso de un tren lejano
...allá cuando nosotros, junto al fuego del campamento
con la silla de montar por almohada
el hedor a fatiga, el aguardiente
en las entrañas
congelado
            en Culiacán y Monterrey
            en Zacatecas y Torreón
            caballo bayo cuaco alazán
amigo tú amigo yo
huíamos por el desierto y las bestias
se roían las crines y relinchaban sed.
Pero aquél era otro tiempo
        y ahora tú te pudres
mientras que yo
            ¡yo soy quien soy!
        lo que tú nunca fuiste
            ¡lo soy yo por ser quien soy!
            ¡Yo!

Me arde el pecho
        Y es tan larga la noche
        Año de mil novecientos
        el veinticuatro de junio
        los cogieron los rurales
Tú y yo éramos niños
        —Padrino, ¿qué les hacen?
En el atrio de la iglesia "por ladrones de ganado"
        ¡cras! ¡cras! ¡cras! ¡cras!
mi padre, tu tío, Francisco, Nicolás y Pedro
        que tenía catorce años.
            Después
            huimos

el monte
la primera sangre
los primeros caballos
con lomo de sangre.

    Y cuando decías: la muerte, amigo,
    la de verdad
    la que uno elige
    sólo una vez
    y no se repite
    como el dinero
    está mal repartida ¿no?
    quién tiene más quién menos
    y aquí mi amigo y un servidor
    tenemos para dar y prestar
y Madero tenía muy poca
Huerta algo más, Zapata mucha
Doroteo Arango tenía casi toda
y cuando decías: mi general,
hay que ser dadivosos,
cómo lloraba de risa
y a Fierro:
    qué hombre, eh, qué hombre
    y bebías de su botella sudorosa.

El pecho me quema

    Es tan tarde

    Y la noche no acaba

    Si pudiera dormir

Si pudiera dormir sin que tú
    hijo de puta
        amigo mío
si pudiera dormir
libre de ti el pensamiento
    ¡acabaras de morirte!
Tú
el más hombre
tú

capitán
de los corridos
el de la risa desencajada
en el incendio en el combate...
                    Ah. Sí
                        Tú, el héroe
        Para ti la plata
        para ti confidencias
        a ti el silencio deferente
        en el Estado Mayor
                    En Aguascalientes
                    y en Querétaro
                    cómo brillabas
                    cuero kaki pomada
                    con Pancho Álvaro
                    Leobardo Roque
                    Antonio y Eulalio
                        Siempre tú
    ... y yo, en el rincón
    fuera del grupo
    con tu sombrero en las rodillas
    y con tu alcohólica insolencia
    a cuestas por las escaleras
    desmañadas del hotel
                    Y bien
                        ¿ahora?
    ¿Ahora dónde estás?
                    ¡Responde!
    ¿Dónde estás
                    dónde están
                    los grandes
                    los redentores
                    los mortíferos
                    los intocables?
                    ¿En qué acabaron?
                        Aquellos generales
                        tan gloriosos
                        ¿qué se hicieron?
    Con toda su potencia
    ¿por qué murieron
                        mientras que yo
                        sombra de mi amigo

                    el guerrillero
                    de burdel
                    el que hizo la Revolución
                    en las cantinas
tengo en sus huesos
pedestal y discurso?
                    ¿Quién fue el más fuerte?

Pero no se trata de ti
con todo y todo
lo de nosotros
fue otra cosa
                    te lo repito
                        te lo he dicho mil veces
y te lo dije a ti, cara a cara
                    que tu ambición
                    que lo pensaras
                    que por qué habías cambiado
                    que sobre los afectos
                    está siempre la causa
Y luego la Constitución
todavía fresca
habíamos jurado
                    tú cambiaste partido
                    y a mí una noche
                    me insistieron
usted, es el único que puede acercársele
usted, es el único que puede salvar
                    a la patria
si usted no se mueve quedará traicionada
                    por siempre la causa
                    del pueblo
y habrá sido inútil la lucha la muerte
                    y el sacrificio
                    de tantos hermanos
Por eso lo hice ¿comprendes?
y porque yo no era yo en aquel instante
sino la mano armada de la nación
                    ¡cras! ¡cras! ¡cras! ¡cras!
te hice justicia cuando vuelto de espaldas
                    encendiendo el cigarro
                    reías
                    indefenso

Ves pues
que ni tú mismo
podrías llamarme
       traidor
No te maté por interés
       por envidia
ni por granjearme la voluntad
del Caudillo
       Y si despúes seguí adelante
       con el llanto en el alma
       si fui a las Cámaras
       a la gobernatura
       a la Secretaría
       y llegué luego aquí
       fue porque alguien
       tenía que hacerlo.
Este pueblo no sabe
México está ciego sordo y tiene hambre
la gente es ignorante pobre y estúpida
necesita obispos diputados toreros
y cantantes que le digan:
canta vota reza grita,
necesita
un hombre fuerte
un presidente enérgico
que le lleve la rienda
le ponga el maíz en la boca
la letra en el ojo
Yo soy ese
       Solitario
       Odiado
       Temido
Pero amado.
Yo hago brotar las cosechas
       caer la lluvia
       callar al trueno
       sano a los enfermos
       y engendro toros bravos
Yo soy el Excelentísimo Señor Presidente
de la República General y Licenciado Don Fulano de Tal.
Y cuando la tierra trepida
       y la muchedumbre muge

agolpada en el Zócalo
y grito ¡Viva México!
por gritar ¡Viva yo!
y pongo la mano
sobre mis testículos
siento que un torrente beodo
        de vida
inunda montañas y selvas y bocas
rugen los cañones
en el horizonte
y hasta la misma muerte
sube al cielo y estalla
como un sol de cañas
sobre el viento pasivo
y rencoroso
        de la patria

        Basta ya, déjame que raya el alba
Por una calle profunda baja un tranvía
exasperante como el insomnio
        ¿Aquellos disparos?
        cras cras
        ¿Quién no muere?
Vuelve el sueño...
        No No No
        Hermano
          dame a comer de eso rojo...

        [A quien corresponda]

La sobremesa

Lento gotea el vino de la mesa
puesta a la sombra de los sauces.
Los pájaros picotean entre los jarros
volcados, el cesto del pan y las botellas.
Hemos reído y gozado, es lástima
tener que morir.

        Esteban canturrea
echado entre las coles; una avispa zumba

en torno a la miel confusa de la canción.
Saulo aplasta las uvas con los labios
y deja escurrir el zumo por la barba.
Fiorella duerme, inquieta y encendida,
como niño febril.

La hiedra sobre el muro.
Los olivos lejanos.

Las colinas oscuras.
El cielo rojo del mediodía.

Es lástima
en verdad, es lástima tener que morir.

[*A quien corresponda*]

Padre, poder

A Octavio Paz
y a la memoria de Pasolini

Un tiempo creí que mi padre era el poder.
Cuánto le odiaba mi corazón de niño
por el pan, por la casa, por su paciencia,
por sus amantes,
por el odio revuelto de lujuria
que le dividía de mi madre;
pero sobre todo, cómo le odiaba
por su certidumbre, por el peso
de cada su palabra, por el gusto
definitivo de su mano robusta, por el desprecio
de su sonrisa difícil.

A veces, yo corriendo, él en bicicleta,
lo miraba alejarse, pie izquierdo, pie derecho,
triunfando sobre el empedrado,
en perfecto equilibrio
de intenciones y fines
y yo quedaba cierto de que él era el poder.

Más tarde, preocupado por lo que yo creía política,
pensé que el poder era mi casa, y que
el Presidente, pie izquierdo, pie derecho,
en perfecto equilibrio de reales medios y ficticios fines,
era nuestro padre, glorioso ciclista
que se iba, mientras nosotros, yo,
quedábamos atrás, jadeantes, en el polvo del fútil idealismo.
Cuánto le odié entonces, al Presidente, por el pan,
por la sal, por sus amantes,
por la paciente injusticia
con que podía matarnos en aras de nuestro propio bien.

> Cuántos años maduros quemé clamando
> en poemas, artículos, acres vituperios,
> por una más limpia convivencia con
> el dador de la vida, el
> principio del verbo, el pilar de la casa. Él.

Hoy, mi padre tiene ochenta y cinco años y
casi ciego va por entre los muebles, las manos
por delante,
arrastrando los pies con pasitos de títere,
los pantalones —los mismos de hace treinta años—
flojos, como de pulchinela, en torno
a las zancas raquíticas, y
ya no más seguro, ni vencedor, antes bien
temeroso de la muerte que le hará tropezar
con un palo de escoba,
cuando voy a encontrarle ahora dice ¡hijo,
qué bueno que llegaste, anoche te soñé que vendrías!
y me explora la cara con sus dedos de guante.

> Y yo me conmuevo porque
> ya estoy en la edad que tenía
> en ese entonces, y porque
> hace ya mucho tiempo le perdoné
> como espero que un día me perdonen mis hijos
> cuando ellos descubran, a su vez, que no soy
> que no he sido
> el poder.

Porque el poder es ese pétreo mascarón
que resurge

cada seis años
siempre igual a sí mismo, siempre
reiterativo, ambiguo, obtuso, laberíntico,
siempre equivocado,
e incapaz, que para eso es el poder, de enmendar
y aprender,
y nada es posible perdonarle, como tampoco
hay nada por qué odiarle.

No le habitamos. Nos habita
como un mal innecesario, o como un vicio
del espíritu;
es nuestra larva, nuestro parásito, nos horada
como a carne, nos acosa como a cuadrúpedos, reprochándonos
mientras nos desgarra,
que seamos ingratos, impacientes, hostiles:
esta bala, nos dice, me duele más
en el pensamiento
que a ti en los sesos.

No lo vivamos más, pacientes, como pasión,
sino como un problema de virtud.
Neguémosle el prestigio que atribuye
a sus propias hazañas, echémoslo de la conciencia
como a una mala yerba, pensemos
que la historia, la de verdad, es la mía
o la tuya, la de nuestra muerte,
y no esos embustes con que
él traza su legitimidad;
probemos que la república podría
ser la revulsión o el entusiasmo
con que leíste estas líneas,
y no, para acabar, todo eso que no es
todo esto no fue, todo eso que no seguirá siendo,
oh, el revés de ese amor, ese perdón tardío, ese silencio entre
mi padre, yo, mis hijos, los hijos de mis hijos,
este país, mi fiebre, mi pesadilla,
mi crimen cotidiano, mi
estupidez.

1979

◆

Rubén Bonifaz Nuño

(1923[-2013])

Nace en Córdoba, Veracruz. Abogado y doctor en Letras. Profesor de latín. Ha sido director de publicaciones de la UNAM y Coordinador de Humanidades y actualmente dirige el Instituto de Investigaciones Filológicas. Ha recibido numerosos premios y homenajes, entre ellos el Nacional de Letras en 1974. Dirige la colección universitaria Biblioteca Scriptorum Graecorum et Romanorum Mexicana. Traductor de la poesía completa de Virgilio, Catulo, Lucrecio y Propercio, y de la poesía de Ovidio (*Arte de amar*). Estudios diversos sobre cultura latina. El Fondo de Cultura Económica ha reunido su poesía: *De otro modo lo mismo* (1981), que incluye *Imágenes* (1953), *Los demonios y los días* (1953), *El manto y la corona* (1958), *Fuego de pobres* (1961), *Siete de espadas* (1966), *El ala del tigre* (1969), *La flama en el espacio* (1971) y *Tres poemas de antes* (1978).

El impecable técnico que es Bonifaz "ha afinado —dicen los antólogos de *Poesía en movimiento*— la versificación hasta crearse sus propias modalidades estróficas y una sintaxis peculiar que debe tanto a la poesía escrita como al lenguaje coloquial". Esto, evidente en *Fuego de pobres* y *El ala del tigre*, no lo es tanto en *Los demonios y los días* y *El manto y la corona*, que contienen algunos de los mejores y más directos poemas de amor de nuestra poesía, reflexiones bajo la forma de inacabable diálogo con la Amiga, o recapitulaciones desde las sensaciones democráticas de la soledad o el fracaso. De esta práctica alternativa o simultánea de retórica y de sencillez, Bonifaz pasa a una poesía cada vez más compleja y simbólica.

Para los que llegan a las fiestas…

Para que los que llegan a las fiestas
ávidos de tiernas compañías,
y encuentran parejas impenetrables
y hermosas muchachas solas que dan miedo
—pues no uno sabe bailar, y es triste—;
los que se arrinconan con un vaso
de aguardiente oscuro y melancólico,
y odian hasta el fondo su miseria,
la envidia que sienten, los deseos;

para los que saben con amargura
que de la mujer que quieren les queda
nada más que un clavo fijo en la espalda
y algo tenue y acre, como el aroma
que guarda el revés de un guante olvidado;

para los que fueron invitados
una vez; aquellos que se pusieron
el menos gastado de sus dos trajes
y fueron puntuales; y en una puerta,
ya mucho después de entrados todos,
supieron que no se cumpliría
la cita y volvieron despreciándose;

para los que miran desde afuera,
de noche, las casas iluminadas,
y a veces quisieran estar adentro:
compartir con alguien mesa y cobijas
o vivir con hijos dichosos;
y luego comprenden que es necesario
hacer otras cosas, y que vale
mucho más sufrir que ser vencido;

para los que quieren mover el mundo
con su corazón solitario,
los que por las calles se fatigan
caminando, claros de pensamientos;
para los que pisan sus fracasos y siguen;
para los que sufren a conciencia
porque no serán consolados,
los que no tendrán, los que pueden escucharme;
para los que están armados, escribo.

[*Los demonios y los días*]

¿Cuál es la mujer?...

¿Cuál es la mujer que recordamos
al mirar los pechos de la vecina
de camión; a quién espera el hueco
lugar que está al lado nuestro, en el cine?
¿A quién pertenece el oído
que oirá la palabra más escondida
que somos, de quién es la cabeza
que a nuestro costado nace entre sueños?

Hay veces que ya no puedo con tanta
tristeza, y entonces te recuerdo.

Pero no eres tú. Nacieron cansados
nuestro largo amor y nuestros breves
amores; los cuatro besos y las cuatro
citas que tuvimos. Estamos tristes.
Juntos inventamos un concierto
para desventura y orquesta, y fuimos
a escucharlo serios, solemnes,
y nada entendimos. Estamos solos.

Tú nunca sabrás, estoy cierto,
que escribí estos versos para ti sola;
pero en ti pensé al hacerlos. Son tuyos.

Ustedes perdonen. Por un momento
olvidé con quién estaba hablando.
Y no sentí el golpe de mi ventana
al cerrarse. Estaba en otra parte.

[*Los demonios y los días*]

Cha cha cha. Bailemos…

Cha cha cha. Bailemos. Hiervan los ruidos.
Siga el vacilón. Bailemos diente con diente.

Y el Desharrapado enrosca la cola
y su cacerola mueve, y atiza
su lumbre. Bailemos.
                Pobres marranos.

Nos dan el compás. Demos el brinco.
Ya se está cociendo el arroz. La ronda
de sordos borrachos, de paralíticos
y de homosexuales frenéticos.

Una lagartija incubada nace:
rompe el cascarón de un ojo de gato
y empieza a nutrirse con viejas máquinas.

A oscuras, fomenta el invernadero
sus hongos, sus reyes, sus dictadores,

y sus rotativas y micrófonos
y sus presidentes de república.

Brillantes ejércitos se apresuran
sordos por el ruido de los tambores,
y muchachos tímidos, sin barbas,
llevan por la calle grandes carteles
escritos en lenguas extranjeras.

La cazuela hierve por todas partes,
hay que repartir el caldo entre todos:
que no quede un solo perro en su juicio.
Sigamos las voces del Embustero.

Y que todos alcen los necesarios
palillos de dientes. Buena es la vida
con baile, terror y sinfonolas.

[*Los demonios y los días*]

Centímetro a centímetro...

Centímetro a centímetro
—piel, cabello, ternura, olor, palabras—
mi amor te va tocando.

Voy descubriendo a diario, convenciéndome
de que estás junto a mí; de que es posible
y cierto; que no eres,
ya, la felicidad imaginada,
sino la dicha permanente,
hallada, concretísima; el abierto
aire total en que me pierdo y gano.

Y después, qué delicia
la de ponerme lejos nuevamente.
Mirarte como antes
y llamarte de "usted", para que sientas
que no es verdad que te haya conseguido;
que sigues siendo tú, la inalcanzada;
que hay muchas cosas tuyas
que no puedo tener.

Qué delicia delgada, incomprensible,
la de verte de lejos,
y soportar los golpes de alegría
que de mi corazón ascienden
al acercarse a ti por vez primera;
siempre por vez primera, a cada instante.

Y al mismo tiempo, así, juego a perderte
y a descubrirte, y sé que te descubro
siempre mejor de como te he perdido.

Es como si dijeras:
"Cuenta hasta diez, y búscame", y a oscuras
yo empezara a buscarte, y torpemente
te preguntara: "¿estás allí?", y salieras
riendo del escondite,
tú misma, sí, en el fondo; pero envuelta
en una luz distinta, en un aroma
nuevo, con un vestido diferente.

[*El manto y la corona*]

Lentamente has llegado...

Lentamente has llegado
a donde estás. Sin ropas. Aquietada.

Como un jarabe irremediable,
paciente y manso, entimismado, oscuro,
te colma tu deleite.

Y tu alma y tu cuerpo entremezclados
toman su exacto sitio: hueles, tocas,
oyes, miras entonces,
y encuentras el sabor también, y callas.

Y todo se te entrega, y en tu mano
reposa el mundo como una manzana,
y eres, al fin, dueña y señora,
inatacable ya, de lo que existe.

Desde antes de nacer estabas hecha
para ser contemplada,
Horas enteras, días, años,
desnuda, contemplada, comprendida.

País de luna, territorio
de leche y miel y sombra,
eras tú, sin saber; ciudad en tiernas
lumbres de gozo, inconquistada;
cerrada alcoba en el olvido,
cofre de siete llaves, inviolado;
almendra dura: cáscara de espinas
y corazón de azúcar.

El amor ha podido conquistarte,
abrirte, hacerte tuya,
descubrirte el placer, darte la rosa
de inagotables pétalos vencidos.

Y el amor has podido
—entregándote, amando, consintiendo—
vencer, tú, la vencida, la entregada.

Lo hiciste cosa tuya, tu instrumento
de poder, tu corona, tu bandera
ya para siempre victoriosa.

[*El manto y la corona*]

Amiga a la que amo...

Amiga a la que amo: no envejezcas.
Que se detenga el tiempo sin tocarte;
que no te quite el manto
de la perfecta juventud. Inmóvil
junto a tu cuerpo de muchacha dulce
quede, al hallarte, el tiempo.

Si tu hermosura ha sido
la llave del amor, si tu hermosura
con el amor me ha dado

la certidumbre de la dicha,
la compañía sin dolor, el vuelo,
guárdate hermosa, joven siempre.

No quiero ni pensar lo que tendría
de soledad mi corazón necesitado,
si la vejez dañina, perjuiciosa
cargara en ti la mano,
y mordiera tu piel, desvencijara
tus dientes, y la música
que mueves, al moverte, deshiciera.

Guárdame siempre en la delicia
de tus dientes parejos, de tus ojos,
de tus olores buenos,
de tus brazos que me enseñas
cuando a solas conmigo te has quedado
desnuda toda, en sombras,
sin más luz que la tuya,
porque tu cuerpo alumbra cuando amas,
más tierna tú que las pequeñas flores
con que te adorno a veces.

Guárdame en la alegría de mirarte
ir y venir en ritmo, caminando
y, al caminar, meciéndote
como si regresaras de la llave del agua
llevando un cántaro en el hombro.

Y cuando me haga viejo
y engorde y quede calvo, no te apiades
de mis ojos hinchados, de mis dientes
postizos, de las canas que me salgan
por la nariz. Aléjame,
no te apiades, destiérrame, te pido;
hermosa entonces, joven como ahora,
no me ames: recuérdame
tal como fui al cantarte, cuando era
yo tu voz y tu escudo,
y estabas sola, y te sirvió mi mano.

[*El manto y la corona*]

Nadie sale…

Nadie sale. Parece
que cuando llueve en México, lo único
posible es encerrarse
desajustadamente en guerra mínima,
a pensar los ochenta minutos de la hora
en que es hora de lágrimas.

En que es el tiempo de ponerse,
encenizado de colillas fúnebres,
a velar con cerillos
algún recuerdo ya cadáver;
tiempo de aclimatarse al ejercicio
de perder las mañanas
por no saber qué hacerse por las tardes.

Y tampoco es el caso de olvidarse
de que la vida está, de que los perros
como gente se anublan en las calles,
y cornudos cabestros
llevan a su merced tan buenos toros.

No es cosa de olvidarse
de la muela incendiada, o del diamante
engarzado al talón por el camino,
o del aburrimiento.

A la verdad, parece.

Pero sin olvidar, pero acordándose,
pero con lluvia y todo, tan humanas
son las cosas de afuera, tan de filo,
que quisiera que alguna me llamara
sólo por darme el regocijo
de contestar que estoy aquí,
o gritar el quién vive
nada más por ver si me responden.

Pienso: si tú me contestaras.
Si pudiera hablar en calma con mi viuda.
Si algo valiera lo que estoy pensando.

Llueve en México; llueve
como para salir a enchubascarse
y a descubrir, como un borracho auténtico,
el secreto más íntimo y humilde
de la fraternidad; poder decirte
hermano mío si te encuentro.
Porque tú eres mi hermano. Yo te quiero.

Acaso sea punto de lenguaje;
de ponerse de acuerdo con el tipo
de cambio de las voces,
y en la señal para soltar la marcha.

Y repetir ardiendo hasta el descanso
que no es para llorar, que no es decente.
Y porque, a la verdad, no es para tanto.

[*Fuego de pobres*]

Arden las hachas turbias...

Arden las hachas turbias
sangrando el paredón del fusilado.
As de espadas cristiano de la muerte.

Arrancado, cruzar la puerta entonces;
cruzar la puerta sin querer,
y salir, y mirar entredormido.

Esto es: lo mezclado, lo sin límite
cierto; la vertiente salobre
por donde baja el tigre a la pupila.

El castigo que asciende para el crimen,
vagamente sonámbulo, ejercido;
como el ojo de yeso que te mira,
como la mano en ti bajo las sábanas
o la almendra finísima que alumbra
sobre tu corazón cuando respiras.

(¿De dónde a dónde, pues; en qué has quedado
al fin; quién convalece
bajo la espuma roja de estos párpados?
Si alguien pudiera convencerme
de que estabas allí; de que tú eras,
aquella vez, tú misma, resguardada
por el olor que cada día,
como clima de tallos no visibles,
se me aparece en torno, en cualquier parte,
cuando menos lo espero.)

Furia de ser feliz, hoguera
de señales en la costa vacía;
amor, mirada pura conservada
entre las hojas secas de algún libro.

Y de pronto, qué voz, y qué terrible
máscara disimula al entre sueños
condenado a salir, al descuajado
a tirones; qué fondo de raíces
encanecidas por la noche.

Por muros permeables ofrecido,
sin defensa, al avance
de comunicaciones corrosivas;
madeja de acueductos capilares
hacia la sed inconfesada.

Hora penúltima, imprecisa
pulpa, manzana universal, recinto
del terror opulento; madrugada
de quien despierta sentenciado.

Y el lamento de un tren de pasajeros
arrastrando su vida, y la distancia
de un perro maltratado, y el ladrido
de los tambores en el viento,
a goterones llagan la conciencia.

[*Fuego de pobres*]

Depredadoras alegrías…

Depredadoras alegrías
nocturnas, cuerpo que me amaba
con el odio tímido y violado
de sus rincones aburridos.
Hoy que ya ha pasado, ¿me recuerdan,
alguna vez, sin recordarme?

Corales en coro, subcutáneas
navegaciones, luz anclada,
escafandra de asfixia, flechas
lácteas, inmóviles, acuáticas.
Desove estéril que en la sangre
desenrolla su espiral transida.

¿Me recuerdan, hoy que ya ha pasado
el odiado amor, la carne triste?
Las entretelas del herido
de punta de ausencia me conminan.
Y el violado cuerpo que me amaba,
a solas calienta y se consume.

[*El ala del tigre*]

Huesos de muerto me trabajo…

Huesos de muerto me trabajo.
Noches de vuelo ausentes, claras
frutas que no comí; pereza
providente del alma. Júbilo
de la enfermedad que nos asiste
y del amor que nos olvida.

Suena un árbol de hielo. Sube
el año su escala de raíces,
y entre memorias tristes, y entre
flores de insomnio y yeso, canto
de la enfermedad que nos olvida
y el dulce amor que nos carcome.

Para viajar a gusto, para
morir como se debe, dejo
la calavera en el tintero.
En su vuelo el águila se anida.
Y la enfermedad de estar cantando
me amarga el amor y me enamora.

[*El ala del tigre*]

Desde su nudo...

Desde su nudo a ciegas, desde
su ramazón violeta, suena
encogida en su hervor la sola
fuente del conjuro que te llama.

Tú, palabra antigua, bajo el lirio
del vientre de la noche sabes
lo que no soy; desde lejanos
nombres como ciudades, vienes;
como pueblos de alas retenidas
vienes; como bocas no saciadas.

Mañana espacial entre despojos
nupciales; lecho reviviente
del amor de ramas libertadas
sobre la herrumbre de otras hojas;
juicio universal de cada instante.

Del tiempo matinal emerges
con terrestre peso de estaciones
al sol; en mi cuerpo te alimentas;
orden de vida restableces
en mi corazón desengranado.

[*La flama en el espejo*]

◆

Jaime García Terrés

(1924[-1996])

Nace en la Ciudad de México. Abogado. Estudios en Francia de Estética y Filosofía medieval. Subdirector de Bellas Artes y director de Difusión Cultural de la UNAM. Embajador de México en Grecia. Actualmente es director del Fondo de Cultura Económica. Ha publicado crónicas sobre Grecia (*Grecia 60* y *Reloj de Atenas),* crítica literaria (*Poesía y alquimia. Los tres mundos de Gilberto Owen*), antologías y ensayos. Poesía: *El hermano menor* (1953), *Correo nocturno* (1954), *Las provincias del aire* (1956), *La fuente oscura* (1961), *Los reinos combatientes* (1961), *Todo lo más por decir* (1971), *Corre la voz* (1980).

A la disciplina y a la cultura poética de García Terrés las rige una inteligente morosidad. Traductor preciso de Seferis, John Donne, Lowry y Cavafis, García Terrés procede alternando impresiones y descripciones, breves cánticos y relatos sin principio ni fin. Él, partidario de las inmensidades del sol y los paisajes, excluye lo que le recuerda el exceso o la gigantomaquia de la poesía latinoamericana. Ni épico ni coloquial, García Terrés busca el punto de fusión entre una perspectiva escéptica y dolida y el "escarnecido lujo" de la memoria.

Reacio a los inventarios exhaustivos, García Terrés va hacia el paisaje para describirlo según nos modifica interiormente. Entre sus temas, la opresión persecutoria, el anhelo de la fraternidad, la crítica al caos del poder, el análisis de los contrastes en un objeto o en una situación. Seguro de las ventajas de la contención, enemigo del sentimentalismo, García Terrés incursiona en las emociones (ásperas o soterradas) del individuo que padece nostalgia del abismo y vislumbra la Historia.

La bruja

La bruja, le decían,
porque soñaba fuego solitario
en cada uno de los rumbos
de su cuerpo. Iba

caminando en silencio
hasta llegar al páramo.
Y de pronto sentía que sus manos
ardían como soles. Un alud
florecido quemaba la llanura.

Y "la bruja, la bruja",
gritaban los niños.

A la orilla del aire lloraba
lágrimas solas
y candentes. Todas
las tardes en el mismo sitio.

Llena de luz. La boca henchida
de mansas oraciones mudas.

Y a la orilla
del aire, todavía
llueve lumbre cuando reverdece
su memoria perdida;

y "la bruja", murmuran
las voces de los niños.

[*Las provincias del aire*]

Una invocación: (Guanabara)

¡Dientes del sur! Caverna de aire vivo.
Deja que ciña mis andanzas
                              —todavía—
con tus cifras azules.
Que la piedra marina y orgullosa
hechice blandas treguas en mi boca.
Déjame
tenerte palmo a palmo
tendida, sin resuello, sobre el tiempo.

El sur nace en los barcos,
                              a medio mar.
Allí quiebra los límites del día.
Danza (borracho) entre la sal. Jadea
libre de todo rumbo, destrenzado.
(Nace en cubierta, como un pez enorme;
y luego se derrama
hasta colmar de fuego el horizonte.)

Por fin, violento náufrago,
alcanza la bahía torpemente...

Y los negros le gritan cosas duras.
("Asesino", lo llaman
y "cobarde".)
Ya lo conocen. Temen su locura:
el sur viene del mar y huele
a latigazos de amapola.

Cautiva palpitante.
              Baña
de luz mi garganta.
Yo sembraré las olas en el viento;
gritaré para siempre las albas erizadas.
Besa, rompe mis labios.
             Que me hieran
los incendios fugaces de tu cuerpo vencido,
bocanadas azules, cercanía.
Abre la luz
        del cielo, Guanabara.
Y soñaremos juntos la jornada.

[Las provincias del aire]

Ipanema

El mar es una historia
que llevo entre los ojos y la sombra
de mis ojos, desleída
ya por los años y sin brío.

Ya se me escapan
sus ecos mal nacidos, sus lugares
de gruesa burla. Pero todavía
llueve la tarde en Ipanema,
a través de los años,
              contra mis pupilas:
llueven copos de sol. Y se desgajan
en un débil combate las hileras de casas.

[Las provincias del aire]

Éste era un rey

Y nuestra vida sigue siendo
un poco de vapor, como decía
Santiago.
Vuelan aparte los jardines
de pluma generosa. La moneda
más noble desvanece
los bordes que la fraguan.
Parte la luz. Y sólo queda
un poco de vapor en nuestras manos.

El rey ha muerto:
                    que lo sepan todos.
Grandes y pequeños lloren
sobre tu manto.
Al alba se fijaron los edictos.
Y ya los labios del cortejo
murmuran sin descanso la oración
suntuaria.

(Muros de olvido. Se llevaron
el rápido calor de su aposento.
Ya no suenan los días en caracolas.
Un lecho inmóvil ciega la ventana.
Se llevaron —con grave diligencia—
la forma de su rostro, las sílabas
tranquilas de su nombre.
Borraron las pisadas
y secaron las fuentes.)

Guarde también el pueblo desazón.
Campanas.
Hogueras funerales.
El rey ha muerto.

Y que diga la voz de todas las aldeas
cómo la noche se miró en sus ojos;
cómo fue escalando montañas de sombra,
mientras velaban la terraza
vanos centinelas;
                    cómo
la vida es vaho,

ligera nube que humedece
la palma de la mano, y luego
nada.

[*Las provincias del aire*]

Cantar de Valparaíso

¿Recuerdas que querías ser un poeta telúrico?
Con fervor aducías los admirables ritos del paisaje,
paladeabas
nombres de volcanes, ríos, bosques, llanuras,
y acumulabas verbos y adjetivos
a sismos o quietudes (aun a las catástrofes
extremas del planeta) vinculados.

Hoy prefieres viajar a medianoche, y en seguida
describes episodios efímeros.
Tus cuadernos registran el asombro
de los rostros dormidos en hoteles de paso.
Encoges los hombros cuando el alba precipita
desde lo alto de la cordillera blondos aluviones.

¿Qué pretendes ahora? ¿Qué deidad escudriñas?
Acaso te propones glorificar el orbe claroscuro
del corazón. O merodeas al margen de los cánticos,
y escribes empujado ya tan sólo
por insondables apetencias,
como fiera que busca su alimento donde la sangre humea,
y allí filos de amor
dispone ciegamente.

[*Los reinos combatientes*]

Letanías profanas

En oleaje caviloso digo
los nombres de la grey, los nombres pardos
y los candentes. Digo Santiago, Pedro, Juan;
el signo de la madre plácida

entre nublados laberintos;
la fama quejumbrosa de los sacerdotes;
los apodos rebeldes que suscita la horda.

Oh denominaciones, oh ruido.
Arroyos al dolor, amor que nos rodea siempre vivo
en un alba de voces. Oh mundo compartido,
este decir nosotros, llamar a cada uno
por el carnal rumor que lo designa,
convocar a los labios la multitud esquiva.

¡Cantad, cantad en mí, diferentes hermanos!

Con la llaga de aquel y la cobarde
mansedumbre del otro, con la sábana
del moribundo, los desprecios, la sed infatigablemente
purificada, con el frenesí disperso
allí donde siembra el agobio su cuchillada sacia,

urda mi boca los peregrinajes
al despertar común; y fúndase en la selva
mi soledad abierta, soledad partícipe.

Formas de cuantos sois conmigo
dentro del coro unánime: Saúl, un carpintero
cualquiera, dedos que redimen
la sumisión del árbol. Veneranda, sortílega.
María, forastera de gráciles asombros.
Generoso, tal grave capitán de navío.
Jerónimo, verdugo sin historia. Más los
otros, amargos o felices,
ágiles, depravados, inocentes, vencidos,
escoria de la cárcel o vagabundos tenues,

Santiago, Pedro, Juan. Y tú, velado amor
por quien surte mi lengua muchedumbres
y devociones; nombre feraz de cuya música
se derraman conjuros incesantes.

Resonad en la blonda cúpula del otoño.

[*Los reinos combatientes*]

Más

En la negrura funeral soñaba
con un aroma de trincheras.
¡Esta mansa humedad, en cambio, pútrida!
Lo tentó la memoria
escarnecido lujo
entre tantas horas exangües; el vestigio
de la noche verdadera,
toda manantial, augusta noche
de pólvora y amor sobre los campos de batalla.
(Una medalla de su cuello pendía
con la inscripción: *"Acuérdate. Septiembre
de mil novecientos...* y una mancha
de sangre.) Quiso
volver a sus debates; remozar los sentidos
en medio del bullicio belicoso.
Calzó las botas de campaña
—a su cabeza, fútil almohada—
y mientras percutían allá lejos estridencias marciales,
apartó las dos piedras del bosquejado túmulo.
(Afuera, los relámpagos alumbraron su camino.)

[*Los reinos combatientes*]

Toque del alba

Otro mundo. (No retazos armados, remendados de lo mismo de siempre.)
Donde la vida con la vida comulgue; donde el vértigo
nazca de la salvaje plenitud; orbe amoroso,
todo raíz, primicia, fecunda marejada.
Otro mundo. Sin legajos inertes, sin cascaras vacías.

Adiós a la desidia del viejo sacristán
en pequeños apuros para medirnos una
mortaja cada día.
Desgarrad las memorias del color cenizo.
Rompamos ataduras, y quedemos
desnudos bajo el alba.

Adiós, encierros, lápidas, relojes
que desuellan el tiempo con ácidos cobardes.

Libre flama será
la nuestra por los siglos de los siglos.
Tierra libre, el sostén de nuestros pasos.

A cieno huelen ya los manes en los muros;
desvalidos,
la fatiga contagian de sus añoranzas.
Arrasadlos, oh huestes, arrasadlos
con sedientos linajes de frescura,
y verdecidas
brechas al aire pleno descubran los altares.

[*Los reinos combatientes*]

Algunos

Yo no sé muchos nombres de volcanes o selvas;
esta parte del mundo para mí representa
unas doscientas almas (digo
doscientas por decir) que miran a lo lejos
de distinta manera cada una
con cierto dejo de común azoramiento.

Oigo silbar el viento rústico,
no rehuyó cantar a nuestra fauna
ni soslayo la tierra mitológica; pero
esta parte del mundo se refleja
mejor en tal estela de miradas
sensibles a las mías;
fosforescentes aventuras desiguales
que hienden el sigilo de la ronda.

Caras, dolientes cuerpos, vientres, lenguas,
doscientas vidas en redondos números,
orbes a media luz, capaces
de llamar a mi puerta buscando cualquier cosa
o trayendo consigo como dádiva
sus horizontes preferidos.

[*Todo lo más por decir*]

Jardín real

3

Anteayer o mañana,
Pericles o Bizancio, Moctezuma
o pongamos por caso, el mundo de mis hijos.
No cambia la raíz, sino el follaje
del árbol único y disperso. Vamos
a cumplir el destino, vil por fuera
pero deslumbrador en las entrañas.
El buen grano perdura más allá del infierno.
Los ruiseñores sobreviven al sicario
que devasta la muda floración;
al sayón que profana la tierra sahumada
legándonos pisadas asesinas y romas.
El surco persevera, la savia no decae,
mientras los pájaros extienden su dominio
y devoran la parte carroñosa.

Dionisíaca
vendrás a saludarme las próximas calendas,
ola nueva, de júbilo vestida,
con el triunfo fiel de tus innúmeros
vasallos torrenciales, ola mil
y mil veces egregia, temeraria,
una llama convicta por señal.
Abordaré tu piel a ojos cerrados,
encenderemos juntos las hogueras del día,
y después, al unísono, lo dejaremos todo
para llegar a la quietud
amorosa del fondo de los mares.

¡Qué delgada se ve ya la tortura!
La rueda del molino, me refieren,
acabó con el orbe, si bien mi pena sigue
su curso natural. Así, así
es como yo voy sembrando mi jardín:
una onza de hiel por tres de canto llano,
un poco de cizaña pertinaz,
una borrasca bien molida,
mundos arrebatados y mundos por venir.

Oleajes en cierne, playas bruscas,
detritus animal y mármoles nativos.
Y también muchas aves que confundan las mieses.
Al cabo somos uno,
por encima de todos los soñantes,
y la siembra resiste, si lo sembrado no,
cualquier barrunto del Apocalipsis.
Al cabo nada es nada;
lo mismo da mi brega que ninguna.
Estábamos jugando. Mira.
Se trata sólo de bruñir un rastro.

[*Todo lo más por decir*]

Voto de humildad

Claro que yo también ando perdido
y llego a donde voy sin darme cuenta
(cosa peor, me desconcierto
cuando me piden datos personales
o me llaman a secas por mi nombre).

Claro que yo también me vuelvo loco
apenas especulo crudamente
sobre los dos o tres problemas capitales.
Claro que yo también hago preguntas:
empiezo desde cero
y llego adonde voy con cinco ceros.
Soy uno más, otra garganta
o si prefieren, otro vientre.

¡Quién soy para dejar de ser lo que son todos,
para ya no pensar comunes pensamientos,
para salvarme de las trampas
por otros como yo dispuestas!
¡Quién soy para reírme del miedo general!

Todos entrarnos y salimos
a través de los mismos agujeros.
Habitamos en casas ganadas a la selva
por las manos paternas y maternas.

Crecemos en jardines cuyas plantas
arrullan a su modo nuestros huesos.
Repetimos umbrosos catecismos
y entre flores y preces olvidamos
la llama que nos tiende y nos recobra.
Nadie se libra de la ratonera
ni contra la remolda puede nada.
Ni yo, menos que nadie, me clareo.

[*Todo lo más por decir*]

Lo dicho

I

Vienes huyendo, llegas
con la lengua de un palmo, con la carne fría
tras de cruzar quién sabe qué laderas,
y sólo quieres un momento de reposo
y un rincón atibiado para guardar silencio.

¿Qué pudiste mirar, qué te persigue,
de dónde vienes o qué buscas?
Cierro los labios, juntas ambas manos
implorante, tiemblas,
mientras los otros, multitud insensata,
sordos y ciegos te rodean
y calculan motivos en sílabas confusas.

Afuera, por supuesto, silban golpes de viento:
es el otoño que sucumbe, son
las mocedades del invierno,
un año moribundo más, ladrones
y conjurados hacen de las suyas.

y que me quedo fatalmente
dormido,
en pleno monte, sin amparo,
quizá por la fatiga,
y que de pronto me despiertan unos cánticos,
unas formas ambiguas, y me siento

morir y voy volando,
no sé cómo lo diga.

Señalas tus heridas, las descubres tú mismo
por vez primera,
cifras de luz, misterios ateridos,
te sorprendes, jadeas,
prosigues cabizbajo tu fábula secreta,
bien abiertos los ojos, bien cosida la boca.

(Luego las alas se petrificaron,
y así las piedras son de diversas figuras,
lamidas por el mar, multicolores, estrelladas;
piedras de golondrinas, tan pequeñas
como granos de lino; peña viva,
lágrimas de Moisés para lanzar al cielo,
mármoles destinados a los templos,
muertes a filo de obsidiana.
Con todas estas piedras
levantaremos tu morada.)

Hierves en ti, desasosiégase la sangre,
no logras descansar y casi gimes,
te abandonas, regresas
a la penumbra, débil
¡oh mundo lleno de viento!),
caes
        y los otros refieren
las cosas memorables
y casos sucedidos
en edades pasadas y presentes;

    caes de bruces
en un lecho sin bálsamo.

II

Vienes huyendo, vienes poseído,
con tu carga de sueño peligroso,
parto de ceniza, fuego frío,
a través de montañas y llanuras
vienes a dar al caserío

labrado de cal y canto
    (quién entra, quién sale,
    quién tu corazón hiere),
o acabas en el mar, sin comprender los tumbos,
negra tu barca
de quebradizos puentes, y navegas
a palo seco, recelando.

Entonces me tomó
en sus brazos, habló de esta manera:
"Hijo mío, no escuchan tus oídos
la voz del vendaval ni te concierne
la salada creciente;
seguro vas, tranquilo
duermes, y yo sola vigilo.
Que tu sueño no cese;
duerma también el mar y duerma
la desmedida pena de los hombres".

Mil años pasan que parecen días,
mil casas, mil tormentas
en los trances de tu muerte,
y el agua cuya sal saló tu cuerpo
y la tierra por donde caminaste
brillan aún bajo los astros.
Veo tus llagas abiertas.

    En lo demás no pienses entender
    lo que no entiende ni ahogues
    los espíritus.

III

Pero ríes, acuden
a tu garganta bravos torbellinos de gozo,
flores de tiempo solar,
y en tu prisa disuélvense los ayes nunca dichos,
bórranse las fronteras consagradas,
tu risa brota de la noche, dispersándola,
llenándola de piras discordantes.
(La risa es el no al universo,
que restaura el sí total, inevitable.)

Y a marinas orejas
disimuladas en diamantes líquidos
advienen tus arroyos espumosos,
y el mar se beberá
todos los muros abolidos y la noche entera.
Tuya, dices al fin, será mi vida,
Océano sediento,
tuyo será mi rastro dondequiera.

[*Todo lo más por decir*]

◆

Rosario Castellanos

(1925-1974)

Nace en la Ciudad de México. Vive de niña en Comitán, Chiapas. Maestra de Filosofía (UNAM). Estudios de posgrado en la Universidad de Madrid. Promotora cultural en Chiapas, y autora de obras de teatro de guiñol y textos escolares para comunidades indígenas. Directora de Información y Prensa de la UNAM durante el periodo del rector Ignacio Chávez. Profesora en Filosofía y Letras. Embajadora de México en Israel, fallece en Tel Aviv debido a un accidente casero.

Teatro (*El eterno femenino*), recopilaciones de ensayos y artículos (*Juicios sumarios, El mar y sus pescaditos, Mujer que sabe latín, El uso de la palabra*), cuentos (*Ciudad Real, Los convidados de agosto*). El Fondo de Cultura Económica recopiló en 1972 su obra poética de 1948 a 1971: *Poesía no eres tú*, que incluye *Trayectoria del polvo, De la vigilia estéril, El rescate del mundo, Al pie de la letra, Lívida luz, Materia memorable* y sus dos piezas poéticas: *Salomé* y *Judith*.

Ya desde *Apuntes para una declaración de fe* (1948), y pese a su acatamiento de la moda, Rosario Castellanos anticipa las líneas de su personalidad poética: lirismo que se desborda y se ajusta, autocompasión frenada por la ironía, temperamento dramático retenido por el sarcasmo. En su primera etapa, se equilibran un nuevo ánimo de la poesía femenina y el tono "impersonal" marcado por la lectura de *Muerte sin fin*, Gabriela Mistral, la Biblia, Paul Claudel, la formación católica, la tradición de una sensibilidad recatada a la fuerza. "Lamentación de Dido", en especial, transforma el acento de la literatura femenina en México, por su impulso hazañoso y voluntarista que contradice en el poema el explícito culto a la mujer abandonada. En su etapa final, la brillante traductora de Emily Dickinson, Claudel y St.-John Perse se librará de sujeciones culturales y sociales, e intentará una poesía que a fin de cuentas es feminista, crítica, jubilosamente amarga, capaz de convertir en fiesta el desastre cotidiano y en sabio relajo la decisión de autoescarnio.

Lamentación de Dido

Guardiana de las tumbas; botín para mi hermano, el de la corva garra de gavilán;
nave de airosas velas, nave graciosa, sacrificada al rayo de las tempestades;
mujer que asienta por primera vez la planta del pie en tierras desoladas
y es más tarde nodriza de naciones, nodriza que amamanta con leche de
    sabiduría y de consejo;
mujer siempre, y hasta el fin, que con el mismo pie de la sagrada peregrinación
sube —arrastrando la oscura cauda de su memoria—
hasta la pira alzada del suicidio.

Tal es el relato de mis hechos. Dido mi nombre. Destinos
como el mío se han pronunciado desde la antigüedad con palabras hermosas
    y nobilísimas.
Mi cifra se grabó en la corteza del árbol enorme de las tradiciones.
Y cada primavera, cuando el árbol retoña,
es mi espíritu, no el viento sin historia, es mi espíritu el que estremece y el que
    hace cantar su follaje.

Y para renacer, año con año,
escojo entre los apóstrofes que me coronan, para que resplandezca con un
    resplandor único,
éste que me da cierto parentesco con las playas:
Dido, la abandonada, la que puso su corazón bajo el hachazo de un adiós
    tremendo.

Yo era lo que fui: mujer de investidura desproporcionada con la flaqueza de
    su ánimo.
Y, sentada a la sombra de un solio inmerecido,
temblé bajo la púrpura igual que el agua tiembla bajo el légamo.
Y para obedecer mandatos cuya incomprensibilidad me sobrepasa recorrí las
    baldosas de los pórticos con la balanza de la justicia entre mis manos
y pesé las acciones y declaré mi consentimiento para algunas —las más graves.

Esto era en el día. Durante la noche no la copa del festín, no la alegría de la
    serenata, no el sueño deleitoso.

Sino los ojos acechando en la oscuridad, la inteligencia batiendo la selva
     intrincada de los textos
para cobrar la presa que huye entre las páginas.
Y mis oídos, habituados a la ardua polémica de los mentores,
llegaron a ser hábiles para distinguir el robusto sonido del oro
 del estrépito estéril con que entrechocan los guijarros.

De mi madre, que no desdeñó mis manos y que me las ungió desde el amanecer
     con la destreza,
heredé oficios varios: cardadora de lana, escogedora del fruto que ilustra la
     estación y su clima,
despabiladora de lámparas.

Así pues tomé la rienda de mis días: potros domados, conocedores del camino,
     reconocedores de la querencia.
Así pues ocupé mi sitio en la asamblea de los mayores.
Y a la hora de la partición comí apaciblemente el pan que habían amasado mis
     deudos.
Y con frecuencia sentí deshacerse entre mi boca el grano de sal de un aconte-
     cimiento dichoso.

Pero no dilapidé mi lealtad. La atesoraba para el tiempo de las lamentaciones,
para cuando los cuervos aletean encima de los tejados y mancillan la transpa-
     rencia del cielo con su graznido fúnebre;
para cuando la desgracia entra por la puerta principal de las mansiones
y se la recibe con el mismo respeto que a una reina.

De este modo transcurrió mi mocedad: en el cumplimiento de las menudas
     tareas domésticas; en la celebración de los ritos cotidianos; en la asistencia
     a los solemnes acontecimientos civiles.

Y yo dormía, reclinando mi cabeza sobre una almohada de confianza.
Así la llanura, dilatándose, puede creer en la benevolencia de su sino,
porque ignora que la extensión no es más que la pista donde corre, como un
     atleta vencedor,
enrojecido por el heroísmo supremo de su esfuerzo, la llama del incendio.
Y el incendio vino a mí, la predación, la ruina, el exterminio
¡y no he dicho el amor!, en figura de náufrago.

Esto que el mar rechaza, dije, es mío.
Y ante él me adorné de la misericordia como del brazalete de más precio.

Yo te conjuro, si oyes, a que respondas: ¿quién esquivó la adversidad alguna
    vez? ¿Y quién tuvo a desdoro llamarle huésped suya y preparar la sala del
    convite?
Quien lo hizo no es mi igual. Mi lenguaje se entronca con el de los inmoladores
    de sí mismos.

El cuchillo bajo el que se quebró mi cerviz era un hombre llamado Eneas.
Aquel Eneas, aquel, piadoso con los suyos solamente;
acogido a la fortaleza de muros extranjeros; astuto, con astucias de bestia
    perseguida;
invocador de númenes favorables; hermoso narrador de infortunios y hombre
    de paso; hombre con el corazón puesto en el futuro.

—La mujer es la que permanece; rama de sauce que llora en las orillas de los
    ríos.

Y yo amé a aquel Eneas, a aquel hombre de promesa jurada ante otros dioses.

Lo amé con mi ceguera de raíz, con mi soterramiento de raíz, con mi lenta
    fidelidad de raíz.
No, no era la juventud. Era su mirada lo que así me cubría de florecimientos
    repentinos. Entonces yo fui capaz de poner la palma de mi mano, en signo
    de alianza, sobre la frente de la tierra. Y vi acercarse a mí, amistadas, las
    especies hostiles. Y vi también reducirse a número los astros. Y oí que el
    mundo tocaba su flauta de pastor.

Pero esto no era suficiente. Y yo cubrí mi rostro con la máscara nocturna del
    amante.
Ah, los que aman apuran tósigos mortales. Y el veneno enardeciendo su sangre,
    nublando sus ojos, trastornando su juicio, los conduce a cometer actos
    desatentados; a menospreciar aquello que tuvieron en más estima; a hacer
    escarnio de su túnica y a arrojar su fama como pasto para que hocen los
    cerdos.
Así, aconsejada de mis enemigos, di pábulo al deseo y maquiné satisfacciones
    ilícitas y tejí un espeso manto de hipocresía para cubrirlas.

Pero nada permanece oculto a la venganza. La tempestad presidió nuestro
    ayuntamiento; la reprobación fue el eco de nuestras decisiones.

Mirad, aquí y allá, esparcidos, los instrumentos de la labor. Mirad el ceño del
    deber defraudado. Porque la molicie nos había reblandecido los tuétanos.
Y convertida en antorcha yo no supe iluminar más que el desastre.

Pero el hombre está sujeto durante un plazo menor a la embriaguez.
Lúcido nuevamente, apenas salpicado por la sangre de la víctima, Eneas partió.

Nada detiene al viento. ¡Cómo iba a detenerlo la rama de sauce que llora en las orillas de los ríos!

En vano, en vano fue correr, destrenzada y frenética, sobre las arenas humeantes de la playa.

Rasgué mi corazón y echó a volar una bandada de palomas negras. Y hasta el anochecer permanecí, incólume como un acantilado, bajo el brutal abalanzamiento de las olas.

He aquí que al volver ya no me reconozco. Llego a mi casa y la encuentro arrasada por las furias. Ando por los caminos sin más vestidura para cubrirme que el velo arrebatado a la vergüenza; sin otro cíngulo que el de la desesperación para apretar mis sienes. Y, monótona zumbadora, la demencia me persigue con su aguijón de tábano.

Mis amigos me miran al través de sus lágrimas; mis deudos vuelven el rostro hacia otra parte. Porque la desgracia es espectáculo que algunos no deben contemplar.

Ah, sería preferible morir. Pero yo sé que para mí no hay muerte.
Porque el dolor —¿y qué otra cosa soy más que dolor?— me ha hecho eterna.

[*Poemas*]

La velada del sapo

Sentadito en la sombra
—solemne con tu bocio exoftálmico; cruel
(en apariencia al menos, debido a la hinchazón
de los párpados); frío,
frío de repulsiva sangre fría.

Sentadito en la sombra miras arder la lámpara.

En torno de la luz hablamos y quizá
uno dice tu nombre.

(Es septiembre. Ha llovido.)

Como por el resorte de la sorpresa, saltas
y aquí estás ya, en medio de la conversación,
en el centro del grito.

¡Con qué miedo sentimos palpitar
el corazón desnudo
de la noche en el campo!

[*Al pie de la letra*]

Monólogo de la extranjera

Vine de lejos. Olvidé mi patria.
Ya no entiendo el idioma
que allá usan de moneda o de herramienta.
Alcancé la mudez mineral de la estatua.
Pues la pereza y el desprecio y algo
que no sé discernir me han defendido
de este lenguaje, de este terciopelo
pesado, recamado de joyas, con que el pueblo
donde vivo recubre sus harapos.

Esta tierra, lo mismo que la otra de mi infancia,
tiene aún en su rostro,
marcada a fuego y a injusticia y crimen,
su cicatriz de esclava.
Ay, de niña dormía bajo el arrullo ronco
de una paloma negra: una raza vencida.
Me escondía entre las sábanas
porque un gran animal
acechaba en la sombra, hambriento, y sin embargo
con la paciencia dura de la piedra.
Junto a él ¿qué es el mar o la desgracia
o el rayo del amor
o la alegría que nos aniquila?
Quiero decir, entonces,
que me fue necesario crecer pronto
(antes de que el terror me devorase)
y partir y poner firme la mano firme
sobre el timón y gobernar la vida.

Demasiado temprano
escupí en los lugares
que la plebe consagra para la reverencia.
Y entre la multitud yo era como el perro
que ofende con su sarna y su fornicación
y su ladrido inoportuno, en medio
del rito y la importante ceremonia.

Y bien. La juventud,
aunque grave, no fue mortal del todo.
Convalecí. Sané. Con pulso hábil
aprendí a sopesar el éxito, el prestigio,
el honor, la riqueza.
Tuve lo que el mediocre envidia, lo que los
triunfadores disputan y uno solo arrebata.
Lo tuve y fue como comer espuma,
como pasar la mano sobre el lomo del viento.

El orgullo supremo es la suprema
renunciación. No quise
ser el astro difunto
que absorbe luz prestada para vivificarse.
Sin nombre, sin recuerdos,
con una desnudez espectral, giro
en una breve órbita doméstica.

Pero aun así fermento
en la imaginación espesa de los otros.
Mi presencia ha traído
hasta esta soñolienta ciudad de tierra adentro
un aliento salino de aventura.

Mirándome, los hombres recuerdan que el destino
es el gran huracán que parte ramas
y abate firmes árboles
y establece en su imperio
—sobre la mezquindad de lo humano— la ley
despiadada del cosmos.

Me olfatean desde lejos las mujeres y sueñan
lo que las bestias de labor, si huelen
la ráfaga brutal de la tormenta.

Cumplo también, delante del anciano,
un oficio pasivo:
el de suscitadora de leyendas.

Y cuando, a medianoche,
abro de par en par las ventanas, es para
que el desvelado, el que medita a muerte,
y el que padece el lecho de sus remordimientos
y hasta el adolescente
(bajo de cuya sien arde la almohada)
interroguen lo oscuro en mi persona.

Basta. He callado más de lo que he dicho.
Tostó mi mano el sol de las alturas
y en el dedo que dicen aquí "del corazón"
tengo un anillo de oro con un sello grabado.

El anillo que sirve
para identificar los cadáveres.

[*Al pie de la letra*]

Relato del augur

I

Antes que amaneciera nos encontramos juntos.
Como quien sale de un sopor nos vimos
y a oscuras nos buscamos las caras y los nombres.
Y dijimos: hermanos seremos de una misma
memoria, de unos mismos trabajos y esperanzas.

El principio fue así. La niebla, último aliento
de la noche, jugaba a enloquecernos.
Nos mostraba figuras de monstruos, nos hacía
tropezar siempre con la misma piedra
y partir y volver, después de mucho andar,
al sitio del que habíamos partido.

Fueron éstos los años de peregrinación
y uno fue dicho "el del jadear penoso"
y otro "el del sobresalto" y "el del rastro falaz".

El muerto se moría y su muerte nos era
afrenta, deserción, pacto incumplido
y juramento roto.
Lo abandonábamos a la intemperie,
al buitre, al que devora carroña, al exterminio.

Pues aun este misterio no nos era sagrado.

Íbamos en manada como los animales;
nuestros caciques eran Hambre y Miedo
y el freno que tascábamos se llamaba Peligro.

Pero alguno sentía ya dentro de su entraña
el espasmo del dios,
la quemadura de la profecía.
Al fin prevaleció sobre sus adversarios.
Pasamos a ser hombres que llevan a su espalda
un cargamento, un peso, un ídolo, un destino.

A veces nos hablaba la ceniza,
nos hacía señales el viento, nos dictaba
mandatos la hojarasca.
Y muy pronto quisimos saber más,
hurgar la voluntad a la que obedecíamos,
arrancar su secreto a la mudez del mundo.
Así fue como abrimos corazones,
como despedazamos materias, como hicimos
de toda cosa augurio, y del destazador,
del cuchillo, su intérprete.

Empezamos entonces a atesorar palabras.
El sabidor, el dueño, llegó a ser poderoso.
Estaba aparte, solo. Un día ya no quiso
continuar por su pie. Y otros, los hombrecillos
que no entienden y tiemblan,
se pusieron las andas sobre el hombro.

De tal modo, la marcha
se hizo lenta y difícil para muchos.

Rendidos de fatiga
dormíamos oyendo murmullos: bestezuelas

que palpitan y medran en la sombra;
cuchicheos de mujeres, suspiros sofocados,
el llanto del que nace
y el gemido angustioso del que sueña.

Alguno, antes que nadie,
escrutó la tiniebla.
Miró hacia el firmamento nocturno (para ti,
para mí —desatentos—,
imagen de mazorca desgranada)
y halló la ley y el número.

¿Quién de los caminantes
dijo: hasta aquí llegamos?
¿La preñada de huella doble? ¿El cojo?
¿El anciano reumático? ¿El hombre que medita?

¿O el pájaro que iba delante de nosotros?

Pero la tribu unánime
se detuvo y hundió
su cayado, con fuerza de raíz, en la tierra.

Sobrevino la hora
del constructor y de los fundadores.

Cada uno, como el árbol,
era él y el contorno que amparaba su sombra.
Y por primera vez sembramos nuestros muertos.

II

He aquí la heredad: el valle, el valle.
Cerros donde los dioses se quebraron las manos,
lava de las catástrofes antiguas.

La luz húmeda, siempre recién manada; el breve
espejo y el relámpago del agua.
Y sobre la extensión del aletazo
del águila y el pico
curvo y la uña rapaz.

III

Merodeamos en los alrededores
del pueblo establecido y las ciudades prósperas.

Comimos alimañas,
hojas inmundas,
moscos.

Acechador, ladrón, tal era nuestro mote.
(Y en silencio pulíamos la punta de la flecha.)

IV

Aguardamos el turno,
la hora de nutrir las potencias famélicas.

He aquí que el sol nos exigió tributo,
que la noche bramaba buscando su alimento.

Y fuimos laboriosos:
sacerdotes, artífices, guerreros.

¡Qué esfuerzo el de la piedra
cuando por su vagina transitaba
la arista ruda de la geometría!

¡Qué clamor el del tronco, cuando talado y hueco
resonaba invocando a lo divino!

En fiesta, en embriaguez, en frenesí,
dimos lo que teníamos: la riqueza y la sangre.

Y nos aproximamos
a la fija crueldad de la obsidiana
con el rostro cubierto por la piel
del enemigo muerto.

V

Lejos ondea el penacho
del capitán y hasta el confín se alarga
nuestro puño feroz y autoritario.

Las deidades descansen en nosotros.

Mas ¿por qué este sabor caduco en nuestros cantos?
¿Por qué nuestros adornos se marchitan?
¿Por qué aun lo duradero nos predice
el fin de nuestro siglo?

Se multiplican voces:
del mar vendrá la tempestad. Del mar.

Ay, todo lo que vemos
tiene un temblor funesto de presagio.

¡Del mar vendrá la tempestad! ¡Del mar!

No es mentira. No invento lo que digo.
Sólo estoy recordando.

[Al pie de la letra]

Destino

Matamos lo que amamos. Lo demás
no ha estado vivo nunca.
Ninguno está tan cerca. A ningún otro hiere
un olvido, una ausencia, a veces menos.
Matamos lo que amamos. ¡Que cese ya esta asfixia
de respirar con un pulmón ajeno!
El aire no es bastante
para los dos. Y no basta la tierra
para los cuerpos juntos
y la ración de la esperanza es poca
y el dolor no se puede compartir.

El hombre es animal de soledades,
ciervo con una flecha en el ijar
que huye y se desangra.

Ah, pero el odio, su fijeza insomne
de pupilas de vidrio; su actitud
que es a la vez reposo y amenaza.

El ciervo va a beber y en el agua aparece
el reflejo de un tigre.

El ciervo bebe el agua y la imagen. Se vuelve
—antes que lo devoren— (cómplice, fascinado)
igual a su enemigo.

Damos la vida sólo a lo que odiamos.

[*Lívida luz*]

Jornada de la soltera

Da vergüenza estar sola. El día entero
arde un rubor terrible en su mejilla.
(Pero la otra mejilla está eclipsada.)

La soltera se afana en quehacer de ceniza,
en labores sin mérito y sin fruto;
y a la hora en que los deudos se congregan
alrededor del fuego, del relato,
se escucha el alarido
de una mujer que grita en un páramo inmenso
en el que cada peña, cada tronco
carcomido de incendios, cada rama
retorcida, es un juez
o es un testigo sin misericordia.

De noche la soltera
se tiende sobre el lecho de agonía.
Brota un sudor de angustia a humedecer las sábanas
y el vacío se puebla
de diálogos y hombres inventados.

Y la soltera aguarda, aguarda, aguarda.

Y no puede nacer en su hijo, en sus entrañas,
y no puede morir
en su cuerpo remoto, inexplorado,
planeta que el astrónomo calcula,
que existe aunque no ha visto.

Asomada a un cristal opaco la soltera
—astro extinguido— pinta con un lápiz
en sus labios la sangre que no tiene.

Y sonríe ante un amanecer sin nadie.

[Lívida luz]

Amanecer

¿Qué se hace a la hora de morir? ¿Se vuelve la cara a la pared?
¿Se agarra por los hombros al que está cerca y oye?
¿Se echa uno a correr, como el que tiene
las ropas incendiadas, para alcanzar el fin?

¿Cuál es el rito de esta ceremonia?
¿Quién vela la agonía? ¿Quién estira la sábana?
¿Quién aparta el espejo sin empañar?

Porque a esta hora ya no hay madre y deudos.

Ya no hay sollozo. Nada más que un silencio atroz.

Todos son una faz atenta, incrédula
de hombre de la otra orilla.

Porque lo que sucede no es verdad.

[Lívida luz]

Nota roja

En página primera
viene, como a embestir, este retrato
y luego, a ocho columnas, la noticia:
asesinado misteriosamente.

Es tan fácil morir, basta tan poco.
Un golpe a medianoche, por la espalda,

y aquí está ya el cadáver
puesto entre las mandíbulas de un público antropófago.

Mastica lentamente el nombre, las señales,
los secretos guardados con años de silencio,
la lepra oculta, el vicio nunca harto.
Del asesino nadie sabe nada:
cara con antifaz, mano con guantes.

Pero este cuerpo abierto en canal, esta entraña
    derramada en el suelo
hacen subir la fiebre
de cada Abel que mira su alrededor, temblando.

[*Materia memorable*]

Privilegio del suicida

El que se mata mata al que lo amaba.
Detiene el tiempo —el tiempo que es de todos
y no era sólo suyo—
en un instante: aquel en que alzó el vaso
colmado de veneno;
en que segó la yugular; en que
hendió con largos gritos el vacío.

Ah, la memoria atónita, sin nada más que un huésped;
la atención que regresa como un tábano
siempre hasta el mismo punto intraspasable
y la esperanza que amputó sus pies
para ya no tener que ir más allá.

Ay, el sobreviviente,
el que se pudre a plena luz, sepulcro
de par en par abierto,
paseante de hediondeces y gusanos,
presencia inerme ante los ojos fijos
del juez ¿y quién entonces
no osa empuñar la vara del castigo?

¡Condenación a vida!

(Mientras el otro, sin amarraduras,
alcanza la inocencia del agua, las esencias
simplísimas del aire
y, materia fundida en la materia
como el amante en brazos del amor,
se reconcilia con el universo.)

[*Materia memorable*]

Memorial de Tlatelolco

La oscuridad engendra la violencia,
y la violencia pide oscuridad
para cuajar en crimen.

Por eso el dos de octubre aguardó hasta la noche
para que nadie viera la mano que empuñaba
el arma, sino sólo su efecto de relámpago.

Y a esa luz, breve y líquida, ¿quién? ¿Quién es el que mata?
¿Quiénes los que agonizan, los que mueren?
¿Los que huyen sin zapatos?
¿Los que van a caer al pozo de una cárcel?
¿Los que se pudren en el hospital?
¿Los que se quedan mudos, para siempre, de espanto?
¿Quién? ¿Quiénes? Nadie. Al día siguiente, nadie.

La plaza amaneció barrida; los periódicos
dieron como noticia principal
el estado del tiempo.
Y en la televisión, en la radio, en el cine
no hubo ningún cambio de programa,
ningún anuncio intercalado ni un
minuto de silencio en el banquete
(pues prosiguió el banquete).

No busques lo que no hay: huellas, cadáveres,
que todo se le ha dado como ofrenda a una diosa:
a la Devoradora de Excrementos.

No hurgues en los archivos pues nada consta en actas.

Ay, la violencia pide oscuridad
porque la oscuridad engendra el sueño
y podemos dormir soñando que soñamos.

Mas he aquí que toco una llaga: es mi memoria.
Duele, luego es verdad. Sangra con sangre.
Y si la llamo mía traiciono a todos.

Recuerdo, recordamos.

Ésta es nuestra manera de ayudar a que amanezca
sobre tantas conciencias mancilladas,
sobre un texto iracundo, sobre una reja abierta,
sobre el rostro amparado tras la máscara.

Recuerdo, recordemos
hasta que la justicia se siente entre nosotros.

[*En la tierra de en medio*]

Válium 10

A veces (y no trates
de restarle importancia
diciendo que no ocurre con frecuencia)
se te quiebra la vara con que mides,
se te extravía la brújula
y ya no entiendes nada.

El día se convierte en una sucesión
de hechos incoherentes, de funciones
que vas desempeñando por inercia y por hábito.

Y lo vives. Y dictas el oficio
a quienes corresponde. Y das la clase
lo mismo a los alumnos inscritos que al oyente.
Y en la noche redactas el texto que la imprenta
devorará mañana.
Y vigilas (oh, sólo por encima)

la marcha de la casa, la perfecta
coordinación de múltiples programas
—porque el hijo mayor ya viste de etiqueta
para ir de chambelán a un baile de quince años
y el menor quiere ser futbolista y el de en medio
tiene un póster del Che junto a su tocadiscos—.

Yy repasas las cuentas del gasto y reflexionas,
junto a la cocinera, sobre el costo
de la vida y el ars magna combinatoria
del que surge el menú posible y cotidiano.

Y aún tienes voluntad para desmaquillarte
y ponerte la crema nutritiva y aun leer
algunas líneas antes de consumir la lámpara.

Y ya en la oscuridad, en el umbral del sueño,
echas de menos lo que se ha perdido:
el diamante de más precio, la carta
de marear, el libro
con cien preguntas básicas (y sus correspondientes
respuestas) para un diálogo
elemental siquiera con la Esfinge.

Y tienes la penosa sensación
de que en el crucigrama se deslizó una errata
que lo hace irresoluble.

Y deletreas el nombre del Caos. Y no puedes
dormir si no destapas
el frasco de pastillas y si no tragas una
en la que se condensa
químicamente pura, la ordenación del mundo.

[*En la tierra de en medio*]

◆

Jaime Sabines

(1926[-1999])

Nace en Tuxtla Gutiérrez, Chiapas. Estudia Letras. Se dedica a la industria y a actividades agrícolas. Diputado al Congreso de la Unión (1976-1979). La editorial Joaquín Mortiz ha publicado *Nuevo recuento de poemas* (1979, segunda edición, aumentada, 1984) que contiene *Horal* (1950), *La señal* (1951), *Tarumba* (1956), *Diario semanario y poemas en prosa* (1961), *Recuento de poemas* (1962), *Yuria* (1967), *Algo sobre la muerte del mayor Sabines* (1973), *Maltiempo* (1972).

¿Cómo se construye una gran poesía? Jaime Sabines aporta una de las muchas respuestas posibles: con espontaneidad arduamente trabajada, con desdén ante la tiranía del "buen gusto" o ante las consecuencias del exceso y la provocación:

> ¡A la chingada las lágrimas!, dije,
> y me puse a llorar
> como se ponen a parir.

A lo anterior, Sabines agrega, sin miedos o reticencias, la exhibición del afecto desde su raíz familiar y la intimidad convertida en la diaria proeza. Él conjunta la imprecación, la duda, la ternura, la blasfemia, la celebración de las putas y de la soledad, el sentimiento amoroso despojado de cualquier "aura-de-alta-poesía". Con estos elementos otro cualquiera se despeñaría en el "vitalismo". Sabines logra una obra definitiva en la poesía de lengua hispana sin renunciar a características consideradas "anacrónicas", a sus transfiguraciones del tedio y el oprobio. Él, sin pudor y sin jactancia, insiste en la desesperanza, ama y fornica, insulta y se insulta, origina una nueva y excepcional versión de las "Coplas a la muerte de su padre", se emborracha para llorar y no llorar, se rebela torpe y lúcidamente ante la desaparición de los seres queridos, es impiadoso consigo mismo: "igual a un perro herido al que rodea la gente. / Feo como el recién nacido / y triste como el cadáver de una parturienta". El resultado es singular: un análisis descarnado y solidario de los sentimientos y un "romanticismo crítico", al margen de jerarquías y prestigios adquiridos.

Yo no lo sé de cierto...

> Yo no lo sé de cierto, pero supongo
> que una mujer y un hombre
> algún día se quieren,
> se van quedando solos poco a poco,

algo en su corazón les dice que están solos,
solos sobre la tierra se penetran,
se van matando el uno al otro.

Todo se hace en silencio. Como
se hace la luz dentro del ojo.
El amor une cuerpos.
En silencio se van llenando el uno al otro.

Cualquier día despiertan, sobre brazos;
piensan entonces que lo saben todo.
Se ven desnudos y lo saben todo.

(Yo no lo sé de cierto. Lo supongo.)

[*Horal*]

Lento, amargo animal...

Lento, amargo animal
que soy, que he sido,
amargo desde el nudo de polvo y agua y viento
que en la primera generación del hombre pedía a Dios.

Amargo como esos minerales amargos
que en las noches de exacta soledad
—maldita y arruinada soledad
sin uno mismo—
trepan a la garganta
y, costras de silencio,
asfixian, matan, resucitan.

Amargo como esa voz amarga
prenatal, presubstancial, que dijo
nuestra palabra, que anduvo nuestro camino,
que murió nuestra muerte,
y que en todo momento descubrimos.

Amargo desde dentro,
desde lo que no soy
—mi piel como mi lengua—,

desde el primer viviente,
anuncio y profecía.

Lento desde hace siglos,
remoto —nada hay detrás—,
lejano, lejos, desconocido.

Lento, amargo animal
que soy, que he sido.

[*Horal*]

Así es

Con siglos de estupor,
con siglos de odio y llanto,
con multitud de hombres amorosos y ciegos,
destinado a la muerte,
ahogándome en mi sangre, aquí, embrocado.
Igual a un perro herido al que rodea la gente.
Feo como el recién nacido
y triste como el cadáver de una parturienta.

Los que tenemos frío de verdad,
los que estamos solos por todas partes,
los sin nadie,
los que no pueden dejar de destruirse,
ésos no importan, no valen nada, nada,
que de una vez se vayan, que se mueran pronto.
A ver si es cierto: muérete.
¡Muérete, Jaime, muérete!

¡Ah, mula vida,
testaruda, sorda!

Poetas, mentirosos, ustedes no se mueren nunca.
Con su pequeña muerte andan por todas partes
y la lucen, la lloran, le ponen flores,
se la enseñan a los pobres, a los humildes, a los que tienen esperanza.
Ustedes no conocen la muerte todavía:
cuando la conozcan ya no hablarán de ella,
se dirán que no hay tiempo sino para vivir.

Es que yo he visto muertos,
y sólo los muertos son la muerte,
y eso, de veras, ya no importa.

Un desgraciado como yo no ha de ser siempre desgraciado.
He aquí la vida.

Puedo decirles una cosa por los que han muerto de amor,
por los enfermos de esperanza,
por los que han acabado sus días y aún andan por las calles
con una mirada inequívoca en los ojos
y con el corazón en las manos ofreciéndolo a nadie.
Por ellos, y por los cansados que mueren lentamente en buhardillas
y no hablan, y tienen sucio el cuerpo, altaneros del hambre,
odiadores que pagan con moneda de amor.
Por éstos y los otros, por todos los que han metido las manos
debajo de las costillas
y han buscado hacia arriba esa palabra, ese rostro,
y sólo han encontrado peces de sangre, arena...
Puedo decirles una cosa que no será silencio,
que no ha de ser soledad,
que no conocerá ni locura ni muerte.

Una cosa que está en los labios de los niños,
que madura en la boca de los ancianos,
débil como la fruta en la rama,
codiciosa como el viento:
humildad.

Puedo decirles también
que no hagan caso de lo que yo les diga.
El fruto asciende por el tallo, sufre la flor y llega al aire.

Nadie podrá prestarme su vida.
Hay que saber, no obstante,
que los ríos todos nacen del mar.

[*Horal*]

Los amorosos

Los amorosos callan.
El amor es el silencio más fino,
el más tembloroso, el más insoportable.
Los amorosos buscan,
los amorosos son los que abandonan,
son los que cambian, los que olvidan.
Su corazón les dice que nunca han de encontrar,
no encuentran, buscan.

Los amorosos andan como locos
porque están solos, solos, solos,
entregándose, dándose a cada rato,
llorando porque no salvan al amor.
Les preocupa el amor. Los amorosos
viven al día, no pueden hacer más, no saben.
Siempre se están yendo,
siempre, hacia alguna parte.
Esperan,
no esperan nada, pero esperan.
Saben que nunca han de encontrar.
El amor es la prórroga perpetua,
siempre el paso siguiente, el otro, el otro.
Los amorosos son los insaciables,
los que siempre —¡qué bueno!— han de estar solos.

Los amorosos son la hidra del cuento.
Tienen serpientes en lugar de brazos.
Las venas del cuello se les hinchan
también como serpientes para asfixiarlos.
Los amorosos no pueden dormir
porque si se duermen se los comen los gusanos.

En la obscuridad abren los ojos
y les cae en ellos el espanto.

Encuentran alacranes bajo la sábana
y su cama flota como sobre un lago.

Los amorosos son locos, sólo locos,
sin Dios y sin diablo.

Los amorosos salen de sus cuevas
temblorosos, hambrientos,
a cazar fantasmas.
Se ríen de las gentes que lo saben todo,
de las que aman a perpetuidad, verídicamente,
de las que creen en el amor como en una lámpara de inagotable aceite.

Los amorosos juegan a coger el agua,
a tatuar el humo, a no irse.
Juegan el largo, el triste juego del amor.
Nadie ha de resignarse.
Dicen que nadie ha de resignarse.
Los amorosos se avergüenzan de toda conformación.

Vacíos, pero vacíos de una a otra costilla,
la muerte les fermenta detrás de los ojos,
y ellos caminan, lloran hasta la madrugada
en que trenes y gallos se despiden dolorosamente.

Les llega a veces un olor a tierra recién nacida,
a mujeres que duermen con la mano en el sexo, complacidas,
a arroyos de agua tierna y a cocinas.
Los amorosos se ponen a cantar entre labios
una canción no aprendida.
Y se van llorando, llorando
la hermosa vida.

[Horal]

Tía Chofi

Amanecí triste el día de tu muerte, tía Chofi,
pero esa tarde me fui al cine e hice el amor.
Yo no sabía que a cien leguas de aquí estabas muerta
con tus setenta años de virgen definitiva,
tendida sobre un catre, estúpidamente muerta.
Hiciste bien en morirte, tía Chofi,
porque no hacías nada, porque nadie te hacía caso,
porque desde que murió abuelita, a quien te consagraste,
ya no tenías qué hacer y a leguas se miraba
que querías morirte y te aguantabas.

¡Hiciste bien!
Yo no quiero elogiarte como acostumbran los arrepentidos
porque te quise a tu hora, en el lugar preciso,
y harto sé lo que fuiste, tan corriente, tan simple,
pero me he puesto a llorar como una niña porque te moriste.
¡Te siento tan desamparada,
tan sola, sin nadie que te ayude a pasar la esquina,
sin quien te dé un pan!
Me aflige pensar que estás bajo la tierra
tan fría de Berriozábal,
sola, sola, terriblemente sola,
como para morirse llorando.
Ya sé que es tonto eso, que estás muerta,
que más vale callar,
¿pero qué quieres que haga
si me conmueves más que el presentimiento de tu muerte?
Ah, jorobada, tía Chofi,
me gustaría que cantaras
o que contaras el cuento de tus enamorados.
Los campesinos que te enterraron sólo tenían
tragos y cigarros
y yo no tengo más.
Ha de haberse hecho el cielo ahora con tu muerte,
y un Dios justo y benigno ha de haberte escogido.
Nunca ha sido tan real eso en lo que creíste.
Tan miserable fuiste que te pasaste dando tu vida
a todos. Pedías para dar, desvalida.
Y no tenías el gesto agrio de las solteronas
porque tu virginidad fue como una preñez de muchos hijos.
En el medio justo de dos o tres ideas que llenaron tu vida
te repetías incansablemente
y eras la misma cosa siempre.
Fácil, como las flores del campo
con que las vecinas regaron tu ataúd,
nunca has estado tan bien como en ese abandono de la muerte.
Sofía, virgen, antigua, consagrada,
debieron enterrarte de blanco
en tus nupcias definitivas.
Tú que no conociste caricia de hombre
y que dejaste llegaran a tu rostro arrugas antes que besos,
tú, casta, limpia, sellada,
debiste llevar azahares tu último día.

Exijo que los ángeles te tomen
y te conduzcan a la morada de los limpios.
Sofía virgen, vaso transparente, cáliz.
que la muerte recoja tu cabeza blandamente
y que cierre tus ojos con cuidados de madre
mientras entona cantos interminables.
Vas a ser olvidada de todos
como los lirios del campo,
como las estrellas solitarias;
pero en las mañanas, en la respiración del buey,
en el temblor de las plantas,
en la mansedumbre de los arroyos,
en la nostalgia de las ciudades,
serás como la niebla intocable, hálito de Dios que despierta.

Sofía virgen, desposada en un cementerio de provincia,
con una cruz pequeña sobre tu tierra,
estás bien allí, bajo los pájaros del monte,
y bajo la yerba, que te hace una cortina para mirar al mundo.

[La señal]

Es un temor de algo…

Es un temor de algo, de cualquier cosa, de todo.
Se amanece con miedo.
El miedo anda bajo la piel, recorre el cuerpo
como una culebra.
No se quisiera hablar, mirar, moverse.
Se es frágil como una lámina de aire.
Vecino de la muerte a todas horas,
hay que cerrar los ojos, defenderse.
Se está enfermo de miedo como de paludismo,
se muere de soledad como de tisis.
Alguien se refugia en las pequeñas cosas,
los libros, el café, las amistades,
busca paz en la hembra,
reposa en la esperanza,
pero no puede huir, es imposible:
amarrado a sus huesos,
atado a su morir como a su vida.

Ha de aprender con llanto y alegría,
ha de permanecer con los ojos abiertos
en el agua espesa de la noche
hasta que el día llegue a morderle las pupilas.
El día le dará temores, sueños,
alucinadas luces y caricias.
No sabrá preguntar,
no ha de querer morirse.
Oscuramente, con la piel, aprende
a estar, a revivirse.
Sobre sus pies está,
es todo el cuerpo que mira en los espejos
para conocerse, el que miran las gentes,
como lo miran.
Él se saluda en el cristal sin dueño,
se aflige o se descansa,
se da las manos una a otra para consolarse.
Oye su corazón sobre la almohada
frotándose, raspando como tierra,
aventándole sangre.
Es como un perro de animal,
como un lagarto, como un escarabajo, igual.

Se recuerdan los días en que somos un árbol,
una planta en el monte,
hablando por los poros silenciosamente.
Llenos de Dios, como una piedra,
con el Dios clausurado, perfecto, de la piedra.

Uno quisiera encender cuatro cirios
en las esquinas de la cama, al levantarse,
para velar el cadáver diario que dejamos.
Ora por nosotros, mosca de la muerte,
párate en la nariz de los que ríen.

Tenemos, nos tenemos atrás, en nuestra espalda,
miramos por encima de nuestros hombros
qué hacemos, qué somos.
Nos dejamos estar en esas manos
que las cosas extienden en el aire
y nos vamos, nos llevan
hora tras hora a este momento.

Vida maravillosa que vivimos,
que nos vive, que nos envuelve
en la colcha de la muerte.
Salimos, como del baño, del dolor
y entramos a las cosas limpiamente.
Dulce cansancio del reposo,
el sol vuelve a salir y el hombre sale
a que lo empuje el viento.
(Vuelvo a plancharme el rostro en el espejo,
bozal al corazón, que ya es de día.)

Hijo de las horas, hijo ciego,
balbuceante, mecido en un oscuro pensamiento.
No soy éste o el otro, soy ninguno,
qué importa lo que soy, mano de fuego,
llanto de sólo un ojo, danza de espectros.
Hígado y tripas soy, vísceras, sangre,
corazón ensartado en cada hueso.
De paso voy pero no al paso
del reloj o del sueño,
no con mis pies o con los pies de nadie,
no lo sé, no lo quiero.
Me apagan y me encienden, me encendieron
como una flor en el pecho de un muerto,
me apagaron como apagar la leche
en los ojos dulces del becerro.
Fumo, y es algo ya. Bebo,
como mi pan, mi sal y mi desvelo,
me dedico al amor, ejerzo el canto,
gano mujer, me pierdo.
Todo esto sé. ¿Qué más?
Guerra y paz en el viento,
palomas en el viento de mis dedos,
tumbas desde mis ojos,
yerbas en el paladar de este silencio.

Hablemos poco a poco. Nada es cierto.
Nos confundimos, apenas si alcanzamos
a decir la mitad de esto o aquello.

Nos ocurren las cosas como a extraños
y nos tenemos lejos.

He aquí que no sabemos.
Sobre la tierra hay días ignorados,
bosques, mares y puertos.

[*La señal*]

Tarumba
[Fragmentos]

Tarumba.
Yo voy con las hormigas
entre las patas de las moscas.
Yo voy con el suelo, por el viento,
en los zapatos de los hombres,
en las pezuñas, las hojas, los papeles;
voy a donde vas, Tarumba,
de donde vienes, vengo.
Conozco a la araña.
Sé eso que tú sabes de ti mismo
y lo que supo tu padre.
Sé lo que me has dicho de mí.
Tengo miedo de no saber,
de estar aquí como mi abuela
mirando la pared, bien muerta.
Quiero ir a orinar a la luz de la luna.
Tarumba, parece que va a llover.

*

A la casa del día entran gentes y cosas,
yerbas de mal olor,
caballos desvelados,
aires con música,
maniquíes iguales a muchachas;
entramos tú, Tarumba, y yo.
Entra la danza. Entra el sol.
Un agente de seguros de vida
y un poeta.
Un policía.
Todos vamos a vendernos, Tarumba.

*

Ay, Tarumba, tú ya conoces el deseo.
Te jala, te arrastra, te deshace.
Zumbas como un panal.
Te quiebras mil y mil veces.
Dejas de ver mujer cuatro días
porque te gusta desear,
te gusta quemarte y revivirte,
te gusta pasarles la lengua de tus ojos a todas.
Tú, Tarumba, naciste en la saliva,
quién sabe en qué goma caliente naciste.
Te castigaron con darte sólo dos manos.
Salado Tarumba, tienes la piel como una boca
y no te cansas.
No vas a sacar nada.
Aunque llores, aunque te quedes quieto
como un buen muchacho.

*

En este pueblo, Tarumba,
miro a todas las gentes todos los días.
Somos una familia de grillos.
Me canso.
Todo lo sé, lo adivino, lo siento.
Conozco los matrimonios, los adulterios,
las muertes.
Sé cuándo el poeta grillo quiere cantar,
cuándo bajan los zopilotes al mercado,
cuándo me voy a morir yo.
Sé quiénes, a qué horas, cómo lo hacen,
curarse en las cantinas,
besarse en los cines,
menstruar,
llorar, dormir, lavarse las manos.
Lo único que no sé es cuándo nos iremos,
Tarumba, por un subterráneo
al mar.

*

A caballo, Tarumba,
hay que montar a caballo
para recorrer este país,

para conocer a tu mujer,
para desear a la que deseas,
para abrir el hoyo de tu muerte,
para levantar tu resurrección.
A caballo tus ojos,
el salmo de tus ojos,
el sueño de tus piernas cansadas.
A caballo en el territorio de la malaria,
tiempo enfermo,
hembra caliente,
risa y gotas.
A donde llegan noticias de vírgenes,
periódicos con santos,
y telegramas de corazones deportivos como una bandera.
A caballo, Tarumba, sobre el río,
sobre la laja de agua, la vigilia,
la hoja frágil del sueño
(cuando tus manos se despiertan con nalgas),
y el vidrio de la muerte en el que miras
tu corazón pequeño.
A caballo, Tarumba,
hasta el vertedero del sol.

                              *

¿Qué putas puedo hacer con mi rodilla,
con mi pierna tan larga y tan flaca,
con mis brazos, con mi lengua,
con mis flacos ojos?
¿Qué puedo hacer en este remolino
de imbéciles de buena voluntad?
¿Qué puedo con inteligentes podridos
y con dulces niñas que no quieren hombre sino poesía?
¿Qué puedo entre los poetas uniformados
por la academia o por el comunismo?
¿Qué, entre vendedores o políticos
o pastores de almas?
¿Qué puedo hacer, Tarumba,
si no soy santo, ni héroe, ni bandido,
ni adorador del arte,
ni boticario,
ni rebelde?

¿Qué puedo hacer si puedo hacerlo todo
y no tengo ganas sino de mirar y mirar?

*

¡En qué pausado vértigo te encuentras,
qué sombras bebes en qué sonoros vasos!
¡Con qué manos de hule estás diciendo adiós
y qué desdentada sonrisa echas por delante!
Te miro poco a poco tratando de quererte
pero estás mojado de alcohol
y escupes en la manga de tu camisa
y los pequeños vidrios de tus ojos se caen.
¿A dónde vas, hermano?
¿De qué vergüenzas huyes?,
¿de qué muerte te escondes?
Yo miro al niño que fuiste,
cómo lo llevas de la mano
de cantina a cantina, de un hambre a otra.
Me hablas de cosas que sólo tu madrugada conoce,
de formas que sólo tu sueño ha visto,
y sé que estamos lejos, cada uno en el lugar de su miseria,
bajo la misma lluvia de esta tarde.
Tú no puedes flotar, pero yo hundirme.
Vamos a andar del brazo, como dos topos amarillos,
a ver si el dios de los subterráneos nos conduce.

*

Ahí viene un galope subterráneo,
viene un mar rompiendo,
viene un ventarrón de Marte.
(Alguien ha de explicarme
por qué no suceden tantas cosas.)
Viene un golpe de sangre
desde mis pies de barro,
vienen canas en busca de mi edad,
tablas flotando para mi ataúd.
(El Rey de Reyes come un elote, espera,
se prueba unas sandalias de hoja de plátano.)
Viene mi abuelita Chus,
que cumplió trece desaños,
trece años en la muerte,

trece años para atrás, para lo hondo.
Me visitan Tony, Chente, mi tía Chofi,
y otros amigos enterrados.
Pienso en Tito, jalando de la manga a su muerte
y ésta no haciendo caso.
Viene Chayito dolorosa
con su hoja de menta
y con un caballito para mi hijo.
Y viene el aguacero más grande de todos los tiempos
y el miedo de los rayos,
y tengo que subirme a un arca transformado en buey
para la vida dichosa que nos espera.

*

Quiero que me socorras, Señor, de tanta sombra
que me rodea, de tanta hora que me asfixia.
Quiero que me socorras. Nadie, de esta intranquila
supervivencia, de esta sobremuerte agotadora.
Quiero que me hundas, Padre, de una vez para siempre
en tu caldera de aceite.
Quiero, hijo, que me entierres, bajo piedra y lodo,
y una plancha de acero, sin un árbol.
Quiero que todos griten por mí,
quiero que me acompañen y me auxilien
antes de caerme a mis pies.
(Sobre mis zapatos me voy a caer
como si me quitara el traje.)

Quiero que tu divina presencia, Comecaca,
apuntale mi espíritu eterno.
Quiero que el coro de las estrellas
cacofónicas truene.
Quiero que el viento me recorra de norte a sur,
de este a siempre.
Quiero crecer como una piedra regada todas las mañanas
por el jardinero del sol.

[Tarumba]

Con tu amargura a cuestas...

Con tu amargura a cuestas
y tus dolores en los bolsillos
—las uñas todavía llenas de la tierra de los sepulcros que arañas—
y los ojos rodeados, hundidos en la sombra
que la noche inyecta con innumerables y finas agujas,
con el corazón convaleciente, tierno como una manzana,
sucio y torpe como un recién nacido,
vas en las calles viendo y aprendiendo
—y una sonrisa crece en los labios de tu sangre—
como si fueras el primer habitante del mundo.

Resucitado, para ti es la calle
y los árboles y la neblina
y el sol que pica
y la tarde friolenta que pide cama con mujer
y la noche que te recibe amorosa con un libro.
Para ti es también el amanecer de los que trabajan,
las fauces de las fábricas que se abren con ruido,
los relojes de las oficinas de mala digestión,
la estercolada y húmeda ternura de los establos,
el delantal de los almacenes y el garrote de seda,
el agua boricada de los despachos,
el fenol diario de la misa
y la triste sabiduría de los barrenderos.
Para ti es la ciudad de los amores y los crímenes,
de las tentaciones y las locuras ordenadas,
de las necesidades en busca de alguien,
de las soledades atropellándose;
para ti la biblioteca y los burdeles
y los cines y los teatros
y los estadios y las arenas y las pistas de baile
y el asfalto desierto de la madrugada.
Para ti son estas gentes y estos fantasmas
y estos otros resucitados, y estas sombras
que caminan y comen y se divierten
y sufren y gozan y viven y se enferman y mueren
en estos sitios que estás conociendo.
Para ti son las manos caídas,
para que las estreches con tus muñones,
con las manos que te van a brotar ahora mismo.
Para que tú te entregues

se te están dando todas estas cosas;
para que dejes tu cuerpo usado
allí en el polvo donde estabas rendido boca abajo y llorabas;
para que te levantes a los treinta y tres años
y juegues con tus hijos y con todas las gentes
en el nombre del padre y del espíritu santo
y en el nombre del huérfano y del espíritu herido
y en el nombre de la gloria del juego del hombre.

[Recuento de poemas]

No es que muera de amor...

No es que muera de amor, muero de ti.
Muero de ti, amor, de amor de ti,
de urgencia mía de mi piel de ti,
de mi alma de ti y de mi boca
y del insoportable que yo soy sin ti.

Muero de ti y de mí, muero de ambos,
de nosotros, de ese,
desgarrado, partido,
me muero, te muero, lo morimos.

Morimos en mi cuarto en que estoy solo,
en mi cama en que faltas,
en la calle donde mi brazo va vacío,
en el cine y los parques, los tranvías,
los lugares donde mi hombro acostumbra tu cabeza
y mi mano tu mano
y todo yo te sé como yo mismo.

Morimos en el sitio que le he prestado al aire
para que estés fuera de mí,
y en el lugar en que el aire se acaba
cuando te echo mi piel encima
y nos conocemos en nosotros, separados del mundo,
dichosa, penetrada, y cierto, interminable.

Morimos, lo sabemos, lo ignoran, nos morimos
entre los dos, ahora, separados,
del uno al otro, diariamente,

cayéndonos en múltiples estatuas,
en gestos que no vemos,
en nuestras manos que nos necesitan.

Nos morimos, amor, muero en tu vientre
que no muerdo ni beso,
en tus muslos dulcísimos y vivos,
en tu carne sin fin, muero de máscaras,
de triángulos oscuros e incesantes.
Me muero de mi cuerpo y de tu cuerpo,
de nuestra muerte, amor, muero, morimos.
En el pozo de amor a todas horas,
inconsolable, a gritos,
dentro de mí, quiero decir, te llamo,
te llaman los que nacen, los que vienen
de atrás, de ti, los que a ti llegan.
Nos morimos, amor, y nada hacemos
sino morirnos más, hora tras hora,
y escribirnos y hablarnos y morirnos.

[Recuento de poemas]

¿Hasta dónde entra el campo...?

¿Hasta dónde entra el campo a la ciudad, de noche?,
¿el aire de los cerros,
las estrellas, las nubes sigilosas?
Cuando las fábricas descansan
y los motores duermen como algunos hombres,
paso a paso, los árboles penetran a las calles macizas,
y el frío se extiende como una sábana de aire,
sube a las azoteas, se esconde en los zaguanes,
aquieta el agua de las fuentes.
La hojarasca, la ardilla, los rumores, la alfalfa,
los eucaliptos y los álamos, las legumbres adolescentes,
los insectos, el viento, hasta las sombras vienen
a limpiar la ciudad, a poseerla.
(Cuando llega la luz, el campo se retira
como un enamorado culpable y satisfecho.)

[Recuento de poemas]

He aquí que estamos reunidos

He aquí que estamos reunidos
en esta casa como en el Arca de Noé:
Blanca, Irene, María y otras muchachas,
Jorge, Eliseo, Óscar, Rafael...
Vamos a conocernos rápidamente
y a fornicar y a olvidarnos.
El buey, el tigre, la paloma, el lagarto y el asno, todos
juntos bebemos, y nos pisamos y nos atropellamos
en esta hora que va a hundirse en el diluvio nocturno.
Relámpagos de alcohol cortan la obscuridad de las pupilas
y los truenos y la música se golpean entre las voces desnudas.
Gira la casa y navega hacia las horas altas.
¿Quién te tiene la mano, Magdalena, hundida en las almohadas?
¡Qué bello oficio el tuyo, de desvestirte
y alumbrar la sala!
¡Haz el amor, paloma, con todo lo que sabes:
tus entrenadas manos, tu boca, tus ojos,
tu corazón experto!
He aquí la cabeza del día, Salomé,
para que bailes delante de todos los ojos en llamas.
¡Cuidado, Lesbia, no nos quites ni un pétalo de las manos!
Sube en el remolino la casa y el tiempo sube
como la harina agria. ¡Hénos aquí a todos, fermentados,
brotándonos por todo el cuerpo el alma!

[*Recuento de poemas*]

Algo sobre la muerte del mayor Sabines

PRIMERA PARTE

I

Déjame reposar,
aflojar los músculos del corazón
y poner a dormitar el alma
para poder hablar,
para poder recordar estos días,
los más largos del tiempo.

Convalecemos de la angustia apenas
y estamos débiles, asustadizos,
despertando dos o tres veces de nuestro escaso sueño
para verte en la noche y saber que respiras.
Necesitamos despertar para estar más despiertos
en esta pesadilla llena de gentes y de ruidos.

Tú eres el tronco invulnerable y nosotros las ramas,
por eso es que este hachazo nos sacude.
Nunca frente a tu muerte nos paramos
a pensar en la muerte,
ni te hemos visto nunca sino con la fuerza y la alegría.
No lo sabemos bien, pero de pronto llega
un incesante aviso,
una escapada espada de la boca de Dios
que cae y cae y cae lentamente.
Y he aquí que temblamos de miedo,
que nos ahoga el llanto contenido,
que nos aprieta la garganta el miedo.
Nos echamos a andar y no paramos
de andar jamás, después de medianoche,
en ese pasillo del sanatorio silencioso
donde hay una enfermera despierta de ángel.

Esperar que murieras era morir despacio,
estar goteando del tubo de la muerte,
morir poco, a pedazos.
No ha habido hora más larga que cuando no dormías,
ni túnel más áspero de horror y de miseria
que el que llenaban tus lamentos,
tu pobre cuerpo herido.

II

Del mar, también del mar,
de la tela del mar que nos envuelve,
de los golpes del mar y de su boca,
de su vagina oscura,
de su vómito,
de su pureza tétrica y profunda,
vienen la muerte, Dios, el aguacero
golpeando las persianas,
la noche, el viento.

De la tierra también,
de las raíces agudas de las casas,
del pie desnudo y sangrante de los árboles,
de algunas rocas viejas que no pueden moverse,
de lamentables charcos, ataúdes del agua,
de troncos derribados en que ahora duerme el rayo,
y de la yerba, que es la sombra de las ramas del cielo,
viene Dios, el manco de cien manos,
ciego de tantos ojos,
dulcísimo, impotente.
(Omniausente, lleno de amor,
el viejo sordo, sin hijos,
derrama su corazón en la copa de su vientre.)

De los huesos también
de la sal más entera de la sangre,
del ácido más fiel,
del alma más profunda y verdadera,
del alimento más entusiasmado,
del hígado y del llanto,
viene el oleaje tenso de la muerte,
el frío sudor de la esperanza,
y viene Dios riendo.

Caminan los libros a la hoguera.
Se levanta el telón: aparece el mar.

(Yo no soy el autor del mar.)

III

Siete caídas sufrió el elote de mi mano
antes de que mi hambre lo encontrara,
siete veces mil veces he muerto
y estoy risueño como el primer día.
Nadie dirá: no supo de la vida
más que los bueyes, ni menos que las golondrinas.
Yo siempre he sido el hombre, amigo fiel del perro,
hijo de Dios desmemoriado,
hermano del viento.
¡A la chingada las lágrimas!, dije,
y me puse a llorar
como se ponen a parir.

Estoy descalzo, me gusta pisar el agua y las piedras,
las mujeres, el tiempo,
me gusta pisar la yerba que crecerá sobre mi tumba
(si es que tengo una tumba algún día).
Me gusta mi rosal de cera
en el jardín que la noche visita.
Me gustan mis abuelos de totomoste
y me gustan mis zapatos vacíos
esperándome como el día de mañana.
¡A la chingada la muerte!, dije,
sombra de mi sueño,
perversión de los ángeles,
y me entregué a morir
como una piedra al río,
como un disparo al vuelo de los pájaros.

IV

Vamos a hablar del Príncipe Cáncer,
Señor de los Pulmones, Varón de la Próstata,
que se divierte arrojando dardos
a los ovarios tersos, a las vaginas mustias,
a las ingles multitudinarias.

Mi padre tiene el ganglio más hermoso del cáncer
en la raíz del cuello, sobre la subclavia,
tubérculo del bueno de Dios,
ampolleta de la buena muerte,
y yo mando a la chingada a todos los soles del mundo.
El Señor Cáncer, El Señor Pendejo,
es sólo un instrumento en las manos obscuras
de los dulces personajes que hacen la vida.

En las cuatro gavetas del archivero de madera
guardo los nombres queridos,
la ropa de los fantasmas familiares,
las palabras que rondan
y mis pieles sucesivas.

También están los rostros de algunas mujeres,
los ojos amados y solos
y el beso casto del coito.
Y de las gavetas salen mis hijos.

¡Bien hay la sombra del árbol
llegando a la tierra,
porque es la luz que llega!

V

De las nueve de la noche en adelante
viendo la televisión y conversando
estoy esperando la muerte de mi padre.
Desde hace tres meses, esperando.
En el trabajo y en la borrachera,
en la cama sin nadie y en el cuarto de niños,
en su dolor, tan lleno y derramado,
su no dormir, su queja y su protesta,
en el tanque de oxígeno y las muelas
del día que amanece, buscando la esperanza.

Mirando su cadáver en los huesos
que es ahora mi padre,
e introduciendo agujas en las escasas venas,
tratando de meterle la vida, de soplarle
en la boca el aire...

(Me avergüenzo de mí hasta los pelos
por tratar de escribir estas cosas.
¡Maldito el que crea que esto es un poema!)

Quiero decir que no soy enfermero,
padrote de la muerte,
orador de panteones, alcahuete,
pinche de Dios, sacerdote de las penas.
Quiero decir que a mí me sobra el aire...

VI

Te enterramos ayer.
Ayer te enterramos.
Te echamos tierra ayer.
Quedaste en la tierra ayer.
Estás rodeado de tierra
desde ayer.
Arriba y abajo y a los lados
por tus pies y por tu cabeza

está la tierra desde ayer.
Te metimos en la tierra,
te tapamos con tierra ayer.
Perteneces a la tierra
desde ayer.
Ayer te enterramos
en la tierra, ayer.

VII

Madre generosa
de todos los muertos,
madre tierra, madre,
vagina del frío,
brazos de intemperie,
regazo del viento,
nido de la noche,
madre de la muerte,
recógelo, abrígalo,
desnúdalo, tómalo,
guárdalo, acábalo.

VIII

No podrás morir.
Debajo de la tierra
no podrás morir.
Sin agua, y sin aire
no podrás morir.
Sin azúcar, sin leche,
sin frijoles, sin carne,
sin harina, sin higos,
no podrás morir.
Sin mujer y sin hijos
no podrás morir.
Debajo de la vida
no podrás morir.
En tu tanque de tierra
no podrás morir.
En tu caja de muerto
no podrás morir.
En tus venas sin sangre
no podrás morir.

En tu pecho vacío
no podrás morir.
En tu boca sin fuego
no podrás morir.
En tus ojos sin nadie
no podrás morir.
En tu carne sin llanto
no podrás morir.
No podrás morir.
No podrás morir.
No podrás morir.

Enterramos tu traje,
tus zapatos, el cáncer;
no podrás morir.
Tu silencio enterramos.
Tu cuerpo con candados.
Tus canas finas,
tu dolor clausurado.
No podrás morir.

IX

Te fuiste no sé a dónde.
Te espera tu cuarto.
Mi mamá, Juan y Jorge
te estamos esperando.
Nos han dado abrazos
de condolencia, y recibimos
cartas, telegramas, noticias
de que te enterramos,
pero tu nieta más pequeña
te busca en el cuarto,
y todos, sin decirlo,
te estamos esperando.

X

Es un mal sueño largo,
tonta película de espanto,
un túnel que no acaba
lleno de piedras y de charcos.
¡Qué tiempo este, maldito,

que revuelve las horas y los años,
el sueño y la conciencia,
el ojo abierto y el morir despacio!

XI

Recién parido en el lecho de la muerte,
criatura de la paz, inmóvil, tierno,
recién niño del sol de rostro negro,
arrullado en la cuna del silencio,
mamando obscuridad, boca vacía,
ojo apagado, corazón desierto.

Pulmón sin aire, niño mío, viejo,
cielo enterrado y manantial aéreo,
voy a volverme un llanto subterráneo
para echarte mis ojos en tu pecho.

XII

Morir es retirarse, hacerse a un lado,
ocultarse un momento, estarse quieto,
pasar el aire de una orilla a nado
y estar en todas partes en secreto.

Morir es olvidar, ser olvidado,
refugiarse desnudo en el discreto
calor de Dios, y en su cerrado
puño, crecer igual que un feto.

Morir es encenderse bocabajo
hacia el humo y el hueso y la caliza
y hacerse tierra y tierra con trabajo.

Apagarse es morir, lento y aprisa,
tomar la eternidad como a destajo
y repartir el alma en la ceniza.

XIII

Padre mío, señor mío, hermano mío,
amigo de mi alma, tierno y fuerte,

saca tu cuerpo viejo, viejo mío,
saca tu cuerpo de la muerte.

Saca tu corazón igual que un río,
tu frente limpia en que aprendí a quererte,
tu brazo como un árbol en el frío
saca todo tu cuerpo de la muerte.

Amo tus canas, tu mentón austero,
tu boca firme y tu mirada abierta,
tu pecho vasto y sólido y certero.

Estoy llamando, tirándote la puerta.
Parece que yo soy el que me muero:
¡padre mío, despierta!

XIV

No se ha roto ese vaso en que bebiste,
ni la taza, ni el tubo, ni tu plato.
Ni se quemó la cama en que moriste,
ni sacrificamos un gato.

Te sobrevive todo. Todo existe
a pesar de tu muerte y de mi flato.
Parece que la vida nos embiste
igual que el cáncer sobre tu omoplato.

Te enterramos, te lloramos, te morimos,
te estás bien muerto y bien jodido y yermo
mientras pensamos en lo que no hicimos

y queremos tenerte aunque sea enfermo.
Nada de lo que fuiste, fuiste y fuimos
a no ser habitantes de tu infierno.

XV

Papá por treinta o por cuarenta años,
amigo de mi vida todo el tiempo,
protector de mi miedo, brazo mío,
palabra clara, corazón resuelto,

te has muerto cuando menos falta hacías,
cuando más falta me haces, padre, abuelo,
hijo y hermano mío, esponja de mi sangre,
pañuelo de mis ojos, almohada de mi sueño.

Te has muerto y me has matado un poco.
Porque no estás, ya no estaremos nunca
completos, en un sitio, de algún modo.

Algo le falta al mundo, y tú te has puesto
a empobrecerlo más, y a hacer a solas
tus gentes tristes y tu Dios contento.

XVI

(Noviembre 27)

¿Será posible que abras los ojos y nos veas
ahora?
¿Podrás oírnos?
¿Podrás sacar tus manos un momento?

Estamos a tu lado. Es nuestra fiesta,
tu cumpleaños, viejo.
Tu mujer y tus hijos, tus nueras y tus nietos,
venimos a abrazarte, todos, viejo.
¡Tienes que estar oyendo!
No vayas a llorar como nosotros
porque tu muerte no es sino un pretexto
para llorar por todos,
por los que están viviendo.
Una pared caída nos separa,
sólo el cuerpo de Dios, sólo su cuerpo.

XVII

Me acostumbré a guardarte, a llevarte lo mismo
que lleva uno su brazo, su cuerpo, su cabeza.
No eras distinto a mí, ni eras lo mismo.
Eras, cuando estoy triste, mi tristeza.

Eras, cuando caía, eras mi abismo,
cuando me levantaba, mi fortaleza.

Eras brisa y sudor y cataclismo,
y eras el pan caliente sobre la mesa.

Amputado de ti, a medias hecho
hombre o sombra de ti, sólo tu hijo,
desmantelada el alma, abierto el pecho,

ofrezco a tu dolor un crucifijo:
te doy un palo, una piedra, un helecho,
mis hijos y mis días, y me aflijo.

SEGUNDA PARTE

I

Mientras los niños crecen, tú, con todos los muertos,
poco a poco te acabas.
Yo te he mirado a través de las noches
por encima del mármol, en tu pequeña casa.
Un día ya sin ojos, sin nariz, sin orejas,
otro día sin garganta,
la piel sobre tu frente agrietándose, hundiéndose,
tronchando obscuramente el trigal de tus canas.
Todo tú sumergido en humedad y gases
haciendo tus deshechos, tu desorden, tu alma,
cada vez más igual tu carne que tu traje,
más madera tus huesos y más huesos las tablas.
Tierra mojada donde había tu boca,
aire podrido, luz aniquilada,
el silencio tendido a todo tu tamaño
germinando burbujas bajo las hojas de agua.
(Flores dominicales a dos metros arriba
te quieren pasar besos y no te pasan nada.)

II

Mientras los niños crecen y las horas nos hablan
tú, subterráneamente, lentamente, te apagas.
Lumbre enterrada y sola, pabilo de la sombra,
veta de horror para el que te escarba.

¡Es tan fácil decirte "padre mío"
y es tan difícil encontrarte, larva
de Dios, semilla de esperanza!

Quiero llorar a veces, y no quiero
llorar porque me pasas
como un derrumbe, porque pasas
como un viento tremendo, como un escalofrío
debajo de las sábanas,
como un gusano a lo largo del alma.

¡Si sólo se pudiera decir: "papá, cebolla,
polvo, cansancio, nada, nada, nada"!
¡Si con un trago te tragara!
¡Si con este dolor te apuñalara!
¡Si con este desvelo de memorias
—herida abierta, vómito de sangre—
te agarrara la cara!

Yo sé que tú ni yo,
ni un par de valvas,
ni un becerro de cobre, ni unas alas
sosteniendo la muerte, ni la espuma
en que naufraga el mar, ni —no— las playas,
la arena, la sumisa piedra con viento y agua,
ni el árbol que es abuelo de su sombra,
ni nuestro sol, hijastro de sus ramas,
ni la fruta madura, incandescente,
ni la raíz de perlas y de escamas,
ni tu tío, ni tu chozno, ni tu hipo,
ni mi locura, y ni tus espaldas,
sabrán del tiempo obscuro que nos corre
desde las venas tibias a las canas.

(Tiempo vacío, ampolla de vinagre,
caracol recordando la resaca.)

He aquí que todo viene, todo pasa,
todo, todo se acaba.
¿Pero tú? ¿pero yo? ¿pero nosotros?
¿para qué levantamos la palabra?
¿de qué sirvió el amor?

¿cuál era la muralla
que detenía la muerte? ¿dónde estaba
el niño negro de tu guarda?

Ángeles degollados puse al pie de tu caja,
y te eché encima tierra, piedras, lágrimas,
para que ya no salgas, para que no salgas.

III

Sigue el mundo su paso, rueda el tiempo
y van y vienen máscaras.
Amanece el dolor un día tras otro,
nos rodeamos de amigos y fantasmas,
parece a veces que un alambre estira
la sangre, que una flor estalla,
que el corazón da frutas, y el cansancio
canta.

Embrocados, bebiendo en la mujer y el trago,
apostando a crecer como las plantas,
fijos, inmóviles, girando
en la invisible llama.
Y mientras tú, el fuerte, el generoso,
el limpio de mentiras y de infamias,
guerrero de la paz, juez de victorias
—cedro del Líbano, robledal de Chiapas—
te ocultas en la tierra, te remontas
a tu raíz obscura y desolada.

IV

Un año o dos o tres,
te da lo mismo.
¿Cuál reloj en la muerte?, ¿qué campana
incesante, silenciosa, llama y llama?,
¿qué subterránea voz no pronunciada?,
¿qué grito hundido, hundiéndose, infinito
de los dientes atrás, en la garganta
aérea, flotante, pare escamas?

¿Para esto vivir?, ¿para sentir prestados
los brazos y las piernas y la cara,

arrendados al hoyo, entretenidos
los jugos en la cáscara?,
¿para exprimir los ojos noche a noche
en el temblor obscuro de la cama,
remolino de quietas transparencias,
descendimiento de la náusea?

¿Para esto morir?,
¿para inventar el alma,
el vestido de Dios, la eternidad, el agua
del aguacero de la muerte, la esperanza?,
¿morir para pescar?,
¿para atrapar con su red a la araña?

Estás sobre la playa de algodones
y tu marea de sombras sube y baja.

v

Mi madre sola, en su vejez hundida,
sin dolor y sin lástima,
herida de tu muerte y de tu vida.

Esto dejaste. Su pasión enhiesta,
su celo firme, su labor sombría.
Árbol frutal a un paso de la leña,
su curvo sueño que te resucita.
Esto dejaste. Esto dejaste y no querías.

Pasó el viento. Quedaron de la casa
el pozo abierto y la raíz en ruinas.
Y es en vano llorar. Y si golpeas
las paredes de Dios, y si te arrancas
el pelo o la camisa,
nadie te oye jamás, nadie te mira.
No vuelve nadie, nada. No retorna
el polvo de oro de la vida.

[*Algo sobre la muerte del mayor Sabines*]

Canonicemos a las putas

Canonicemos a las putas. Santoral del sábado: Bety, Lola, Margot, vírgenes perpetuas, reconstruidas, mártires provisorias llenas de gracia, manantiales de generosidad.

Das el placer, oh puta redentora del mundo, y nada pides a cambio sino unas monedas miserables. No exiges ser amada, respetada, atendida, ni imitas a las esposas con los lloriqueos, las reconvenciones y los celos. No obligas a nadie a la despedida ni a la reconciliación; no chupas la sangre ni el tiempo; eres limpia de culpa; recibes en tu seno a los pecadores, escuchas las palabras y los sueños, sonríes y besas. Eres paciente, experta, atribulada, sabia, sin rencor.

No engañas a nadie, eres honesta, íntegra, perfecta; anticipas tu precio, te enseñas; no discriminas a los viejos, a los criminales, a los tontos, a los de otro color; soportas las agresiones del orgullo, las asechanzas de los enfermos; alivias a los impotentes, estimulas a los tímidos, complaces a los hartos, encuentras la fórmula de los desencantados. Eres la confidente del borracho, el refugio del perseguido, el lecho del que no tiene reposo.

Has educado tu boca y tus manos, tus músculos y tu piel, tus vísceras y tu alma. Sabes vestir y desvestirte, acostarte, moverte. Eres precisa en el ritmo, exacta en el gemido, dócil a las maneras del amor.

Eres la libertad y el equilibrio; no sujetas ni detienes a nadie; no sometes a los recuerdos ni a la espera. Eres pura presencia, fluidez, perpetuidad.

En el lugar en que oficias a la verdad y a la belleza de la vida, ya sea el burdel elegante, la casa discreta o el camastro de la pobreza, eres lo mismo que una lámpara y un vaso de agua y un pan.

Oh puta amiga, amante, amada, recodo de este día de siempre, te reconozco, te canonizo a un lado de los hipócritas y los perversos, te doy todo mi dinero, te corono con hojas de yerba y me dispongo a aprender de ti todo el tiempo.

[*Yuria*]

◆

Tomás Segovia
(1927[-2011])

Nace en Valencia, España. Radica en México desde 1940. Estudia Letras en la UNAM. Director de la *Revista Mexicana de Literatura* (segunda época). Narrador, ensayista, crítico y excelente traductor. Profesor en distintas universidades europeas y norteamericanas. Investigador en El Colegio de México. El Fondo de Cultura Económica ha recopilado su poesía, en *Poesía 1943-1980,* que incluye *La luz provisional* (1950), *Apariciones* (1957), *Siete poemas* (1958), *Luz de aquí* (1959), *El sol y su eco* (1960), *Anagnórisis* (1967), *Terceto* (1972).

La emigración española republicana enriquece la cultura mexicana y la diversifica. Algunos poetas (Altolaguirre, Cernuda, Garfias, Prados, León Felipe, Rejano, Gil-Albert, etcétera) llegan con una obra hecha. Otros, se forman entre la tradición española y la hispanoamericana. En sus primeros libros, Segovia reconoce a sus maestros: Prados, Jorge Guillén. Luego, estimulado por sus tradiciones de la poesía francesa y por su relación con la poesía mexicana (Villaurrutia, Gorostiza, Paz) amplía sus proposiciones: lucidez, rigor, uso de la tradición como memoria viva, persecución del misterio tras la forma, y despliega profecías íntimas, descripciones, eróticas, inventarios de imágenes.

La ciudad amanece entre los brazos de la niebla

La ciudad amanece entre los brazos de la niebla
apenas insinúa en un difuso ahogo
el día su remota fuerza
duerme aún entre roces de pálidas caricias
se agita bajo un soplo de besos fatigados
la lluvia a ratos con secreto acento
desciende en la tibieza unida
o se queda en suspenso absorta en brumas
dichosa de su errancia
y otra vez la rezuma el aire saturado
y cae de nuevo ociosa y pura
jirones del lenguaje entrecortado
de unos borrosos labios indecisos
conmovido susurro sin sentido
sentencia de suspiros soñolientos
todo está confundido difundido fundido

en el fondo lacustre de la atmósfera
seres bultos y voces duermen juntos

todos son grises en lo gris sin bordes
todos son de una misma estilizada raza
velos se rasgan sin dolor y sin ruido
y lentas y solemnes surgen formas
desde un húmedo fondo maternal condensadas

cerrado cielo hospitalario casa de grisura
gran manto respirable
intemperie hecha abrigo
atmósfera bañada escudo navegable
la lluvia de exquisita arritmia se desgrana
cruzan el aire de agua gotas de agua
todo chorrea una igual dicha insípida
hinchados de una misma húmeda hartura
todos con una misma sed dócil bebemos
se asienta el mundo con peso perezoso
de esponja bajo el agua
                    (¿necesita imbibirse
para encontrar la perfección de su despliegue
como la capa del torero en las tardes de viento
y dejar de ser vano como una esponja seca
roída de vacío?)
el río de las horas
se encharca y se desborda
¿estamos al principio o en el fin de los tiempos?
las aguas difuminan los trazados
velan los lechos embrollan los decursos
todo ya marcha ahora sin moverse
todo es fuente y caudal y estuario a un tiempo

es hora de salir
                    ¡de entrar! ¡de entrar!
el río de la vida se remansa y me espera
voy a un dentro
                    sólo de un fuera salgo
hora de abrir la puerta y que se empape
este puño de polvo rojizo el corazón

disuélvelo fusión dilúyete memoria
entre en las aguas lávate flota
bebe memoria ablándate respira

la niebla me sepulta en su ceguera blanca
carne en su carne
tierna ignorancia
                                        aún no he nacido
carne en la carne de lo gris continuo
que borra toda disidencia

sosiégate memoria
atrévete a mirar ya pasó todo
o nada ha sucedido o era un sueño
o duerme todo aún entre la niebla
puedes ya abrir los ojos
no te va a herir la vida nuestra
con su mirada abrupta
avanza sin temor que ya no hay nadie
estamos todos otra vez pero no hay nadie
puedes tocar tranquila el montón perezoso
estás donde querías no te arredres
lo vamos a soñar otra vez todo

*

"para acordarme de por qué he vivido"
entro en las aguas de un blanco Leteo
es la luciente confusión del tiempo
es la pura sustancia transcursiva
el peso de presencia evaporable de las horas
el agua temporal vuelta a su lecho

¿fue todo un sueño? los días sin su cáscara su eternidad de instantes sin fracaso
siempre supimos que eran de otro sitio
la marea del tiempo se derrama
se hincha se eleva al fin se precipita
arriba al otro lado inversa catarata

es la entraña del tiempo aquí no hay nada
un manantial de tiempo sin historia
un limbo temporal una memoria
vaciada que sueña que recuerda

pero es preciso bañarse en este olvido
desnuda la memoria aún es hermosa

la emoción no caduca
eternamente es virgen su relámpago ciego
afectuosa niebla
niebla de paz que pone en tregua
al fanático azul

no es esto lo que busco pero es bueno
escondo en este seno protegido
todo lo que en la luz me abrasaría
lo vivo otra vez todo yo nonato
aún no he nacido la vida no me mata

esta última piedad
lúcida tierra
antes de caminar tus cegadoras rocas
no caigáis todavía amados velos
borradme aún perdedme de mí mismo
laguna fantasmal el sol se ahoga
en tus humos acuáticos
                              pastoso
se desfleca en melosas vetas pálidas
sol diluïdo
                    sangriento baño de dulzura
con que la niebla
                    ingrávida entraña
                                        se enriquece

(¿en una entraña grávida bebí un riego de sangre
que esperanzado empuja otro latido?

¿me besabas entonces fértil mía
con el cálido beso de tu sangre
y tu incendio de amor dulcificabas
para latir en mí calladamente?)

hundirme hundirme deshacer mis rasgos
volver a ser el nunca visto el ciego
el anunciado virgen de memoria

(así cuando fui tú tuve que hundirme
atravesando empurpuradas brumas
en un bosque amoroso de latidos

y por lo oscuro de esa carne vine al aire
cuando era el caldeado el protegido
el fundido al amor el entrañado)

y por esta penumbra iré a mi honor
encubridora niebla
                  no
                      no sé nada
nada he visto ni nadie me ha mirado
ni nunca nadie se negó a mirarme
ni de mí indiferente desvió unos ojos
en cuyo fondo pude hecho esplendor beberme
soy carne de otra carne nadie me ha despojado
de todos los tesoros de amor que no he tenido

desbordado y clemente me sumerge.
este preñado embalse de la vida
no corre el agua no ha empezado nada
no esperó de mí nada nadie nunca
que con mi sola anunciación no se colmara
nada he robado
                  a nadie he defraudado
no tiene todavía nombre amar
ni ser amado
                soy el amor mismo

*

la niebla borradora de preguntas
sus propios límites esfuma
                      y sin embargo
sin embargo también por estas brumas vagan
velados y dolientes los recuerdos
la memoria es un sueño del que no hay despertar
ah alborada alborada
ni aun cerrado el amor es inmortal
el horror de nacer allá me espera
supérstite en un mundo en cuyas duras playas
naufragó aquella cuna de sangre que me trajo
y por donde irá siempre junto a mí la nostalgia
de aquel febril desastre que no habré compartido
pues la niebla es también un blando cementerio

donde lenta se pudre la memoria
con sus espectros de caducos ojos

desde aquel primer día no he cesado
de ser sobreviviente de saltar de mi vida
y no hundirme con ella
para añorar después cada vez ese fondo
el silencio indudable de una sima ya única
la firmeza de un ancla de muerte contra el tiempo
la verdad de una hora sepultada
que nunca más renacería

mas no puede dormir eternamente el viento
como a la luz hay que nacer a la memoria
la niebla al cabo habrá de despejarse
de la ahogada penumbra vagamente emerge
el bulto emocionante y mutilado
de mis vidas en ruinas

hubo rutas espléndidas sin titubeo abiertas
hubo lenguajes puros como claras miradas
hubo fuegos sin casa y hubo casas sin fuego
hubo la luz y hubo la llama
hubo un claro palacio...

[*Anagnórisis*]

No volver

Danzan aún pero no en mi espacio
Estas escenas y estas ricas perspectivas
        con sus claras arrugas
Y estos cielos lavados de cambiantes vetas
        que amaron mi silencio
Aún juegan y se ríen
Y ese espacio en que ya no entro
        es mi leyenda ya

No importaría —nada importa
Amor He abdicado de todo
Para que puedas alzar tú mi desnudez
He suicidado el halo

Que sepas tú cuánto puedes no amarme
Desde las sombras miro festejar en mi casa
Bien hecho todo Amor
Si tú santificaras mi osamenta.

[*Terceto*]

Por qué no

Se desplomó en la cama
(*Y una sal de Sahara la azotó silenciosa*
Porque vivir es un espanto tan obtuso)

Afuera clareaba
(*Y el corazón con nubes llovió hielo en sus venas*
Porque la vida es una fiera tan glotona
Que en pleno vuelo le devora las tripas al deseo)

La agrura del alcohol mordiendo agonizaba
(*Y el algodón helado y negro de las sombras*
Le chupó el calor de su sangre
Porque hasta el amor mismo es venenoso)

Su lengua era un erial roído de tabaco
(*Y resbaló a sus pies su túnica de avispas*
Porque en la vida no hay lugar para la vida)

Se tragó sus sollozos
(*Y sus ojos inmóviles se despeñaban*
Porque no encontraremos nunca a nadie
En los desfiladeros desolados del alma)

Tendió un brazo hacia el frasco
(*Y su entraña era un lenta catarata*
Cayendo sin cesar al fondo del vacío
Porque andar por el mundo es ir por una gruta
De emparedados ojos demenciales)

Masticó las pastillas pedregosas
(*Y una mano de ausencia con los dedos abiertos*
Se abrió paso por ella

Y dejó entrar por su mitad sedienta
Un caudal de paz negra
Un gran río triunfante de desastre
Porque estamos tan solos
Porque no hay en qué manos
Poner nuestro recaudo de andrajos sensitivos
De charcos cavernosos donde danza un reflejo
Porque no hay quien nos saque a la ribera
Porque no hay nada no hay nada que hacer.)

[*Terceto*]

◆

Eduardo Lizalde

(1929[-2022])

Nace en la Ciudad de México. Estudia Filosofía. Con Enrique González y Marco Antonio Montes de Oca crea un movimiento, el Poeticismo, al que le dedicará una evocación sarcástica (*El poeticismo. Historia de un fracaso*). Fue director de la Casa del Lago, de Radio Universidad, de los suplementos *La Letra y la Imagen* y *El Semanario Cultural,* y de Televisión Rural de la República Mexicana. Un libro de cuentos: *La cámara* (1960). Poesía: *La mala hora* (1956), *Cada cosa es Babel* (1960), *El tigre en la casa* (1970), *La zorra enferma* (1975), *Caza mayor* (1979). La editorial Katún reunió su poesía: *Memoria del tigre* (1982).

La técnica primera de Lizalde —agotar la metáfora, extraerle sus últimas consecuencias— en *El tigre en la casa*, quizá su mejor libro, está al servicio del equilibrio narrativo: una pasión romántica, no demasiado distante del "Nocturno a Rosario", se evoca con ferocidad barroca, a la exasperación la modula el refinamiento, la exuberancia lírica se apoya en la contemplación divertida de las retóricas. En sus siguientes poemas, Lizalde, buen lector de los clásicos españoles, confirma su alta calidad y las ventajas de su método, de ese "prosaísmo culterano" que el relato del infortunio amoroso va desmintiendo, de ese humor que le concede derechos y deberes a la pasión, de esa inteligencia literaria que sacraliza y desacraliza, yendo de lo cotidiano a lo conceptista sin perder jamás legibilidad.

Retrato hablado de la fiera
[Fragmentos]

1. EPITAFIO

Sólo dos cosas quiero, amigos
una: morir,
y dos: que nadie me recuerde
sino porque todo aquello que olvidé

3

Recuerdo que el amor era un blanda furia
no expresable en palabras.
Y mismamente recuerdo
que el amor era una fiera lentísima:
mordía con sus colmillos de azúcar
y endulzaba el muñón al desprender el brazo.
Eso sí lo recuerdo.
        Rey de las fieras,
jauría de flores carnívoras, ramo de tigres
era el amor, según recuerdo.
        Recuerdo bien que los perros
se asustaban de verme,
que se erizaban de amor todas las perras
de sólo otear la aureola, oler el brillo de mi amor
—como si lo estuviera viendo.
        Lo recuerdo casi de memoria:
los muebles de madera
florecían al roce de mi mano,
me seguían como falderos
grandes y magros ríos,
y los árboles —aun no siendo frutales—
daban por dentro resentidos frutos amargos.
        Recuerdo muy bien todo eso, amada,
ahora que las abejas
se derrumban a mi alrededor
con el buche cargado de excremento.

4

Que tanto y tanto amor se pudra, oh dioses;
que se pierda
tanto increíble amor.
Que nada quede, amigos,
de estos mares de amor,
de estas verduras pobres de las eras
que las vacas devoran
lamiendo el otro lado del césped,
lanzando a nuestros pastos
las manadas de hidras y langostas
de sus lenguas calientes.

Como si el verde pasto celestial,
el mismo océano, salado como arenque,
hirvieran.
Que tanto y tanto amor
y tanto vuelo entre unos cuerpos
al abordaje apenas de su lecho, se desplome.

Que una sola munición de estaño luminoso,
una bala pequeña,
un perdigón inocuo para un pato,
derrumbe al mismo tiempo todas las bandadas
y desgarre el cielo con sus plumas.

Que el oro mismo estalle sin motivo.
Que un amor capaz de convertir al sapo en rosa
se destroce.

Que tanto y tanto, una vez más, y tanto,
tanto imposible amor inexpresable,
nos vuelva tontos, monos sin sentido.

Que tanto amor queme sus naves
antes de llegar a tierra.

   Esto es, dioses, poderosos amigos, perros,
niños, animales domésticos, señores,
lo que duele.

12. EL CEPO

Vacía la trampa de oro,
sobredorada —el oro sobre el oro—,
de esperar inútilmente al tigre.

Oro en el oro, el tigre.
Incrustación de carne en furia, el tigre.

Mina de horror. Llaga fosforescente
que atraviesa la sangre
como el pez o la flecha.
Rastro de sol.
La selva se ilumina, abre sus ojos
para ver pasar la luz del tigre.
Y a su paso, Midas, las hojas, ojos,
flores desprevenidas, crótalos dormidos,
ramas a punto de nacer,
libélulas doradas de por sí,
gemidos de cachorros,
se doran, se platinan.

Y el tigre pasa, frente a la trampa absorta,
amada,
y la trampa lo mira, dorándose, pasar;
la fiera huele acaso
la insolente carnada convertida en rubí,
lame sus brillos secos de aparente jugo,
pisa en vano el aterido
resorte de cristal o nácar
del cepo inerme ahora.

Escapa el tigre
y la trama se queda
como la boca de oro
del niño frente al mar.

[*El tigre en la casa*]

La ciudad ha perdido su Beatriz
[Fragmentos]

I

¡Ay, flores, brezos, castañas, dulces nueces,
dátiles y violetas,
gladiolas descreídas!
¿Por qué existir ahora,
si está muerta la flor,
la flor de flores?

¿Cómo, manjares,
tener sabor en lengua imaginable
si ya no existe el sol de los sabores?

¿De qué manera, olivos,
dar verde gozo al paladar discreto,
si el paladar murió con ella?

II

Oh muerte, ¿qué ha de morir de ti,
qué carne dañarás de muerte,
qué has de matar si ella está muerta?

¿Qué cosa ha de ser cosa
tras su muerte?
¿Qué dolor dolerá
si ella no duele?

III

Viva, era muerte,
y ahora, que no vive,
cincuenta veces muerte.

¿Quién era ella?
¿Cómo llorar así?
¿Cómo sufrir
por su maligna muerte?
¿No estaba muerta ya,
no andaba, en vida, muerta?

X

Árbol de arena estéril,
antorcha horrenda en llamas hasta el puño,
¡qué frutos dio, qué gemas, oh Dionisos!
Si lagartija fue, ¡qué pavos,
qué lechones salieron de su vientre!
Si leona, ¡qué perdices del tacto,
qué gulas del amor hubo en sus alas!

XI

He metido este sueño
en el triturador de la cocina.
Reconozco a distancia
el ruido de tus huesos que se rompen
como nueces tiernas;
el eco de tu voz contra las muelas
de hierro y las cuchillas,
las distensiones de los nervios
que escapan al molino
como peces en sangre.
Pero el sueño impiadoso resucita,
se conforma en el caño,
se destritura halando ferozmente
la manivela del tiempo hacia otros aires.
Vuelve el sueño a soñarse
como en su primera infancia;
y tiene
la paleontología licuosa
de lo no vertebrado.
Lo desueño otra vez en el triturador,
que abre las fauces hogareñas
de laborioso tigre,
y el sueño, lento, vuelve.

XII

¿Cómo expulsar del sueño
el sueño tuyo, amada?
¿Cómo cerrar las puertas del sueño,
a toda forma viviente?

¿Cómo estorbar la marcha
del tigre desgarrado,
con parapetos de neblina?
¿Cómo impedir el paso
de estas sólidas fieras
a la juguetería vaga del sueño?
¿Cómo escapar de un tigre
que crece al avanzar cuando lo sueñan
como la mole de nieve en la colina?

XIII

¡Ay Prometeo! Ya miro bien tus fieras
y entrañas nutritivas.
Termina el túnel del sueño cotidiano,
pero irrumpe a una luz más deslucida
que el negror de los sueños.

Tumba es la luz y lápida del sueño
sepultado en el pecho como una gallinaza
que golpea por dentro en la vigilia
y vuela al fondo abriendo carnes con sus ganchos
cuando duermo.
Y ella está muerta ahí,
en la coyuntura de sueño y luz,
con una muerte activa
de perra que va y viene por su jaula,
del sueño al mundo, del mundo al sueño,
comiéndome las vísceras
como una eterna goma de mascar.

XIV

¡Murió la perra, oh Dios!
Su muerte ha sido la más sucia trampa;
late en redor, atmósfera de púas,
se cierra sobre mí.
Su muerte ajena,
su muerte a propias garras y colmillos,
frustró mi mano,
congeló estos odios hambrientos para siempre,
condenó esta daga a la inocencia.

Murió la perra impune y nadie
la habrá de rescatar del césped blanco
en que hoy retoza,
y no despertará del sueño sin raíces
que ata su fronda infame al cuerpo.

[*El tigre en la casa*]

Poema

Este poema
ha de irritar a alguno.

[*La zorra enferma*]

Revolución

Cuando Homero murió siete ciudades reclamaron
su cuerpo, y por las siete pidió limosna en vida.
(Así era más o menos el antiguo epigrama.)

A Pásternak
A Daniels y Sinyavsky
A José Revueltas

Madre, ya sé lo que tú piensas.
Pico piedra en tu honor
y dejo de escribir.
Acaso, deje de pensar.
Más tarde, siglos adelante,
cuando haya sido heroicamente fusilado
—la guillotina está en desuso—
o ridículamente
excluido sólo de las antologías
como enemigo de la Revolución,
traidor, perro
y agente del imperialismo,
revisionista infame,
espía del siglo diecinueve
o simple mentecato,

alguien dirá que mis poemas
son el opimo fruto
de la Revolución.

[La zorra enferma]

Pueblo

Si el pueblo leyera este poema,
no entendería jamás
que se trata de un poema.

[La zorra enferma]

Opus cero

El poema no empieza.
Concluye aquí.

[La zorra enferma]

La bella implora amor

Tengo que agradecerte, Señor
—de tal manera todopoderoso,
que has logrado construir
el más horrendo de los mundos—,
tengo que agradecerte
que me hayas hecho a mí tan bella
en especial.
Que hayas construido para mí tales tersuras,
tal rostro rutilante
y tales ojos estelares.
Que hayas dado a mis piernas
semejantes grandiosas redondeces,
y este vuelo delgado a mis caderas,
y esta dulzura al talle,
y estos mármoles túrgidos al pecho.

Pero tengo que odiarte por esta perfección.
Tengo que odiarte
por esa pericia torpe de tu excelso cuidado:
    me has construido a tu imagen inhumana,
    perfecta y repelente para los imperfectos
    y me has dado
    la cruel inteligencia para percibirlo.
Pero Dios,
por encima de todo,
sangro de furia por los ojos
al odiarte
cuando veo de qué modo primitivo
te cebaste al construirme
en mis perfectas carnes inocentes,
pues no me diste sólo muñecas de cristal,
manos preciosas —rosa repetida—
o cuello de paloma sin paloma
y cabellera de aureolada girándula
y mente iluminada por la luz
de la locura favorable:
    hiciste de mi cuerpo un instrumento de tortura,
    lo convertiste en concentrado beso,
    en carnicera sustancia de codicia,
    en cepo delicioso,
    en lanzadera que no teje el regreso,
    en temerosa bestia perseguida,
    en llave sólo para cerrar por dentro.
¿Cómo decirte claro lo que has hecho, Dios,
con este cuerpo?
¿Cómo hacer que al decirlas,
al hablar de este cuerpo y de sus joyas
se amen a sí mismas las palabras
y que se vuelvan locas y que estallen
y se rompan de amor
por este cuerpo
que ni siquiera anuncian al sonar?
¿Por qué no haberme creado, limpiamente,
de vidrio o terracota?

Cuánto mejor yo fuera si tú mismo
no hubieras sido lúbrico al formarme
—eterno y sucio esposo—
y al fundir mi bronce en tus divinas palmas

no me hubieras deseado
en tan salvaje estilo.
Mejor hubiera sido,
de una buena vez,
haberme dejado en piedra,
en cosa.

[*La zorra enferma*]

Para Luis Cardoza y Aragón por sus *Dibujos de ciego*

a manera de nota bibliográfica

Sólo el que sabe leerse puede leer a Luis Cardoza y Aragón.
Sólo el ciego dibuja. Sólo el ciego se lee.
Sólo el ciego es vidente. La videncia es privilegio del que dibuja al tacto.
El mundo es invisible sólo para los que ven (los que ven para creer).
Cardoza es ciego, y sus dibujos altos y perfectos,
como aquellos del que inventó la vista y sufre la ceguera.

Oscuro
Oscuro
Oscuro
El ojo no consigue ver más allá del ojo
Ciego es el ojo
El ojo más vidente es el no-ver
La ceguera es la luz
Todo es ceguera
La ceguera es la semilla
de lo que empezamos a ver claro
El párpado en su comba nocturna
es la pantalla
de la única videncia
El ojo se persigue hacia su espalda
El ojo es pecho y espalda de la luz
La espalda es pecho
en el caso del ojo
El ojo no ha existido
sino como referencia remota
El ojo es sólo un sueño de un estúpido ciego
(Un niño idiota sueña
con el mundo del ojo y de la historia)

El ojo no es sino el invento inútil
la falacia cobarde
el mito sin materia
de los más viles ciegos
Un ejército de ciegos puede construir un ojo
a fuerza de no ver

Oscuro
oscuro
El mundo está hecho a tientas.

[*La zorra enferma*]

Caza mayor
[Fragmentos]

I

El tigre real, el amo, el solo, el sol
de los carnívoros, espera,
está herido y hambriento,
tiene sed de carne,
hambre de agua.
Acecha fijo, suspenso en su materia,
como detenido por el lápiz
                    que lo está dibujando,
trastornada su pinta majestuosa
                    por la extrema quietud.
Es una roca amarilla:
se fragua el aire mismo de su aliento
y el fulgor cortante de sus ojos
cuaja y cesa al punto de la hulla.
Veteado por las sombras,
doblemente rayado,
doblemente asesino,
sueña en su presa improbable,
la paladea de lejos, la inventa
como el artista que concibe un crimen
                    de pulpas deliciosas.
Escucha, huele, palpa y adivina
los menores espasmos, los supuestos crujidos,

los vientos más delgados.
Al fin, la víctima se acerca,
estruendosa y sinfónica.
El tigre se incorpora, otea, apercibe
sus veloces navajas y colmillos,
desamarra
la encordadura recia de sus músculos.
Pero la bestia, lo que se avecina
es demasiado grande
—el tigre de los tigres.
Es la muerte
y el gran tigre es la presa.

III

Ay, luz,
inmenso piélago de pastura amarilla
en que estos ojos pacen,
morirás, augusta madre
de las efímeras hogueras
y luciérnagas puras.
Te extinguirás también, blanca eterna,
al descender el párpado que ocultas,
como el fosforecer irrelevante
del pequeño búho en el bosque.
Y contigo se irán todas las formas
y todos los sonidos
y todas las materias del olfato
y el gusto,
del tacto y de su hermana la ternura.
Esta mujer entonces ya no estará conmigo,
y una impune desgracia cubrirá las cosas,
las montañas, los mundos,
en estúpido sueño.
No habrá más tigres ni hombres.
No habrá siquiera asesinos
—que parecían inmortales.
Qué desperdicio, luz, qué desperdicio.

[*Caza mayor*]

◆

Juan Bañuelos

(1930[-2017])

Nace en Chiapas. Estudia Letras. Trabaja muchos años de corrector de estilo en la editorial Novaro y en la actualidad dirige talleres literarios en diversas partes del país. Por afinidades políticas y poéticas se reúne con Jaime Labastida, Eraclio Zepeda, Oscar Oliva y Jaime Augusto Shelley. De este encuentro, dos libros colectivos: *La espiga amotinada* (1959, que le da nombre al grupo) y *Ocupación de la palabra* (1965). Bañuelos ha publicado *El espejo humeante* (1968). En 1985, la editorial Joaquín Mortiz compilará su poesía.

Entre la poesía social y la memoria de las palabras de la Tribu, entre la experimentación de vanguardia y las visiones plásticas, Bañuelos se ha mantenido distante de las trampas del realismo socialista y del "artepurismo". En su continua recreación formal, aprovecha formas tradicionales, las ventajas de los procedimientos versiculares, los juegos tipográficos, las oscuridades deliberadas, y sostiene una intensidad poética, donde lo íntimo y lo público se combinan sin perderse o confundirse.

Poema interrumpido por un allanamiento

Aquí la sangre, aquí tal si saliera
de una enorme bestia destazada.
La humareda de los siglos ahogándome.
Golpeando atrás del alma, golpeando
en nombre de la puerta custodiada:
                    "Ten coraje, Bañuelos.
                        Valor, viejo".

Será en la cacería siguiente
cuando mi íngrimo horizonte
caiga bajo la zarpa estrujamiedo.
Será. Será.
Los nervios con sus patas de diarrea.
Será el ciempiés errante de las fosas
abiertas en los rostros.

Y hallándome acosado
               parpadeó el espejo
                      detrás de mi memoria.
Jugué a tener memoria.
Ascendí ensacerdotado de juncia y de cafetos.
Corrí por los llanos de Colón.

Fui huésped a los quince
de aquella cárcel municipal,
y luego el "considera que es tu hijo"
y "o das tu cuota o friegas los excusados"
y ese olor natal de Tuxtla y sus alrededores
cuando, leyendo bajo el puente, el agua era
un ave larga que volaba hacia arriba.

Y ahora aquí, entre la producción y el miedo,
"bendito seas entre todos, bendito", "no te eches
a perder", "visita a tus tíos"...
Avergonzado de gastar todos estos años
en imágenes de aserrín, con los puños cerrados,
como el lagarto al acecho del mosco
en la ribera.
Necio. El polvo de la persiana cae en mis hombros.
Qué quiere usted. Salmuera en mi ojo izquierdo
que rodea desgarrado el farallón
de lo que no he podido soñar, de lo que tú no soñarás:
"la bida práctica es astucia, mi amigo.
Jode, come y vebe. Entra al PRI"...

Y todavía habrá personas que se asombren
cuando cuentes que las hormigas
rezan su hastío, que el odio nunca
está solo,
y que la sombra del durazno
huele lo mismo que su flor.
                        (Ay pequeño Sabinal de lavanderas
                        chorreando sol bajo las miradas
                        de las comadrejas y de la hierba
                        asustada.)

Y hallándome acosado
                en tanto aplaco
        mis nervios con sus patas de diarrea,
                        mientras enloquezco,
        mientras muerdo estas paredes
acuso a la luz
de que al abrir una granada
se despeñó hacia adentro
haciendo saltar su espuma roja
        idéntica
a la que expulsa el azteca desollado.

Perversidad de la separación

desautorizo
           mi ternura /
vuélvanse
        mis ojos
                turbulencia /
pido castigo ejemplar
                    a mis palabras.
                          al alba
quito la escalera
             para que ninguna luz
suba a las ventanas /
              que sea
irreflexiva
           como un perro
                mi bondad
que en los charcos
             sean glorificados
                    mis instintos
que la vida tropiece
             y su pie herido
                  sea mutilado.
desautorizo
         a mi sangre
               y a mi sexo /
y para mis oídos
           toda voz /
toda vez
        toda sombra
             todo siglo
sea mi espalda
          una sábana
             árida.
la ausencia es una unión definitiva.
                todo
tengo prohibido:
         incluso la amargura.

Palimpsesto

recién despierto
    el hombre
inclinado
     como un pobre sastre
        que hilvana una prenda
rasguea su guitarra.

los sonidos que pasan
      abren la escena iv
que contiene
    la mente de cuerpo entero
        en diálogo
con las mujeres del tiempo /
      las escenas i ii y iii
pertenecen al monstruo
     y al espacio.
        el final
es el hallazgo
    del pensamiento real
       inmóvil
en el frío de las variaciones.

ellas sólo dijeron:
     "tu guitarra es azul
mas no tocas las cosas
     como son".
el ojo despejado /
    un puro ver
      sin reflexión
el hombre dijo:
    "las cosas como son
en mi guitarra son /
     de otra manera:
       umbilical
el yermo
   es una farsa
     de la lluvia /
en mi guitarra
    la montaña camina
y la noche es de piedra".

　　　　　　　　　　una de las mujeres
suplicó: "toca un aire
　　　　　　　　que nos trascienda
　　　　　　　　　　　　　　y separe la palabra
de las cosas."

el guitarrista
　　　　　　se consagra
　　　　　　　　　　a pulsar sus sentidos
y las cuerdas desfloran
　　　　　　　　　el resplandor del alba /
doma al monstruo
　　　　　　　indecible
　　　　　　　　　(que nos tañe por dentro)
y despliega su fuerza
　　　　　　　　hacia un cielo que pisa /
en el instante
　　　　　　en que al final del parecer
el vaso con la flor
　　　　　　　el cuadro rojo
　　　　　　　　　　el hombre
peinándose a dos espejos
　　　　　　　　el escritorio y la ventana
son en la guitarra
　　　　　　como antes fueron
capturados en la piedra.

los sonidos
　　　　　　transfiguran la mente entera
como un periódico
　　　　　　　arrastrado por el viento
cambia las noticias /
　　　　　　así
los muros levantados
　　　　　　　son la perfección
　　　　　　　　　del pensamiento /
y la quietud
　　　　　　parte de la página
　　　　　　　　sin ser observada.
el hombre
　　　　　vuelve a inclinarse
　　　　　　　　—como el sastre que cose—

sobre su instrumento /
             y es un hombre
en el cuerpo
        de una bestia furiosa
sentado en una silla
           al sol /
              y es una guitarra
monstruosamente azul /
          mientras
en la pieza contigua
           la soprano coloratura
canta el aria
        de la realidad
que es un pájaro
          que nunca se posa
y deja fluir sus alas
           como un río sin cauce.

esa profunda alondra
        jamás
           calumniará a la muerte.

◆

Marco Antonio Montes de Oca

(1932[-2009])

Nace en la Ciudad de México. Estudios de Leyes y de Letras en la UNAM. Fue cónsul de México en Barcelona.

La poesía de Montes de Oca ejemplifica de modo conveniente una tendencia contemporánea, la que procede por acumulación, por encadenamientos metafóricos, sin aparentes vínculos causales entre imágenes y sensaciones. Una vez traspuesta la fácil y falsa impresión de un caos, el lector deberá reconstruir la lógica interna y aceptar que las imágenes pueden y deben ser entendidas a través de la vivencia instantánea. Cada imagen genera su forma de lectura, y el "caos" suele ser el resultado de una perspectiva tradicionalista. (No siempre, en ocasiones el culto a la fragmentación destruye el poema.)

En su inicio deslumbrante (*Ruina de la infame Babilonia*, de 1953), Montes de Oca supone un mundo donde todo —lo humano, lo mineral, lo vegetal— se traba de manera orgánica y tiene un valor equivalente, y en donde los símbolos tradicionales se extravían y debilitan. Desde entonces, Montes de Oca ha persistido en su culto totalizador de la imagen en libro tras libro. Entre ellos: *Contrapunto de la fe* (1955), *Pliego de testimonios* (1956), *Delante de la luz cantan los pájaros* (1959), *Fundación del entusiasmo* (1963), *Vendimia del juglar* (1965), *Las fuentes legendarias* (1966), *Poesía reunida 1953-1970* (1971), *Se llama como quieras* (1974), *Las constelaciones secretas* (1978) y *En honor de las palabras* (1979).

Ruina de la infame Babilonia
[Fragmentos]

A mis padres

I

Todo se ahoga de pena
y las mismas escafandras
se amoratan bajo el mar.
El pulso, lo más cierto de un río con vida,
y la sal, estatua que nace demolida,
apagan sus latidos;
el tajo fúnebre
no permite más germinaciones.
Asimismo, las piedras de mi esqueleto
jamás estuvieron soldadas
y ahora se cansan de su equilibrio.
¡Qué helado lugar, apenas hay buitres
y un inmenso bagazo rompe las lágrimas!
De todo esto ha de beber el hombre:
del agua vacía,
de esa lágrima llorada en el museo
donde héroes y follajes
no pueden asomar el pecho
contiguo al emboscado perfume de las momias.
Mi cuerpo no dobla las espigas
la parra sombrea sin calcinarse el muro al rojo vivo,
el rescoldo no cede al yunque una sola de sus chispas.
Está extraño hoy el mundo...
y se defiende contra aquello que lo inventa.
Por eso más vale no acordarme,
no mirar el sitio donde la pálida yema de mis años

es repartida y destazada,
como un amargo sol caído
en que medran gusanos.
Necesito más ojos o menos lágrimas
o colgarme con ambas manos del párpado,
sádica ventana que abierta permanece
y hasta el fin contempla el hundimiento.
Necesito pulverizar mis saltos,
deslizarme con menos huesos que nunca,
pues jadean los belfos de mi herida
y si en ella aparece espuma de cansancio
moriré aterrado, sin conciencia,
de espaldas a ese paraíso benévolo
que suele abrirse,
cuando a marinos milagrosos
que navegan sin nave
se les desfonda la suela del zapato.
Me duele que la vida no me duela
como a esos topos inflados de cascajo,
que llevan túneles al pedernal
y con ojos rojos como lámparas
atraviesan densas fumarolas
y aún soportan en la espalda
todas las estrellas y los ríos.
¡Oh mineros abrumados,
temblorosos tamemes del planeta,
contemplad, contemplad conmigo el aire negro,
las tristes piedras que fueron un incendio
y casi una mirada!
Hoy está extraño el mundo...
La yerba piensa desde su cráneo de rocío
que ya nadie cabe en su muerte,
pues la sinceridad traiciona
y ni con todos los huesos juntos en la mano
podemos tener certeza de lo cierto,
ni siquiera en la hora en que el cuerpo
es un ataúd del corazón,
del corazón sólo tenido en alto,
para descargarlo, suave piedra roja,
sobre el pavor del último instante.

II

En un mundo más estricto
¿no seríamos todos fantasmas?
Ya vivo, uno combate
por otros nacimientos.
A fuerza de forcejear tenemos la existencia
que no debemos a los óvulos.
Había mortajas
de las que una violeta escapaba siempre;
sólo por crueldad supimos que tenía raíz
y que era miserablemente sustentada
por un decreto lejano
y que su muerte caía sin ruido,
sin aumentar el peso de las tumbas.
Vino entonces una voz surgida por agrietamiento del silencio,
nada más un tronar de hojuelas,
y el relámpago, la intuición colmada,
nos hizo pensar por un momento
que los más profundos muertos son de oro.
Y bajo esa luz ¡Oh Tiresias!
vimos el nacimiento de los niños,
hábil y seguro,
filtrando placentas de hojalata,
vimos al instinto que dora regiones descarapeladas
elevar en telarañas de arterias
cabezas y brazos triturados,
piernas llenas de municiones
que se arrastran en el polvo como pájaros de plomo.
Tenías razón, Tiresias,
no somos parte del mundo sino el mundo mismo;
somos cicatrices del universo
que deambulan en el éter.
Mientras un bieldo rasga los débiles copos del milagro
o mata con sus filos al globo alucinado.
Y en todo este nacer sin armadura,
se estrechan gambusinos
que confunden la esmeralda de un llano
y la obsidiana de un pozo,
porque su sombra es la misma
en el oscuro muestrario que elegimos.
Una y otra vez un viscoso escarabajo

nos examina y nos tortura,
como a una bola sangrienta que da vueltas
entre las olas
de su propio ser movilizado,
grano enloquecido sin tiempo para forjarse orillas,
lava que los siglos enardecen
con hogueras ajenas
anudadas al rescoldo.
Formamos entre todos un cadáver perfecto,
y que con ciertas convulsiones se finge vivo
mientras golpea con ralos penachos
y plumas sin filamento,
las rocas del desierto,
el agua misma que provocamos en la piedra.
En verdad, Tiresias, viejo hermano de los muertos,
nuestra sangre encenizada, parecida al petróleo,
pesa ya demasiado
para filtrar las estrías
de esa gran palabra abierta
en que afloran seres de incesante resplandor,
pluviales caudillos
que aman oasis expulsados de su arena
y pájaros que no se llevan con la selva,
y rincones que no se encuentran en el hueso
ni en los poblados ovillos del deseo.
¡Arrecia la noche tras el párpado!
¡He visto enmohecerse una santa capilla
antes de que una sola gota la hubiese tocado!
Se hereda una semilla
forrada con montañas y cerrojos,
se hereda el tiempo, señor de metrallas inaudibles
que chupa el agua del lodazal hasta agrietarlo
y derrumba con su bofetada de hielo
dormidos, laxos ídolos de adobe.
Cada hombre come de su voz,
limpia con su labio
los sangrantes flancos de la sílaba,
cuela un esqueleto de sombra
entre el pecho y la espada del papel,
infla su propia imagen hasta donde el mar
copula con los cimientos del tiempo,
y yo mismo, harto y desnudo,

fatigo el esqueleto de una chispa
intentando revivirla con nueva luz;
mas ella aprieta los dientes como un niño
y escupe la cucharada de lumbre que le traigo,
se niega a resurgir,
clava sus ventosas en la nada
y al final de la guerra por nutrirla,
no encuentro su cadáver
y ayudo con mi ceniza
a la forma de los templos.
¡Ay, Tiresias! ¡Ay de aquellos cuyo oficio
es inmortalizar las cosas sobre arena
o fundar un orbe con sangre y testimonios!

[Ruina de la infame Babilonia]

Contrapunto de la fe

A Octavio Paz

La tierra apelmazada en las uñas
acoge raíces de selvas invisibles.
Los dedos son costillas de la forma inaudita que se eleva
y la sangre iluminada
hace bailar en las alturas
los tapones de su encierro.
Porque el hombre es un halcón en libertad.
Muerto el halcón
el sol pierde su esperanza de caricias,
niega el ángel su duchazo de plumas
sobre las ansiedades de la sien
y el polvo cubre con finos dientes de botella rota
el muro en que la aurora descansa.
Muerto el halcón aparecen lágrimas
que ya no esperan la intemperie para helarse;
el menor escalofrío
provoca estampidas en los pájaros;
aparta la verdad cortinas de pólvora
y se asoma el huracán
soplado contra el villano de cal de mi osamenta,
contra la paloma —semilla de la nube—
inútilmente alzada en abiertos mares de azogue y polen.

Muerto el halcón
nace la niebla donde nadie lo espera,
atrás de cuanto vigila o defiende,
en la nuca del centinela
enterrado de pie
hace dos mil años en Pompeya.
Desde ahí otra vez el azar nos mira
con su rocío de ojos de caballo,
vasos con bordes de agua, enormes pequeñeces
en que todo mortal se ahoga.
Casi nunca reúne el soldado
su cuerpo y su sangre en una sola tumba,
pero entre su cuerpo y el espacio
un pegamento impregnado de reflejos
hace que el rostro, máscara primera,
jamás se le desprenda.
Y miro puños de agua que sueltan vapor
mientras el agua permanece;
diamantes que se fugan entre sus destellos
mientras el diamante permanece;
hombres evadidos entre grietas de sueño
mientras el hombre permanece.

Vivo el halcón
huyen de la palabra
cierta edad del niño
y la edad total de las bestias inocentes;
una matriz prodigiosa y ambulante
retoma al feto desechado
y lo completa con la maravilla.
Avanzan los mortales ya curtidos
en el absoluto conocimiento de la noche.
El fuego que canta abre los brazos a otra llama
y nos auxilia cuando luces de bengala
espadean contra los aletazos del murciélago
mientras el mar, horrible imperio de fatiga,
ayuda con gaviotas como velámenes
a empujar olas enclenques.
Vivo el halcón,
los protozoarios y su gota de carne,
el ojo de zarzamora de las moscas dividido en mil,
la descomunal orfebrería,

los engendros que en la pared vomita el candelabro,
las miniaturas japonesas
que necesitaron de un cilio para labrarse;
aplacando su canceroso fervor
cesan de hervir en lo más puro del incienso.
De la arena brotan huellas,
la huella se estira y se hace surco,
el surco se extiende
hasta formar una sola trenza con el horizonte.
Al hombre pertenecen estas orillas
no sujetas a la muerte,
a ellas debe asomarse
provisto de caracoles sin comienzo
porque eterno es lo que debe cantar,
así en los ríos
como en el árbol altísimo de azules nidos;
pues escuchando y cantando
el hombre renueva su palabra.

Y si el contrato del ojo y la creación
es arrojado al cesto del abismo;
si la paciencia no tritura el pan de polen
y no lo espolvorea
sobre la hora aún no fecundada;
si la raída tempestad que deviene en brisa
no envuelve con su aliento a la ciudad soñada,
desaparece para siempre el oasis
de donde escapa la belleza
por piedad al peregrino deslumbrado.
Aún siento el tranquilo desorden de tus alas, colibrí.
Cuando así lo quieres
el aerolito se descarna
y se reviste de estupor y llanto;
el alma sale por los flancos esponjados de su niebla
para blindarse con la túnica de tu voz
y volverse inmemorial
de sólo contemplar su propio nacimiento.
Desde tu trono de inocencia,
entre caudas que un cometa prolífico
enreda en cada pino,
apuntala el alba, colibrí,
presencia sin espalda, estrella emplumada

que nos miras tiritar en nuestras chozas de aire
y quemas el olvidado ombligo
enterrado bajo lívidos jardines
que ya se mudaron a tu aéreo domicilio.
Lánzanos tu cardillo y no creas en nuestra fe;
pues si sabemos que tu sombra basta para destituirnos,
no lo sabemos todo el tiempo;
ni el tiempo mismo, atareado en ser nosotros,
lo sabe siquiera todo el tiempo.

[*Contrapunto de la fe*]

El corazón de la flauta

En animal de amor la magia me convierte
Y ya no conozco otro amor que el amor
El amor y sus palomas de cristal de roca
Su clorofila sitiadora de paisajes
Su peonza que gira dormida
Hincando el silencioso clavo
En brazos de mar nunca tatuados.

Amo lo que está abajo
Amo en todas direcciones
Animal de amor así hay que llamarme
Y cada línea de esta encrespada letanía
Ha sido escrita para decir lo mismo
Amo esto amo aquello
Al violín de pueblo por supuesto que lo amo
Lo quiero porque en la hora más alta de la noche
Los giralunas se vuelven a contemplar su canto
Como hechizadas cobras vegetales.

Violín de pueblo
Ya estabas afónico desde antes de nacer
Desde entonces tu música apenas ha cesado
Y ahora estremece a las batutas
Cual si fueran finos huesos de pájaro.

Amas tú amas
Cada piedra del enjoyado frontispicio
En la carne fresca entierras tu almendra de hielo

Y un escalofrío amotina las regiones que tú besas
Tú amas porque nadie te lo manda
Son rosas de hueso los oídos
Lirios huecos las gargantas
Principalmente de flores
Se componen los rostros amados.

Hoy es mañana
Mañana quizá sea tarde o tal vez nunca
Ama entonces el cielo las islas
El trigo asomándose al mar de la vida
Como un delgado periscopio de oro
Ama las embarcaciones sin rumbo
Los desiertos ámalos
Pregunta adónde vive el amor
Qué costumbre tiene y cuántos años
A qué hora se acuesta o se levanta
Para cubrir estatuas a las que el aire arranca
Sus rígidas togas de cemento.

Amo esto amo aquello
No una vez ni varias sino siempre
Los versos que hoy escribo no morirán tan fácilmente
Ninguno deja lugar a dudas
Todos ellos dicen que te amo
Pequeño cuello de marfil latiente
Agua que bautizas vuelos rojos
Ciudad que canta bajo el fuego de la luna
Boca donde se remansa la palabra-nave
La palabra-hastamañana
La palabra-manoplaquedetienealmeteoromáságil.

Amo tu manera de cantar victoria
Cuando espantas escualos fumadores de burbujas
O regalas a una diosa mitades de lágrimas frutales
Como ayer hoy es cierto que te amo
Y que nunca te me olvidas
Mundo mujer carne cielo
Amor mío de cabecera
Cosa frágil que embistes mi plexo lunar
Con tu quilla de amapolas incendiadas.

Ciertos ríos coronados de palmeras
Hacia ti se encaminan oh Gracia
Gracia para levantarme a las cero en punto
Y para hacer el amor en el último piso del Empire State
Gracia para doblar en cuatro a una mariposa
Y dársela como pañuelo a cierta niña
A quien le queda grande su tristeza
Gracia para seguir dormido junto al fragor de las granadas
Y para elogiar los soles pálidos
Los soles en decúbito dorsal
Los soles que ya no insolan.

Gracia para pedir gracia al asesino de daga ya en el aire
Y para sitiar la maravilla
Casa por casa
Manzana por manzana
Gracia para defenderse de la Gracia
Y para que los potros reinstalen su galope
Al fondo de los ríos
Y para que la inmensamente blanca leche
Conserve su orilla azul.

Gracia para yacer en el cuerpo de uno mismo
Como en un tostado sarcófago
Que ya precisa ser abandonado
Gracia para que la zapatilla vacía
No se caiga de la cuerda floja
Y Gracia para esto y Gracia para todo
Y Gracia para soportar que la vida maestra
Nos pegue con su regla
Sobre la carne siempre lastimada
Herida como si un arado en llamas
Al nacer nos labrara
Los surcos de la palma de la mano.

Gracia para quitarse de en medio
Cuando la noche se perfila a matar
Y yo ruedo y tú ruedas
Heridos ambos de dentro hacia afuera para siempre
Castigados por no desenredar a tiempo
La mañana de una huella digital
Cuando la luz que no encandila

Destruye las seguridades del espadachín
Las recomendaciones del obispo
Las incertidumbres del iconoclasta
Absorto en la vileza de su adoración.

Gracia para ultimar de un iracundo tajo
Lanzaderas que no trasplantan a su tejido
El torrente de mis ancianas flores frescas
Gracia para quien jamás enarbola el corazón
En ambos lados de la camiseta
Y para quien haya olvidado
Cuánto la sangre se demora
En el río del sueño.

[El corazón de la flauta]

Ala

A María Díaz de González Cosío

Ala que me ayudas a darle nombre a cada yerba,
Sólo cataplasma que tolera el cielo herido,
Ala capaz de abofetear el interior de una pagoda
Y de hacerla estallar en miles de mosaicos rotos;
Ala en desorden,
Vivo abanico para las estrellas
Siempre sentadas en su gran temperatura,
Ala pacífica, retén de innominadas claridades,
Ala que todo lo visitas sin robarte nada,
Ala religiosa,
Ala magnífica,
Parasol de seda en los insectos insolados,
Brazo irisado de los ángeles y querubines
Que aún se conservan en servicio activo;
Ala iracunda que arrancas centrales alaridos
Cuando tropiezas con un arpa;
Ala espléndida,
Ala repintada con dos manos de escarcha;
Ahora estás en mi puño,
No en calidad de prisionera,
Sino enrollada como un florero

Donde amanecen con salud gemela
El mito y la certeza.

[*Vendimia del juglar*]

◆

Guillermo Fernández

(1932[-2012])

Nace en Guadalajara, Jalisco. Traductor de literatura italiana (antologías de Pavese, Pasolini, Lampedusa, Italo Calvino, Mario Luzi, Umberto Saba). Colabora en las páginas culturales de *Excélsior*.

En su primer libro, *Visitaciones* (1964), Fernández se propone la construcción de textos, páginas donde poesía y prosa sean inconfundibles, sucesivos homenajes a las perfecciones de la palabra. En *La palabra a solas* (1965), lo importante es la expresión de la ternura, el festejo de los sentidos, la identificación con la infancia: "Yo soy el niño más pequeño / el polizón de la luz / en los jardines de tu casa". En *La hora y el sitio* (1973), se percibe un notorio cambio de tono. Disminuyen las "impresiones finísimas" y se acrecientan las asperezas cotidianas, las incursiones de la historia, las relaciones entre amor exasperado e identidad personal: "También yo debería estar en casa, por si al niño que he sido se le ocurre llamar a mi puerta". En *Bajo llave* (1983), la mezcla de actitudes poéticas se intensifica, y conviven la rendición lírica, el juego literario y la recreación erótica.

Carta de Nonoalco

"Los muebles se han quedado más quietos que nunca.
Los miro fijamente y perforan sus sitios hasta desaparecer.
La miseria anda medrando en las sartenes vacías,
las cucarachas se han ido sin decirme adiós.
En fin, todas nuestras cosas andan atontadas,
cuchichean en los rincones,
escapan al tacto
y yo sé que no duermen,
que cuando apago las luces se amotinan tras la puerta
o se van a la ventana pensando no sé qué.
Cuando estoy a la mesa con las migas amargas
se ocultan a mis ojos,

cambian de sitio,
me maltratan,
me abandonan a la siempre recuperable soledad.
Qué pequeña resulta la casa sin tus pasos.
todo te lo llevaste:
los planos del espacio,
las palabras atmósfera y oxígeno,
lo frutal de tu silencio despeñándose en la luz,
las cartografías del sueño y de la libertad.
Estoy clavado por tu silencio enorme,
por la tristeza que te guía como perro de ciego,
por tu fe despilfarrada en las criaturas de las fábulas,
por la mano acariciadora del espanto,
por mirar al desamparo cara a cara y saludarlo distraídamente,
por el aire difícil que tú confundes con un huerto de naranjos.
Si abro la puerta, la casa se inunda de una ira amarilla,
la envidia entra a calcinarme los huesos,
porque nunca he odiado como ahora,
porque sólo me faltan tus sollozos para ser feliz.
Tú sabes mi desgano de inclinar el rostro hacia las tumbas,
de caminar por las semanas de las mutilaciones
como un viaje emprendido hacia ningún lugar,
hacia el cadáver remoto que tal vez me necesita;
del momento que se tiende a lo largo del lecho para ofrecerme
lo que la carne recuerda como un galope perdido.
Camino ausente de mis pasos.
Pregunto por mí en el alcohol del llanto
y no me respondo.
Las palabras nada saben,
asumen el dominio de un imperio soñado.
Vuelvo a la sospechosa paz de la casa,
al reino perdido de Nonoalco,
a respirar la sombra de una ráfaga inmóvil,
a pensar en las redes del último juego
de donde el hombre se levanta como la única bestia coronada.
Ya no sé si estoy vivo o estoy muerto.
Ven a decirme la última palabra."

[*La hora y el sitio*]

◆

Gabriel Zaid

(1934)

Nace en Monterrey, Nuevo León. Ingeniero industrial. Colabora en la revista *Vuelta*. Poesía: *Seguimiento* (1964), *Campo nudista* (1969), *Práctica mortal* (1973), *Cuestionario. Poemas 1951-1976* (1976). Ensayo: *La poesía* (1972), *El progreso improductivo* (1979). Antologías: *Ómnibus de la poesía mexicana* (1971), *Asamblea de poetas jóvenes de México* (1979).

"En 25 años", anota José Joaquín Blanco, "Zaid sólo escribió 141 poemas, algunos de tres o cuatro líneas, casi a 6 por año; se diría un poeta estéril o casi. Sin embargo, de esos 141 poemas, por lo menos 31 son magistrales y dignos de la más rigurosa antología, lo cual lo convierte en el más prolífico de los poetas recientes." De *Seguimiento* a *Cuestionario,* la combinación precisa de celebración sensual, ironía e inteligencia se distribuye de diversos modos en la obra de Zaid: visiones cristianas del amor y la individualidad, exaltaciones de la amada de entonación bíblica o clásica, humor que rescata en el último momento al objeto de su embestida, culto a la razón que es en sí mismo una paradoja, hermosuras ridiculizadas por la filosofía, análisis del (imposible) equilibrio entre el cuerpo y el alma.

Acata la hermosura

Acata la hermosura
y ríndete,
corazón duro.

Acata la verdad
y endurécete
contra la marea.

O suéltate, quizá,
como el Espíritu
fiel sobre las aguas.

[*Seguimiento*]

GABRIEL ZAID

Nacimiento de Venus

Así surges del agua,
                    blanquísima,
y tus largos cabellos son del mar todavía,
y los vientos te empujan, las olas te conducen
como el amanecer, por olas, serenísima.
Así llegas helada como el amanecer.
Así la dicha abriga como un manto.

[*Seguimiento*]

La ofrenda

Mi amada es un tierra agradecida.
Jamás se pierde lo que en ella se siembra.
Toda fe puesta en ella fructifica.
Aun la menor palabra en ella da su fruto.
Todo en ella se cumple, todo llega al verano.
Cargada está de dádivas, pródiga y en sazón.
En sus labios la gracia se siente agradecida.
En sus ojos, su pecho, sus actos, su silencio.
Le he dado lo que es suyo, por eso me lo entrega.
Es el altar, la diosa y el cuerpo de la ofrenda.

[*Seguimiento*]

Circe

Mi patria está en tus ojos, mi deber en tus labios.
Pídeme lo que quieras menos que te abandone.
Si naufragé en tus playas, si tendido en tu arena
soy un cerdo feliz, soy tuyo, más no importa.
Soy de este sol que eres, mi solar está en ti.
Mis lauros en tu dicha, mi hacienda en tus haberes.

[*Seguimiento*]

Al descubrir el fuego

Ahora que no existen las distancias
y es fácil despedirse en ayunas
y estar en pocas horas en veremos;
empañado el prestigio de las cosas lejanas
con nuestra cotidiana lejanía,
qué cruel es que me mires, eternidad impávida.

[*Seguimiento*]

Danzón transfigurado

Alguna vez,
　　　　　alguna vez,
seremos cuerpo hasta los pies.
¿Dónde está el alma?
Tus mejillas anidan pensativas.
¿Dónde está el alma?
Tus manos ponen atención.
¿Dónde está el alma?
Tus caderas opinan
y cambian de opinión.
Bárbara, celárent, dárii, ferio.
Tus pies hacen discursos de emoción.
Todo tu cuerpo, brisa de inteligencia,
de cuerpo a cuerpo, roza la discusión.

El tiempo rompe en olas venideras
y nos baña de música.

[*Campo nudista*]

Cuervos

Se oye una lengua muerta: *paraké.*
Un portazo en la noche: para qué.
Tienes razón: para qué.

Hay diferencias de temperatura
y sopla un leve para qué.

Un silencio podrido
llama a los paraqués.

Parapeto asesino: para qué.
Cerrojo del silencio: para qué.
Graznidos carniceros: pa-ra-qué, pa-ra-qué.

Un revólver vacía todos los paraqués.
Humea una taza negra de café.

[*Campo nudista*]

Otra vez tarde

Qué difícil es coordinar
una mano como una aureola
de santo en la cabeza
y otra en un plano
perpendicular
en el ombligo.

Sin embargo es ley universal
que la gente empieza por enjabonarse
la barriga, dándole vueltas
a otro mundo en la cabeza.

Piensa con el estómago,
dice el Buda feliz.
Pero nosotros
rumiamos con la cabeza.

[*Campo nudista*]

Elogio de lo mismo

¡Qué gusto da lo mismo!
Descubrir lo mismo.
Repasar lo mismo.

¡Qué sabroso es lo mismo!
Perderse en lo mismo.
Encontrarse en lo mismo.

¡Oh, mismo inabarcable!
Danos siempre lo mismo.

[*Cuestionario*]

Lectura de Shakespeare
(Soneto 66)

Asqueado de todo esto, me resisto a vivir.
Ver la Conciencia forzada a mendigar
y la Esperanza acribillada por el Cinismo
y la Pureza temida como una pesadilla
y la Inquietud ganancia de pescadores
y la Fe derrochada en sueños de café
y nuestro Salvajismo alentado como Virtud
y el Diálogo entre la carne y las bayonetas
y la Verdad tapada con un Dedo
y la Estabilidad oliendo a establo
y la Corrupción, ciega de furia, a dos puños: con espada
y balanza.

    Asqueado de todo esto, preferiría morir,
    de no ser por tus ojos, María,
    y por la patria que me piden.

[*Cuestionario*]

Pero... ¡qué gente!

Hubo una vez un presidente
que quiso investigar rápidamente
una cuestión espantosa y urgente,
según decía toda la gente.

Y para desafiar solemnemente
su celo inmenso de cumplir con la gente,
se puso un plazo audaz, breve, inminente.
Y hubo un rugido público imponente.

Mas sucedió que, desgraciadamente,
cuando ya meritito el Presidente
iba a encontrar detectivescamente
la clave del asunto, de repente,
se dio la vuelta y encontró la gente
con un tema de moda diferente.

Entonces, tristemente,
dijo: Pero... ¡qué gente!

[Cuestionario]

◆

Hugo Gutiérrez Vega

(1934[-2015])

Nace en Guadalajara, Jalisco. Abogado. Fue rector de la Universidad Autónoma de Querétaro, agregado cultural de México en Italia, Inglaterra y España, director de la Casa del Lago y de Difusión Cultural de la UNAM. Actor, director de teatro, fundador del grupo Los Cómicos de la Legua, hoy es ministro de la embajada de México en Estados Unidos. Traductor de poesía italiana e inglesa, y de teatro soviético.

Ensayo: *Información y sociedad* (1979), *Efectos de la comunicación de masas* (1974), *Ciencias de la comunicación* (1977).

De las proposiciones que renuevan la poesía escrita en español, Gutiérrez Vega acepta varias: que en la poesía aparezca la vida cotidiana, que se gane en cercanía lo que se pierde en elegancia retórica, que irrumpa (molesto y divertido y vulgar y entrañable) el humor más personal. En él también la ironía es función de la piedad, y el autoescarnio una manera de suspender los actos gratuitos para dejarle libre juego a la añoranza, al relato de ideas e imágenes, a la serenidad de la desesperación (ver al respecto *Desde Inglaterra*, de 1971; *Resistencia de particulares*, de 1973; *Cuando el placer termine*, de 1977; *Poemas para el perro de la carnicería*, de 1979). Pero también en Gutiérrez Vega, un afán "romántico" (el amor como descripción del paisaje, el paisaje como amor líri-co), actúa y se expresa. Ver al respecto *Buscado amor* (1965), *Cantos de Placen-cia* (1977) y *Meridiano 8-0* (1982).

Variaciones sobre una "Mujtathth" de Al-Sharif Al-Radi

3

Era el tiempo en que se nos abría el paraíso
en todos los minutos del día.
Días de minutos largos,
de palabras recién conocidas.
El ojo de la magia les daba una iluminación irrepetible.
Y sucedió después que el paraíso era un engaño de la luz,
que a los amigos les bastaba un segundo para morirse,
que los amores llevaban dentro de una almendra agria.

En la noche el paraíso sigue abriendo su rendija,
un fantasma de la luz,
el que hace que los amigos estén siempre aquí,
que los amores se conformen con su almendra agria,
que el corazón no rompa a aullar en la montaña.

[Resistencia de particulares]

Nota roja

A Cesare Pavese

Salir una mañana de la casa
sin tomar el café, sin decir nada,
sin besar ni a la esposa ni a los hijos.
Salir e irse perdiendo por las calles,
tomar aquel tranvía,
recorrer el jardín sin ver que el sol
va colgando sus soles diminutos
de la rama del árbol.
Recorrer el jardín
sin ver que un niño nos está contemplando,
sin ver las cabelleras rubias, morenas, pálidas…

Pasar cargando una sonrisa muerta
con la boca cerrada hasta hacer daño.
Entrar en los hoteles,
hallar uno silencioso y lejano,
tenderse entre las sábanas lavadas
y sin decir palabra, sin abrir la ventana
para que el sol no meta su esperanza
apretar el gatillo.

He dicho nada.
Ni el sol,
ni la flor que nos dieron las muchachas.

[*Resistencia de particulares*]

México-Charenton
[Fragmentos]

Apuntes para un guion cinematográfico sobre
TIBURCIA, nacida en Irapuato el 18 de marzo
de 1933 y muerta en el manicomio de Mixcoac
de la Ciudad de México el 14 de abril de 1969.

A Carlos Pacheco Reyes

1

Toda la santa mañana perdido en mis cosas
sin pensar en ti ni de paso

Ahora te pienso como si quisiera
resarcirte del olvido de todo un día

Está chiporroteando la sangre en mis venas
cuando te pienso

Súbitamente te instalas frente a mis ojos

Esas pequeñas flores azules
te están pensando como yo siempre

2

SU NOMBRE

En todas las mañanas en que se abren
las flores de la guerra y del cansancio
caminé por el valle sin que el viento
me gritara mi nombre
De la tarde no supe más que un beso
una caricia torpe descuidada
y el silencio fisgando entre los pinos
El silencio
qué bendición del claro mediodía
qué terror escondido en las cortinas
el dedo en alto
la oración rezada
con la aguja del sueño ante los ojos

Ahora me digo que mi propio nombre
se me quedó colgado en los helechos
estoy viajando con un nombre ajeno
con palabras del viento que me asigna
un lugar en la escuela
una canasta para el viaje
de todas las cuaresmas
mi puesto de lectura en esos parques
que saben dos silencios en el día

Vino después la noche
nunca antes
recorrí sus estrechos callejones
sus amplias plazas
las arcadas en que el sueño no existe

Descubrí que a mis ojos iba mejor la noche
iba mejor la sombra en el camino
El terror es de día
cuando las bestias abren las fauces
En esta casa todo se maquina
a la hora del café del mediodía
No hubo ningún terror que no sintiera
en la primera hora de la tarde
la noche me borraba las memorias

las calles de la luna saben siempre
decirnos nuestros nombres

Es que no sé mi nombre y eso es todo
Acepto que me pongan inyecciones
hablaré sin parar en los divanes
haré todo sabiendo que es inútil
no voy a dar con él
hace ya tanto tiempo
que se quedó colgado en los helechos
ya pueden repetirlo
gritarlo sin parar en los pasillos
ya no lo reconozco
griten nombres
escriban nombres en mis documentos
ninguno es mío
El viento de la noche tal vez pueda
no entregarme mi nombre
decir sólo que tuve
una vez en la luna de la infancia
un nombre que era mío
como lo eran las manos
y los ojos

3

LA INFANCIA

En la llanura el árbol solitario
las ramas desprendidas por el aire
este año
una cosecha de resecos frutos
se arrastró por el suelo
y en el valle
crecieron las marañas los espinos
toda la noche el sueño anduvo solo
y regresó a la hora de los gallos.
Todas las noches la visita horrible
la cabeza pequeña que avanzaba
hasta llegar enfrente de la cama
la cara del arcángel castigado
crecida en pelos en colmillos agrios
abría las fauces para devorarme

Despertaba llorando
en la ventana
las gotas de la lluvia
la casa se movía con pasos breves
hacia los prados de la madrugada
Sin dolor es que pienso en estas cosas
las manos ya están quietas
el sueño malo se quedó prendido
en las ramas del árbol
a veces lo contemplo
es un girón de ropa una piltrafa
a la luz de los llanos sin cosecha
ya pienso en él con pena
se me ha ido
y era mejor
que el sueño blanco
en que ahora me hundo
este sueño de sueños sin recuerdo

4

SUS UNIVERSIDADES

A las doce la pastilla roja
a la una la verde
con el agua servida por las manfloras
de horrendísima sangre
a las cuatro el doctor
no racionalice
y yo qué voy a racionalizar
asocie libremente
fango
qué
lodo
ah
lodo
agua
mmm
a las seis huir de Papacito Cienfuegos
y su manguera tricolor
esconderse en los cedros recortados
ya se va puedes salir

ahora a la palmera sola
la asfixian las flores amarillas
que alrededor le he plantado
la suprema del burdel de los católicos
Los domingos sale una luna de papel
entre las jacarandas
no es la luna
es la cara del rey o la del virrey
es el señor de las flagelaciones
que siempre ha vivido aquí
que no se va
que vive en lo alto del valle
sentado sobre el vientre de la mujer dormida
agita su penacho de plumas preciosas
golpea su yelmo coronado
no precisamente de ilusión
deja que vuelen las plumas blancas
de su tricornio napoleónico
da golpecitos en su chistera de luces
se arrisca el texano a la Sam Houston
juguetea con la cadena de su reloj francés
levanta el kepí con el águila entre laureles inmortales
el casco de la primera guerra
el stetson del take off period to development
y de nuevo el penacho de la guerra florida
el yelmo no coronado de ilusión
el caso de dios está conmigo
y ese sombrerito lleno de cascabeles
con que adormece adormece
igual que el péndulo plateado del doctor
que el brillo de la luna entre las jacarandas
el zumbido que se nos viene del corazón a la boca
los ojos del sapo constante
la noche que se devora todos los sortilegios
y se queda para siempre
en el aire gris
de la ciudad con las tripas abiertas

[*Resistencia de particulares*]

Aunque no lo parezca de verdad no quiero nada

NÃO: *não quero nada.*
Já disse que não quero nada.
Fernando Pessoa

A Ernesto Flores

1

Hoy, con la entrada de la primavera
hemos dicho que el poeta es más fuerte que el mundo.
Cernuda debe haber reído silenciosamente
desde lo alto de su montaña morada.

Están abiertas todas las ventanas.
Todas las calles van hacia el sol.
Nadie se atreverá a contradecirnos.
Borges recorrerá esas calles
hasta el último día del mundo.

Conspiran a nuestro favor
una clara madrugada
y un bosque de altas ramas
con los brotes apenas nacidos.
Ayer la tierra desnuda
tenía un dedo puesto en los labios.
Hoy que abre los brazos
es posible tocarla,
decir que la soledad es buena,
que los poetas son más fuertes que el mundo,
que los anillos de hierro,
los billetes de banco,
los discursos,
las rejas.

2

A mi invitación al juego
contestas con una declaración escrita.
A mis saltos chaplinianos
respondes con tu cara de discurso.

A mi tristeza de Buster Keaton
opones tu deseo de subir.
Te saco la lengua amigablemente.
Yo seguiré representando mi farsa.
Quédate en la tribuna aquilina
y que una trompeta ronca
te despida del planeta.
Desde la fosa común te saludaré con mi corbata.
Hasta tu mausoleo llegarán mis proyectiles:
pasteles de crema,
helados de frambuesa.

[*Resistencia de particulares*]

VIII. Declaración del éxito

Miente quien diga
que no sé arrepentirme.
Me he pasado la vida lamentando
la mayor parte de las cosas que hago;
y por eso bendigo lo que impide
que tenga tiempo para hacer más cosas.

[*Cuando el placer termine*]

◆

Gerardo Deniz

(1934[-2014])

Nace en Madrid. Desde niño radica en México. Trabaja en la editorial Siglo
XXI. Poesía: *Adrede* (1970) y *Gatuperio* (1978).

En los años sesentas y setentas, entre lecturas y relecturas de la gran poesía
latinoamericana, se instalan obsesiones teóricas que son muchas veces filiacio-
nes partidistas: la reflexión sobre un lenguaje que reflexiona sobre el lenguaje,
la historicidad o ahistoricidad del poema, el acto de libertad lingüística que
realiza y frustra esa libertad, el distanciamiento ante los temas poéticos consa-
grados. En este panorama, a Deniz lo distingue un uso aparentemente extravagan-
te de la cultura, un barroquismo sin concesiones. Digo *aparentemente* porque

en Deniz la ironía, en su sentido totalizador, es un método de viaje para transitar por las sensibilidades antiguas y nuevas. No hay escritura automática, y cualquier imagen, aun la más desesperada o insensata, tiene en los poemas de Deniz una exacta razón de ser.

Estaban

—Es cada vez más difícil pasar de los fenómenos a los nóumenos —comentó
    más o menos la marquesa—, sobre todo desde el suicidio de Vatel.
Pero ya traían al salón tres jaulas de pájaros ultramarinos.
Uno verde y fofo remojaba bizcochos en vino jabonoso,
ante la corte frívola, sosteniendo el gusto, rascándose el tártaro,
y la guardia, previendo el león de Lucerna, hizo otro tanto.

Allí estaban reunidos, humanos, innobles,
el epistológrafo, el trabuquero, el hacendista (mutilado por el estallido
    de un muslo derecho de actriz entre sus manos)
y un viejecillo que habla poco, fama de algo chiflado
y sabio: En unos libros viejos que encontré en un rincón hallé varias historias
    de la creación. Las había muy cortas, apenas un renglón; otra se reducía a una
    interjección. Lo fui leyendo todo con gran admiración y ahora voy a contarles la que entendí mejor.

Un lacayo sopla en el fémur el toque de las cinco.
Viruta de lápiz en los ojos, agua fría al oído: —Todo lo que se quiera, pero
no es un siglo sin espiritualidad el nuestro.

[*Gatuperio*]

Nueva Eloísa

Empezó aproximadamente cuando B. de Ventadour y B. de Born fueron tomados
    en serio. Por lo demás,
todo el mundo ha sido adolescente y creído
que de la forma de las nalgas era deducible la del cosmos. Error de perspectiva.
    Sólo caravanas olorosas a plegaria y leche rancia, cargadas de la quincalla
    de siempre,
Khotán, Kucha, Turfán y esos ríos, afluentes del polvo —burocracia de camelleros entre arena,

camino a Xanadu y sus lupanares hirvientes. Pero divagamos, princesa. A decir verdad, en tiempos de Lombroso y Edmundo de Amicis era mucho más impresionante:
a quien se sobara la entrepierna lo esperaban —el hospital y/o la cárcel
a quien se robase una guayaba —la cárcel y/o el hospital
a quien dijera "teta" —el hospital y/o la cárcel
a quien jugase volados, se fuera de pinta —la cárcel y/o el hospital.
Contra tentaciones, baños helados, cacodilato—
En realidad —debieras de saberlo— el crimen acecha en un tautómero de la citosina. Hoy el hominicaco,
sentado, ridícula gorra con todos los dedos y pies planos que no llegan al suelo, tel qu'en Lui-même en fin l'Eternité le change, true to type—
el piso del rascacielos viejo va quedando desierto, pasan dos hacia el ascensor, cuatro riendo alto,
a las seis de esta tarde con lluvia que fuera estrella uvas fofas en los muros.
Del hermano homicida condenado a cien años y un día y además está loco (tío no dio un centavo cuando la lobotomía),
tres niños ineluctables, enanos, endócrinos. Dios es amor. Irrigación del colon.
Ahora neurologist Ph. D. cara de pana. El colon es amor. Irrigación de Dios.
—Pase, Mr. Donald.
                    Veo que no entras, princesa,
sotto 'l velame de li versi strani. Dame unas tijeras para que me recorte el bigote. No se me entiende bien.

[*Gatuperio*]

◆

José Carlos Becerra

(1936-1970)

Nace en Villahermosa, Tabasco. Estudia Arquitectura y Letras. Reside en Nueva York y Londres becado por la Fundación Guggenheim. Muere en un accidente de automóvil en la carretera de Brindisi, Italia. Poesía: *Oscura palabra* (1965), *Relación de los hechos* (1967), *El otoño recorre las islas. Obra poética: 1961-1970* (1973), edición preparada por José Emilio Pacheco y Gabriel Zaid.

En su extraordinario poema a la madre muerta (*Oscura palabra*), Becerra, atento lector de Pellicer y de St.-John Perse, reconoce, analiza y fija artísticamente su condición sentimental, y convierte el dolor personal en una épica de la emoción. A partir de ese momento, y sin desprenderse jamás de su impulso lírico, Becerra construye una obra fundamental que incursiona en las mitologías del cine (ese otro gran arsenal de imágenes), incluye en sus tensiones extremas al desarraigo personal y a la crisis histórica, atraviesa por el prosaísmo, vive el contagio de Lezama Lima y, finalmente, en los poemas que ya no llegó a revisar para su publicación, usa del simbolismo, del escepticismo, de las ideas herméticas y de la inversión de la lógica, en su elaboración de otra temática literaria.

Oscura palabra
[Fragmentos]

2

Te oigo ir y venir por tus sitios vacíos,
por tu silencio que reconozco desde lejos, antes de abrir la puerta de la casa
cuando vuelvo de noche.
Te oigo en tu sueño y en las vetas nubladas del alcanfor.
Te oigo cuando escucho otros pasos por el corredor, otra voz que no es la tuya.
Todavía reconozco tus manos de amaranto y plumas gastadas,
aquí, a la orilla de tu océano baldío.

Me has dado una cita pero tú no has venido,
y me has mandado a decir con alguien que no conozco,
que te disculpe, que no puedes verme ya.

Y ahora, me digo yo abriendo tu ropero, mirando tus vestidos;
¿ahora qué les voy a decir a las rosas que te gustaban tanto,
qué le voy a decir a tu cuarto, mamá?

¿Qué les voy a decir a tus cosas, si no puedo
pasarles la mano suavemente y hablarles en voz baja?

Te oigo caminar por un corredor
y sé que no puedes voltear a verme porque la puerta,
sin querer, se cerró con este viento
que toda la tarde estuvo soplando.

(14 de septiembre de 1964, Villahermosa)

5

Yo acudo ciego de golpe a tu llamado,
he caído y mi camino después no era el mismo,
he caído al dar un paso en falso en la oscuridad de tu pecho.

Y no pude gritar: "enciendan la luz o traigan una linterna",
porque nadie puede iluminar la muerte
y querer acercarse a los muertos es caminar a ciegas y caerse
y no entender nada.
Tú y yo, mamá, nos hemos sujetado en quién sabe qué zona ciega,
en qué aguas nos pusimos turbios de mirarnos,
de querernos hablar, de despedirnos sin que lo supiéramos.

Y esta casa también está ausente, estos muebles me engañan;
me han oído venir y han salido a mi encuentro
disfrazados de sí mismos.
Yo quisiera creerles, hablar de ellos como antes,
repetir aquel gesto de sentarme a la mesa,
pero ya lo sé todo.
Sé lo que hay donde están ellos y yo, cumpliendo juntos el paisaje
de una pequeña sala, de un comedor sospechosamente en orden.

Pero yo tropezaba porque caminaba siguiéndote,
porque quería decirles a todos que volvería en seguida contigo,
que todo era un error, como pronto se vería.

Pero no hay luces para caminar así por la casa,
pero no hay luces para caminar así por el mundo,
y yo voy tropezando, abriendo puertas que ni siquiera estaban cerradas;
y sé que no debo seguir, porque los muebles y los cuartos
y la comida en la cocina y esa música en un radio vecino,
todos se sentirían de pronto descubiertos, y entonces
ninguno en la casa sabríamos qué hacer.

(24 de diciembre de 1964, Villahermosa)

6

Yo sé que por alguna causa que no conozco estás de viaje,
un océano más poderoso que la noche te lleva entre sus manos
como una flor dispersa...

Tu retrato me mira desde donde no estás,
desde donde no te conozco ni te comprendo.
Allí donde todo es mentira dejas tus ojos para mirarme.
Deposita entonces en mí algunas de esas flores que te han dado,
alguna de esas lágrimas que cierta noche guiaron mis ojos al amanecer;
también en mí hay algo tuyo que no puede ver nadie.
Yo sé que por alguna causa que no conozco te has ido de viaje,
y es como si nunca hubieras estado aquí,
como si sólo fueras —tan pronto— uno de esos cuentos que alguna vieja criada
me contó en la cocina de pequeño.

Mienten las cosas que hablan de ti,
tu rostro último me mintió al inclinarme sobre él,
porque no eras tú y yo sólo abrazaba aquello que el infinito retiraba
poco a poco, como cae a veces el telón en el teatro,
y algunos espectadores no comprendemos que la función ha terminado
y es necesario salir a la noche lluviosa.

Más acá de esas aguas que golpean las costas de los hombres,
estoy yo hablando de ti como de una historia
que tampoco conozco.

(6 de febrero de 1965, México)

[Oscura palabra]

La Venta

En Tabasco, casi en la desembocadura del río Tonalá, existe un lugar llamado La Venta, donde fueron encontrados los restos de altares y las cabezas monumentales de una antiquísima cultura de raíz olmeca.

Resulta inquietante que en sitio tan terriblemente inhóspito —especie de isla cercada de marisma— se hayan encontrado estos restos monumentales de roca basáltica. Es inexplicable el acarreo desde las estribaciones de la Sierra Madre del Sur —sitios donde esta roca se produce, y que sí ofrecían magníficas condiciones para vivir— de esas toneladas monolíticas de basalto por selvas y pantanos, y el porqué fueron labradas y erguidas en lugar tan extraño.

I have heard
Laughter in the noises of beasts that make strange noises.
T. S. Eliot

I

Era de noche cuando el mar se borró de los rostros de los náufragos como una
    expresión sagrada.
Era de noche cuando la espuma se alejó de la tierra como una palabra todavía
    no dicha por nadie.
Era la noche
y la tierra era el náufrago mayor entre todos aquellos hombres,
entre todos aquéllos era la tierra
como un artificio de las aguas.

Y ahora, en los sitios no determinados ya por la razón,
en la plaza interior de la Plaza Pública,
la brisa parece procrear ese lejano olor
de animales y prisioneros flechados o ya dispuestos en las lanzas
o conducidos a la presencia de la mano que ordena y señala, sostenida por sus
    anillos y pulseras,
desde los sitios básicos del poder: necesidad y crimen.

¿En dónde están los hombres que dieron este grito de batalla y este grito de sueño?
¿Dónde están aquellos que condujeron la palabra
y fueron llevados por ella al sitio de la oración y a la materia del silencio?

Carencia fluctuando entre la piedra y la mano que va a producir en ella la sos-
    pecha de su alma;
habitante sombrío enmudecido bajo tus obras, condúceme al himno disperso
    que flota ceniciento entre la podredumbre de las hojas.
Unta cada palabra mía con cada silencio tuyo, mas no nos ciegue el chispazo
    de este mutuo lenguaje,
para que así los muertos asomen la mirada entre las brasas de lo dicho
y la frase se encorve por el peso del tiempo.

II

Jugó la selva con el mar como un cachorro con su madre,
bostezó el día entre los senos de la noche,
en su acción de posarse buscó alimento la palabra,
sonó el acto en su propio vacío
como una dolorosa constancia de fuerza que el sueño del hombre no pudo medir.

Ahora juega la tarde un momento con los islotes de jacintos antes de abando-
    narlos
y el aire es todavía un venado asustado.

El sol es una mirada que se va devorando a sí misma,
todo jadea de un sitio a otro
y la hojarasca cruje en el corazón de aquel que al caminar la va pisando.

Un pez está inmóvil bajo el peso de su respiración,
bajo la dura luz poniente fluyen las grandes aguas color chocolate,
sobre un tronco caído, una iguana
fluye succionada por otro tiempo, pero está inmóvil, no hay fuga en sus ojos
     más fijos que la profundidad del mar,
y el movimiento que la rodea es lo que petrifica sus señales.

La tempestad pesa como un dios que va haciéndose visible,
una bandada de truenos cruza el cielo,
la luz se está pudriendo; ya no quedan designios,
nadie escucha en la piedra los sonidos humanos donde la piedra ganó raíz de
     carne,
nadie se desgarra con esa soberbia del mineral que tiene a la memoria cogida
     por el cuello.
Todo parece dormir igual que un dios que se torna de nuevo visible
detrás de este tiempo, donde ahora se balancean y crujen
las ramas de los árboles.

Herid la verdad, buscad en vuestra saliva la causa de aquel y de este silencio,
pulid esta soberbia con vuestros propios dientes;
de nuevo la lanza en la mano del joven,
de nuevo la arcilla bajo la instrucción de la mano volviéndose al sueño y al
     uso del sueño,
de nuevo la escultura bebiéndose el alma,
de nuevo la doncella acariciada por la mano del anciano sacerdote,
de nuevo las frases de triunfo en los labios del vencedor
y en su voz el estremecimiento de su codicia y sobre sus hombros el manto
     de su raza.

Pero ya nada responde.
La selva transcurre vendada de lluvia,
todo yace enterrado en las grandes cabezas de piedra,
todo yace ubicado en el ciego peso de la piedra;
en ese rostro congestionado de feroz ironía, en el fondo de ese rostro
de donde parece surgir, igual que una burbuja de aire de otro que respira allá
     dentro,
esa sonrisa que sube a viajar quién sabe hacia dónde
entre el negror de los labios...

Todo está igual que el primer día sin embargo;
la selva lo acecha todo, su velocidad tiene forma de pozo,
hay muertes en espiral abasteciendo su mesa.
Todo está igual que el último día sin embargo,
la flor del maculí como una boca violenta y roja suspendida en el aire caliente,
la ceiba enorme atrapada por la fijeza de su fuerza,
y por las noches, entre el zumbido de los insectos, el olor dulzón y tibio de los
    racimos de flores del jobo,
y entre las ramas de los polvorientos arbustos, el olor ajeno del hueledenoche.

Pero todo está detenido,
todo está detenido entre el vaho poderoso del pantano
y las cabezas de piedra de los hombres y dioses abandonados.
Pero nada está detenido,
todo está deslizándose entre el vaho poderoso del pantano
y las cabezas de piedra de los hombres y dioses abandonados.
Ciudad desordenada por la selva;
la serpiente rodeando su ración de muerte nocturna,
el paso del jaguar sobre la hojarasca,
el crujido, el temblor, el animal manchado por la muerte,
la angustia del mono cuyo grito se petrifica en nuestro corazón
como una turbia estatua que ya no habrá de abandonarnos nunca.

¿Quién escucha ese sueño por las hendiduras de sus propios muertos?
La fuerza de la lluvia parece crecer de esas piedras, de allí parece la noche le-
    vantar el rostro salpicado de criaturas invisibles,
de ese sitio que ha retornado al tiempo vegetal, al ir y venir de la hierba.

Nada descansa pero todo duerme; lo que se pudre, inventa.
Esta doncella aún no concedida al placer,
aquellos ojos seniles que ruedan en su propia fijeza, a semejanza de un deste-
    rrado de sus recuerdos;
los consejeros del rey, los vencedores del tiburón,
los que sujetando al vencido con una soga al cuello, posaron sentados bajo el
    friso de los altares de piedra,
asentando sus cuerpos rechonchos en el interior de una concha de poder.
Nube de tábanos y de grandes y gordas moscas de alas azules
rezumbando sobre la cabeza del predicador, sobre la boca del poeta,
sobre el manto estriado por la sangre de los esclavos;
una corona de tábanos y moscas sobre el nombramiento del mundo.

Todo duerme, todo se nutre de su propio abandono,
en el centro de la inmovilidad reside el verdadero movimiento.
El poder de la selva y el poder de la lluvia,
la garra del inmenso verano posada sobre el pecho de la tierra,
el pantano como una bestia dormida en los alrededores del sol;
todo come aquí su tajo de destrucción y delirio,
la luz se hace negra al quemarse a sí misma,
el cielo responde roncamente, el rayo cae como todo ángel vencido.

Mirad las cabezas de piedra bajo la lluvia
o bajo el hacha deslumbrante del sol como un verdugo embozado en oro.
Mirad los rostros de piedra en el campamento de la noche,
en la descomposición de la gloria, en la soledad de la primera pregunta y en su
    retorno después de la segunda.
Mirad las cabezas de piedra,
máscaras que ocultan su clave divina, su organismo atajado por el silencio.
Mirad los rostros de piedra junto a la boca impía del pantano.

Aquí están,
aquí donde no representan ni señalan.
Aquí los triunfadores y los esclavos y el gemido del anciano y la primera san-
    gre de la doncella
están ya confundidos en una sola masa, en un solo bocado que mastica la pie-
    dra indefinidamente.
Piedra caída en el agujero del sueño no por su propio peso
sino por el peso que la realidad obtuvo del sueño.
¿Cuándo hizo la vida ese gesto poderoso?
¿De quién fue esa boca a cuya sonrisa una araña se mezcla minuciosamente?
¿Ante quién hizo la vida esta mirada hoy muerta? ¿Qué ojos humanos la lleva-
    ron a término?

Éste es el rostro, éste es el cuerpo,
la carne que se hizo piedra para que la piedra tuviera un espejo de carne.
Animada por un soplo de piedra, la imagen de la piedra le dio nuevo peso a
    la carne;
y así se oye el peso de otro silencio y el peso de otra imagen en la actitud in-
    móvil del caimán;
aquí está la piedra despuntando en la carne,
aquí está la muerte eructando la piedra mientras hace la digestión de la imagen.
La piedra, la piedra, la piedra,
la piedra siempre agazapada
al final de todos los gestos de la carne del hombre.

III

Rompe el porvenir sus diques de estatuas,
lama que se extiende como un hormiguero verdinegro sobre la sapiencia de
    los altares devastados,
en el salitre de los muros derruidos aparecen la sombra y el olor de la bestia,
entre el cieno de las inundaciones
los pejelagartos vuelven estúpidamente la cabeza hacia la eternidad
y comen bajo el brillo del sol en sus costados negros.

Nadie pasa, nadie sigue adelante en el reino de tanto movimiento, en la basu-
    ra de tanta vida, en la creación de tanta muerte.
Dioses dispersos entre las altas yerbas,
restos divinos de un festín humano bajo las hojas enormes del quequeste.
Ya no quedan palabras ni flechas ni la percusión de las maderas,
ni llamados de caracol ni brillo de puntas de lanzas,
sólo estas cabezas como flores monstruosas, erupciones
oscuras y apagadas.

Ahora la verdad aparece con el zopilote,
sus alas negras baten como una lengua negra sobre el silencio de las cabezas
    de piedra,
y en el ruido de ese aleteo
aparece el nuevo lenguaje,
las frases de la carroña al quitarse su máscara de esclava.

Llueve
y la lluvia es el mito sangrante y blanco de todos los dioses muertos.
El agua escurre sobre las negras cabezas como una palabra perdida de lo que
    dice,
y después de la lluvia
los pájaros caminan otra vez por el cielo como vigías olvidados,
mientras se abren las puertas del amanecer
con un rechinar de goznes enmohecidos.

IV

Se abre la noche como un gran libro sobre el mar.
Esta noche
las olas frotan suavemente su lomo contra la playa
igual que una manada de bestias todavía puras.

Se abre la noche como un gran libro ilegible sobre la selva.
Los hombres muertos caminan esparcidos en los hombres vivos,
los hombres vivos sueñan apoyando las sienes en los hombres muertos
y el sueño contamina de piedra a sus imágenes.

Se abre la noche sobre ustedes, cabezas de piedra que duermen como una ad-
    vertencia.

Se detiene la luna sobre el pantano,
gimen los monos.

Allá, a lo lejos, el mar merodea en su destierro, esperando la hora
de su invencible tarea.

                                        (Diciembre 1964-noviembre 1965)

                                                        [La Venta]

Adiestramiento

La voz de aquellos que asumen la noche,
marinería de labios oscuros;
la voz de aquellos cuyas palabras corresponden a esa luz donde el amanecer
    levanta
la primera imagen vencida de la noche.

Ahora, cuando la memoria es una calle de mercaderes y héroes muertos,
cuando la noche corta espigas en los cabellos de la joven difunta,
y en las playas el mar se arranca sus dolorosas historias para encender las manos
de las mujeres de los marinos muertos.

Hacia el chillido o espuela de la gaviota,
hacia el color azul que despiden los senos ahogados,
hacia las cuevas que el demente visita,
hacia las mujeres cuya humedad sólo conoce el alba,
va la frase de amor, la mano electrizada que se convierte en sollozo,
van los desprendimientos de la lluvia.

La voz de aquellos que llegan a la oscura verdad de las últimas aguas,
la voz de aquellos que han besado el candor que en los labios deja la muerte,
esa niñez del mundo que recobran los que cierran los ojos,
del mundo y no de ellos, esa niñez atroz y salvaje.

La voz de aquellos donde la madrugada se desprende como una piel hechizada,
la voz de aquellos donde el mar narra la infancia del terror, los primeros pala-
    cios de la noche,
los fuegos que el artificio de la imaginación encendió en los primeros náufragos,
la voz de aquellos desesperados y sonrientes.

Ahora esta palabra,
esta palabra inclinada a la noche como un cuerpo desnudo a su alma
o a la desnudez del otro cuerpo.
Ahora esta palabra, esta diferencia casual de la palabra ante sí misma,
esta marca, esta cicatriz en la forma del amor,
en el hueso del sueño, en las frases trazadas al mismo ritmo
con que los hombres antiguos levantaban sus templos y elegían sus armas.

Ahora esta palabra,
cuando la ciudad llena de humo y polvo en el poniente
se levanta de los parques con su aliento de enferma,
cuando las calles abandonadas comen sentadas sus propias yerbas igual que
    ancianas en aptitud de olvido,
cuando el tranvía del anochecer se detiene atestado en una esquina
y sólo baja una muchacha triste.

Ahora esta palabra,
este juego, esta cresta de gallo, esta respiración inconfundible.

Ahora esta palabra con su resorte de niebla.

[Relación de los hechos]

El pequeño César

Te detuviste a desear aquello que mirabas,
te detuviste a inventar aquello que mirabas,
pero no estabas detenido, lo que mirabas agitaba tu propio pañuelo,
hacía tus señas desde su lejanía.
Algo de eso comprendiste;
los muelles, los sitios donde la sal es una ciega sentada en el alma,
los sitios donde la espuma roe la base de todo
con sus pequeños dientes parecidos a la arena de lo que se olvida,
los sitios donde las viejas anclas y los motores de barcazas vencidas
se oxidan cagados por las gaviotas y los pelícanos,

los pequeños tumultos blancos donde la paz y el movimiento
entrelazan sus redes a la usanza del mar,
los sitios menos frecuentados de las playas,
los paisajes que te rodeaban sin que supieras exactamente a qué distancia de
    tu imaginación,
a qué distancia de tus argumentos más íntimos.

Hay un cielo de navíos que los ojos contemplan desde abajo de las lágrimas,
desde donde la mirada se queda sin respiración,
sin oxígeno para saber qué mira todavía y qué ha dejado de mirar.

Una eternidad que cualquiera diría gastada por el uso,
manoseada por los muertos, ablandada por la queja de los enfermos, tocada
    por las lágrimas,
una tarde que se va hundiendo como un barco
en cierto paisaje tuyo.

Algo de eso comprendiste,
desconfiabas de tu deseo, pero era tu saliva la que brillaba en los dientes de
    tu deseo,
eras tú esa masa pastosa que alguien masticaba
pero que iba siempre a parar a tu estómago,
era tuya la mano con que te decían adiós
y era tuyo el pañuelo.

Por eso en mitad de la noche has vacilado,
has oído a los árboles perderse en sus ramas,
has sentido al viento quedarse quieto de pronto, como en acecho de algo, en-
    tre los pliegues de la cortina,
has oído a los muertos reírse en sus agujeros imitando a los topos,
has descubierto que un día vestido de mayordomo, el olvido vendrá a anun-
    ciarte
que ya está servida la mesa,
y sin quererlo tú, esa noche cenarás con apetito y al final, dejando la servilleta
    sobre la mesa,
elogiarás complacido el menú...

Todas las luchas libradas en el océano brillan en esa lámpara que acabas de
    encender,
en esas aguas donde el horizonte desarrolla su instinto de montaña,
allá donde el cielo parece dormitar entre sus mandíbulas de abismo.

Puedes romper las cartas de aquella que amaste,
puedes hacer que el olvido, tu extraño servidor, entre al pasado, los sorpren-
da juntos a ti y a ella
y allí los atrape,
puedes fingir que eres la ropa que te quitaste, la frase que escribiste,
el número telefónico que te buscas en el bolsillo, la dirección que no aciertas
a dar.

Puedes fingir que estás fingiendo, puedes simular que eres tú,
que es tu deseo y no tu olvido tu verdadero cómplice, que tu olvido es el in-
vitado que envenenaste
la noche que cenaron juntos.
Puedes decir lo que quieras, eso será la verdad
aunque no puedas ni puedan tocarla.

Alzas tu lámpara y lo que fuiste parpadea en aquello que estás siendo,
también tu libertad te tiene entre sus manos.

Quisieras llorar porque la eternidad navega como una muerta,
masticas despacio tu bocado de alma, tu rebanada de ideología, tus órganos
para conmoverte,
tomas la servilleta y te limpias la boca,
distraídamente miras la antigua mancha de vino en el mantel...

Quisieras llorar porque la noche es un árbol que no podemos sacudir con las
manos
para que caigan los frutos deseados;
todo pasa mientras terminas de comer, mientras doblas la servilleta de nuevo,
y tu lámpara ilumina para ti la espuma que el tiempo deja en lo alto de las
ruinas,
en todos los sitios que no han resistido el oleaje del hierro, la embestida de los
discursos triunfales.

En mitad de la noche algo tiembla, en mitad de la noche te oyes hacia arriba
como quien se despierta por el ruido de la lluvia,
en mitad de la noche hacia abajo como quien se despierta
por el ruido de la muerte.

Y no quieres ser cómplice de los dormidos, no quieres ser cómplice de los
muertos,
no quieres ser traspasado por tus lágrimas, humedecerte como un trapo sucio,
entonces, ¿quién eres tú?

Tal vez te gustaría ser el custodio de los reinos que la carroña acecha,
tal vez te gustaría tomar tu deseo, levantarlo convertido en el deseo del mundo,
   en la base del mundo.
Algo de eso comprendiste y vacilas,
y tu vacilación te afianza en el mundo, te da vientos para navegar, uñas para
   clavarlas,
te invita a subir al puente de mando.
Pero aún vacilas, tal vez ese traje de marinero no es el tuyo,
pero ya es tarde, pero aún vacilas, pero ya es tarde,
intentas despedirte de alguien,
pero la mano con que deseas decir adiós
también se va quedando atrás, y ya no puedes alcanzarla aunque te inclines
   hacia ella
con todo tu cuerpo, con toda tu duda de no inclinarte lo suficiente.

¿Qué cosa es tu cuerpo? ¿Qué cosa es tu lámpara?
¿Qué cosa es no inclinarte lo suficiente?
¿Significa todo esto decir adiós?
Hablabas de un deseo y también de un olvido,
hablabas de las cartas de una mujer, no se sabe si las rompiste,
no se sabe si te olvidaste de ella, si alguna tarde caminaste pensándolo,
también hablabas de una lámpara,
y de un pañuelo
o de un barco...

Hablabas de algo así, no recuerdas cómo.

[*Relación de los hechos*]

El Halcón Maltés

Ahora, cuando tus sistemas de flotación se han reducido a tus retratos,
a las vías por donde vas desapareciendo de ti mismo, borrándote de aquello
   que querías;
a tu resurrección le crece el mismo musgo que a tu cuerpo invisible atrapado
   por la visibilidad de tu retrato, y todo aquello
que pensaste que amabas o simplemente odiaste de paso,
resplandece de nuevo fuera de ti en la piedra angular de otro escalofrío,
mientras que alguien que cruza la puerta de salida de tus retratos, siente cómo
   la noche rebosa tu muerte en uno de esos bares situados
en el subsuelo de cualquier viejo edificio de la Tercera Avenida

al mismo tiempo que en otro lugar vuelven a encenderse
los reflectores que te iluminaban
o acopiaban la sombra de algunos de tus gestos, de tus meditados descensos
    al infierno,
donde el olor de la pólvora recubría a la figura que emerge del espejo
frente al cual disparabas tu pistola.

Reconstruyendo, pues, lo que te iba rodeando,
lo que ibas rodeando con la misma sobriedad de que se vale un alcohólico
para rastrear la soga de su miedo,
valiéndote del polvo que en tu mirada iban depositando los puñetazos
y la confusa humedad del amor;
el vaso de whisky en el centro de lo que callabas,
el viaje de la noche que alguno de aquellos reflectores reproducía en tu rostro,
el frío cañón de una 38 automática apoyado en la boca del estómago mientras
    la boca de la nada parecía mordisquear el cañón,
y esa mujer de larguísimas piernas y rostro anguloso y voz recién salida del
    amor o simplemente del humo de un cigarro,
contemplándote desde la penumbra del bar,
mientras era en su cuerpo donde el infinito desmadejaba el laberinto
que sustituye a veces al disparo de una pistola.

Ah sí, lo que tú codiciaste;
aquello que dejabas que tu rostro inventara,
aquello que no pasaron por alto tus puños y tu pistola, tu mueca y tu sonrisa
    interminablemente mezcladas,
obsesionadas la una de la otra como dos locos puestos a tu servicio.
Sí, nada quedó de aquello
y tampoco de aquel despacho desde cuya ventana
podían mirarse, entre los rascacielos, los muelles de San Francisco.

Eran tus caprichos de luchador derrotado, era tu burlona mirada,
eran los espacios ocultos donde no cesabas de cicatrizar,
en cualquiera de aquellas escenas donde estabas a punto de cerrar la puerta a
    tus espaldas anulándolo todo;
con el rostro magullado por los golpes y por las patadas,
buscando tú también aquel *Halcón Maltés* en el que nunca creíste,
porque tal vez era de mala suerte para encontrarlo creer en él,
o porque quizás la esperanza te hubiera conducido más rápidamente a esa
    derrota
que, pese a todo, nunca esperaste.

Sí, todas aquellas,
enfundadas en sus medias de seda,
enfundadas en su ronda de carne cuya espuma es necesario detener,
en sus vacíos de botella encontrada en el mar sin el imaginado mensaje,
todas aquellas se perdieron en otras que ya no te contemplan ni te esperan,
imágenes donde la penumbra de la sala de cine construye su nublada y sali-
    trosa reunión,
allí donde el dolor corrompe al asombro.

Ah, qué viejo, pero qué viejo se ha vuelto ese ring
donde tanto luchaste,
qué cansado se ha vuelto aquel heroísmo,
cuántos pasteles se elaboran con ello, y ya nadie
se los estrella a nadie en la cara como tú sabías
sutilmente hacerlo.

Pero observemos con atención ese ring vacío,
evitando la luz universal de los reflectores, observemos
esa blanca superficie vacía. Observemos
simplemente los dados echados sobre esa superficie o mesa de juego,
simplemente los dados echados,
y los jugadores que acaso queden, ocultos
en la sombra, mirando los dados.
Y en esa inmovilidad, que es además la única explicación del movimiento, el
    único molde del movimiento;
podremos sentirte a ti desapareciendo,
abandonado por tus sistemas de flotación y transcurso;
desapareciendo sin cesar por todos los límites y las colocaciones de esa mesa
    o superficie que va a iluminarse,
a una distancia infinitiva de esa mesa
donde el movimiento vuelve a comenzar sin que el molde desaparezca por ello.
A una distancia infinita del ruido donde esos dados repiten la jugada,
asociando otra vez los hundimientos del sueño
con la suma donde los dados crían
ese vacío adherido a lo que va apareciendo.

Atrapado por el agujero en que te has convertido,
sin poderte salir vas pasando a través del ruido de esos dados que siguen ro-
    dando por la mesa cuando tú ya te has levantado,
cuando sólo derivas hacia el lugar donde el vacío se hace visible;
a una distancia infinita de esa mujer que canta un viejo fox, *Night and day,* por
    ejemplo,
junto al piano de un bar

—si es que dicha escena puede repetirse—
a una distancia infinita de esa canción y de esa voz elaborada "con lo mismo
　　que se fabrican
los castillos en el aire..."

[*Relación de los hechos*]

[la noche del bárbaro]

excavar, excavar,
hacerle un topo a la sangre
para que Dios comercie con los agujeros,

un hoyo, un hoyo es un proyectil
lanzado contra un blanco invisible,
un hoyo es un lujo esmerado
de la Divinidad que no quiere ocupar,

excavar, excavar,
hacerle un tope a la sangre
para que el esqueleto
le arroje a Lázaro su nudo corredizo,

excavar, excavar,
tapar el agujero de Dios con Lázaro,
convertir su resurrección en un topo,
su cuerpo en un proyectil lanzado contra Dios
como contra un blanco invisible,

excavar,
excavar,
excavar esta noche.

[*Cómo retrasar la aparición de las hormigas*]

[cómo retrasar la aparición de las hormigas]

una vez que aparecen no hay poder
capaz de ahuyentarlas, los árboles sirven
para obtener madera, la madera
para obtener celulosa, la celulosa...

pero las mayores riquezas de todo servilismo
descubren el avance de las hormigas,

como es sabido el cuerpo tiene
características que le son reflejadas,
que le confieren enorme potencial de espejo
a condición de saber explotarlo, por lo cual
también es destinado a las oscilaciones
que efectúan las hormigas antes de llegar,

así los reflejos de cada cuerpo extraen
nuevos espejos nutrientes
de sus más profundas capas producidos
por la descomposición del padre y la madre,

esos nutrientes incorporados al cuerpo
esperan el frío azogado de las hormigas
mientras el espejo se atrofia
y la madre y el padre vuelven a tambalearse
en el fondo de cada espejismo,

retrasar ese momento inevitable
es la juventud, durante la cual
los espejismos segregados por el padre y la madre
se atrofian,

retrasar ese momento inevitable
es la vejez, la vejez separando
las nuevas imágenes
puestas al alcance de las hormigas,

pues así como los árboles sirven
para obtener madera y la madera
sirve para obtener celulosa,
los espejos extraídos del fondo del árbol
o del fondo del cuerpo sirven
para extraer, a fin de cuentas, hormigas
y reflejos de hormigas donde el padre y la madre
cabecean el sueño de nueva destrucción

[*Cómo retrasar la aparición de las hormigas*]

◆

Óscar Oliva

(1937)

Nace en Tuxtla Gutiérrez, Chiapas. Ha participado en dos volúmenes colectivos del grupo La Espiga Amotinada: *La voz desbocada* (1960) y *Áspera cicatriz* (1965). Ha coordinado talleres literarios y tareas de difusión cultural en Chiapas. Poesía: *Estado de sitio* (1971) y *Trabajo ilegal. Poesía 1960-1982* (1984).

Varias insistencias se perciben en la obra de Oliva: la necesidad de unir en una sola militancia el amor y la resistencia política, la inmersión en la historia presente como búsqueda de las claves de la realidad, la indagación desde el poema de la complejidad espiritual, el uso de la experiencia personal como desordenamiento de la retórica, la conciencia nacional como indignación ancestral, la idea precisa de las responsabilidades de la palabra ("Sálvenme de la vida eterna", dijo leyéndolo José Revueltas). Sin optar en definitiva por cualquiera de sus alternativas, Oliva va de la politización del poema a la experimentación al quebrantamiento del "buen gusto" a la descarga amorosa.

Áspera cicatriz

1

Largamente despierto
enmudezco ante la blancura del techo
con las manos apoyadas en los riñones
frente al espejo cotidianamente inclinado hacia la sombra
    de mi perfil
Con gravedad empiezo a hablar de las cosas que me rodean
Santo jabón diente del perfume rosa sólida
espumea en mis costillas crecidas como ventanas
pero no borres el recuerdo de esa mano de mujer
    en mis testículos
Regadera desempeña tus labores de fiel samaritana
Cepillos cortinas toallas
amo la castidad de sus alas tranquilas
la sumisión de sus industrias...

(¿Qué mar diremos esta noche?)

2

Camisas de algodón
de lino o seda
persiguen las nalgas de una falda
que se sube a un tranvía
Zapatos desgastados vigilan peligros de calle en calle
Mezclilla ráscase la cabeza
Pantalón fatigado se detiene frente a los escaparates
donde látigos en los dedos de los maniquíes silban
Agua yace derribada sin árboles en su pecho
Todos los botones de mi vestimenta quieren saltar
como el ruido que hace un motor al calentarse
La mañana es clara con olor a vegetales
un poco de suciedad en la comisura de sus labios
y algo de inclinada hacia la derecha de su estómago
Para mi gusto
tiene la brillantez de una portada recién impresa
y cuando se abre es un libro que se queja
No es posible estar en esta esquina casi sin respirar
sintiendo mis intestinos que se enrollan dolorosamente
y descubrir que en mi antebrazo todavía no ha amanecido

"El mar cantárida desmenuzada..."

(¿Cómo era aquella anciana?)

3

Buenos días
teléfonos escritorios pinturas
Qué alegre estoy
Puede medirse mi alegría por centímetros cuadrados
puede abarcar kilómetros kilos de azúcar
El hombre sin piernas entra a la oficina
¡Buenos días pedazo de hombre!
¿Qué hace usted a estas horas con su tripa en ayunas?

Yo contesto una carta Buenos Aires o Londres
Veo por la ventana estremecimientos de ferrocarriles
(¿Cómo hacer que el mar participe de todo esto?
¿Cómo traerlo hasta aquí

enseñarle obediencia
compararlo vestirlo
darle nuevo azogue fértiles aserraderos?)

¿Y por qué aserraderos?

¡Un timbrazo acelera la sal de mis ideas!

Buenos días señor
                buenos días señora...

4

¡El mar! ¡El mar! ¡El mar!
La idea del mar sus fuegos sus cometas
en las estancias de mi sangre
revolviendo mis cobijas
mis libros
interponiéndose entre mis amigos y los radios
y mis costumbres
Sube a los días con mis propias piernas
encima encima
de mi ánimo de mis montañas
Transformando mis viajes mis espadas
Si estoy cansado me levanta de la silla
me rescata del sueño me incendia me deshace
Florece en los vasos en los jardines
Hincha la noche profundiza su vientre
No me deja escribir anudado en mi lengua
revuelto en mi cerebro
¡El mar! ¡El mar! ¡El mar!

5

Los codos de la anciana querida
quieren besar mis cabellos
su esqueleto abrazar mi cintura
La ciencia que investiga el cordón de la tarde
cuando se arrastra
cuando va a volar
cuando va a caer en su laboratorio
hace doler mi cuello que respira salvaje

Restituido
a la realidad
no sé qué hacer
Tarde que voy enrollando como a una alfombra
mientras la muerte se toca los senos frente a mi boca

La anciana me acaricia desde sus venas
y se aleja cojeando...

6

No está en ninguna parte
Cuando regresé de la oficina busqué su sombra
levanté un cuaderno
arrimé una silla a la mesa
y me puse a trazar su geometría
Tomé un vaso de agua y me sorprendió su dulzura
Busqué en mi traje en las gavetas de mi escritorio
Cansado sentí deseos de mujer pero no salí a la calle
Releí viejas cartas me puse a atar lazos con mi saliva
a construir amores perdidos con mis cabellos
habitaciones y amigos que un día conocí en mi frente
Pero sentía su presencia como un acoso
su lujuria dentro de mi estómago

(Tal vez en el jardín desenterraba plantas y buscaba hormigas
para la poderosa baba de su lengua entumecida como escorpión)

7

Mientras tomo una taza de café repaso los poemas
que he escrito
¡Cuánta confusión! ¡Cuántas palabras perdidas!
¿Bajo qué impulso lancé mi pecho mis descomposturas
a la búsqueda de ese mar que no es claro ni habitable?
Si he dicho soledad árbol o cieno
fueron palabras imprecisas para extender mis brazos
para darle un vuelco al reloj y mostrar su desnudez
y sus caminos
He tomado conciencia de mis obligaciones
y he querido dar a los hombres nada más un relámpago

Debajo de una imagen ahora me duermo
ahora la doblo ahora la subrayo

Mañana despertaré en un mundo nuevo

[*Trabajo ilegal*]

◆

Francisco Cervantes

(1938[-2005])

Nace en Querétaro. Trabaja en agencias de publicidad y, ahora, en el Fondo de
Cultura Económica. Libros de poesía: *Los varones señalados, La materia del tri-
buto, Esta sustancia amarga* y *Cantado para nadie,* reunidos en *Heridas que se al-
ternan* (1985).

Gran conocedor de la literatura lusitana (a la que ha contribuido con diver-
sos poemas), Cervantes construye un orbe literario a semejanza de sus admira-
ciones y necesidades expresivas: caballeros andantes, espadas que brillan más
que el sol, campos de escudos, cornos, pajes, héroes, "la amargura del pasado /
y el presente sin medida". El anacronismo deliberado es a un tiempo confesión
personal y recurso experimental que facilita la coherencia interna de una obra
(el "delirio lusitano" a que se refiere Álvaro Mutis, las reminiscencias medieva-
les que son aproximaciones a un deseo íntimo y alejamientos de una práctica
poética). Lo más antiguo es, de pronto, lo cercano, y la civilización distante la
perspectiva que un escritor necesita para situarse ante los significados contem-
poráneos de la poesía.

El sueño del juglar

El juglar duerme su sueño de cadáver
su olvido de mariposa su sueño de alfiler
y la memoria oh la memoria gastada de los dioses
de cuando en cuando posa su ala desplumada y desplomada
sobre el recuerdo de su cuerpo
y entonces la canción se escucha lejana y vuelven
los ecos de campañas de lanza y flecha y culebrinas
y prometidas esperando el regreso de los suyos campeones

y pudo ser que sólo recibieran el esqueleto dentro de la armadura
o una mancha de sangre impresa en el guantelete
o un banderín ajado por la muerte
y sus ojos se hayan llenado de rencor contra el muerto
y el siglo se les haya poblado de fantasmas y dragones
oh la conquista de esa locura de reinas
los cantos de juglares hambrientos o juglares satisfechos
barrigas son los cantos los corazones botas
de un vino viejo y sin mancilla
si tú lo oyeses ese canto amada
si supieras que he venido a rescatar nuestra alegría
y me encuentro súbitamente preso en mi agonía
y entonces las voces caducas de juglares
vuelven a resonar en mi nostalgia
quien escuchara esa voz que no supiera
estar detrás de su sueño como un escudero
ay ya no estamos en el campo he sido derrotado
y ya no ondea mi banderín campea la corrosión
y el sueño no vuelve a construir los muros de ansiedad
la espada no flamea al ser desenvainada
ni ruge encerrada en su prisión
el corazón no saca su voz de perro
ni se guarda la mugre sin el sueño

[*Los varones señalados*]

Convalecencia, oh descubrimiento

Innecesaria, pero también llameante,
ausente, pero sonriente en su laberíntica constancia,
así traza una vida su frágil certeza
que nadie debe conocer... Ah, nadie...
porque más fácil es la vida
que hurgar en el desprecio hasta encontrar la muerte.
Madre de restos vencedores,
principio de evasión, oh, gloriosa a ti, infortunio
que produces el gesto más hermoso,
el gesto que pone término a esa danza inobjetable,
a esta benevolencia con la que nos reciben las alucinaciones
y estimulan nuestras productivas fiebres.
Memorias del convaleciente:

la búsqueda, en sueños, de la hermosa prostituta,
amada con tanta suavidad,
mientras la pulmonía clavaba sus astillas,
mientras las palabras dejaban de tener sentido.
El sonido del organillo de boca
que llegaba al lecho entre espesos jarabes, calientes en extremo;
el nombre de la prima cuyas piernas acarició bajo el árbol,
en las afueras de aquel pueblo frío
donde la muerte veraneaba...

Y luego aquel grito...
convalecencia, ¿te pudimos conocer
todos aquellos que sabemos
que no es el descanso ni el olvido lo buscado?

Ni siquiera la curación. Otros, los más acaso,
conocieron tu rostro en el espasmo;
porque después llega algo que no buscó el enfermo,
y que todos, de poder, hubieran evitado;
llamémosle así, con ese dulce nombre,
pálido y tembloroso como niño de trece años
que empieza a descubrir el sexo.

[Heridas que se alternan]

◆

José Emilio Pacheco

(1939[-2014])

Nace en la Ciudad de México. Estudia Letras. Ha impartido cátedra en universidades de Estados Unidos, Inglaterra y Canadá. Crítico, ensayista y cronista, lleva 25 años publicando semanalmente su columna "Inventario", ahora en la revista *Proceso*. Investigador en el INAH. Ha publicado varias antologías del modernismo y de la poesía mexicana del siglo XIX. Entre sus traducciones: Beckett, Wilde, Benjamin, Harold Pinter y Tennessee Williams, y un libro de versiones poéticas: *Aproximaciones*. Narrativa: *El viento distante* (1963), *Morirás lejos* (dos versiones: 1967 y 1977), *El principio del placer* (1972), *Las batallas en el desierto*

(1981). Hombre de letras y periodista cultural, su obra es una de las más variadas y sólidas de nuestra literatura.

En *Los elementos de la noche* (1963) y *El reposo del fuego* (1966), Pacheco convierte el libre amor a la poesía en centro de gravedad. En tal comunión (ni pasiones ni confesiones personales), la poesía era visión última de las cosas, la aliada del páramo de fuego, oscilante entre la irrealidad y la sensación de pérdida. En *No me preguntes cómo pasa el tiempo* (1969) aparece un personaje que, con matices, se desarrollará en *Irás y no volverás* (1973), *Islas a la deriva* (1976), *Desde entonces* (1980) y *Los trabajos del mar* (1984). Como se aprecia panorámicamente en su obra poética reunida, *Tarde o temprano* (1980), el personaje esencializa su escepticismo con franqueza y sentido de límites. Suya es la soledad-del-hombre-en-la-historia y suyo el desencanto que es condensación humana y literaria: "Llegué muy tarde para la Revolución y muy temprano para la Revolución". Árbol entre dos muros, elemento de tránsito y transición, el habitante de estos poemas se indaga por el sentido de la palabra y el valor de la fama y, en consecuencia, elige no la penumbra sino la reserva, actitud de donde deriva el indudable sustrato moral de los poemas.

Árbol entre dos muros

Sitiado entre dos noches,
pozos de agua que espera,
el día nace, gira sobre su aire y su memoria,
alza su espada de claridad:
mar de luz que se levanta afilándose,
vaso en que vibra el resplandor del mundo,
selva que aísla del reloj al minuto.

Mientras avanza el día se devora.
Y cuando llega ante las rojas puertas,
frontera en donde acaba toda permanencia,
muestra la noche su luz, su don, su llama,
brusco río que toma alas
y derriba a los ojos de sus reinos hipnóticos.

El día impenetrable y hueco
empieza a calcinarse.
Dejo caer tu nombre: haz de letras impávidas.
Y de tu nombre surgen la luna y su claro linaje,
como isla que brota y se destruye
o una moneda que escondí en el aire.

Todo es claro, amor mío.
Todo es el huracán, el viento en fuga.
Todo nos interroga y recrimina.
Pero nada responde.
Nada persiste contra el fluir del día.
El sol se desvincula y ya no late
y es un clamor desierto.

Atrás el tiempo lucha contra el cielo,
contra el sol que no muere al apagarse:
arpa en que el aire tañe su desgaste,
la señal devorada por el musgo y el agua;
el gran árbol fluyendo
sobre la veta móvil de su savia;
el muro de tinieblas
donde abandona el mundo nuestro nombre enlazado;
el final de la hoguera
en que el fuego de bruces devora su rescoldo.
Pero es invulnerable.
Porque todo termina al centro de la noche.
Porque todo se extingue,
dura lo que el relámpago.
Y tú eres la arboleda
en que el trueno sepulta su rezongo.

[*Los elementos de la noche*]

Los elementos de la noche

Bajo el mínimo imperio que el verano ha roído
se derrumban los días, la fe, las previsiones.

En el último valle
la destrucción se sacia
en ciudades vencidas que la ceniza afrenta.
La lluvia extingue
el bosque iluminado por el relámpago.
La noche deja su veneno.
Las palabras se rompen contra el aire.
Nada se restituye, nada otorga
el verdor a los campos calcinados.

Ni el agua en su desierto sucederá a la fuente
ni los huesos del águila volverán por sus alas.

[*Los elementos de la noche*]

Como aguas divididas

Dicta el agobio su pesar. La noche
es la que permanece y la que sueña.

Como aguas divididas se apartaron las horas
y se alejó la luz que humedecía el desierto.

El mundo suena a hueco. En su corteza
ha crecido el temor. Un hombre a veces
puede mirarse vivo. Pero el tiempo
le quitará el orgullo y en su boca
hará crecer el polvo, ese lenguaje
que hablan todas las cosas.

[*Los elementos de la noche*]

Éxodo

En lo alto del día
eres aquel que vuelve
a borrar de la arena la oquedad de su paso;
el miserable héroe que escapó del combate
y apoyado en su escudo mira arder la derrota;
el náufrago sin nombre que se aferra a otro cuerpo
para que el mar no arroje su cadáver a solas;
el perpetuo exiliado que en el desierto mira
crecer hondas ciudades que en el sol retroceden;
el que clavó sus armas en la piel de un dios muerto,
el que escucha en el alba cantar un gallo y otro
porque las profecías se están cumpliendo: atónito
y sin embargo cierto de haber negado todo;
el que abre la mano
y recibe la noche.

[*Los elementos de la noche*]

Descripción de un naufragio en ultramar

Agosto, 1966

Pertenezco a una era fugitiva, mundo que se desploma ante mis ojos.

Piso una tierra que vientos y mareas devastaron antes de que pudiera levantar su inventario.

Atrás quedan las ruinas cuyo esplendor mis ojos nunca vieron. Ciudades comidas por la selva, mohosas piedras en las que no me reconozco.

Y enfrente la mutación del mar y tampoco en las nuevas islas del océano hay un sitio en que pueda reclinar la cabeza.

Sus habitantes miraron extrañados al náufrago que preguntaba por los muertos. Creí reconocer en las muchachas rostros que ya no existen, amores encendidos para ahuyentar la frialdad de la vejez, la cercanía del sepulcro.

La tribu rio de mi habla ornamentada, mi trato ceremonioso, la gesticulación que ya no entienden. Los guerreros censuraron mi ineptitud para tensar el arco. Y no pude sentarme entre el Consejo porque aún no tenía los cabellos blancos ni el tatuaje con que el tiempo señala nuestro deterioro insaciable.

El Gran Sacerdote resolvió que me hiciera de nuevo a la mar en una balsa, con frutos desecados al sol y una olla de agua por todo alimento. Al despedirme dijo:

"Naciste en tiempos de penuria, condenado a probar el naufragio de la vejez sin haber conocido la áspera juventud. Será mejor que regreses a los centros ceremoniales en donde un hervidero de lagartos cuida la máscara del rey, sobreimpuesta al pulular de la corrupción, la insaciedad de los roedores.

"Antes de tiempo abandonaste a la caravana que aún no divisa la tierra prometida. Sólo te acompañó tu árido semejante, el desierto. Los nómades recelaron de ti; desconfiaste de los señores de la guerra (sus ejércitos sostienen el esplendor de las metrópolis a costa de imponer la degradación en sus dominios).

"Cruzaste el misterioso mar en busca del Nuevo Mundo. Y una vez en él, rehusaste participar en la batalla y vivir del despojo y tortura de tus semejantes. Huiste del incendio de las ciudades, el saqueo y la entrada a degüello.

"En cambio amaste a las mujeres que nadie destinó para ti: cuerpos errantes que se desvanecen en la carta astronómica. Gastaste la noche en códices e infolios. Quisiste hallar en esos criptogramas el rumor transitivo de las generaciones, espejo vacío, la gloria y la pesadumbre de la historia: vanas tretas para justificar tu aislamiento, para fingirte digno de tu cobardía, tu obscena conmiseración, el alarde grotesco de tus heridas.

"Antes de morir sólo te queda escoger entre dos formas posibles: la cámara de gas o el campo de trabajo para los enemigos de tu pueblo."

[*No me preguntes cómo pasa el tiempo*]

Alta traición

No amo mi patria.
Su fulgor abstracto
es inasible
Pero (aunque suene mal)
daría la vida
por diez lugares suyos,
cierta gente,
puertos, bosques de pinos,
fortalezas,
una ciudad deshecha,
gris, monstruosa,
varias figuras de su historia,
montañas
—y tres o cuatro ríos.

[*No me preguntes cómo pasa el tiempo*]

Crónica de Indias

... porque como los hombres no somos todos muy buenos...

BERNAL DÍAZ DEL CASTILLO

Después de mucho navegar
por el oscuro océano amenazante, encontramos
tierras bullentes en metales, ciudades

que la imaginación nunca ha descrito, riquezas,
hombres sin arcabuces ni caballos.
Con objeto de propagar la fe
y arrancarlos de su inhumana vida salvaje,
arrasamos los templos, dimos muerte
a cuanto natural se nos opuso.
Para evitarles tentaciones
confiscamos su oro.
Para hacerlos humildes
los marcamos a fuego y aherrojamos.
Dios bendiga esta empresa
hecha en Su Nombre.

[No me preguntes cómo pasa el tiempo]

Goethe: *Gedichte*

Orbes de música verbal
  silenciados
por mi ignorancia del idioma.

[No me preguntes cómo pasa el tiempo]

"Moralidades legendarias"

Odian a César
              y al poder romano
Se privan de comer la última uvita
pensando en los esclavos que revientan
en las minas de sal
                      o en las galeras
Hablan de las crueldades del ejército
en las Galias e Iliria
                          Atragantados
de jabalí   perdices y terneras
dan un sorbo
                de vino siciliano
para empinar los labios
                          pronunciando
las más bellas palabras:
la uuumanidaaa   el ooombreee

                                        todas ésas
tan rotundas   tan grandes   tan sonoras
que apagan la humildad
de otras sin eco
—como
            digamos
                    por ejemplo
                            "gente"
Termina la función
                        Entran los siervos
a llevarse los restos del convite
Y entonces los patricios se arrebujan
en sus mantos de Chipre
Con el fuego del goce en sus ojillos
como el de un gladiador que hunde el tridente
enumeran felices los abortos
de Clodia la toscana
la impotencia de Livio
                        los avances
del cáncer en Vitelio
Afirman que es cornudo el viejo Claudio
y sentencian a Flavio por corriente
un esclavo liberto   un arribista

Luego al salir
despiertan a patadas
al cochero insolado
y marchan con fervor al Palatino
a ofrecer mansamente el triste culo
al magnánimo César.

                        [*Irás y no volverás*]

Tulum

Si este silencio hablara
        sus palabras se harían de piedra
Si esta piedra tuviera movimiento
        sería mar
Si estas olas no fueran prisioneras
        serían piedras
en el observatorio.

Serían hojas
  convertidas en llamas circulares
De algún sol en tinieblas
    baja la luz que enciende
a este fragmento de un planeta muerto

Aquí todo lo vivo es extranjero
    toda la reverencia profanación
y sacrilegio todo comentario

Porque el aire es sagrado como la muerte
    como el dios
que los muertos veneran en esta ausencia

Y la piedra se prende y prevalece
    sobre la hierba estéril comida por el sol
    —casa del tiempo padre de los tiempos
    fuego en el que ofrecemos nuestro tiempo

Tulum está de cara al sol
    Es el sol
en otro ordenamiento planetario
    Es núcleo
de otro universo que fundó la piedra

Y circula su sombra por el mar

La sombra que va y vuelve
    hasta mudarse en piedra.

[*Islas a la deriva*]

Antiguos compañeros se reúnen

Ya somos todo aquello
  contra lo que luchamos a los veinte años.

[*Al margen*]

Malpaís

> Malpais: Terreno árido, desértico e ingrato: sin
> agua ni vegetación: por lo común cubierto de lava.
>   FRANCISCO J. SANTAMARÍA,
>   Diccionario de mejicanismos

Ayer el aire se limpió de pronto
y renacieron las montañas.
Siglos sin verlas. Demasiado tiempo
sin algo más que la conciencia de que allí están,
circundándonos.
Caravana de nieve el Iztacíhuatl.
Cúpula helada
o crisol de lava en la caverna del sueño,
nuestro Popocatépetl.

Ésta fue la ciudad de las montañas.
Desde cualquier esquina se veían las montañas.
Tan visibles se hallaban que era muy raro
fijarse en ellas. Verdaderamente
nos dimos cuenta de que existían las montañas
cuando el polvo del lago muerto,
los desechos fabriles, la cruel ponzoña
de incesantes millones de vehículos,
la mierda en átomos
de muchos más millones de explotados,
bajaron el telón irrespirable
y ya no hubo montañas.
Contadas veces
se deja contemplar azul y enorme el Ajusco.
Aún reina sobre el valle pero lo están acabando
entre fraccionamientos, taladores y lo que es peor
incendiarios.
Por mucho tiempo
lo creímos invulnerable. Ahora sabemos
de nuestra inmensa capacidad destructiva.

Cuando no quede un árbol,
cuando todo sea asfalto y asfixia
o malpaís, terreno pedregoso sin vida,
ésta será de nuevo la capital de la muerte.

En ese instante renacerán los volcanes.
Vendrá de lo alto el gran cortejo de lava.
El aire inerte se cubrirá de ceniza.
El mar de fuego lavará la ignominia
y en poco tiempo se hará piedra.
Entre la roca brotará una planta.
Cuando florezca tal vez comience
la nueva vida en el desierto de muerte.

Allí estarán, eternamente invencibles,
astros de ira, soles de lava,
indiferentes deidades,
centros de todo en su espantoso silencio,
ejes del mundo, los atroces volcanes.

[*Los trabajos del mar*]

◆

Homero Aridjis

(1940)

Nace en Contepec, Michoacán. Fue jefe de redacción de *Diálogos*, embajador de México en Holanda y director del Festival de Poesía en Morelia. Ha participado en numerosos encuentros internacionales.

Dramaturgo y narrador (*El poeta niño, Noche de Independencia*), su producción poética es extensa. Entre otros libros ha publicado *La tumba de Filidor* (1961), *Antes del reino* (1963), *Mirándola dormir* (1969), *El encantador solitario* (1973), *Quemar las naves* (1975) y *Vivir para ver* (1977). De él ha escrito Octavio Paz: "En la poesía de Homero Aridjis hay la mirada, el pulso del poeta; hay el tono inconfundible de aquel que tiene la necesidad de decir y que sabe que todo decir es impensable; hay la palabra plena y la conciencia de la oquedad de la palabra; hay erotismo y también amor; hay el tiempo discontinuo de la vida práctica y racional y la continuidad del deseo y de la muerte...".

Es tu nombre y es también octubre

Es tu nombre y es también octubre
es el diván y tus ungüentos
es ella tú la joven de las turbaciones
y son las palomas en vuelos secretos
y el último escalón de la torre
y es la amada acechando el amor en antemuros
y es lo dable en cada movimiento y los objetos
y son los pabellones
y el no estar del todo en una acción
y es el Cantar de los Cantares
y es el amor que te ama
y es un resumen de vigilia
de vigilancia sola al borde de la noche
al borde del soñador y los insomnios
y también es abril y noviembre
y los disturbios interiores de agosto
y es tu desnudez
que absorbe la luz de los espejos
y es tu capacidad de trigo
de hacerte mirar en las cosas
y eres tú y soy yo
y es un caminarte en círculo
dar a tus hechos dimensión de arco
y a solas con tu impulso decirte la palabra

[*Antes del reino*]

Construyo tu alabanza

Construyo tu alabanza
en la sequedad de mi costado
en la cabeza inútil del bárbaro en mis manos
en los trigos y en las distancias
en las riberas donde la Segunda Persona
te cumple y te promete.

Construyo tu alabanza
en la fuente de vida donde accionas
en el ave sucia

en los ojos que te sobreviven
en la soledad del junco y el asfodelo
en las paredes juntas y distantes.

Construyo tu alabanza
en el rostro de los tránsfugas
en los que murieron antes de alcanzar un rostro
en los asesinos de seres posibles.

Construyo tu alabanza
en palabras como puertas
en ventanas y símbolos y desafecciones
en la noche que se prolonga
para conceder el alba.

[*Antes del reino*]

Ay de ti
[Fragmento]

Ay de ti que duermes navegando.

Como el pájaro que duerme con los ojos abiertos.

Con la imperfecta serenidad de la que irradia perfectamente trastornada.

Con las manos tensas y el mentón altivo; los ojos un poco inclinados hacia dentro, un poco de soslayo, un poco a la manera del que mira sin mirar.

Con los senos de fuego, altisonantes.

Con los poros de la ternura violentada, activos resoplando.

Y los dedos sobre extensiones carnales y perdidas, en pulcritudes domésticas y bárbaras, sobre juegos de azar y de certeza.

Con el instante un poco a la deriva, en el parpadeo de su órgano nupcial.

Con el parpadeo fabuloso de la creación que se celebra en la pura filigrana del amor.

Recostada plácidamente, si tu placidez no es aquel subterfugio del dibujo lácteo que denuncia al mar, del dibujo etéreo que describe a una mujer arrodillada ante algo indescifrable.

Recostada y soñando con la fauna al cuello, con pretensiones de ola sin memoria, con tu más hermoso sentimiento remojado, casi en el ahogamiento, en las clemencias deleznables.

Sumergida con Dios a la mitad de la sombra y con el Diablo a la mitad de la luz, como si se cohabitara largamente con el arcaísmo.

Bajo los altos edificios y las mínimas comprobaciones; a lo largo de los puentes y de los sonidos cortados; entre la mirilla de algo y lo invisible de alguien.

Y donde escalas a pulso cotidianamente un pedazo de alma que comerte.

Casi rememorando lo tangible, lo superficial, lo bien centrado, la mano impostergable.

Casi en ti misma embriagada, sujeta sujetante en el dorado estallido de la luz.

Tendida, desnuda y tatuada, con los ojos absortos al fondo de lo que haces, pero tal como si fuera una frase repetida, un tedioso recomenzar lo mismo con el mismo tic.

Ya el vestido azul abandonando y el brasier y la ventana por donde entra el aire suculento.

Y las imponentes pestañas anudadas, trenzadas y a prueba de basura externa, de paisajes polvosos y clarividentes miserables.

Tendida a lo largo de lo que eres.

Desnuda tan sólo en lo que tienes de oculto y redondeado.

Tatuada con el nombre de aquel desconocido, como si lo repugnante te vistiera el muslo izquierdo.

Fantástica en esta dimensión que crece, se agolpa y se confunde.

En tu cuerpo que se llama Berenice.

En tus caderas para el amor ocioso.

En tu paraíso más vasto que la serpiente provocante.

Tan vasto como la pornografía de Eva prostituida, de Perséfone vitoreando el cataclismo en los burdeles.

En tu cuerpo que se llama Berenice, once de la noche del verano, amanecer púrpura de tus cabellos.

Adivinando lo que puede ser al otro lado de tu pulso. Adivinando cuál sería tu respuesta en una hoguera, en un nicho de plomo calcinante, en un pensamiento incendiado hasta el incesto.

[*Mirándola dormir*]

◆

Elva Macías

(1944)

Nace en Tuxtla Gutiérrez, Chiapas. Estudios de lengua y literatura rusas en Moscú. Ha publicado *El paso del que viene* (1971), *Círculo del sueño* (1975), *Imagen y semejanza* (1982) y, en 1985, una recopilación de su obra.

A partir, sobre todo, de la última etapa de Rosario Castellanos, la poesía escrita por mujeres se modifica ostensiblemente. Deja de ser obligatoria la exhibición de un temperamento impersonal, ya se manifieste en el dominio de la retórica al uso o en la reiteración de una "sensibilidad" autocompasiva, profesionalmente cursi. Si no estrictamente feministas, aunque lo sean de un modo u otro, las nuevas poetisas (parte de la opresión sexista consiste en llamarlas "poetas", certificando su calidad, en la medida en que se alejan del ámbito femenino) no reconocen ya cauces consagrados y expresan libremente ironía, conciencia corporal, deseos eróticos. Entre ellas, Elva Macías se distingue por la finura de sus recursos expresivos, el manejo sutil de la crítica, la facilidad para resolver en unas cuantas líneas un apunte social, o una recolección de viaje.

El gallo en el balcón

Un gallo duerme en el balcón,
mi hija lo cuida en las mañanas.
Y en la noche,
cuando el poeta canta
de cómo una llama que flota entre los dos
es sólo una palabra,
el gallo anuncia
una y otra vez mi traición.

Hansel y Gretel

Guardamos las migajas del almuerzo,
las fuimos esparciendo una a una
en el camino,
la bruja nos condujo
de la mano a la celda del incesto
y las hormigas se ocuparon de borrar toda huella.

Adán y Eva sin nostalgia del Paraíso perdido

Salimos sin nada,
ni siquiera una hoja que dijera
rechazados.
Pero probamos el fruto prohibido,
aquél que en el Edén era proscrito

y que en el mundo
del exilio divino
es, por suerte,
nuestro pan de cada día.

Freudiano

Una noche después
soñé que eras mi padre,
reclinabas tu cabeza en mi regazo
y eras también mi hermano,
corrías las cuentas de mi gargantilla
como en un ábaco
colmando las arcas de la emotividad.
¡Mea culpa!

Ascenso a San Cristóbal

Desde la montaña
contemplo a Navenchauc
como una pequeña aldea china
donde el agua duerme
como un ojo.

Estancias

I

Llegaste en busca de reposo
y tus ojos hallaron un espejo,
entre ellos y la imagen:
la deriva.

II

Vuelve la mariposa
al cáliz.
Qué prolongado instante
el curso de su vuelo,

entre arcones de nieve,
flores que modifican su fatiga.

III

El balcón enmarca las ramas del ciprés,
un insecto se desliza
por el aspa del ventilador
y el mosquitero es una pequeña nube
que se derrama sobre el deseo.

◆

Raúl Garduño

(1945-1980)

Nace en la Ciudad de México y radica desde niño en Chiapas, donde muere.
En 1973 se publica *Poemas,* y en 1982, *Los danzantes espacios estatuarios.*

Un romántico que se ignora. Un postsurrealista que no se hubiera aceptado
como tal. Un "poeta maldito" aferrado a las profecías sacralizadoras. Un culti-
vador de atmósferas intensas, de "encierros de imágenes" cuya final coherencia
depende de una subjetividad feroz, que combina aspiraciones cosmogónicas
y amor por las temperaturas del delirio. En Garduño impera una estética de
acumulaciones y vislumbramientos, donde lo que se demanda del lector es la
inmersión casi hipnótica en el poema, en el juego de ritmos crecientes, en la bri-
llantez que equilibra la pasión onírica y las devastaciones racionales.

Canción

Todo comienza, todo termina ahora,
todo pasa frente a mí como si se tratara
de que no debo olvidar nada.
Esta ciudad caminando hacia sus maldiciones,
hacia sus bodegas
donde el sol es un huésped que trae la noticia,
la decisión tomada en algún lugar, por algunas
gentes que no saben qué hacer con esa palabra
ahogándose en el quicio de la memoria,

pero que tiene que ser dicha, levantada: lámpara
de oro o pequeño fuego en manos de la ausencia,
hasta los alcances de esa soledad, aguja en los
ojos, sobre la mesa y sobre todo.

No sé. Ya nadie sabe. Palabra sola y única,
brillo de luz sobre la luz.
Sería la palabra, la que se lleva dentro cuando
se parte hacia el silencio,
sería el ruido de la lluvia mojando tu casa con
una tierna furia,
pero una palabra, al fin sola, un levantamiento
de amor, un grito,
tal vez el ademán que dejaste en el viento y
que ahora es un ave que te busca.

Tú fuiste esa manera de caminar que tienen
ciertas barcas lejanas,
tú fuiste el calor, incendio definitivo en
tus manos y la enorme tentativa de una tierra
que sólo tu nombre supo.

[*Poemas*]

Del oído silencioso

En tu cabello nació la flor de los encuentros,
tu cabello es la casa de la brisa,
tu cabello es el peso de la luna,
tu cabello se arrodilla para amarte,
tu cabello entra al canto de los ríos,
tu cabello hermoso golpea nuestra sangre
como si con un beso golpeasen nuestra alma,
tu cabello dará luz, alta luz
a un continente de ciegos.

Pues así, con la canción,
con la palabra fuera de uso,
con la ley equivocada en la disciplina del amor,
con la voz que anuncia el tiempo
que nos queda para ser la rosa,
mis pies caminan llamándote.

Porque sin ti la vida
es un ataúd cotidiano,
porque sin ti no habrá palabras
para callar y olvidar tanto recuerdo.

Voy a seguirte llorando varias horas
hasta que el mundo entierre todos sus muertos.
En silencio, mujer, canción terrible,
siento bajo mis pies tu perpetuidad
mojándose de lluvia, ahogándose.
¿En dónde estamos?

[*Poemas*]

¿Qué fecha es nunca?

¿Qué fecha es nunca?
Huyendo de no moverme en lo que escribo.
Portales y barrios que miran
baten formas errantes en copas de peces embriagados.
Y esto es caer,
mover los labios atrozmente
en el interior de la sala estruendosa del silencio,
vencer la manecilla de la arena
que viaja siglos de ciudades ciegas,
nacer por lo que duele
en altamar de un barco hacia sí mismo,
escuchar en el castillo de la brisa derramado
la luz sagrada que se desnuda
pronunciando malecones en los puentes de olas
entre las olas de la tarde y de la mañana,
cifrar, cifrar entonces en el traje sanguinolento
el canto del infinito
y la imagen desfondada de la sonrisa,
recogerse, recogerse trabajosamente de los frutos
que caen sin más corcel de la razón que una roca,
sin más sol que el aturdimiento en la tierra...

[*Los danzantes espacios estatuarios*]

◆

José Ramón Enríquez

(1945)

Nace en la Ciudad de México. Estudia Letras en la UNAM y Arte Dramático en el INBA y en España. Dramaturgo y ensayista. Poesía: *Ritual de Estío* (1970), *Imagen protegida* (1975), *Héctor y Aquiles* (poema dramático, de 1979), *Nuestro viaje y otros poemas* (1985).

En el panorama actual de la poesía mexicana, hay venturosamente de todo (y las clasificaciones no son indicio alguno de calidad): "exquisitez", "barbarie", compromiso, dandismo del cenáculo o del arrabal, hermetismo sin claves correspondientes, literatura-confesiones-sin-sentimiento-de-culpa, alucinaciones topográfico-tipográficas, búsqueda del aforismo, culto sacro por el Lenguaje que nos enseñará a hablar. Enríquez elige una poesía de ámbitos mitológicos, de dioses en viaje de ácido y de jóvenes atlantes que se precipitan desde lo alto de una ópera rock. Casi por fuerza, el centro de este retorno mitológico es la disidencia moral, presidida por mártires asaetados, por el ubicuo san Sebastián que es Lorca y es Pasolini y es Boy George, por el trasfondo cristiano de la autodestrucción y la resistencia al "mundo que acorrala al distinto".

Balada de los tres suicidas

Nadie cantó su historia
más allá del Río Grande: temieron los *folksingers*
el morir apedreados en el primer *saloon*.
Y en esta tierra brava tampoco hubo corridos:
¿cómo rimar la muerte de tres ángeles rotos
con todas esas gestas que caldean las fogatas
antes de cada quien tirarse a su adelita?
Si ni siquiera aquí se consignan sus nombres:
¿por pudor o por miedo? ¿por los parientes castos?
¿por amor? ¿por costumbre?

Fue la Ene o la De.
Fue la Hache o la Ce. Fue la Equis. La Ye.

Retaron y perdieron. La frente enarbolada
sucumbió ante el verdugo clavado en su conciencia.
Cada quien policía de sus propias opciones.
Bebedores de fuerte, los tres acompañaron
su destino con vodka. Liturgia inexplicable.

Cuentan las malas lenguas que fue por el aliento:
cuando alguien, como ellos, ya se ha jugado todo
el aliento le vale y la paja le vale
y la viga le vale y la ceja indignada
de todas las vecinas. Sólo Dios lo congela.

Pero la voz de Dios que llenaba esa noche
no era un canto de muerte, como los tres creyeron.
Ésa era voz de un mundo que acorrala al distinto
y había que denunciarla en vez de someterse.
Otra, la voz de Dios se perdió entre los miedos.

Los tres hablando a gritos, pajaritos inermes,
¿por qué no perdonarse? Como perritos tristes,
tras escandalizar, prefirieron partir
y eligieron los hielos de una noche polar
a tocarse los labios con su propia ternura.
Cada uno su piel, cada voz en su sitio,
cada rostro al desnudo.

                    Parecían vencedores.
El que murió en la playa se sentó frente al mar,
mezcló con agua y vodka veneno para ratas
y esperó la llegada de algún fantasma antiguo.
El que murió en su cama, casi cachondamente,
soñaba con sus manos y se bebía la historia.
Y aquel del Viñamar, a ritmo de mariachis,
se acomodó en su mesa, la mirada a intervalos
del vodka a las pastillas, tan solo como siempre.

Cuentan que vino un ángel a tratar de explicarles.
Cuentan que aquella noche de milagros y muecas
los ángeles hablaron: eran los tres suicidas
y eran sus tres espejos. Pero era tanto el eco
que nadie se escuchaba y no se perdonaron.

Tras un himno implacable entraron lentamente
los venenos y el vodka, y se fueron quebrando
los puños, las audacias, la memoria, el dolor,
el rencor y las voces.

Se mataron los tres.
Sólo quedó en el aire una sentencia angélica:
"En su oración del huerto, Dios sudó con vosotros."

[*Nuestro viaje*]

Divine despierta

Esos rayos de luz sobre los ojos,
el sonido de los autobuses y el olor de los sueños.
La jaqueca.
Ella agita frente a su rostro las gasas multiformes
y se despereza.
Ella está viva aún, mientras él duerme.
En puntas de pies,
casi a saltitos,
transcurre entre la historia para no despertarlo.
Se masturba en el baño y se rasura.
Ella es otra flor de aquel empapelado.
Se maquilla sin prisa.
Se desvanece (brevemente, apenas lo preciso)
y recupera el sentido,
todo el sentido
como flecha que apunta hacia la misma entrepierna
de algún sansebastián lumpeinizado.

[*Nuestro viaje*]

◆

Francisco Hernández

(1946)

Nace en San Andrés Tuxtla, Veracruz. Ha publicado *Gritar es cosa de mudos* (1974), *Portarretratos* (1976), *Cuerpo disperso* (1978).

¿Cómo definir la poesía de los años recientes? No sólo, y con extrema claridad, manifiesta oposiciones formales, ideológicas, de temperamento, sino que, con frecuencia, estas oposiciones, antes fatales, conviven en un mismo escritor o en un mismo texto. Poesía culterana y vulgar, individualista y gregaria, muy "literaria" o muy "vivencial", coloquial y conceptual. Hernández ejemplifica la fertilidad de estos enfrentamientos y reconciliaciones, la ampliación de la idea de *poesía*, que conserva sin embargo el fervor por logros irrenunciables y tradiciones siempre necesarias. En Hernández el juego de la sensibilidad y la inteligencia poética se sostiene por el humor, el escepticismo y la exuberancia metafórica.

Domingo

> *Me gustan los animales domésticos*
> *de la casa de fieras de tu alma.*
> TRISTAN TZARA

Además de ratas, hay niños en el parque.
Yo quisiera como ellos estar bajo la claridad
y correr de un muslo a otro sin previo itinerario.
Pero estoy como las ratas, a la sombra, y cuando muerdo
una rebanada de jícama muerdo una pequeña mariposa blanca.

Por mi pelaje fluye la sangre mineral del bosque.
Los pájaros me ven y levantan el vuelo de un bostezo.
En el agua podrida del estanque las nubes son los restos
de algún incendio recientemente naufragado.

El calor es azul, como el domingo, y una gran gota de sudor
cruza mi vientre recordándome el beso de una joven muerta.
A lo lejos, los nauseabundos muros de Mixcoac
son azotados por el mar.
Estoy tan solo, que cualquiera diría que estás conmigo.
Pasa un avión tan cerca, que se lleva tus últimas palabras.
Pero aun así la ciudad es un miserable tragafuego
que impide el vuelo de las corolas amarillas.
¿En qué páramos estarás diseminando tus orgasmos?
Me río de quienes pasean a sus amantes y a sus perros
porque yo no tengo perro ni amante que me ladre.
Sudo miles de gotas de calor.
¿Caminaré al anochecer sobre las aguas frescas?

Husmeo entre los caños y me encuentro con una niña
que ha pasado toda su vida a la intemperie.
Busco en tu mirada perdida y me encuentro con un sueño

que se insola bajo la protección de tu memoria.
Más allá de la línea del horizonte, alguien le venda
el cráneo a la locura.
La libélula escapa de mis labios y eso significa
que ha llegado el momento de macerar la carne de la mosca.
El amor es lo que estos niños felices desconocen.
Lo contrario del amor es una realidad olvidada
en lo más amoroso de nosotros mismos.
Limpio mis uñas y mi rabo en la huella que dejan
los que aman.

Estoy tan solo, que cualquiera diría que regresaré
a roer las entrañas de los animales domésticos de la
casa de las fieras de tu alma.

Pero no.
No regresaré nunca.
Desde mi madriguera veo cómo el sol descubre
los cristales de la tierra y cómo un pequeño de cabellera
oscura le arranca los ojos a un gorrión.

◆

Jaime Reyes

(1947[-1999])

Nace en la Ciudad de México. Poesía: *Salgo de lo oscuro* (1970), *Isla de raíz amarga, insomne raíz* (1976), *La operación del ogro* (1984).

Paisajes febriles, morosidad del relato amoroso, relatos proféticos, fragmentos del apocalipsis urbano; lucidez desgarrada e imprecatoria. La descripción de la poesía de Reyes es parcial, y por lo mismo injusta. Sin duda, en *Isla de raíz amarga* cuentan el atropellamiento emotivo, el encabalgamiento verbal que propicia climas frenéticos, de lujo y sordidez anímicos. El fin del mundo se reanuda cada mañana y el amor es fragmentación, unidad en el despeñadero, locura genital, delirio que nombra y condena.

Pero Reyes no se confina en la proferición brillante, y transita, sin perder intensidad, a formas narrativas, meditaciones líricas, indagaciones experimentales, "prosas poéticas" y crónicas urbanas desprendidas del sarcasmo, de la rabia política y social, y de la contemplación del ridículo.

Sin memoria ni olvido

A Rubén Salazar Mallén

1

Cuartos arriba y cuartos abajo,
vicio carajo, viejo del demonio, hay uno que te niega,
hay uno gritando que eso no es verdad, pedazo de tullido,
alcornoque de cemento.
Cuartos arriba, cuartos abajo viejo carajo me acuso de tu muerte,
pues después, sólo después de mí ya no eres posible,
ya no tienes a qué desvelarte.
    Es lunes. Es lunes y es humo y es la tierra podrida, veracruzana mandada,
pisoteada, escarnecida. Ahora es lunes y es el infierno.
Punta de lanza, viejo soldado en desgracia,
diablo cornudo, viejo panzón,
¿qué putas vas a instruir en el infierno?,
¿quién va a limpiar tus ojos babeando
y tu boca escupiendo sarneces?
A que no sabes —tú, tan sereno, tan objetivo, inflexible,
vara de gases asesinos— a que tú no sabes cómo es la muerte.
Escaleras abajo vienen epilépticos danzando,
hemipléjicos cargándote flores para que las orines, buena gente, mala gente,
putos y locas coro que te mereces vicio ya carroña vienen a glorificarte.
    Me estás doliendo duro durito,
bien durito que me estás doliendo, remedo de dios, gargajo de humano.
Y hay noches en que quiero buscarte,
santo burdelero, peleador abofeteado.
Y hay noches y días en que quiero buscarte y nada más dejas,
calor avorazado, gusano de libros hasta mis manos te llevaste.
Y hay noches y hay días,
días tan terribles en que ni siquiera quiero levantarme
porque te me estás muriendo entre las manos,
porque me estás calentando al rojo vivo con tu cuerpo que se pudre,
dulce muerte, dulce muerte tibia y gangrenada.
Dejo caer una lágrima, una gota de sangre, de asfalto hirviente
para mirarte, para mirarte caricia de gusanos en la almohada tibia.
Dejo caer gota de sangre, gota de leche, gota de azogue en las hirientes calles
para mirarte tus lindos ojos, tus lindos ojos capote,
santón encapuchado.
Y me estoy cansando, largamente me estoy cansando y tengo miedo,

lujuria, gritos desesperados en la vacía noche
vacía, vacía como tu cuerpo, como tu alimento, como tus besos sin boca,
sin niños, ancianos o prostitutas que guiar.
Me estás doliendo, maestro, me estás doliendo demasiado, viejo cabrón.
    Ahora me llaman. A nadie hay que hacer esperar.

2

Yo te consagro en esta hora de la infamia.
Yo te niego esta cabeza que me estalla.
Yo me niego a creer en tu muerte, me niego a creerte.
Tú eres ahora olor del sexo,
caricia contraída en las violentas hogueras.
Atalaya del sermón,
abejorro desnudo bailando en la oscuridad
—tú sí sobre un solo pie—
para deleite de antiguos monjes y soberanas prostitutas.
    Y hay pedazos de vidrios en los ojales,
carreteras privadas del insomnio en las banquetas.
Me niego, me niego con toda la fuerza de mi rabia, de mi odio,
me niego.
Tú eres ahora llave de lo instantáneo largamente concebido,
ruedas que ruedan y se cierran y se ciegan,
pues quisiste cumplirte a pesar tuyo, a pesar de ti y de tus deseos.
Pero hay un viejo abobinado que no eres tú ni es tu padre ni tu madre
encima del librero manchando de cerradas horcas y purulentas escorias tus
    manazas,
tus dulces manzanas suavizadas por la descomposición.
Fritura de la insolación, sueños de fantasmas,
cuerda sin fin, cuerda de sorpresas para mi corazón,
pero mi corazón es un espejo roto,
una estafa sin ti ya inútilmente familiar.
Y tú que ya no sabes cómo es la lluvia desde aquí,
cómo el sonido triturante del amor, tenaza de soledad,
cosecha del espasmo, agua de sal en la herida, en el ojo abierto
para mirarte, para tocarte tus lindos ojos en viaje de la asfixia,
paredón de la esperanza, esperanza del paredón y no del perdón.
Que yo fuera nuevamente El Hacedor, viejo,
que nuevamente pudiera hacerte de fango y mierda, mi amado, mi viejo querido,
mi pata de palo en la húmeda mañana.
Que nuevamente pudiera quince años matarte,
quince años arrojarte a la cara este lodo, esta desesperanza,

esta hebra de borrachera tropezando en las esquinas,
orinando las casas y los árboles del mundo,
viejo mundo como tu odio o mi desesperanza.

3

Me queda un límite de cordura.
Ahora como entonces es inútil esperar nada de ti.

4

Abro los ojos y en la oscuridad la noche estalla a latigazos.
Me levanto tropezando con mi llanto,
con mis ojos que amorosos buscan guardar uno de tus últimos gusanos.
Porque gusanos procreaste, porque no me diste la luz ni la paz.
Porque ahora te llevo como último lamento y estoy feliz,
feliz de patear tu calavera y en ella orinarme y en ella beber de tu leche,
oscura sangre de las miserias.
Pero sobre tu muerte y mi muerte, mi compañero,
queda el Deseo
opaco
pero sin líneas
opaco
pero sin memoria ni olvido.

5

Y yo soy tan pequeño que necesito preguntarte —para saber—
qué piensas de la vida
y qué de la muerte —tu muerte—
ahora que estás muerto y ninguna niña te besa,
ninguna hermana te visita en esta hora de claudicación.

6

Cómo estarás riéndote ahora
con tu dentadura postiza
y tu relegada blusa de fascista
y tu también relegada hoz y martillo
y todas, todas tus hojas relegadas
niño desencantado que buscaba y buscaba y buscó y nunca nada encontró.
Cómo estarás riéndote ahora de todo lo que digo

porque así fuiste,
porque de tu amor sólo quedó la risa sarna y la risa piedra
y la risa muñón y la risa escéptica
ante el niño que tú antes que nadie
viejo mundo, viejo calzón, vieja desesperanza
supiste no tenía salvación.
Cómo estarás riendo ahora que te pregunto.

7

Aquí dos hombres encienden al mismo tiempo dos cigarros
y yo esta noche me acostaré con Blanca Idalia —amiga ocasional,
esparadrapo del terror, venda de la angustia.
Todo es verdad, todo es verdad,
es verdad que te amo y que te odio y que me amo
como al anzuelo que desgarra mi paladar.
No hay mentira posible,
no hay muerte, no botamos la vida en parte alguna.
Aquí dos hombres encienden al mismo tiempo dos cigarros.
Cara o cruz: ¿quién eres el muerto?
Alguien esta noche se acuesta con Blanca Idalia.

8

Viene la calma cerrando tus notarías y despachos,
lacrando para siempre nunca más tus sucias notas que de nada sirvieron.
Viene la calma.
Quiero llamar a tu casa, saber cómo va la descomposición de tu cuerpo,
cómo tercamente quieres sembrar un último olor
y una última manada de gusanos en tu lecho.
Sobres vacíos, una jarra también vacía y tú, chico inconsciente tirado en la
     cama
babeando tus últimas palabras, coloso de la ebriedad,
cuenco de las infamias de todo, todo tu mundo al que maldices con morirte.
Quiero llamar a tu casa y el teléfono no quiere, se detiene,
me reta como tú me habrías retado.

9

Te arrancas de ahí y te arrancan de mí,
raíz podrida, tallo.
No quiero que te mueras, no lo quiero.

Si a ti te llevan se están llevando mi cuerpo,
me están enterrando por enterrarte.
Pero sobre tu muerte y mi muerte
quedo extraño.
Choco con el morbo de tu gente.
¿De dónde te sabe tanta gente? ¿Cómo te reconocen ahora
si yo mismo ya no te conozco?
Ahora me encierro y trato de no salvarte
y trato de no salvarte y de salvarte. Me echaré a dormir.

10

Alguien ha puesto de moda
sin que tú supieras,
sin que siquiera te dieras cuenta,
homenajear a los muertos,
sacudir a los viejos cadáveres en sus viejas cajas de momias en exhibición.
Pero yo no quiero homenajearte,
ni siquiera llorarte porque te odio, te odio con toda mi sangre y mi hemorragia,
con toda mi risa de idiota y mis visajes de bonita.
Si cuando menos, si sólo pudiera cavarte con estas mis manos que te llevaste.
Si sólo pudiera preguntarte qué niños llevarás a fornicar
en los burdeles del infierno.
Pero nada. Nada y nada y nada sino la sangre y la sangre golpeando,
chorreando, ahogando vidas una mortaja tu sangre.
(Algo parecido dije que te dije cuando vivías,
y mira qué diferente puede sonarte esto ahora,
cuando estás sin mí y en ti punta de lanza me apoyo para vivir
porque no quiero amortajarte ni lavar tu cuerpo
ni cerrar tus ojos ni colorear de nuevo tus carcomidas entrañas,
agua que no sequé.)
Digo que ya estás muerto, bien muerto,
pero antes de mí ya te estabas pudriendo y bien que lo sabías,
por algo mandaste viejas esquelas con amoroso miembro a tus amigos.
Por algo encargaste a un batallón de arañas
antes que a mí tejerte una dulce hamaca, responso del perdón,
mayorazgo de la quietud.
    Y qué, qué de que antes de mí ya estuvieras muerto,
si ni siquiera tu cuerpo inmóvil pudiste evitarme.
Qué si antes te hubieras muerto y no hubiera sabido de ti.
Me golpea tu risa de enfermo
que ya no se esfuerza en ocultar el mal.

Me golpean tus libros y tus hojas
y la pluma que ya no usas todas las noches me despierta burlona, cruel,
cosquilleando en la nariz para expanderme de ti ya sin ti, ya sin ti,
viejo cabrón qué huevos al morirte,
qué huevos para no evitar tus salidas y tus torpes aventuras.

11

Es tarde y tengo que dormirme. Ya es tarde para todo.

[*Isla de raíz amarga, insomne raíz*]

◆

Antonio Deltoro

(1947)

Nace en la Ciudad de México. Estudios de Economía en la UNAM. Ha publicado *Algarabía inorgánica* (1979).

En 1979 escribe Luis Miguel Aguilar: "La poesía mexicana seguirá teniendo sus mejores momentos según sus jóvenes poetas —que pronto dejarán de serlo— dejen de ser también los pordioseros (cultos o bárbaros) de un ilusorio Más Allá, los poseedores de un Deseo Insaciable, los postuladores del gallináceo muero porque no muero. No creo que, desde 1968 —para seguir usando esa fecha divisoria o distintiva— ningún poeta mexicano tenga derecho de encimársele a nadie con las dotes del espíritu o con una radicalidad más radical que ella misma". En este panorama, la poesía de Deltoro no se le encima a nadie con el refinamiento o la militancia a cuestas. El suyo es un proyecto decididamente singular, alejado de la recuperación de la vida cotidiana o de la plétora de imágenes. Él persigue un tema, lo explora, extrae sus mayores posibilidades, lo convierte en un punto de vista original, en una nueva perspectiva literaria.

Algarabía inorgánica
(Notas para un poema mineral)

I

Inmenso pedregal en medio del desierto,
polvo de rocas, arena, metiéndose en los huesos,
polvo de arena, luz, en chorros delgados y crueles,
rayos de sol achatando, calcinando piedras.
Piedras cercadas por cenizas, torturadas desde lejos por el fuego,
deshaciéndose en muerte; enormes ballenas paralíticas.
Contagiado por las piedras el aire es de cristal de roca;
en lo alto, quieta, un ave yace prisionera.
Intensa luz afónica no lame sonora la piel de las piedras;
no las toca, las llagas; vengadora, silente las seca.
Insomnes de humedad, amnésicas de agua,
las piedras, pobres, se aconchan, se envuelven;
se ahondan, cavan sus propios sentimientos,
que descienden hacia adentro en espirales afásicas.

¿En el corazón de las rocas hay una lágrima?
Ni una gota en la garganta de las rocas.
Guijas húmedas antes, de piel agradecida
y de sonrisa fácil,
Ahora, ásperas, encorvadas se protegen
del sol que las castiga: son todas una llaga.
Todavía cuando uno las abre son moluscos palpitantes,
sensuales moluscos sensibles, salados casi.

En las entrañas de las piedras hay aves
volando por su intensidad azul,
cantos minerales, arquitecturas congeladas
de sonidos, océanos, plomo y antimonio.
Por la corteza del deseo y del sufrimiento,
de la belleza vivimos. ¡No hablamos
el lenguaje de las piedras!
Un día las inflaremos con palabras
y se irán con palabras-escafandra,
exploraremos el interior profundo de las rocas:
mares de jade, selvas de amatista,
superficies atigradas, interiores superficies
minerales.

¡Sueños espeleólogos, mil veces más audaces
que los acuáticos o los aéreos!

Allá donde las piedras se abren el cuerpo,
donde las rocas son lágrimas que caen
llorando de alegría, allá donde los guijarros son panecillos,
allá donde las piedras son duras,
impenetrables y se abren transparentes al oído;
donde las rocas son cristales enormes
que al caer se encajan en el cielo,
donde los guijarros son guijarros
que se dejan acariciar por transparentes pieles;
allá, allá, ¿podré decir al fin tu nombre?

II

En el interior de las piedras hay un tiempo secreto,
en el cual se deslizan inmóviles sueños,
un tiempo sin agua, un tiempo suspenso,
que aguarda la cópula del tiempo futuro:
el tiempo del aire, la carne, las cosas.
Semillas de sueños, las rocas preñadas anhelan el agua.

El ave amarilla despierta, se mueve,
combate a la roca uniforme y eterna
la incendia, la lava, la tiñe de heridas,
de vetas; la raja, aludes celestes se avalanzan
a tierra, las alas del pájaro pulverizan las piedras.
Las piedras se tragan ansiosas el agua,
por sus venas circulan el tiempo,
los sueños, colores sonidos cambiantes
y pétreos.
La lluvia en las piedras inventa el sonido,
sus poros hirsutos inventan placeres andróginos,
epidermis pedregosas se abren, se tornan carnales,
la mano del aire el sexo les roza;
escapan jadeos, minerales suspiros,
al aire lo tiñen parvadas de rocas,
las piedras se hablan, se tocan,
se llenan de verde, de carne;
se nombran.
Siluriginia dulce, suave suanconzin,
ansiosa javeita, niampilia táctil.

Tiernas guijas traviesas juegan en el agua,
algunos corinios nadan en el mar abierto;
las marinias azules, las crisalinas blancas,
los suanconzin lluvinios por el aire viajan.

III

Torres carnales atravesadas por los pájaros,
aire transparente para el ojo, compacto para el tacto.
Alianza de carnes diferentes en asalto
de una carne absoluta, de un absoluto orgasmo.

El gran sexo amarillo a todo calienta,
las rocas fecundas lo reciben abiertas,
del chorro del sol brotan en las piedras
criaturas de carne, vivientes y pétreas.
Trigales de carne han cubierto las rocas,
orgánicas piedras al mundo transforman,
lo vuelven de carne, sensible, alerta,
los pasos del agua acarician la tierra.

[*Algarabía inorgánica*]

◆

Ricardo Yáñez

(1948)

Nace en Guadalajara, Jalisco. Coordina talleres literarios y trabaja en la redac-
ción de *La Jornada.* Ha publicado *Divertimento* (1976) y *Escritura sumaria* (1977).
Nada más engañoso que la facilidad/la levedad de la poesía de Yáñez. En su
viaje de impresiones y sensaciones, ajeno al parecer a las visiones radicales, cunde
"el abrazo de contrarios": lo místico y lo muy terrenal, Dios y las caderas ordena-
das por el sexo, el desvelo de amor y las preguntas por el atole blanco y los hue-
vos fritos. Todo es intrascendente y nada es banal. Éste era un gato con los
pies de trapo y los ojos al revés... Y Yáñez lo cuenta otra vez, se inquiere las razo-
nes de la alta poesía, combate su educación autoritaria con preguntas extraídas
del sentido común, opone a las Grandes Definiciones las mínimas certidumbres:
"A veces es una araña la palabra amor... A veces el amor es una aspirina vieja".

Detrás de la suavidad de tono, una precisión implacable, la inteligencia literaria y la maestría técnica ya no amedrentada ante la-poesía-que-suena-a-poesía. En sus divertimentos circulares Yáñez acepta que las metáforas, el tema, el ritmo y el propio Yáñez merecen la magnífica objetividad y la rencorosa subjetividad, el uso desmadriento del soneto y la circunspección ante el desmadre: "Si no amor soy entonces qué carajos".

Pretextos

*

Ésta no es la verdad. Bastante lo sabemos.
Solamente, tal vez, es la nostalgia
de la verdad. Acaso.
Solamente sombríos lo sabemos. Ésta no es la verdad.
Miramos el mantel y es como si mirásemos
un mantel. Pero no es un mantel el mirado;
ni nosotros los miradores. Interminablemente lo sabemos.

**

Tú aún no usabas chanel
usabas avón todavía
era aquella tarde bajo los árboles
tarde de mucho viento y nubes de lluvia
tú llevabas tu vestido verde
aquél de rayas verdes y más verdes y más verdes ligerísimo
y yo llevaba las hojas secas bajo nuestros cuerpos abrazados
tú aún no usabas chanel
usabas todavía avón
y a veces jabón simplemente lo cual era muy bueno y honroso
y nada triste.

Aunque me digan

aunque me digan
aunque me peguen
aunque me contradigan

aunque me corten la lengua y se la echen a los gatos
aunque me metan en un costal
aunque me den con la mano del metate
aunque me corten en pedacitos
aunque me echen al pozole
a los tamales
a las tostadas con carne
aunque venga mi tía y me suplique
mi madre y me suplique
mi tortuga y me suplique
mi voz y me suplique
he de morir viviendo
ya lo dije /
es todo lo que sé.

Qué triste pasas

I

Vamos a un Centro Nocturno
y ya nos sentimos aliviados.
Pero un poco de vino y viejas
no nos hará olvidar nuestro destino divino.
La certera nada no se produce a golpes de botella
ni a vergazos ni a nada.
No se consigue, ¿ya?

El Centro Nocturno ¿no es la Noche Oscura del Alma
de San Juan, esta
noche?

II

Pienso en Descartes, qué fregadazo debe haber andado
para tener que recurrir a la comprobación de su existencia.
Cogito, ergo sum. Híjole, qué duro.
Si casi me río, pero
pobre Decar.

III

Este baño es mi castillo,
y estos orines mis ríos,
y esta flor,
esta flor
eres
tú,
Señor.

IV

"Tu verga ordena mis caderas
como el sol los planetas."

V

No me importa significar: me importa ser.
Y esos pájaros ahí
parecen significar y, sin embargo, ser.
Esa ventana, si tan sólo pudiera traer esa ventana
y colocarla aquí; de modo que pudiera ser vista por todos uds.
Una troca cruza el infinito azul.
Mi alma siente cambiar lo que el mundo cambia.
Pero hay un punto-Dios que permanece.
Hay algo de materia muriendo para ser.
Pero hay tanto ser para la nada.

[*Escritura sumaria*]

◆

David Huerta

(1949)

Nace en la Ciudad de México. Estudia Letras. Traductor, crítico y periodista literario. En 1978 obtuvo la beca Guggenheim. Poesía: *El jardín azul* (1972), *Cuaderno de noviembre* (1976), *Huellas del civilizado* (1977), *Versión* (1979), *El espejo del cuerpo* (1982), *Lluvia de noviembre* (1985).

El idioma poético de Huerta es a la vez hermético y transparente, sin irrupciones o argumentos coloquiales, colmado de explicaciones por alusión y de rechazos por omisión, de imágenes que se interrumpen, se mezclan, se trizan. Huerta —prolífico y en constante renovación— no confía en las anécdotas ni le interesan las certidumbres narrativas, no es concluyente, recela del impulso adquirido y, por lo mismo, arraiga profundamente en la tradición poética mexicana. De este modo, él va del desbordamiento a la introspección, de las abstracciones al trazo de escenas pictóricas, construidas a la luz de una idea fija: "escribir, escribir, escribir, con estas cosas tremendas ante los ojos".

Locura, un cuerpo: este papel

Ahora salta la fantasía como un grano de hierro, espumas veloces,
tantas lunas en la garganta bajo la línea del frío,
una mujer azul en el agua de las manos y una longitud frágil en la procesión
    del verano sobre el ojo.

Uñas metidas en la luz, ropa de ciego. La locura pasea, navega.
Las piernas están afiladas como navajas: filtros del tajo,
talones desnudos sobre el polvo de las mareas sociales.

Filtros de la cuchillada, saliva luminosa en el pecho deseado.
Bajan los dedos por la laguna de un pecho, en el aire se ocultan palabras negras,
deshilachadas profecías, muescas, documentos, esquinas repletas, rincones borrados por el ansia.

El verano pasea, pasa entre las piernas.
Toca el cuerpo: es un alba entre los cabellos.
Almendras de sal para el que huye de su madre: el Deseoso.
Vapores, tósigos del siglo para el que grita, voraz, para el que vocifera en las
    calles vacías.
El dulce loco gime, tartamudea, suplica: su saliva nos brilla en las comisuras.

El mundo hemos besado con labios mecánicos, en el ardimiento, alejados de ti,
cortados de toda ciencia y de todo saber para llegar a ti,
más desnudos que liebres, más extraños que la fantasía que se duele en tus rostros de bocas abiertas,
en tus piyamas de hospital, en tu madre y sus gestos a la defensiva, pero gestos de tigre
que babea la leche de la piedad, la conmiseración, el duelo, etcétera.
Sientes el aire o la brisa, sus fantasmas brillantes.

Quien te habla oye también, desesperado, solo y más solo que tú, encerrado,
    quien habla y te oye
está más encerrado que tú, tiene propias mirillas, oscuros duelos como tú, co-
    mo tú.

Abres la boca y recibes el verano. Salvación falsa, otra mentira a la cuenta de las
    maneras sociales, de la belleza, de la contemplación, etcétera.
Abres las manos: nada. Ni un pecho ni unas piernas afiladas contra los peder-
    nales.

Quien te habla, carajo, tiene propio verano, saliva oscura y unos labios incon-
    solables.
Las túnicas del miedo, de la culpa, de la batalla sorda para ti.
Ningún pecho primaveral entre la seca muerte del verano, entre los barrios
    despedazados,
entre las letras leídas con una enorme dificultad, entre las páginas hundidas en
    una luz más extraña que tus labios.

Te ha crecido la barba y dices que *todavía* estás confundido.
Habla con quien te oye, saca el deseo de tu maquinaria sentimental como bul-
    to de arena para el embarco próximo,
habla de poesía, ignora todo y abre los ojos otra vez, carajo.

El verano te engaña, yo te engaño al escribir esto.
Piensa con las piernas juntas y con las piernas separadas, oye el agua de lluvia
    y saca las manos por la ventana,
por los ojos, por el pecho sangrando de tu tercer o cuarto intento de suicidar-
    te viviendo, muerto, vivo, ficticio, etcétera.

Yo no sé nada. Yo te veo entre 95 paredes y una mirilla frágil
como un planeta a la deriva. En esa mirilla pondrás las manos cuando yo te
    vaya a visitar, Deseoso.

El verano es otra ficción, estas palabras también.
Donde te veo, te oigo, toco tus manos frágiles en medio de una tormenta de
    antipsicóticos,
tu espalda en el abrazo como una playa sumergida en espesos desechos.

Cielo de verano, locura, pureza. Estas palabras para ti.
Las maneras sociales arden complacidas. Ninguna rebelión, sólo almendras de
    sal como ratas para tu boca sorda.
Dónde te quemas, te dueles, te callas. Das con la cabeza contra una de las 95
    paredes que te cercan.

Esta sal implacable entrando por tu boca es mi comodidad,
el hervor médico, los embotellamientos de tránsito, las elecciones de un domin-
go plácido,
la ropa negra del sepulturero, los grilletes del verano civil.

El deseo húmedo es una cueva salpicada de maravillas, en el reino de otra
realidad.
Pájaros vienen por las puntas de esta luz metálica, el verano se cierra como
una caja.
y te deja con un cuerpo extravagante de mimo, de oscurantista.

Cada brizna de tus palabras entra en esa caja, el cielo médico te unge y te amor-
daza, tiende sus alveolos de cura en tus miembros lastimados, lastrados.
Pero el deseo y sus collares de mismidad. Carajo. Una cascada se cierra sobre ti,
sobre los reinos de tu cabeza, sobre tus manos adelgazadas.

Luz curva del verano, líneas fracturadas. Lenguaje fracturado.

                                                            [*Huellas del civilizado*]

Nota editorial

En 1979 la editorial Promexa publicó, en dos volúmenes, sendas antologías de poesía mexicana: la primera, con poemas de 1810 a 1914, a cargo de José Emilio Pacheco; la segunda, de 1915 a 1979, por Carlos Monsiváis. El proyecto tenía como antecedentes antologías que había editado en 1966 Empresas Editoriales, así como la *Antología del modernismo*, que Pacheco preparó en 1970 para la Biblioteca del Estudiante Universitario de la UNAM.

Promexa relanzó en 1985 las antologías, ahora en un solo volumen, como parte de su Gran Colección de Literatura Mexicana. Para publicar el tomo *La poesía, siglos XIX y XX*, los antologadores revisaron la selección de poemas, así como las notas explicativas y los textos preliminares, de los que prepararon versiones mucho más compactas. En su caso, Monsiváis retomó material de su introducción original para incorporarlo en las notas previas a cada poeta.

Para esta edición en Hotel de las Letras hemos tomado, en el caso de los poemas y sus notas iniciales y a pie, el texto de 1985, pero separando la selección en dos volúmenes para volver más amable la lectura. Recuperamos, sin embargo, la introducción de la edición de 1979, por ser mucho más completa. En este tomo, y por lo que señalamos en el párrafo anterior, esto significa que pueden hallarse algunas repeticiones y ecos entre la introducción y las notas de cada autor. No obstante, sabemos que la mayoría de los lectores de cualquier antología poética la visitarán de manera salteada, según su interés de cada momento, y no necesariamente de corrido, de modo que preferimos no privar de las palabras críticas de Monsiváis a ningún usuario. En cuanto a quienes sí acometan la lectura seguida de principio a fin, y lean completo el notable ensayo crítico que sirve de introducción al volumen, esperamos no agotar su paciencia con estas palabras que hallarán duplicadas.

Hemos corregido erratas e imprecisiones de la edición de Promexa, que iban desde gazapos tipográficos hasta la omisión de versos enteros. En el caso de algunos autores dados a retocar o reescribir sus poemas en ediciones sucesivas, hemos conservado el texto como lo antologó Monsiváis, esto es, en las versiones vigentes en ese año, con la excepción señalada sobre erratas y lagunas.

Salvo la adición, entre corchetes, de las fechas de fallecimiento de algunos autores, hemos conservado las notas del antologador tal como estaban,

incluyendo el uso del presente al hablar de poetas entonces vivos, y las no-
ticias sobre el estado de la edición y las investigaciones que sus obras pre-
sentaban entonces, pese a que, sabemos, al día de hoy se han actualizado y
mejorado gracias al esfuerzo de casi cuatro décadas prodigado por editores
y especialistas. Las notas introductorias y explicativas no sólo siguen vigentes
para presentar las obras poéticas antologadas: trazan una pintura elocuente
tanto del contexto de su publicación inicial como de la personalidad de Carlos
Monsiváis como lector, estudioso, editor y divulgador de la poesía mexicana.

En cuanto a los diecisiete poemas de Octavio Paz que formaban parte de las
ediciones anteriores de la antología, su ausencia se explica en la sección co-
rrespondiente.

Índice de poetas

Aridjis, Homero, 510

Bañuelos, Juan, 442
Becerra, José Carlos, 476
Bonifaz Nuño, Rubén, 346

Castellanos, Rosario, 371
Cervantes, Francisco, 498
Chumacero, Alí, 320
Cuesta, Jorge, 217

Deltoro, Antonio, 529
Deniz, Gerardo, 474

Enríquez, José Ramón, 519

Fernández, Guillermo, 459

García Terrés, Jaime, 358
Garduño, Raúl, 516
Gorostiza, José, 191
Gutiérrez Vega, Hugo, 466

Hernández, Francisco, 521
Hernández Campos, Jorge, 333
Huerta, David, 535
Huerta, Efraín, 290

Leduc, Renato, 164
Lizalde, Eduardo, 429
López Velarde, Ramón, 75

Macías, Elva, 513
Maples Arce, Manuel, 175
Michelena, Margarita, 313
Montes de Oca, Marco Antonio, 447

Nandino, Elías, 225
Novo, Salvador, 253

Oliva, Óscar, 494
Ortiz de Montellano, Bernardo, 180
Owen, Gilberto, 270

Pacheco, José Emilio, 500
Paz, Octavio, 311
Pellicer, Carlos, 124

Reyes, Alfonso, 113
Reyes, Jaime, 523

Sabines, Jaime, 389
Segovia, Tomás, 422

Tablada, José Juan, 55

Villaurrutia, Xavier, 235

Yáñez, Ricardo, 532

Zaid, Gabriel, 461

Índice de poemas

A Frida Kahlo, 161
A las puertas de Sión, 314
A las vírgenes, 90
A un poeta difunto, 227
A una flor inmersa, 321
Acata la hermosura, 461
Acuario, 193
Adán y Eva sin nostalgia del Paraíso perdido, 514
Adiestramiento, 485
Agua, no huyas, 197
Al descubrir el fuego, 463
Al poema confío, 265
Ala, 458
Alabanza secreta, 331
Algarabía inorgánica, 530
Algo sobre la muerte del mayor Sabines, 407
Algunos, 365
Alta traición, 505
Amanecer, 384
Amiga a la que amo..., 351
Amor condusse noi ad una morte, 249
Ánima adoratriz, 92
Antiguos compañeros se reúnen, 508
Aquí se habla del tiempo perdido que, como dice el dicho, los santos
    lo lloran, 171
Aquí se transcribe la copla que mis oídos oyeron, 170
Árbol entre dos muros, 501
Arden las hachas turbias..., 354
Arte poética, 120
Ascenso a San Cristóbal, 515
Así es, 391
Áspera cicatriz, 494
Aunque me digan, 533

Aunque no lo parezca de verdad no quiero nada, 473
Avenida Juárez, 301
Ay de ti, 512
Ay poeta, 308

Balada de los tres suicidas, 519
Bernardo, el soldado, 267
Bolivariana, 307

Cabaret, 62
Canción, 516
Canonicemos a las putas, 421
Cantar de Valparaíso, 362
Canto a un dios mineral, 217
Canto diuturno, 188
Carta de Nonoalco, 459
Caza mayor, 440
Cementerio en la nieve, 252
Centímetro a centímetro..., 349
Cha cha cha. Bailemos..., 348
Cine, 166
Circe, 462
Como aguas divididas, 503
Cómo esquiva el amor la sed remota, 224
[cómo retrasar la aparición de las hormigas], 492
Con cuánta luz camino..., 147
Con tu amargura a cuestas..., 404
Concierto breve, 137
Construyo tu alabanza, 511
Contrapunto de la fe, 452
Convalecencia, oh descubrimiento, 499
Crónica de Indias, 505
Cruz, el gañán, 268
¿Cuál es la mujer?..., 347
Cuervos, 463

Danzón transfigurado, 463
De la ardua lección, 289
Décimas a mi muerte, 226
Declaración de odio, 292
Declaración del éxito, 474
Del oído silencioso, 517

Depredadoras alegrías..., 356
Derecho de propiedad, 234
Descripción de un naufragio en ultramar, 504
Desde su nudo..., 357
Deseos, 130
Desnudo, 191
Destino, 382
Día 13, 83
Diciembre, 335
Diluvio, 257
Discurso por las flores, 154
Divagación del puerto, 127
Divine despierta, 521
Domingo, 522
Dúos marinos, 142

El amigo ido, 261
El azul es el verde que se aleja, 225
El Caballero de la Yerbabuena, 60
El canto del Usumacinta, 149
El corazón de la flauta, 455
El descastado, 116
El gallo en el balcón, 514
El Halcón Maltés, 489
El mar [Leduc], 167
El mar [Novo], 254
El mendigo, 101
El minuto cobarde, 96
El pequeño César, 486
El perro de San Roque, 111
El Presidente, 336
El retorno maléfico, 88
El sueño del juglar, 498
El Tajín, 304
El velo centelleante, 318
El viaje, 148
El viaje de la tribu, 328
Elegía [Novo], 266
Elegía [Pellicer], 129
Elegía del marino, 323
Elogio de lo mismo, 464
Epifanía, 260

Epístola a una dama que nunca en su vida conoció elefantes, 174
Es tu nombre y es también octubre, 511
Es un temor de algo…, 396
Espejo vacío, 271
Esquemas para una oda tropical, 139
Estaban, 475
Estancias, 515
Éste era un rey, 361
Éste es un amor, 299
Estudio, 125
Estudio, 135
Estudio, 136
Eva, 112
Exágonos, 126
Éxodo, 503

Freudiano, 515
Frida Kahlo, 269

Glosa de mi tierra, 114
Goethe: Gedichte, 506
Golfo de México, 118
Grupos de palomas, 133

Hansel y Gretel, 514
¿Hasta dónde entra el campo…?, 406
He aquí que estamos reunidos, 407
He olvidado mi nombre, 162
Hermana, hazme llorar, 78
"Hermano sol", nuestro padre San Francisco, 158
Himno a Hipnos, 183
Horas de junio, 137
Hormigas, 91
Hormiguero, 234
Hoy, como nunca…, 82
Hoy no lució la estrella de tus ojos, 265
Huesos de muerto me trabajo…, 356
Humildemente…, 98

Invocación a la Virgen de Guadalupe y a una señorita del mismo nombre:
    Guadalupe…, 168
Ipanema, 360

Ja...! Ja...! Ja...!, 59
Jaikais, 56
Jardín real, 366
Jornada de la soltera, 383
Juárez-Loreto, 309
Junto a tu cuerpo, 264

La amenaza de la flor, 115
La bella implora amor, 437
La bizarra capital de mi Estado, 79
La bruja, 358
La casa sin sueño, 317
La ciudad amanece entre los brazos de la niebla, 422
La ciudad ha perdido su Beatriz, 433
La escuela, 260
La mancha de púrpura, 95
La muchacha ebria, 295
La noche de la perversión, 298
[la noche del bárbaro], 492
La noche del suicida, 323
La ofrenda, 462
La poesía, 262
La renovada muerte de la noche, 263
La sobremesa, 342
La suave Patria, 107
La última odalisca, 102
La velada del sapo, 375
La Venta, 479
Lamentación de Dido, 372
Las ciudades, 259
(Las prostitutas), 63
¿Lázaro, Orfeo?, 187
Lectura de Shakespeare, 465
Lentamente has llegado..., 350
Lento, amargo animal..., 390
Letanías profanas, 362
Letra muerta, 182
Libro de Ruth, 287
Línea del alba, 291
Llega el día, 233
Lo dicho, 368
Locura, un cuerpo: este papel, 536

Los amorosos, 393
Los buzos diamantistas, 165
Los elementos de la noche, 502
Los hombres del alba, 296

Madrigal por Medusa, 272
Malpaís, 509
Mansa hipérbole, 308
Más, 364
Materia de la muerte, 185
Me estás vedada tú…, 77
Memorial de Tlatelolco, 386
México-Charenton, 468
Mi corazón se amerita…, 85
Mi prima Águeda, 76
Monólogo de la extranjera, 376
Monólogo del viudo, 324
"Moralidades legendarias", 506
Muerte en el frío, 250
Muerte sin fin, 197

Nacimiento de Venus, 462
Nadie sale…, 353
Ninguna soledad como la mía…, 160
No aquel que gozo, frágil y ligero, 223
No es que muera de amor…, 405
No me condenes, 84
No volver, 427
Nocturno, 236
Nocturno alterno, 58
Nocturno amor, 241
Nocturno de la alcoba, 248
Nocturno de la estatua, 237
Nocturno de los ángeles, 242
Nocturno en que habla la muerte, 240
Nocturno en que nada se oye, 238
Nocturno eterno, 239
Nocturno llanto, 230
Nocturno mar, 246
Nocturno rosa, 244
Nota roja [Castellanos], 384
Nota roja [Gutiérrez Vega], 467

Nuestras vidas son péndulos, 78
Nueva Eloísa, 475

Oda a Salvador Novo, 131
Opus cero, 437
Oscura palabra, 477
Otra vez tarde, 464

Padre, poder, 343
Palimpsesto, 445
Para los que llegan a las fiestas…, 346
Para Luis Cardoza y Aragón por sus *Dibujos de ciego*, 439
Pero... ¡qué gente!, 465
Perversidad de la separación, 444
Plagio XVII, 308
Poema, 436
Poema de amorosa raíz, 322
Poema desde la muerte, 227
Poema en que se usa mucho la palabra amor, 271
Poema interrumpido por un allanamiento, 442
Poemas ideográficos, 64
Por el laurel difunto, 315
Por qué no, 428
Preludio, 194
Presencia y fuga, 196
Pretextos, 533
Prisma, 176
Privilegio del suicida, 385
Pueblo, 437

¿Qué fecha es nunca?, 518
¿Qué harás?…, 146
Que se cierre esa puerta…, 144
Que sea para bien…, 104
Qué triste pasas, 534
Quinta Avenida, 55

Rafael, 157
Recuerdos de Iza, 125
Regina Cœli, 159
Relato del augur, 378
Responso del peregrino, 325

Retrato hablado de la fiera, 430
Revolución [Lizalde], 436
Revolución [Maples Arce], 177
Roberto, el subteniente, 266
Ruina de la infame Babilonia, 448

Salambona, 122
Salón de baile, 330
Se alegra el mar, 192
Segador, 130
Segundo sueño, 181
Señas para un retrato, 161
Ser una casta pequeñez…, 81
Si hubieras sido tú lo que en las sombras, 232
Si soltera agonizas, 106
Sílabas por el maxilar de Franz Kafka, 306
Sin memoria ni olvido, 524
Sindbad el varado, 273
Soneto nocturno, 159
Soneto postrero, 160

Tardía dedicatoria al primero pero ya difunto amor del fabulista, 172
Tarumba, 399
Te honro en el espanto, 101
Tema para un nocturno, 148
Temas, 167
Tía Chofi, 394
Tierra mojada, 87
Todo…, 94
Toque del alba, 364
Treinta y tres, 105
Tres versiones superfluas. Primera, 283
Tú eres más que mis ojos…, 145
Tú eres piedra, 334
Tú no podrás a nadie enajenarte, 229
Tú, yo mismo, 263
Tulum, 507
Tus dientes, 86

Una invocación: (Guanabara), 359

Válium 10, 387
Variaciones sobre una "Mujtathth" de Al-Sharif Al-Radi, 467
Viaje, 254
Voto de humildad, 367
Vuelve flecha de amor, 333

Y pensar que pudimos…, 80
Yerbas del Tarahumara, 120
Yo no lo sé de cierto…, 389

Créditos

Esta obra se imprimió y encuadernó
en el mes de junio de 2022,
en los talleres de Impregráfica Digital, S.A. de C.V.,
Av. Coyoacán 100–D, Col. Del Valle Norte,
C.P. 03103, Benito Juárez, Ciudad de México.